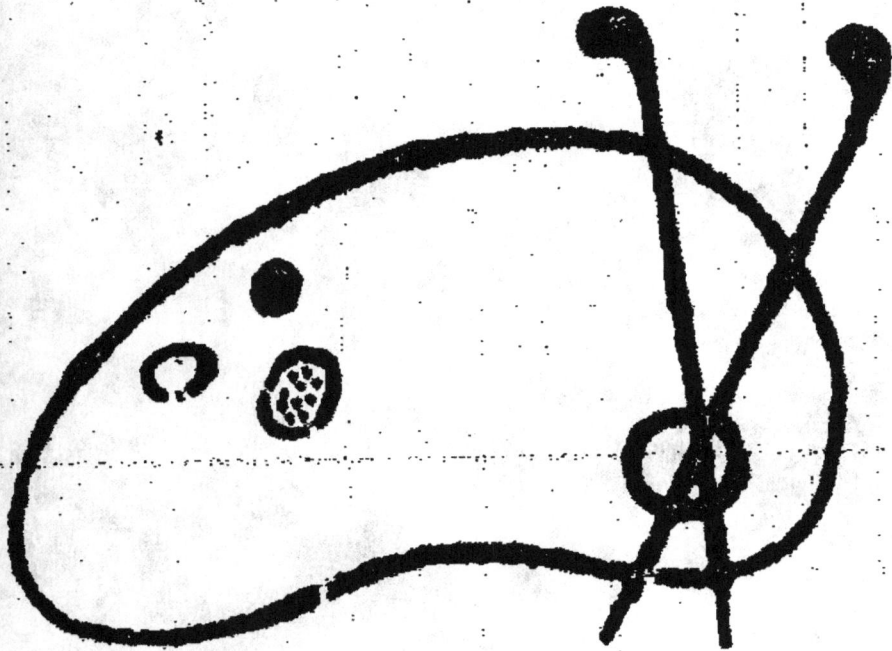

Début d'une série de documents
en couleur

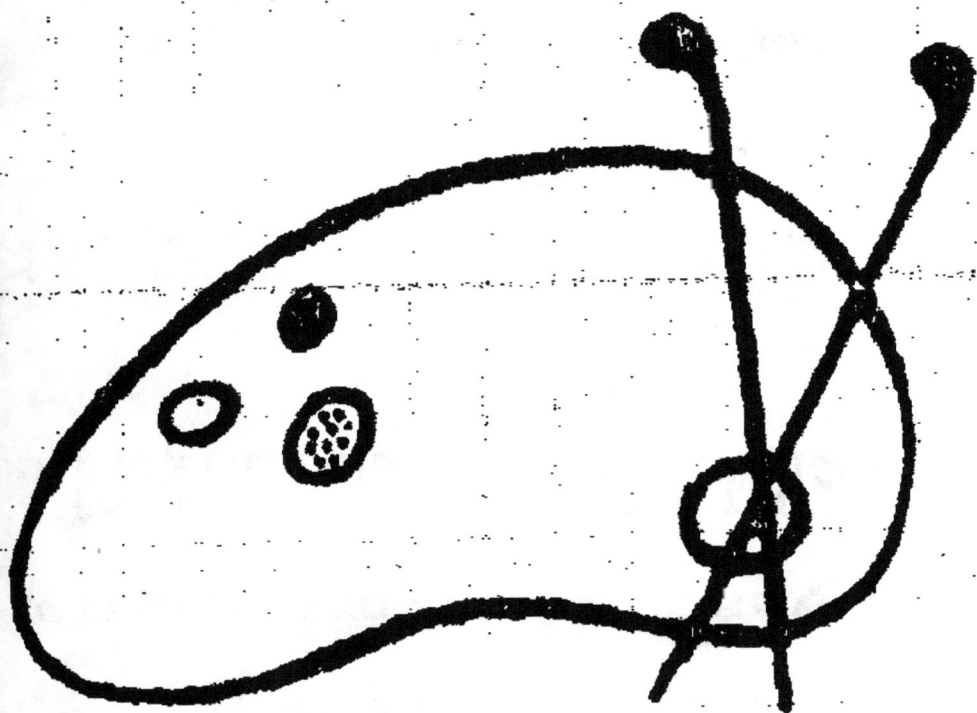

Fin d'une série de documents
en couleur

SUPERSTITIONS ET SURVIVANCES

ÉTUDIÉES AU POINT DE VUE DE LEUR ORIGINE ET DE

LEURS TRANSFORMATIONS

OUVRAGES PUBLIÉS PAR L'AUTEUR

Traité de l'immobilisation directe des fragments dans les fractures et les résections, in-8°, 700 pages et 102 figures, Paris, Delahaye, 1869. Ouvrage récompensé par l'Institut (Académie des sciences).

Traité des Fractures non consolidées ou pseudarthroses, in-8°, 780 pages et 104 figures, Paris, Delahaye, 1871. Récompensé par l'Académie de médecine.

De la Fièvre métanérique au Sénégal, in-8°, 460 pages, Paris, Delahaye, 1873. Récompensé par l'Institut, (Académie des sciences).

De la Fièvre jaune au Sénégal, in-8°, 460 pages, Paris, Delahaye, 1874. Récompensé par l'Académie de médecine.

Traité clinique des Maladies des Européens au Sénégal, 2 vol. in-8°, de 600 pages, avec tableaux et une carte, Paris, Delahaye, 1875-77. Récompensé par l'Institut (Académie des sciences).

De la Fièvre bilieuse, inflammatoire, aux Antilles, in-8°, Paris, Delahaye, 1878. Récompensé par l'Institut (Même récompense que le précédent ouvrage).

De la Fièvre jaune à la Martinique, in-8°, 460 pages, Paris, Delahaye, 1878. Récompensé par l'Institut (Académie des sciences).

Traité clinique des Maladies des Européens aux Antilles (Martinique), 2 vol. in-8°, 600 pages, avec tableaux et une carte, Paris, O. Doin, 1881. Récompensé par l'Institut (même récompense que le précédent ouvrage).

Les Peuplades de la Sénégambie (histoire ethnographie, mœurs et coutumes, légendes, etc., etc.), in-8°, 420 pages, Paris, Ernest Leroux, 1880.

Saint-Mandrier, près Toulon (continuation à l'histoire de la localité et de l'hôpital maritime), in-8°, 525 pages, avec dessins, plans, cartes, etc., etc., Paris, Ernest Leroux, 1881.

Traité théorique et clinique de la dyssenterie, in-8°, 795 pages, Paris, O. Doin, 1883.

La Race provençale au point de vue de ses origines, in-8°, 420 pages, Paris, O. Doin, 1884.

Traditions et réminiscences populaires de la Provence, in-8°, 400 pages, Ernest Leroux, 1885.

Contes populaires de la Sénégambie, Paris, E. Leroux, 1885.

Contes populaires des Provençaux de l'antiquité et du moyen âge, Paris, E. Leroux, 1887.

Leçons cliniques sur les tœnias de l'homme, 1re édition, in-8°, 368 pages, Paris, O. Doin, 1888.

Légende de la Provence, in-8°, 410 pages, C. Leroux, 1888.

Traité théorique et clinique de la fièvre jaune, in-8°, 935 pages, Paris, O. Doin, 1891.

Leçons cliniques sur les tœnias de l'homme, 2e édition, 560 pages, Paris, O. Doin, 1894.

La Campagne de Marius en Provence, 552 pages et 3 planches, Paris, Ernest Leroux, 1895.

Superstitions et Survivances étudiées au point de vue de leur origine et de leurs transformations (tome 1er), in-8°, 553 pages, Paris, Ernest Leroux, 1896.

SUPERSTITIONS

ET

SURVIVANCES

ÉTUDIÉES AU POINT DE VUE DE LEUR ORIGINE ET DE
LEURS TRANSFORMATIONS

PAR

L.-J.-B. BÉRENGER-FERAUD

TOME DEUXIÈME

ERNEST LEROUX, éditeur

RUE BONAPARTE, 28

1896

TOULON. — IMPRIMERIE DU " PETIT VAR "
Angle boulevard de Strasbourg et rue d'Antrechaus.

SUPERSTITIONS ET SURVIVANCES

TOME DEUXIÈME

CHAPITRE PREMIER

Les Esprits des eaux

I

CRÉDULITÉS DE LA PROVENCE

Il existe encore, de nos jours, dans beaucoup d'endroits, des traces de l'antique croyance aux esprits des eaux ; elles sont, peut-être, moins intenses et moins complètes en Provence que dans beaucoup d'autres contrées ; mais, cependant, elles y sont assez nombreuses et assez variées, pour montrer qu'elles ont dû avoir là, comme ailleurs, jadis, une assez grande importance dans l'esprit des habitants.

Fidèle au plan que j'ai adopté dans cette étude sur les superstitions et les survivances, je vais, d'abord, relater les crédulités provençales que j'ai recueillies dans cet ordre d'idées. Je citerai, ensuite, celles des autres régions qui sont venues à ma connaissance ; je chercherai, enfin, à déterminer la donnée originelle qui a présidé à leur création.

Dans mon livre sur les réminiscences populaires de la Provence, et dans le chapitre IV du premier volume de cette étude sur les superstitions et les survivances (page 207 et suivantes) j'ai parlé : de la tarasque, du monstre de Marseille, des dragons d'Aix, de Cavaillon, de Draguignan, des serpents d'Avignon et des îles de Lérins, qu'on pourrait rattacher, peut-être, à la donnée des esprits des eaux. Je ne ferai que les signaler ici, car ils appartiennent aussi bien à la crédulité des esprits des eaux, qu'à celles qui touchent les dragons et les serpents. Il me reste à parler du drac de Beaucaire, de l'ondine du plan de La Garde, des Masques lavandières, de l'ondine de la Crau et de la Magou.

Le Drac de Beaucaire. — Voici la légende du Drac, telle qu'on la raconte sur les lieux ; et que j'ai rapportée dans mon livre sur les légendes de Provence (p. 344). Il y avait jadis, dans le Rhône, un enchanteur, esprit malfaisant, ou sorcier, qu'on appelait le drac. Il avait son palais au fond du fleuve, et se repaissait de sang humain.

Ce drac avait l'habitude de chasser de la manière suivante : Quand il voyait une fille ou une femme occupée à laver au courant de l'eau, il faisait passer, presque à sa portée, une écuelle contenant un bijou ou quelque objet de parure bien séduisant. La coquette étendait la main, poussée par la convoitise, et l'écuelle s'éloignait si habilement, à mesure, que, bientôt, l'imprudente perdait l'équilibre, tombait dans le Rhône; elle devenait, alors, la proie du drac.

Quelquefois, il capturait, aussi, un enfant, en lui montrant un joujou flottant sur l'eau ; ou bien parvenait-il à se saisir d'un marinier, en mettant une pièce d'or dans l'écuelle. Quoi qu'il en soit, tous ceux qu'il prenait disparaissaient pour toujours, car il les mangeait. Il gardait un peu de leur graisse pour se frotter les yeux, ce qui lui permettait de voir, à travers les ondes, les choses les plus cachées.

Un jour, une femme de Beaucaire, qui avait eu un enfant depuis quelques semaines à peine, était venue laver du linge sur le bord du Rhône ; elle vit le bijou fatal, chercha à l'atteindre, et fut enlevée par le drac. Cette fois, le drac ne mangea pas la femme. Il faut savoir que la femme de ce drac venait d'accoucher, et qu'il fallait une nourrice pour son enfant ; de sorte que la blanchisseuse de Beaucaire avait été capturée dans ce but. Cette nourrice ne fut pas malheureuse, on la soigna très bien ; elle nourrit comme il faut l'enfant du drac, et l'éleva avec soin, jusqu'à ce qu'il eût sept ans.

A cette époque, la femme du drac émue de compassion vis-à-vis d'elle, et désireuse de lui témoigner sa reconnaissance pour les soins qu'elle avait prodigués à son nourrisson, lui permit de revoir le jour. Voilà donc la blanchisseuse revenue chez elle. Et, comme on le pense bien, son mari et ses enfants furent bien heureux, car on l'avait crue morte pendant longtemps.

Après avoir conconsacré quelques jours à la joie de sa délivrance, la femme, dont nous parlons, reprit ses occupations. Or, un matin, étant sortie pour ses affaires, avant le lever du jour, elle aperçut, sur la place de la ville, le drac qui était venu dans le pays pour y chercher une proie humaine.

Ce drac était invisible pour tout le monde ; c'est grâce à cette condition qu'il pouvait dérober des femmes et des enfants, sans être jamais poursuivi. Mais en passant sept ans à son service, la nourrice avait acquis, par hasard, la singulière propriété de pouvoir le voir avec un de ses yeux, de sorte qu'elle le reconnut très bien.

La manière dont elle avait acquis la propriété de voir le drac, quand celui-ci était invisible pour tout le monde, était assez étrange pour mériter d'être rapportée. En effet, nous avons dit tantôt que le drac mangeait les individus qu'il parvenait à capturer ; nous avons ajouté : qu'il prenait un peu de leur graisse pour en faire un baume avec lequel il se frottait les yeux ; ce qui lui permettait de voir les choses cachées ; il s'en frottait le corps, aussi, ce qui le rendait invisible quand il le voulait.

Or, comme il désirait naturellement que son fils eut les mêmes qualités que lui, il avait remis à la nourrice une petite boîte contenant le baume fait avec la graisse humaine ; et lui avait commandé d'en frotter les yeux et le corps de son enfant, tous les soirs en le couchant. En outre, il lui avait ordonné, sous peine de mort, de se laver aussitôt les mains avec une eau particulière qu'il avait mise à sa disposition.

Un soir, sans y prendre garde, la nourrice s'était endormie sans se laver les mains ; et, en se réveillant, elle se frotta l'œil droit avec le doigt qui portait encore un peu de pommade; de sorte que sans l'avoir cherché, elle avait bénéficié de la propriété de double vue du drac.

Donc, voyant ce drac, quoi qu'il fut invisible pour tout le monde, elle s'approcha de lui et lui demanda des nouvelles de sa famille. On comprend que le monstre, qui n'était pas habitué à être reconnu par ses victimes, fut singulièrement étonné ; et, comme lui-même ne la reconnaissait pas, il lui demanda qui elle était.

La crédule nourrice le lui dit ; elle lui avoua qu'en séjournant pendant sept années à son service, elle avait acquis la propriété de le voir avec son œil droit, quoi qu'il fut invisible pour tout le monde. Or, la malheureuse fut cruellement punie de son imprudence, ainsi que du bon sentiment auquel elle avait obéi er. demandant au drac des nouvelles de sa femme et de son enfant; car cet enchanteur se mit à causer avec elle, et, au moment où elle ne s'y attendait pas, il lui plongea le doigt dans l'œil, et le lui creva. Dès lors, la nourrice devenue borgne, ne put plus le voir. Depuis personne n'a plus pu le découvrir, quoi qu'il continue ses dépradations ; et qu'il dévore, de temps en temps, quelque innocent ou quelque naïf qu'il attire, à lui, par la cupidité ou la coquetterie.

L'Ondine du Plan de la Garde. — J'ai vu, en 1858, dans la plaine de La Garde, un grand garçon de vingt ans, qui venait d'être très gravement malade, à la suite

le méfaits dont il avait été l'objet de la part des esprits
des eaux. Voici comment il racontait son aventure :
Un soir qu'il rentrait chez ses parents, fermiers dans
une campagne située près des Quatre-Chemins, il passait
à travers champs pour arriver plus vite, parce qu'il
s'était attardé à jouer et boire au cabaret. Tout-à-coup,
il vit sur le bord d'un ruisseau d'arrosage, une jeune fille
qui lui parut extrêmement jolie, et qui était occupée à
peigner ses cheveux, admirablement beaux d'ailleurs.

Le jeune godelureau, alléché par les attraits qu'il
découvrait, s'approcha de la jeune fille pour lui dire
quelques mots aimables ; il fut répondu aimablement à
ses paroles ; s'enhardissant, alors, il voulut passer des
paroles aux actes. Mais, la jeune fille se mit à fuir,
le galant la poursuivit ; ils allaient ainsi à travers
champs, folâtrant plutôt qu'ils ne couraient, car la fillette
s'arrêtait dès qu'elle avait un peu trop d'avance sur son
amoureux, se contentant de lui glisser entre les doigts
lorsqu'elle était serrée de trop près. Or, tout-à-coup,
le jeune homme glisse et tombe dans une pouzzaraque,
sorte de mare, qu'il n'avait pas vue. Aussitôt la jeune
fille, qui n'était autre chose qu'une *masque*, poussa un
ricanement diabolique et disparut. Le malheureux
passa toute la nuit à déchirer ses ongles contre la paroi
glissante des bords de la pouzzaraque, au grand risque
de se noyer ; ce n'est que par un hasard providentiel,
après s'être recommandé à tous les saints qui étaient
venus à son esprit, qu'un jardinier l'aperçut, au point du
jour, dans sa dangereuse position. Il fut sauvé par ce
jardinier, mais une longue nuit passée dans l'eau glacée

lui avait donné une fluxion de poitrine dont il faillit mourir.

Les Masques lavandières. — Dans une infinité d'endroits, sur les bords des cours d'eau de la Provence, notamment : le long du Gapeau depuis Méounes jusqu'à la mer; dans la vallée de Collobrières, sur le trajet de Caramy, de l'Argens, de l'Issole, du Loup, du Var, etc., etc., on parle de masques, qu'on voit, la nuit, sous forme de jeunes femmes ou filles lavant du linge, seules ou en compagnie plus ou moins nombreuse. Ces femmes rient ou chantent, et font de leur mieux pour attirer l'attention des passants attardés. Malheur à l'imprudent qui ne sait pas résister à la tentation d'aller lutiner ces lavandières, car il lui arrive bientôt malheur. Tantôt, on le fait danser jusqu'à ce que mort s'en suive ; tantôt on le pousse pour le faire tomber dans l'eau ; — tantôt les charmantes filles se transforment en bêtes horribles. — Bref, il arrive malheur au téméraire.

Les Ondins de la Crau d'Arles. — Les voyageurs attardés dans la plaine de la Crau d'Arles, rencontrent souvent des individus, qui leur apparaissent juste au moment où ils hésitent entre deux chemins à prendre. Ces individus, qui ne sont autres que des esprits malfaisants des eaux, ont l'air de paisibles paysans ou bergers, ils se hâtent d'indiquer le chemin, mais c'est toujours une mauvaise indication qu'ils donnent, — parfois même, sous prétexte de conduire le voyageur vers la bonne route, ils prennent son cheval par la bride ; et ne manquent jamais, alors, de le faire tomber dans une mare, disparaissant en ricanant au moment où leur victime barbotte dans l'eau, au grand danger de se noyer.

L'Esprit des eaux qui contrarie les pêcheurs. — Sur tout le littoral de la Provence, et de la région qui va de Nice à Vintimille, on parle d'un esprit des eaux taquin et désagréable pour les pêcheurs. — Cet esprit, s'amuse à enlever l'appât de l'hameçon, sans que le pêcheur s'en aperçoive. — Ou bien, il saisit la ligne, en disant « tu tires par en haut, je tirerai par en bas », et dès ce moment, la ligne reste tellement fixée au fond, qu'il faut la casser pour la retirer.

Dans le Mentonnais on appelle cet esprit des eaux : *la Magou*. Il habite surtout les eaux, quoiqu'on le voie parfois dans les forêts, les souterrains, les caves, etc., etc. *La Magou* effraie ceux qui la voient. elle tire souvent les lignes des pêcheurs vers le fond, en disant des paroles de moquerie à ceux qu'elle fait endêver. (*R. d. t.* 1894, p. 253.)

II

CLASSIFICATION

Si nous examinons, au point de vue synthétique, les traces de la croyance à l'esprit des eaux que j'ai rencontrées en Provence, nous voyons : qu'on peut les diviser en cinq catégories :

Celle du drac.

Celle de l'ondine ; du Plan de la Garde qui apparaît sous la forme d'une jeune fille, écoutant les propos galants des imprudents qui la rencontrent.

Celle des lavandières.

Celle de l'homme ou de l'animal fantastique qui abusent le voyageur pour l'égarer et lui nuire.

Enfin, celle du génie malfaisant qui tracasse le pêcheur.

En réalité, nous voyons que la Provence est assez pauvre, sous le rapport de la croyance qui nous occupe ; plusieurs autres pays sont infiniment mieux partagés, C'est ainsi, que l'esprit des eaux se manifestant sous la forme du phoque, du lamentin, etc., par exemple, qui est si répandu dans le nord de l'Europe, ne s'y rencontre pas ; et que nombre d'aventures qui sont racontées au sujet de cet esprit des eaux, soit en Asie, soit en Afrique, font défaut dans notre beau pays. Néanmoins, les vestiges que j'ai signalés sont assez nombreux et assez variés, pour montrer que les antiques habitants de la Provence n'ont pas échappé à la croyance aux esprits ; croyance qui tint tant de place dans l'esprit de nos ancêtres, plus ou moins éloignés.

III

ESPRIT DES EAUX SEMBLABLE AU DRAC

Les légendes qui prêtent à l'esprit des eaux des attributs analogues à ceux du drac, sont extrêmement nombreuses, et présentent une grande variété. Dans certains cas, l'idée du drac du Rhône, se retrouve, presque identique. Nous pouvons en donner la preuve par les citations que voici :

L'accoucheuse qui avait la double vue. — Une accoucheuse qui demeurait à Albecq, dans l'île Guernesey, entendit frapper, une nuit, à sa porte; elle suivit un homme qu'elle ne connaissait pas, croyant qu'elle était mandée pour délivrer une paysanne en mal d'enfant, ou pour soigner un enfant malade ; elle constate bientôt qu'on la conduisait vers une plage déserte, à l'endroit qu'on appelle : la Grotte des Fées ; et, comme elle ne pouvait s'échapper, elle fit contre mauvaise fortune, bon cœur. On la fit pénétrer dans une demeure sous-marine, où elle trouva un enfant très malade qu'elle soigna de son mieux ; elle était dans un palais magnifique, avec tous les serviteurs et toutes les ressources qu'on trouve dans les maisons les plus riches. L'enfant guérit, et l'accoucheuse demanda à s'en retourner chez elle ; on la paya très généreusement ; on lui recommanda de garder le silence sur son aventure.

Au moment de partir, l'enfant qu'elle avait guéri l'embrassa, pour lui témoigner sa reconnaissance ; et comme un peu de salive toucha les yeux de l'accoucheuse, celle-ci eut le don de double vue ; elle vit la grotte dans laquelle elle était, et les gens qui avaient eu recours à ses soins, sous leur véritable aspect.

Quelques jours après son retour à la maison, elle va au marché, et aperçoit l'homme, qui était venu la chercher, en train de dérober les plus belles provisions, dans un magasin. Personne ne voyant cet être surnaturel, il était certain de l'impunité. L'accoucheuse outrée de voir cette mauvaise action lui dit : « Vous n'avez pas honte de voler ainsi les pauvres gens. » L'homme lui répondit : « Mais, comment me voyez-vous? ». L'imprudente eut le tort de lui raconter comment elle avait acquis la double vue ; elle n'avait pas fini, que le méchant, lui crachant à la figure, repartit en ricanant : « Tiens, de cette manière tu n'auras ni la double, ni même la simple vue ». La pauvre femme était devenue aveugle, parce que la salive de cet homme lui avait touché les yeux (MAC CULLOCH. *R. d. trad.* 1888, p. 426).

M. Mac Culloch (*loc. cit.*) rapporte une autre version de cette légende, qui est absolument semblable à celle du drac : l'accoucheuse n'avait la double vue que d'un œil, et l'esprit lui creva cet œil avec le doigt.

L'imprudente qui se fait crever l'œil. — Dans le bourg de Tavistock, du Devonshire, une sage-femme venait de se coucher, lorsqu'elle fut appelée en toute hâte par un homme, qui lui demanda de venir chez lui, faire un accouchement. Elle partit, en croupe sur un cheval, qui prit bientôt des airs fantastiques, et courut alors comme le vent. Elle arriva, enfin, dans une habitation, où elle aida une femme en mal d'enfant; l'accouchement fini, elle dit, pour être aimable, en regardant le nouveau-né : « Il ressemble tout à fait à son père. » Mais, aussitôt, l'enfant lui asséna un coup de poing qui l'étourdit. Elle était à peine revenue de sa stupéfaction, que la mère lui donna une pommade particulière dont elle dit de frotter tout le corps de l'enfant. La sage-femme, soit par mégarde, soit par curiosité, mit un peu de cette pommade sur son œil droit ; aussitôt elle vit des choses étranges dans cette maison. Quand elle eut fini son travail d'accouchement, cette femme fut ramenée chez elle, et grassement payée ; elle était très intriguée de tout cela, on le comprend, et n'osa en rien dire à personne. A quelque temps de là, un jour de marché, elle passait sur la place, et elle vit, avec son œil droit, l'individu qui était venu la chercher pour cet étrange accouchement. Elle s'approcha de lui, et lui demanda des nouvelles de l'enfant. « Tiens, s'écria-t-il, comment me voyez-vous ? » La naïve sage-femme lui raconta l'aventure de la pommade ; elle n'avait pas achevé qu'elle reçut un coup de poing qui lui creva l'œil ; de sorte qu'elle ne put plus voir le fairie qui lui dit en s'en allant : « Voilà pour vous apprendre à vous mêler de ce qui ne vous regarde pas, (BRUÈYRE, *loc. cit.*, p. 228). Ajoutons que des aventures de ce genre sont indiquées par Hunt. dans ses contes des Cornouailles (p. 83) dans Keigtheley (*Faits Mythologiques*, p. 353) etc., etc.

Dans l'aventure de l'ondin de l'Elster, que nous allons rapporter, la donnée du drac du Rhône est, à peine, un peu modifiée, comme on va le voir.

L'ondin de l'Elster. — Il y avait dans les environs de Leipsick, un ondin qui vivait dans l'Elster, et qu'on voyait quelquefois venir dans les villages riverains. Un jour, cet ondin vit une servante qui était mécontente de la modicité de ses gages ; il lui offrit de la prendre à son service.

L'imprudente accepta, et le suivit au fond de la rivière ;

mais là, elle fut soumise à une gêne extrêmement pénible ; en effet, lorsqu'elle voulut prendre du sel pour assaisonner les aliments qu'elle avait à préparer, elle n'en trouva pas. Elle alla en demander à son nouveau maître, qui lui répondit; qu'elle eut à s'en passer. Cette servante fut donc condamnée, désormais, à tout faire cuire sans sel. Elle trouvait perpétuellement les aliments insipides ; et Dieu sait ce qu'elle souffrit, ainsi, jusqu'au jour ou, son engagement étant terminé, elle put reconquérir sa liberté. Elle se hâta de quitter ce service si désagréable, pour revenir chez les gens qui assaisonnent leur nourriture avec du sel. Aussi, désormais, elle ne se plaignit plus de la modicité de ses gages, et ne chercha plus à gagner plus que ses compagnes, en allant servir des maîtres qu'elle ne connaissait pas.

Dans quelques circonstances, le conteur s'est apitoyé sur le compte de la malheureuse victime du Drac ; et la fait échapper à ses maléfices. Nous avons un exemple de ce cas, dans la légende de la Saâle saxonne que voici :

L'Ondin de la Saâle Saxonne. — Une sage-femme de la ville de Hall, fut réveillée, une nuit, par un homme qui la priait de venir faire un accouchement ; elle se lève, le suit ; et elle est conduite sur les bords de la rivière, où elle voit les flots s'écarter pour lui donner passage, si bien qu'elle et son conducteur purent descendre jusqu'au fond sans être mouillés. Ils arrivèrent, ainsi, dans un palais superbe, où la sage-femme trouva une femme en mal d'enfant, qu'elle ne tarda pas à délivrer heureusement.

Cette femme reconnaissante lui dit : « Je veux vous éviter les embûches terribles auxquelles vous êtes exposée ; car mon mari, qui est l'ondin de la rivière, et qui ne veut pas qu'on s'occupe de nous, fera tout, pour vous nuire

« Ainsi, par exemple, il va vous tenter avec de l'or, mais ne prenez que ce que vous avez coutume de prendre pour votre salaire, sinon vous ne reverriez plus le jour. Ensuite, dès que vous toucherez le bord de la rivière, hâtez-vous de cueillir de l'origan et du marrube ; et, quoi qu'il vous arrive, ne manquez pas de garder ces plantes dans votre main droite, jusqu'à ce que vous soyez rentrée dans votre maison.

A peine avait-elle achevé ces recommandations, que l'ondin entra dans la chambre, avec une sébille pleine d'or, en disant à l'accoucheuse « prenez tout ce que vous voudrez », mais elle ne prit qu'une seule pièce ; et, même, la plus petite.

L'ondin fut très désappointé, et lui dit : qu'il allait la ramener au bord de la rivière. Or, comme il passait devant elle, pour écarter les flots, la sage femme put se baisser et saisir l'origan et le marrube, dès qu'elle fut près de la berge.

Grâce à ces plantes, elle échappa aux embûches de l'ondin qui, tout mécontent qu'il était, fut obligé de la laisser retourner chez elle ; elle n'entendit plus parler, désormais, ni de l'ondin ni de l'ondine sa femme.

IV

L'ESPRIT DES EAUX QUI APPARAIT SOUS DIVERSES FORMES, POUR NUIRE AUX IMPRUDENTS

Nous avons parlé précédemment de l'ondine du Plan de La Garde, qui parvint à faire tomber un jeune imprudent dans une pouzzaraque. On peut dire, à son sujet, que cette aventure n'est qu'un vestige atténué, d'une croyance beaucoup plus concrète, et enjolivée de plus de détails, qu'on rencontre dans nombre de localités, — C'est ainsi, que depuis l'antiquité, on connaît la fable des sirènes. — L'exemple le plus célèbre qu'on puisse invoquer, dans cet ordre d'idées, est la légende d'Ulysse, que l'on trouve dans l'Odyssée : légende qui se rencontre dans cent autres récits.

Les Sirènes de l'Odyssée. — Circé dépeignit à Ulysse les sirènes, de la manière suivante, dans l'Odyssée d'Homère : « Vous trouverez sur votre chemin les sirènes, elles enchantent tous les hommes qui arrivent près d'elles. Ceux qui ont l'imprudence de les approcher et d'écouter leurs chants, ne peuvent éviter leurs charmes ; et jamais leurs femmes ni leurs enfants ne vont au devant d'eux les saluer, et se réjouir de leur retour. Les sirènes les retiennent par la douceur de leurs chansons dans une vaste prairie, où l'on ne voit que monceaux d'ossements de morts ; et que cadavres, que le soleil achève de sécher. Passez sans vous arrêter, et ne manquez pas de boucher, avec de la cire, les oreilles de vos compagnons, de peur qu'ils ne les entendent. Pour vous, vous pouvez les entendre, si vous voulez ; mais, souvenez-vous de vous faire bien lier, avant, à votre mât, tout debout, avec de bonnes cordes ». (*Odyssée*, liv. XII. *trad.* DANEN, p. 187).

Apollonius de Thyane (p. 138), racontait, dans l'antiquité, que près de Balara, l'île sacrée de Solère était habitée par une sirène, qui enlevait et faisait mourir les navigateurs, lorsqu'ils avaient l'imprudence de s'approcher de son gîte.

Les Hawfrues et le Grimm. — Les norwégiens de nos jours, croient encore à l'existence de sirènes absolument semblables à celles d'Ulysse et d'Apollonius de Tyane ; ils les appellent les Hawfrues. Ces norwégiens, connaissent aussi un esprit des eaux, qu'ils appellent : le *Grimm*, et qui fait entendre de délicieuses mélodies près des cascades, des torrents. Lorsqu'on lui fait offrande d'un bouc, gras et fort, il enseigne la musique à ses adorateurs ; tandis qu'il donne des leçons insignifiantes, à ceux qui ne lui ont offert qu'une bête chétive.

La Sirène de Zennor. — On voit dans l'église de Zennor en Cornouailles, la sculpture en bois d'une sirène. La tradition raconte : que jadis la musique de cette église était si belle, que les sirènes venaient l'écouter. Le fils du seigneur de l'endroit devint amoureux de l'une d'elles ; et, un jour, il la suivit jusqu'à la mer, d'où il n'est plus revenu depuis. (*R. d. t.* 1887. p. 63.)

Les Fenettes du Leman. — Sur les bords orientaux du lac Leman, on parle de fenettes, qui sont des fées des eaux, vivant dans les oseraies ; elles s'amusent à chanter et à danser pendant la nuit, et quelquefois pendant le jour. — Leur chant est triste, quoique très mélodieux. — Dès qu'un paysan, un pêcheur, un berger, etc., etc., entend, par hasard, chanter les fenettes, il se hâte de s'en aller, sans regarder autour de lui, car s'il voyait ces fenettes, il mourrait dans l'année ; et peut-être, même, de suite. (*R. d. t.* 1892, p. 376.)

La Demoiselle de l'Elbe. — Il y avait jadis, dans les environs de Magdebourg, une ondine qui habitait le fond du lit de l'Elbe. C'était une charmante jeune fille, aimant beaucoup la danse, et fréquentant volontiers les fêtes publiques, où elle était très aimable pour les garçons. Un jour, un jeune boulanger s'éprit d'elle, lui tint de doux propos ; elle l'écouta volontiers et accepta la proposition de mariage qu'il lui faisait.

Le crédule jeune homme partit avec elle, pour aller demander sa main à l'ondin son père ; ils prirent passage dans le bateau d'un pêcheur auquel la jeune fille dit : « Lorsque mon père aura consenti à notre union, je vous enverrai, par le fil de l'eau, une assiette de bois dans laquelle sera une pomme. Vous prendrez cette pomme, que vous porterez aux parents de mon fiancé ; ils apprendront, ainsi, l'heureuse conclusion de notre union.

Après avoir dit cela, la jeune ondine enlaça son fiancé par la taille et se jeta avec lui dans la rivière ;

mais, au lieu de l'assiette contenant la pomme, le batelier vit un jet de sang sortir de l'eau. C'était la preuve
que les parents de l'ondine avaient tué le jeune homme,
pour se repaître de sa chair. Il faut ajouter : que le
batelier fut bien favorisé du sort dans cette circonstance, car s'il avait vu la pomme, et qu'il eut essayé de
la prendre, il aurait été saisi, et entraîné au fond de
l'eau, par l'ondin malin.

Cette donnée de la sébille que nous avons vue déjà
dans le drac du Rhône, se retrouve encore, on le voit,
dans la donnée de l'ondine de l'Elbe. Seulement, ici,
des détails superstitieux et fantastiques sont venus se
surajouter au thème fondamental ; ils lui ont donné un
tour spécial ; mais en laissant de côté cette partie,
étrangère à notre sujet, nous pouvons encore démêler
la portée des attributs qui est prêtée à l'esprit des eaux,
dans cette aventure.

L'Ondine de Laybach. — A Laybach, il arriva un
jour, le premier dimanche de juillet de l'an 1547, dit la
légende, un événement tragique qui montre : que les
sirènes hantaient la région ; toute la population était
en fête et l'on dansait sur la place publique, lorsqu'un
jeune étranger vint se mêler aux habitants. — On avait
bien remarqué ses yeux verts et sa main humide et
froide, mais on ne songeait pas à son essence surnaturelle, — le jeune homme fut très empressé auprès
d'une jeune coquette qu'on accusait d'amours faciles,
il la fit danser ; et elle se prêta si bien à ses avances
galantes qu'on en était choqué, lorsque tout-à-coup on la
vit emportée par son danseur dans une valse effrénée

jusqu'au bord de la rivière, où elle disparut entraînée par son séducteur, qui n'était autre chose qu'un ondin.

En Danemark, on raconte, aussi, maintes histoires d'hommes de la mer ayant décidé des jeunes filles à les épouser (*Grote, R. d. t.* 1892, p. 497). Dans ces cas, la jeune fille est perdue pour ses parents.

Dans le Turkestan on parle de sources hantées par des ondines. — Ibèn Kordabeh raconte : qu'il y en avait une auprès de laquelle, un pauvre pâtre allait souvent jouer de la flûte. — Un soir, il s'endormit près de cette source et il disparut. — Ses parents le virent quelques fois, depuis, marchant sur les eaux, en compagnie de naïades qui l'obligeaient à jouer de la flûte pour les faire danser (*R. d. t.* 1895, p. 484.)

J'ai rencontré la donnée d'un esprit des eaux menant à mal une victime qui a le tort de l'écouter, dans les légendes du Haut-Sénégal. (Voir mon livre sur les *Peuplades de la Sénégambie*, Paris, LEROUX, 1879, p. 211). Seulement, c'est cette fois une jeune fille qui souffre les maléfices du monstre. — Penda Balou écoute un séducteur qui, au lieu de conserver la forme de beau jeune homme, se change en un horrible caïman, lorsqu'elle a cédé à ses obsessions.

La donnée superstitieuse qui a produit les légendes de cette catégorie, se rencontre, à l'état plus ou moins fruste, dans un grand nombre de pays ; c'est ainsi que dans les Ardennes il y a sur le plateau de Rocroy, une vieille ardoisière qui est hantée, dit-on, par un monstre appelé le karnabo. Un jour, une jeune fille eut l'imprudence de vouloir le voir ; elle fut saisie par lui ; et depuis on entend parfois les cris de la pauvrette et les rugissements du karnabo (*Meyrac* p. 358).

On croit aussi dans les Ardennes, qu'il y a au fond des rivières et des étangs, un esprit malfaisant appelé « Martin Crochet » qui attrape et qui noie les enfants qui viennent près de l'eau (*Meyrac*, p. 172). D'ailleurs, sans s'appeler de ce nom, toujours l'esprit des eaux commet les mêmes méfaits, tant sur les enfants que sur les grandes personnes, dans toutes les vallées de la Meuse, de la Mozelle, de la Saare, etc., etc., se transformant au besoin en lutin, en fourolle, en dame blanche, etc., pour égarer et mener à mal les imprudents qui s'attardent, pendant la nuit, au voisinage des nappes d'eau.

Esprit des eaux apparaissant sous forme d'être humain pour se faire aimer. — Dans quelques cas, la donnée de l'esprit des eaux qui se fait aimer par un simple mortel, est dégagée du détail sinistre de la mort. Mais l'union n'est pas heureuse, en somme, car il arrive un moment, où l'un des deux conjoints éprouve une grande douleur, par le fait de son imprudence ou de l'oubli de certaines conditions qui lui avaient été imposées.

Nous avons, en France, la donnée de la fée Mélusine et de celle d'Argouges, qui peuvent être citées à l'appui de la proposition. Dans les autres pays, on en rencontre un grand nombre aussi.

Les Nixes Saxonnes. — Trois jeunes nixes, très jolies, prirent l'habitude de venir faire la veillée chez des paysans du village saxon qui était près de leur lac;

pendant qu'elles filaient elles racontaient des histoires merveilleuses ; parfois, même, elles chantaient d'une voix charmante. Dès que onze heures sonnaient, elles s'en allaient, et ne voulurent jamais rester au delà, quelque soin qu'on mit à les retenir. Or, un soir, un jeune amoureux imagina de retarder l'horloge et les obligea ainsi à rester plus longtemps que de coutume ; mais le lendemain matin, on vit trois taches de sang dans l'étang ; et, depuis, elles ne sont plus revenues.

Le seigneur Peter de Stanfenberg, étant un jour à la chasse, rencontra une ondine qui avait la forme d'une admirable jeune fille ; il s'approcha d'elle, lui parla avec passion et noua des relations d'amour qui durèrent pendant plus d'une année. L'amoureux avait juré de ne jamais être infidèle ; mais, avec le temps, il oublia son serment, délaissa la pauvre ondine et demanda en mariage la fille d'un grand seigneur du voisinage. Le jour de la noce arriva, Stanfenberg pouvait penser qu'il n'entendrait plus parler de la pauvre délaissée, lorsqu'en se mettant à table il jeta les yeux au plafond, où il vit apparaître le pied de son ondine, il en fut si terriblement ému, qu'il se leva de table, envoya chercher un prêtre ; et, à peine avait-il fini sa confession, qu'il expira.

La légende du lac Jungfernsée, dans le Schleswig Holstein montre : qu'on y croit aux esprits des eaux apparaissant sous forme d'ondines, et épousant des individus qui vivent, plus ou moins longtemps, très heureux avec elles, mais finissent toujours par les perdre.

En Estonie, on raconte un grand nombre de légendes qui ont trait aux esprits des eaux, apparaissant sous forme d'ondins et d'ondines. Ces légendes ont toujours, en général, le détail du malheur qui frappe, tôt ou tard, le mortel qui s'est laissé aller à suivre un de ces esprits.

Les Arméniens, croient à l'existence des esprits des eaux qu'ils appellent Péries, et qui ont la forme d'admirables jeunes filles ; elles peignent leurs cheveux au bord de l'eau, et quelquefois se déguisent en paysannes pour venir vivre avec les hommes. Ceux-ci ne connaissent que par hasard leur véritable nature (*R. d. t.*, 1895, p. 4). Dans les légendes de ce pays, comme dans celles des autres, l'union est toujours malheureuse, à un moment donné.

Nous verrons plus loin, quand nous parlerons des esprits des eaux qui quittent leur enveloppe animale, à certains moments, un certain nombre de légendes qui pourraient trouver place dans la présente catégorie ; nous ne les avons placées ailleurs, que parce qu'elles ont un détail spécial qui constitue, entre-elles, un lien de parenté.

Esprits des eaux prenant la forme de lavandières. — Une autre forme très intéressante de l'esprit des eaux, est celle des lavandières, que l'on rencontre dans une infinité de pays. Je n'en citerai que quelques très rares exemples, car il me faudrait écrire un gros volume, rien que pour les énumérer, si je voulais recueillir toutes celles qui sont connues.

Dans les Basses-Alpes, les Hautes-Alpes, l'Isère, le

Lyonnais, le Jura, on rencontre, comme dans le Var et les Bouches-du-Rhône, la crédulité des esprits des eaux, se manifestant sous la forme de lavandières.

A Veyria, dans la Franche-Comté, il y a la source des Sept-Fontaines, où, pendant la nuit, on voit souvent de jolies filles laver leur linge en riant. Ces lavandières attirent les jeunes gens, et leur font manquer les rendez-vous avec leur promise.

Dans les bois qui séparent Baunogne, de Seraincourt, dans les Ardennes, on parle de lavandières nocturnes (MEYRAC, p. 192).

Dans les Landes, le Périgord, la Guyenne, en un mot dans le S.-O. de la France, on rencontre, aussi, la croyance à ces lavandières.

Dans la Creuse, la croyance aux lavandières est tellement admise par le populaire, qu'il raconte plusieurs légendes plus ou moins compliquées, dans lesquelles ces esprits des eaux interviennent. Dailleurs, la crédulité se rencontre dans tout le pâté montagneux de la France centrale, en Auvergne, dans le Forez, le Velay, etc.

Dans le Berri, l'Anjou, sur les rives des divers cours d'eau du bassin de la Loire, la superstition qui nous occupe ne fait pas défaut non plus.

En Bretagne et en Normandie les lavandières sont aussi fréquentes que redoutables ; tous les auteurs qui ont colligé les légendes de ces pays nous en ont fourni un contingent intéressant.

Dans divers pays de France, et particulièrement dans le Bas-Berry, on dit : que les lavandières sont de mauvaises mères qui ont tué leur enfant, et sont condamnées à laver son cadavre, pendant l'éternité. (MAURICE SAND. *R. d. t*. 1887, p. 524).

La Lavandière de Champeaux. — Un paysan qui revenait, pendant la soirée, de son travail, entendit, dans un pré, le bruit d'un battoir ; il crut reconnaître dans la laveuse fantastique une vieille paysanne de son hameau ; ayant eût l'imprudence de l'appeler, il fut aussitôt entouré de flammes, et saisi par une sorte de fantôme de femme qui cherchait à l'entortiller avec des linges sanglants. — Il se débattit, finit par tomber harrassé et moulu de coups sur l'herbe ; il put, néanmoins, se relever peu après, et se sauver à toutes jambes, poursuivi par le bruit du battoir surnaturel (MAURICE SAND, *R. d. t.* 1887, p. 524).

Dans les environs de Melun, un vieux paysan qui s'était attardé, un soir, vit, au bord d'un ruisseau où les femmes lavaient, d'habitude, deux dames blanches lavandières qui l'effrayèrent beaucoup (*R. d. t.*, 1893, p. 240).

Dans le Poitou, on parle de la lavandière de Château-Salbor, qui apparaît, sous la forme d'une jeune femme assez jolie ; et qui administre un vigoureux soufflet à l'imprudent, lorsqu'il se permet d'approcher un peu trop d'elle.

Le pont Angot, sur la Dive, dans l'arrondissement de Falaise, est réputé pour les esprits des eaux qui le hantent ; pendant la nuit, on y voit des lavandières redoutées.

Cette crédulité n'est d'ailleurs pas spéciale à la

France. Dans toute l'Europe centrale, d'une part, dans les Iles Britanniques, d'autre part, nous la retrouvons.

Un charretier qui passait, une nuit, sur le pont de Barca, près de Porto, en Portugal, vit des femmes qui lavaient dans la rivière, en riant et en courant. Comme elle lui paraissaient jolies, il leur dit : « Eh bien ! mes belles, lavez-vous à votre gré ? » Il n'avait pas fini, qu'il recevait le plus vigoureux soufflet qu'on puisse imaginer.

En Angleterre, il y a une grande quantité de localités, où l'on voit, pendant la nuit, des lavandières redoutables. Sur le twed à Mantou, comté de Roxburg, par exemple, elles effraient les voyageurs.

En Ecosse, les esprits des eaux de cette catégorie qui se tiennent dans les environs des rivières, des étangs, etc., etc., ne manquent pas.

D'ailleurs, en Asie, comme en Afrique on n'a pas de peine à en trouver des spécimens qui montrent : que l'idée est répandue dans tout ces continents.

Pour en finir avec cette catégorie, disons que la donnée des lavandières, redoutables pour les imprudents, se rencontre dans tous les pays du monde ou à peu près. — Dans certains pays ce sont des manifestations purement diaboliques ; dans d'autres, comme dans le Berri. — Et faisons remarquer : que la même croyance se retrouve en Arménie, ce sont des femmes qui ont tué leur enfant. — Dans tous les cas, elles sont dangereuses pour les téméraires ou les fats qui ne fuient pas dès qu'ils les voient.

Esprit des eaux se transformant en animal d'apparence inoffensive pour nuire aux individus qui s'y laissent tromper. — Dans quelques cas, les esprits des eaux prennent l'apparence d'un animal pacifique et inoffensif, pour tromper les crédules et leur nuire.

En Normandie, on appelle du nom de : *bête avette,* un esprit des eaux qui attire les enfants près des mares, et les y noie, pour les garder avec elle, tant elle les aime. Près d'Yport, en Normandie, on voit souvent sur le rivage, des chevaux ou des moutons marins, qui fascinent tellement les imprudents, qu'ils les attirent dans la mer, pour les noyer.

Quand on passe sur le pont de Saint-Caradec, entre Saint-Brieuc et Vannes, on entend, souvent, un fantôme crier, comme quelqu'un qui est tombé à l'eau, et qui appelle du secours. — On le voit, même, quelquefois, tomber, mais quand on accourt, on ne voit plus rien. (*R. d. t.* 1892, p. 69.)

Dans la partie supérieure de la Loire, entre Saint-Maurice et Villeret, il y a une grotte hantée par un esprit des eaux : le géant Ourgon, qui était un passeur fantastique forçant, les voyageurs à manger un dîner qui les tuait. (*Noélas.* p. 329-337.)

En nous occupant de l'esprit des champs, t. 1er, p. 351 et 377, nous avons parlé de Collé qui fait des mauvais tours dans la lande de Carnac. Collé est aussi, dans ce pays, un esprit des eaux. Voici quelques-unes de ses fredaines.

Le goemon de Collé Port-en-Dro. — Une nuit, les paysans de Carnac furent éveillés par une voix qui leur sembla être celle de l'un des leurs, et qui leur annonçait qu'il y avait du goëmon sur la plage, chacun se lève; on trouve, en effet, une abondante quantité de goëmon qu'on se hâte de mettre en tas, — jamais on n'en avait tant vu dans une marée, — Mais tout-à-coup, le goëmon disparaît, au moment où chacun croyait en avoir un énorme provision. — Au même moment, on entendit un gigantesque éclat de rire. C'était Collé qui se moquait des paysans; et, qui plongea dans la mer, les laissant ébahis de leur mésaventure.

Les Douaniers de Beaumer. — Deux douaniers de Beaumer faisaient la ronde, une nuit, quand ils virent un homme qui paraissait se noyer, et qui les appelait d'une manière désespérée. L'un des douaniers mu par un bon sentiment se précipita au secours du malheureux; mais, le prétendu noyé n'était autre que Collé qui faillit l'étrangler; et qui l'aurait certainement entraîné au fond de l'eau, sans l'intervention de son camarade. — Au moment où les deux douaniers, trempés jusqu'aux os, purent atteindre la terre ferme, Collé se mit à ricaner et à se moquer d'eux.

Les Pêcheurs de la Roche-Bernard. — Un jour, des pêcheurs jetèrent leurs filets près de la Roche-Bernard, ils eurent beaucoup de peine à les tirer, car ils contenaient un magnifique poisson; des camarades accoururent à leur aide; ils parvinrent enfin à mettre à sec leur prise. Ils se réjouissaient de leur capture, quand, tout-à-coup, le poisson se transforme en homme qui se mit à leur rire au nez, et plongea dans l'eau, où il disparut, après leur avoir dit des choses désagréables.

En Écosse, en Irlande, en Scandinavie, on retrouve la trace de la croyance de ce que nous appelons, en France : cheval Gauvin, et dont nous avons parlé au sujet de l'esprit des champs, t. 1er, p. 376. Lorsque cet esprit, appelé : le kelpie, est rencontré par des jeunes gens, quelque peu ivres, il se prête complaisamment à la chevauchée, allonge son dos pour porter tout le monde; et bientôt emporte les imprudents dans les foundrières et les étangs.

Dans les environs de Lochonost, dans les Highlands, il y avait, jadis, un esprit des eaux qui se présentait souvent sur les routes désertes, sous l'apparence d'un cheval tout harnaché, ayant l'air inoccupé. Si un imprudent avait le malheur de le monter, à peine était-il en selle, qu'il était emporté par monts et par vaux, et finalement jeté dans un étang, où il devenait la proie du kelpie (*Braeyre*, 252).

Ce kelpie se rencontre non seulement en Écosse, mais encore en Suède et en Norwège. Il a l'air de paître près de la rivière ou de l'étang; il se laisse approcher; et si un imprudent monte sur son dos, il l'emporte aussitôt et le jette dans l'eau pour le noyer et le dévorer. Dans d'autres circonstances, il suffit seulement de toucher l'animal pour qu'il vous arrive malheur. Le téméraire qui le caresse, ne peut plus retirer sa main; et est entraîné à l'eau, sans avoir eu besoin de monter sur la bête (*Braeyre*, 251).

A propos de ce kelpie, il y a, dans les Highlands, la légende suivante : Mac Grégor résolut de délivrer le pays de cet esprit; aussi, s'en alla-t-il vers l'endroit où il était d'habitude; et lorsqu'il le rencontra, au lieu de monter sur lui, il lui coupa la bride d'un coup d'épée. Aussitôt, le kelpie devint suppliant, et le pria de lui rendre le morceau de sa bride, car toute sa puissance dépendait de cette possession. Mac Grégor résista, malgré toutes les embûches de la bête; il parvint ainsi à conserver ce précieux talisman, qui a fait disparaître, à tout jamais, cet esprit malfaisant (*Bruoyer*, 253).

Il est à remarquer qu'on retrouve l'idée du pouvoir magique résidant dans la bride du cheval, dans des contes d'origine très diverse, non seulement dans Chamer (*Squier'tale*), mais encore dans le conte des frères Grimm (*Le Voleur et son Maître*) dans les *Mille et une Nuits* (*Histoire de Beder, prince de Perse*).

Les voyageurs qui passaient, pendant la nuit, sur le pont de Aber-Glaslin, dans le Sutherland (Écosse), entendaient souvent des cris étouffés, semblant venir d'un malheureux qui se noyait; ils devaient bien se garder de se détourner de leur route, car s'ils s'approchaient de l'eau, ils étaient saisis par un esprit méchant qui les faisait périr.

Dans la basse Lusace, en Saxe, on voyait parfois, la nuit, une femme assise sur le parapet d'un pont de l'Elbe, de l'Oder, ou d'autre cours d'eau, occupée à peigner ses magnifiques cheveux. Malheur à l'imprudent qui s'approchait trop d'elle, car il était enveloppé dans ses cheveux et jeté à l'eau.

En Danemark il y a, sur les plages des Strandvarster, des esprits des eaux qui sautent sur les épaules des gens attardés, ou bien qui les obligent à lutter avec eux.

A Paderborn, en Westphalie, il y a, sous le pont de la Lippe, un esprit des eaux qui éternue de temps en temps ; lorsqu'un charretier l'entend il faut qu'il se hâte de lui répondre : « Dieu vous bénisse », sinon sa charrette ne tarde pas à verser.

Individus transformés en cours d'eau ou en fontaine. — On rencontre, dans le pays de Cornouailles, au sujet de trois petits cours d'eau, le Tamar, le Tavy, et le Tawr, la légende curieuse que voici : Un esprit des champs avait une fille qui s'appelait Tamara et qui fut aimée par deux frères Tavy et Tawrage, fils d'un géant de Dartmor. Un jour, ces deux frères rencontrèrent la jeune fille et lui déclarèrent leur passion ; elle les écoutait sans avoir encore fait connaître son choix, lorsque le père de Tamara survint. Le géant de Dartmor était son ennemi, de sorte qu'il commanda à sa fille de ne pas écouter les amoureux. Mais la jeune fille refusa d'obéir. Dans un accès de colère, le père plongea les deux amoureux dans un sommeil magique et maudit sa fille, qui se mit à pleurer et fut changée, par punition, en rivière. Lorsque Tavy se réveilla, il chercha, en vain, la jeune fille, alla vers un géant qui lui révéla l'aventure. Or, il aimait tellement Tamara, qu'il obtint d'être changé en ruisseau, pour mêler ses eaux avec elle. Peu après, Tawra s'éveilla à son tour, fit la même chose, et fut, aussi, changé en torrent, à sa prière. Mais comme il ne se souvint pas de l'endroit exact où il avait laissé Tamara, il eut le malheur de faire fausse route (*Brueyre*, 256).

Les légendes de cette nature abondent dans plusieurs

pays ; celle de la rivière d'Ilse, par exemple, racontée par les frères Grimm, est analogue. Les métamorphoses du Dniéper, du Volga et de la Dwina, en Russie, s'en rapprochent. Le mariage du Thames et de la Medway, raconté par Spencer dans sa *Fairy Queen*, s'y rapporte aussi.

Ces légendes sont bien certainement des réminiscences de la croyance antique aux métamorphoses, dont les paganismes grec et romain nous ont fourni de si nombreux exemples. Les aventures d'Alphée et d'Arethusa ; de Pyrène (*Pausan Corinth*), et de mille autres que je ne prendrai pas la peine de citer, sont la preuve de l'exactitude de l'assertion.

Transition entre l'esprit des eaux et ceux des champs. — Déjà, dans les faits de la catégorie précédente, le lecteur a pu constater la tendance qu'il y avait à la transition, entre l'esprit des eaux et d'autres, celui des champs par exemple. Cette transition est bien mieux accusée dans ceux qui vont nous occuper actuellement. En effet, nous dirons d'abord que la crédulité populaire de la région jurassienne, croit : que sur les bords des étangs de Cogès, dans la Franche-Comté, on voit, parfois, des dames blanches ou vertes qui attirent les imprudents par des agaceries et d'alléchantes promesses de volupté, puis les précipitent dans l'eau, où ils se noient.

A vrai dire, ces dames des étangs de Cogès, ne sont qu'une variété des lavandières ; mais, cependant, elles répondent aussi aux caractères des esprits des champs Ces caractères sont, d'ailleurs, mieux accusés, encore, dans le fait ci-après :

Dans le Vichtelberg, entre Winosiedel et Weissenstad, en Allemagne, il y a dans la forêt de Zeitelmos, un étang, sur le bord duquel il y a une infinité de lutins. Un voyageur attardé, vit un soir, en passant près de là, deux petits enfants qui avaient l'air d'être égarés ; mû par un sentiment de pitié, il s'approcha d'eux pour les secourir, mais ils se mirent à lui dire des impertinences ; et il fut bien heureux de s'en tirer à ce prix.

La pensée religieuse devait naturellement percer dans la croyance aux esprits des eaux, comme dans celle des autres esprits, dans divers pays et à diverses époques ; nous en avons la preuve dans l'aventure que voici : Dans les Highlands d'Écosse, on raconte: qu'un pasteur revenant, pendant la nuit, de chez un malade, entendit sur les bords d'une mare des accords mélodieux ; il vit venir à lui un vieillard accompagné de petits nains portant des lumières ou des instruments de musique. Ce vieillard lui dit: qu'après la révolte de Satan il avait été condamné lui et ses compagnons à errer sur la terre jusqu'au jugement dernier; et lui demanda s'il pouvait espérer d'être sauvé. Le pasteur lui répondit affirmativement, à la condition qu'il réciterait le *Pater*. Mais, le vieillard sentant qu'il ne pouvait le dire régulièrement, se jeta dans le lac, en poussant un cri de désespoir, et disparut aussitôt.

Enfin, la donnée du prodige et surtout du prodige émanant d'un esprit malfaisant, devait venir compléter la série des adjonctions, dont la crédulité publique s'est complue à charger les attributs des esprits des eaux. Voici comment elle se manifeste. Un jour, une nisse peignait ses longs cheveux avec un peigne d'or, un chasseur téméraire, qui passait près de la roche sur laquelle elle était, voulut lui tirer un coup de fusil ; mais, elle repoussa le projectile d'une main dédaigneuse, et se mit à rire. Le chasseur effrayé s'en alla en courant ; trois jours après, on le trouva noyé.

Dans les environs d'Islay, en Écosse, un fermier vit, un jour, une de ses vaches faire un veau particulièrement joli. Une vieille femme du pays le lui demanda, et l'éleva avec soin. Un jour, la fille du fermier gardait ses bêtes près d'un lac, lorsqu'elle vit venir à elle un homme, qui la pria de le peigner. Elle n'osa refuser, mais voilà que pendant que l'homme s'était endormi, avec la tête posée sur ses genoux, elle voit que ses cheveux étaient couverts de varech. Ne perdant pas sa présence d'esprit, elle dénoue son tablier sur lequel la tête de l'homme était posée, le laisse glisser doucement à terre et se sauve à toutes jambes. L'homme s'éveille aussitôt, la suit ; il se transforme en cheval pour l'atteindre plus vite, mais heureusement la vieille femme ouvrit sa porte, et le taureau courut sur le monstre. Ils se battirent longtemps, tombèrent tous deux à l'eau ; et le lendemain on retrouva le corps mort du taureau, mais la jeune fille était sauvée. (Brueyre. 255).

Transition entre l'esprit des eaux et celui de l'air. — De même que nous avons vu les esprits des eaux avoir, parfois, quelques attributs empruntés aux esprits des champs, de même, nous devons nous attendre à les voir prendre, parfois, quelques caractères des esprits de l'air. M. Loys Brueyre, dans ses *Contes* de la *Grande-Bretagne*, nous fournit maints exemples (notamment p. 258 et suivantes).

Cette transition entre les esprits de l'air et ceux de l'eau, se traduit, d'ailleurs, par un certain nombre de crédulités assez différentes, en apparence, mais voisines en somme l'une de l'autre, lorsqu'on cherche à en analyser la signification. Je me contenterai, pour prouver l'exactitude de ma proposition, de rapporter: que sur les rivages de la Baltique, on dit: que le roi des Elfes passe de l'île de Storre à celle de Moe ou de Rugen, sur un char traîné par quatre chevaux aériens noirs.

Le jour, ces Elfes, rois et sujets, sont des arbres de la forêt, tandis que dès que la nuit arrive, ils se transforment en guerriers qui se livrent à leurs ébats joyeux, en temps ordinaire ; ils tueraient les étrangers qui oseraient les regarder en face.

Le Navire errant. — Par ailleurs, dans les régions du Nord, les matelots croient qu'on rencontre, parfois, au milieu des tempêtes, des navires fantastiques, montés par des fantômes, et naviguant au milieu des récifs et des dangers de tout genre, comme s'ils étaient en plein beau temps. Ces navires apparaissent aussi, quelquefois, dans les nuages et s'élèvent dans les airs, quand ils rencontrent un récif qu'il est impossible de contourner. Lorsqu'on passe, assez près d'eux pour voir leur équipage, on constate: qu'ils sont montés par des squelettes, et qu'ils sont commandés par un spectre sinistre, ayant toutes les apparences du diable.

A Saint-Gildas, dans le Morbihan, on dit : que souvent les pêcheurs qui mènent une mauvaise vie, sont appelés, dans la nuit, par une voix mystérieuse, se lèvent et s'en vont vers le rivage, où ils embarquent dans un bateau noir, qui s'éloigne aussitôt, et les fait errer sur la mer, jusqu'à la fin des siècles, avec ceux de leurs compagnons maudits comme eux.

Dans les environs de l'île de Sein, on voit, souvent, apparaître une sirène qui est la fille du roi Grallon; elle présage les tempêtes (*R. d. t.* 1891. 655).

Les pêcheurs bretons disent aussi : qu'on voit, parfois, un prêtre qui garde un troupeau de bœufs, au milieu des eaux, sur lesquelles ils marchent comme sur la terre : ils appellent cette apparition le *prieur de la mer.* (*R. d. t.* 1892, p. 248); elle leur prédit en général du mauvais temps.

Transition entre l'esprit des eaux et celui de la maison. — Nous terminerons ce qui a trait aux caractères transitionnels prêtés aux esprits des eaux, en disant que, dans certains pays, ces esprits des eaux ont, parfois, un lien de parenté avec l'esprit de la maison. Le kelpie d'Ecosse est de cette catégorie. Ajoutons que dans les pays qui séparent l'Angleterre de l'Ecosse, il y a un esprit de l'eau du nom de Shelly-Coat, qui a quelques-uns des attributs de l'esprit familier : Robin bon enfant. Comme lui, il est espiègle et aime à jouer de bons tours, sans cependant être méchant. Et, comme il est habillé avec des coquilles, on l'entend, au bruit qu'elles font en se heurtant les unes aux autres, quand il approche de quelqu'un.

Esprits des eaux qui laissent leur dépouille animale sur la plage. — Nous avons maintenant à dire un mot d'un caractère attribué à l'esprit des eaux : c'est la possibilité qu'il a de se transformer et de prendre les apparences d'un animal ou d'un être humain, suivant le cas. Les formes animales de l'esprit des eaux sont celles d'un oiseau, dans quelques circonstances, mais le plus souvent c'est celle d'un phoque qui lui est rattachée. Cette donnée se rencontre, surtout, dans les contrées septentrionales. J'en emprunterai surtout les exemples au livre si intéressant de M. Loys Brueyre sur les contes de la Grande-Bretagne. Je rappellerai, cependant, avant : que la fameuse Mélusine n'était, en réalité, qu'un esprit des eaux; car, si on s'en souvient, la légende dit que son mari méconnaissant sa promesse de ne pas essayer de la regarder, le premier de chaque mois, quand elle s'enfermait dans sa chambre, vit par le trou de la serrure, que son corps se terminait par une queue de poisson. Nous avons, ainsi, la preuve que la donnée fondamentale de cette catégorie se retrouve dans notre pays.

La mermaid des Cornouailles. — Un vieillard du pays de Cornouailles, se promenant, un soir, à la pointe du cap Lizard, vit une belle jeune fille qui peignait ses admirables cheveux, en se mirant dans une flaque d'eau des rochers. Dès que cette fille l'aperçut elle chercha à se sauver, mais la flaque d'eau était trop petite et le vieillard pût s'en emparer. Il lui demanda qui elle était, elle lui raconta : qu'elle était la femme d'un merman qui, en ce moment, dormait dans une grotte voisine en attendant la marée montante; elle demanda sa liberté pour aller le rejoindre. Mais, pendant ce temps la marée était

descendue tout à fait, de sorte que la jeune mermaid
fut désolée, parce que, comme son corps se terminait par
une queue de poisson, elle ne pouvait atteindre la mer.
Le vieillard consentit à la porter jusqu'à l'eau, et elle
lui promit de satisfaire trois de ses demandes. Le vieillard demanda 1° de pouvoir faire du bien à ses voisins;
2° de rompre les charmes de la sorcellerie ; 3° de découvrir les voleurs. La mermaid lui accorda ces trois
dons; et de plus, lui apprit à guérir les dartres, le feu de
Saint-Antoine, et la danse de Saint-Guy (Brueyre, p.
265.)

Le mari de la mermaid. — Un habitant des îles
Sheeland, se promenait, un soir d'été, sur le bord de la
mer, lorsqu'il vit, à la lueur de la lune, des esprits de la
mer qui dansaient sur le sable, et qui avaient près
d'eux des peaux de phoques. Il s'approche, les esprits
s'enfuient, il trouve à ses pieds une peau de phoque
vide qu'il emporte chez lui. En revenant à cette place,
le lendemain matin, il trouve une belle jeune fille qui
pleurait la perte de sa peau de phoque, il cause avec
elle, cherche à la consoler; et finit par la décider à l'épouser. Il en eut plusieurs enfants; et, sauf la singulière coutume : d'aller, pendant plusieurs heures par jour, causer
secrètement avec un phoque sur la plage, cette mermaid
était une parfaite mère de famille. Mais voilà qu'un jour,
un de ses enfants, trouve dans un grenier de la maison,
une vieille peau de phoque qu'il apporte à sa mère la
mermaid. Celle-ci s'en empare aussitôt, embrasse ses
enfants, et court vers la plage, où, son mari la vit se
changer en phoque et se sauver dans la mer, avec celui

qui était venu pendant de longues années parler avec elle en cachette. (Brueyre, p. 261).

Le pêcheur des Scheelands. — Les pêcheurs des îles Scheelands allèrent, un jour, pêcher des phoques sur un récif écarté. Ils en dépouillèrent un certain nombre de leur peau; mais ils furent surpris si rapidement par le mauvais temps, qu'ils durent se rembarquer à la hâte; et un de leurs camarades, qui s'était imprudemment éloigné, fut abandonné sur le rocher.

Ce malheureux avait une peur terrible d'être englouti par les eaux, lorsqu'il vit des phoques s'approcher du récif, dépouiller leur peau, et prendre l'apparence humaine, pour venir au secours de leurs compagnons gisant écorchés sur la roche. Un de ces phoques n'avait été qu'étourdi, et ses camarades se désolaient de voir qu'il serait désormais condamné à ne plus aller à l'eau, faute de sa peau de phoque, lorsque la mère de la victime aperçut le pêcheur abandonné. Elle s'approcha de lui, lui fit des reproches de sa barbarie vis-à-vis des pauvres phoques, puis se radoucissant, proposa au pêcheur, terrifié par le danger, de le ramener sain et sauf à sa cabane, s'il voulait lui promettre de lui rendre la peau de son fils. Le pêcheur promit tout ce que la vieille voulait; mais au moment de partir, il sentit que la peau du phoque, sur lequel il allait se cramponner, était tellement lisse, qu'il serait enlevé par les vagues. La vieille mère consentit à se laisser faire des trous dans la peau, pour que le pêcheur put s'y cramponner, et ils partirent. Ils arrivèrent à terre en bon état; le pêcheur rendit, comme il l'avait promis, la peau de phoque dérobée au fils de cette mermaid. (Brueyre. 265).

Le mermaid blessé. — Un pêcheur du Nord de l'Ecosse était, un soir, dans sa demeure, lorsque quelqu'un vint frapper à sa porte, et lui dit : que s'il voulait venir, sans retard avec lui, il lui ferait conclure un riche marché avec un acheteur de peaux de phoques ; le pêcheur accepta, ils partirent sur le cheval de l'inconnu qui, au lieu de se diriger vers le village courut vers une falaise et plongea dans la mer. Le pêcheur terrifié ne savait plus ce qui allait lui arriver, il se trouva bientôt dans une grotte, entouré de phoques, lui-même changé en animal de cette sorte. Un de ces phoques s'approcha de lui, et, lui montrant un couteau, lui demanda s'il reconnaissait cette arme. Or, comme c'était le couteau que le même pêcheur avait perdu, quelques heures avant, en l'enfonçant dans le flanc d'un phoque qui lui échappait. On comprend que l'homme fut inquiet ; mais le ton de celui qui le questionnait le rassura bientôt. Avec ce couteau, continua le mermaid, vous avez blessé mon père, et vous seul pouvez le guérir, en appliquant vos mains sur la blessure ; c'est pour nous rendre ce service que je vous ai fait prier de venir. Le pêcheur s'exécuta, en appliquant les mains sur la blessure du vieux mermaid ; il le guérit aussitôt. On lui fit promettre, ensuite, de ne plus tuer des phoques ; et, en revanche, on lui donna un trésor qu'il emporta, et qui lui permit de ne plus se livrer à la pêche, désormais. (Brueyre. p. 267).

La donnée qui nous occupe se rencontre en Algérie

dans la légende du taleb et le djinoun, dont voici les détails :

Le taleb et le djinoun. — Un pieux taleb qui était allé en pèlerinage au tombeau de Sidi Ali Zouaoui, s'arrêta au bord d'une rivière, où il vit une admirable jeune fille occupée à prendre un bain dans le courant limpide.

Au moment où il la contemplait, il aperçoit la dépouille d'une colombe, à terre près de lui; il s'en empare. Cette dépouille n'était autre que la peau de la djinoun, qui l'avait laissée la pour se baigner. Lorsque la jeune fille revint sur la berge, le taleb la saisit; et, comme elle ne pouvait plus reprendre sa forme de colombe, elle consentit, après avoir beaucoup pleuré, à devenir sa femme. Ils vécurent très heureux ; elle eut plusieurs enfants. Or, un jour, ces enfants en jouant, retrouvèrent la peau de colombe que le taleb avait cachée dans un coffre. La djinoun, revoyant cette peau, ne put résister à la tentation, elle s'envola pour rejoindre ses parcilles; elle revenait, de temps en temps, embrasser ses enfants pendant un instant, mais sans plus vouloir reprendre sa forme humaine (*Algérie, tradit.* de CER-TEUX et CARNOY, t. 1er, p. 87).

Transition entre l'esprit des eaux et le fantôme. — Dans quelques légendes touchant l'esprit des eaux, il est parfois difficile de distinguer : ce qui revient à la croyance primitive, de ce qui regarde le fantôme. Ces légendes établissent donc une transition, dont il faut tenir compte, quand on étudie la crédulité qui nous occupe. Il me suffira de les signaler en ce moment; car j'aurai à revenir plus longtemps sur elles lorsque je m'occuperai des esprits, au point de vue synthétique.

En Bretagne, on raconte souvent : que les esprits des eaux qu'on trouve au voisinage des rivières, sont les âmes de ceux qui s'y sont noyés. C'est leur fantôme que l'on voit en ces endroits, et c'est leurs plaintes que l'on entend pendant la nuit. L'apparition de ces fantômes est, en général, un mauvais signe pour ceux qui les rencontrent ; car, soit leur vie, soit celle de quelqu'un de leurs proches, court un sérieux danger.

Sous le pont de Kergoet, dans le département du Morbihan, il y a un fantôme qui apparaît, toutes les nuits, et qui serait, dit-on, une femme épileptique qui se serait noyée, en cet endroit, jadis. On redoute d'y passer, car ce fantôme est malfaisant. (*R. d. t.*, 1892, p. 69).

Une princesse qui possédait l'étang du Duc, près de Vannes, en Morbihan, était recherchée en mariage par un seigneur qu'elle n'aimait pas ; elle déclara qu'elle ne l'épouserait, que s'il faisait couler l'étang de Plaisance dans celui du Duc, chose qu'elle croyait impossible. Le Galant accomplit le travail, et la princesse désolée, se noya dans son étang, pour ne pas tenir sa parole, elle y fut transformée en esprit des eaux (MAHÉ : *Morbihan*, p. 416).

Nature démoniaque de l'esprit des eaux. — La nature démoniaque de l'esprit des eaux se rencontre dans un certain nombre de légendes du moyen âge et de l'époque moderne ; elle est la conséquence naturelle de la tournure donnée par le christianisme aux crédulités des populations qui ont adopté le dychotomisme du bien et du mal; et, par conséquent, qui rattachent au Diable tout ce qui n'est pas attribué à Dieu ou à ses saints.

Dans le lac de Koboldsée, en Prusse, on voit souvent un *nix*, coiffé d'un bonnet rouge, qui se tient dans les environs d'un endroit où un château a été englouti (*R. d. t.*, 1894, p. 614). Ce bonnet rouge indique suffisamment la nature démoniaque du *nix*; de même que la légende dit: que les habitants du château englouti ont été condamnés aux peines de l'enfer.

L'église engloutie de Strélau. — A Strélau, en Posmanie, il y a un lac sous lequel, la légende dit: qu'une église fut engloutie. Une femme du village allant un jour laver près de ce lac, y laissa tomber une pièce de toile; elle pria un homme, du nom de Rapata, de plonger pour la repêcher. Cet homme rapporta du fond un berceau d'enfant, tout cousu d'or, qu'il avait pris dans un hôpital, près d'une église. Mais la femme ayant eu l'imprudence de dire: « Par le diable, Rapata, que me rapportes-tu là », le berceau retomba à l'eau et disparut. (*R. d. t.*, 1895, p. 313).

Le Zmeu du mont Péristère. — En Macédoine, on dit: que le lac qui se trouve sur le mont Péristère, est habité par les Zmeus, qui ont tous les caractères des ondins. Cette légende raconte: que deux gardeurs de troupeaux virent un jour, deux jeunes Zmeus jouer à s'envoyer des boules de neige qu'ils dévoraient aussitôt; or, l'un d'eux plaça du sel dans ses boules, de sorte que son adversaire fut empoisonné; il fit cuire son cœur et son foie qu'il avait arrachés, mais étant obligé de s'en aller précipitamment, il pria les bergers de garder son rôti, avec défense de le manger. Un des bergers enfreignit cette défense. Il fut aussitôt poussé à se jeter à l'eau, où il devint Zmeu. Il ne reparut plus qu'une fois pour voir sa mère un instant (*R. d. t.*, 1893, p. 413).

Donnée fruste de l'esprit des eaux. — A côté des diverses catégories que je viens de spécifier, il faut placer cette dernière, dont il me reste à dire un mot. Dans cette donnée, l'esprit des eaux est présenté avec des attributs, assez vagues et assez neutres, pour qu'on soit autorisé à penser : que c'est la dégradation de l'idée sur le point de disparaître de la superstition des populations. Nous en trouvons plus d'un exemple en Provence, par exemple, où l'on parle vaguement de *masques* que l'on voit au bord d'un ruisseau ou d'une fontaine, sans qu'il se rattache à leur présence autre chose que le sentiment de terreur et de répulsion qu'on a généralement pour ces masques, ces sorciers, ces dépendants du diable et des démons.

A la Nardoye, dans les Ardennes, il y avait jadis un esprit des eaux, appelé le Hougier, qui s'amusait à éclabousser de boue ceux qui passaient près de lui.

Dans l'étang de Doby, près de Rimogue, dans les Ardennes, il y a un esprit appelé l'oyeu de Doby, qui a la forme d'un animal affreux *que personne n'a jamais vu;* et qui révèle sa présence par des cris horribles, pendant la nuit.

Entre les Hautes-Rivières et Linchamps, dans les Ardennes, un ruisseau passe sous un tunnel rocheux naturel de sept à huit mètres de long, qu'on appelle le trou des fées. Chaque nuit, disait-on jadis, les sorciers s'assemblent en cet endroit pour danser, et se saisissent des imprudents qui passent à leur portée, pour les faire cuire et les manger (*Meyrac* 197).

Dans le pays de Tréguier, les marins connaissent les sirènes qui ont un corps de femme et le bas du corps en forme de poisson. — Ces sirènes ne sont pas malveillantes, elles s'amusent à jouer et danser en rond, sur les plages, comme les esprits des champs.

Au quartier du Hommet, à Guernesey, il y a une grotte qui est hantée par des fées de la mer, au dire de la légende ; et dans laquelle il y a tout un service de table pétrifié, ayant appartenu aux ondines du lieu.

V

COUP D'ŒIL GÉOGRAPHIQUE ET HISTORIQUE SUR LA CRÉDULITÉ

La croyance aux esprits des eaux, comme d'ailleurs aux autres catégories d'esprits : maison, terre, airs, est très générale, d'après ce que le lecteur a pu voir déjà, soit par les chapitres précédents, soit par ce que je viens de dire. Aussi, ne sera-t-il pas étonné d'entendre affirmer : qu'elle se trouve dans tous les pays, à l'état plus ou moins accentué.

Europe. — Dans tous les états d'Europe, depuis les plus avancés en civilisation, comme la France, jusqu'aux plus en retard : les parties montagneuses des Balkans entre autres, la crédulité existe, avec des variations qui tiennent plus à la topographie des régions, qu'à toute autre condition. — C'est ainsi, que dans les pays où il y a de grands cours d'eau : le Rhône, le Rhin, le Danube, etc., etc., c'est sous la forme de drac, d'ondin, de nixes, qu'on rencontre les esprits des eaux. — Dans les contrées où il y a des lacs, des mares, des étangs, c'est encore ou à peu près sous cette forme, qu'ils sont connus. — Au contraire, dans les côtes maritimes, c'est sous celle de sirènes, de seraines, de phoques susceptibles de prendre la forme humaine, qu'on les voit.

Dans nombre de localités d'Europe, on peut discerner parmi les superstitions qui se rattachent à l'idée des esprits des eaux, quelques vestiges de pratiques religieuses. — C'est ainsi, qu'en Provence, en Bretagne et dans plusieurs pays de France, on dit : que le signe de la croix est la meilleure arme contre leurs entreprises.

En Danemark, en Allemagne, en Russie, dans les Balkans, on voit danser des esprits des eaux sous forme de dames, d'ondins, de nixes, etc., etc., la veille du jour où quelqu'un doit se noyer ; et on dit : qu'en faisant une prière aux âmes du purgatoire, ou à tel ou tel saint local, on détourne assez souvent le fâcheux présage.

En Suède, il y a des esprits des eaux dans certaines rivières, sous les ponts ou aux rapides ; il faut cracher trois fois dans l'eau pour se les rendre favorables. (*R. d. t.* 1891, p. 210).

Asie. — La croyance aux esprits des eaux est très répandue dans tout le grand continent asiatique. Toutes ses formes sont constatées dans les diverses populations qui l'habitent : depuis la mer Blanche et la Caspienne jusqu'à la mer Jaune et les grandes îles de Java, Formose, etc., etc., depuis la Russie jusqu'au Japon, à Siam, en Cochinchine, dans l'Inde, etc., etc.

Les thibetains croient fermement aux esprits des eaux, et leur font une offrande, lorsqu'ils passent une rivière, ou s'embarquent sur un lac. (TURNER, p. 318).

Les habitants de Sumatra, croient à l'esprit des eaux, font des offrandes à celui de la mer, pour qu'il leur soit favorable, lorsqu'ils entreprennent un voyage.

Les individus qui se noient deviennent des *Phi-phraï-naw*, au dire des Siamois, c'est-à-dire des esprits des eaux qui font naître les tempêtes, chavirer les barques et noyer les gens. Aussi, faut-il faire des offrandes à ces *Phi*, pour atténuer leurs mauvaises influences.

Les japonais croient aux esprits des eaux : ils leur adressent des offrandes, pour n'avoir pas à souffrir de leurs maléfices.

En somme, on peut dire : qu'en Asie, comme d'ailleurs partout, la croyance aux esprits des eaux est d'autant plus accentuée, qu'on l'examine dans une population moins civilisée. La tendance à les considérer comme faisant partie des divinités que les humains doivent craindre, est d'autant plus intense, qu'on a affaire à des gens plus arriérés.

Afrique. — La croyance aux esprits des eaux est extrêmement répandue dans toute l'Afrique : elle tient une très grande place, déjà, dans l'imagination des Algériens ; et on la rencontre chez toutes les peuplades du grand continent noir, depuis l'Egypte jusqu'au Maroc, depuis Tunis jusqu'au cap de Bonne-Espérance. Citons au courant de la plume : que les marins de la mer rouge croient à l'esprit des eaux, et font des offrandes à la mer (DIDIER-BURKHARDT), persuadés que sans cette attention pieuse, ils auraient à craindre leur animadversion, une fois éloignés du rivage.

Les riverains du haut et du moyen Niger, croient fermement à l'existence des esprits des eaux dont le pouvoir est redoutable, et qu'on peut se rendre favorable par des offrandes. Aussi, à chaque coude du fleuve, ont-ils l'habitude de pousser un cri. — Si l'écho leur répond, ils pensent que c'est l'esprit des eaux qui parle, et ils se hâtent de verser un peu d'eau-de-vie dans le fleuve, ou bien d'y jeter un morceau d'aliment. (LANDER).

Dans toute la vallée du Sénégal, la croyance à l'esprit des eaux se rencontre bien accentuée. La légende de Golok Salah, que l'on raconte sur les bords de la Falémé, en est une preuve irrécusable. Cette croyance à l'esprit des eaux a d'ailleurs, dans ces régions, comme dans une infinité d'autres, un très grand nombre de variantes, parfois très différentes les unes des autres.

Dans le Baninko, les nègres disent que : les anciens génies protecteurs du pays se sont réfugiés dans les eaux des marigots ; et qu'ils noient tous ceux qui en passant, la nuit à leur portée, parleraient en langue bambara, c'est-à-dire comme les envahisseurs de la contrée. (*R. d. t.* 1892, p. 762).

Au moment de s'embarquer, les riverains du lac Albert Nyanza, jettent des verroteries dans l'eau, pour se concilier les esprits aquatiques (BACKER, p. 345). Cette coutume se retrouve au Gabon, exactement semblable. (BARRET, t. II. p. 162).

La donnée des esprits des eaux se rencontre aussi à Madagascar, où l'on dit : que lorsque le géant Darafifa mourut, ses deux femmes : Rassaoua-Massi et Rassouahé pleurèrent tant, qu'elles furent transformées en sirènes, qu'on voit et qu'on entend pleurer quelquefois.

Si nous cherchions bien, nous trouverions, en examinant les crédulités des divers pays de l'Afrique, toutes les variantes connues de la donnée des esprits des eaux. — Ici, c'est un animal fantastique qui peut prendre la forme humaine, là, c'est un géant, des nains, des femmes séduisantes, etc., etc. — En un mot, on peut dire : que l'Afrique ne fait absolument pas exception dans l'universalité de la superstition qui nous occupe.

Amérique. — De son côté, l'Amérique est très fertile en légendes, superstitions, crédulités, etc., etc., relatives aux esprits des eaux, depuis le Labrador, jusqu'au cap Horn. — Toutes les variantes de la donnée s'y rencontrent ; et la chose se comprend facilement ; car dans l'Amérique du Nord, les grands lacs et les immenses cours d'eau sont nombreux. — Des fleuves immenses, abondent sur la côte orientale de l'Amérique du Sud ; et des torrents impétueux se rencontrent à chaque pas sur les versants occidentaux des Andes et des Cordillières. Sans compter, que la mer, elle-même, fournit son appoint considérable à la crédulité, quelle que soit la région du Nouveau Monde, où l'on recherche les traces de cette production de l'imagination humaine, qui a personnifié les dangers que fait courir l'eau, sous forme de torrent, d'étang, de lac, de rivière ou de mer.

Océanie. — Dans toute l'Océanie, la croyance aux esprits des eaux est extrêmement intense; elle constitue, même, dans une infinité d'îles de cette partie du monde, une des principales bases des pratiques religieuses de la population.

Les paysans de Viti et de la Nouvelle-Guinée, croient à l'existence des esprits des eaux, qui vivent dans les récifs, et qui sont redoutables.

Dans le détroit de Torres, on croit à l'existence d'un esprit des eaux, appelé Dorgai, qui est une femme prenant toutes les formes qu'elle veut, et noyant les femmes et les filles dont elle est jalouse, pour se faire aimer par les maris ou les garçons.

Les Australiens les plus reculés, croient à l'existence d'un esprit des eaux redoutable, une sorte de serpent qu'ils appellent *Nocol;* et qui saisit au passage l'imprudent qui s'expose à ses coups.

Les esprits des eaux se rencontrent en Tasmanie, aussi nombreux et aussi variés qu'on peut l'imaginer. — Dans plusieurs groupes de population, ils constituent, avec les esprits de la terre et ceux de l'air, tout l'Olympe et tout l'enfer, — c'est-à-dire tout ce que l'homme peut désirer ou craindre.

RÉSUMÉ

En somme, nous avons vu, comme je le disais en commençant, que la croyance aux esprits des eaux est universellement répandue dans ce monde, ainsi que celle des esprits de la terre et de l'air, etc., etc. On la rencontre, très vive et très accentuée encore, chez les peuples les plus civilisés. *A fortiori*, on le comprend, ce vestige des crédulités primitives de l'espèce humaine ne doit pas faire défaut chez les peuples encore plus ou moins arriérés. — Elle est, même, d'autant plus intense, peut-on dire, que la population chez laquelle on l'observe est moins civilisée.

VI

CRÉDULITÉS DU PASSÉ

Si haut que nous remontions dans le passé, nous trouvons la croyance aux esprits des eaux, comme d'ailleurs celle aux autres esprits, très accentuée. — Chez les assyriens, les perses, les mèdes, etc., etc., la légende de Sémiramis et de Derceto en sont une preuve.

Chez les égyptiens, Typhon n'était autre chose qu'un de ces esprits des eaux, capable des plus horribles méfaits.

Chez les juifs, nous la rencontrons, en compagnie des esprits de l'air, de la terre, des fantômes et autres manifestations de l'imagination enfantine des premiers humains.

Les anciens grecs, croyaient aux esprits de l'air, de l'eau, des champs et de la maison ; ils avaient même déifié ces esprits, ce qui nous montre la place considérable qu'ils tenaient dans leurs croyances. (DURUY, *Hist. des Grecs*, t. I, p. 186).

Dans son *Journal des Voyages*, Néarque, qui vivait sous le règne d'Alexandre (IVᵉ siècle av. J.-C.), raconte que sur la côte des icthiophages (Océan indien), on croyait : qu'il y avait une île habitée par une neréïde, qui avait absolument les mêmes vices et les mêmes pouvoirs que Circé. (*R. d. t.* 1892, p. 183). Personne, dans l'antiquité, ne songeait à révoquer son assertion en doute.

Dans l'antiquité, comme aujourd'hui, les nixes, ondines, etc., etc,, attiraient les individus dans l'eau pour les noyer. Sénèque parle des naïades qui attiraient dans le même but les gens dans les fontaines. (*Hip.*, v. 778). Apollonius de Rhodes (*Argon.* liv. I. v. 1238) et Valérius Flaccus (*Argon.* liv. III, p. 562). racontent la même aventure pour Hylas, favori d'Hercule.

Ovide (*Métam.*, liv. VIII, v. 580), parle des Naïades qui invitent à des danses champêtres. (MAHÉ, *Morb.*, p. 128). Les romains faisaient aussi des libations aux esprits de la mer pour se les rendre favorables. (OVIDE, *Métamorph.*, liv. XI). — En un mot, nous voyons que toutes les variantes de la crédulité étaient connues d'eux.

Dans l'Inde, on avait les mêmes pensées ; nous voyons dans les *Contes des Mille et une Nuits*, qui nous

ont transmis nombre de légendes de cette région,
plusieurs exemples de cette donnée des esprits des
eaux, comme d'ailleurs des autres catégories d'esprits.

Dans le moyen âge, on ne mettait pas en doute l'existence de tous les esprits. Pour en citer un exemple
entre mille, disons que Meyer (MISSON, *Voy. d'Italie*,
t. I, p. 26), a rapporté gravement qu'en l'an 1403, on
amena à Harlem, une nymphe (fille marine), qui avait
été jetée sur le rivage pendant une tempête, et qu'on
lui apprit à manger du pain, du lait, à filer et à saluer
la croix. On assurait qu'elle parlait une langue étrangère; et qu'à plusieurs reprises, elle essaya de retourner à la mer.

On racontait, aussi, qu'un ondin étant allé à l'église,
toutes les statues des saints se tournèrent pour ne pas
le voir. (MARMIER, *Chants du Nord*, p. 123).

Nous voyons, en résumé, que depuis les temps les
plus reculés, la croyance qui nous occupe a hanté le
cerveau de nos ascendants, comme il hante celui de
beaucoup de nos contemporains.

VII

ORIGINE DE LA CRÉDULITÉ

Si, maintenant que j'ai passé en revue les principales
variantes de l'idée de l'esprit des eaux qui sont venues
à ma connaissance, j'essaie de jeter un coup d'œil
synthétique sur cette crédulité, pour en déterminer

l'origine, et spécifier les diverses adjonctions qui sont venues se greffer sur la donnée primitive, je dirai: que la forme de l'esprit des eaux qui commet des méfaits, soit contre les hommes, soit contre les animaux, varie dans certaines limites suivant les pays. Ici, c'est un serpent ayant seulement les caractères d'un ophidien énorme; là, c'est un monstre qui paraît appartenir à la famille des sauriens. Plus loin, c'est un animal, moitié oiseau, moitié lézard. Il en est, qui ont plusieurs têtes, comme: l'hydre de Lerne ou le dragon du jardin des Hespérides. Parfois, c'est un bœuf, un cheval fantastiques. Enfin, dans plus d'un cas, c'est un oiseau.

Lorsqu'ils ont l'apparence humaine, ces esprits des eaux sont remarquables, au dire de la légende, sous les rapports suivants. Les nixes femelles sont ordinairement de jolies filles aux traits délicats et charmants, à la belle chevelure; souvent elles ont la chevelure verte ou bien des vêtements verts ou blancs, mais souvent aussi elles sont vêtues d'une manière ordinaire, et ont des cheveux blonds ou noirs, remarquables seulement par leur beauté. Quant aux nixes mâles, ils ne diffèrent souvent des autres hommes, que parce qu'ils ont les dents et les cheveux de couleur verte. Mais, souvent, ils n'ont rien qui les distingue de leurs victimes.

Dans l'immense majorité des cas, les esprits des eaux sont hypocrites et malfaisants. Les uns, cherchent comme les sirènes de la mythologie grecque et romaine à entraîner les imprudents au fond des eaux, par des chants mélodieux qui font oublier le danger.

Ce n'est que dans quelques très rares circonstances, dans certaines légendes des mémoires de Scandinavie, par exemple, que nous voyons délaisser, par le conteur des agissements des Mermaids, le côté méchant de cet esprit; mais, cette exception ne peut infirmer la règle très générale.

Ce caractère de méchanceté et de traîtrise de l'esprit des eaux est fondamental, il me semble; et, comme par ailleurs, nous trouvons la croyance à cet esprit dans la grande majorité des populations d'origine aryenne, nous pouvons en inférer, je crois, que nous sommes en présence d'une donnée primitive remontant aux époques les plus reculées de notre civilisation.

Si j'en crois tous les indices que je rencontre, dans l'examen des attributs de l'esprit des eaux, pour les diverses catégories que j'ai étudiées précédemment, nous sommes en présence de la croyance animiste des premiers hommes. Cette superstition remonterait, donc, à l'aurore même de l'humanité.

Comme je l'ai dit dans maintes circonstances, les premiers hommes prêtaient à tout ce qui les entourait : êtres animés et objets matériels, ou bien, phénomènes atmosphériques : des passions, une volonté, une âme enfin ; par conséquent, ils crurent qu'il y avait des esprits de la maison, de la terre, de l'air, de l'eau, etc., qu'il y avait, en un mot, des esprits partout.

Quelques-uns de ces esprits, pouvaient être bons, mais on comprendra que celui des eaux profondes devait être le plus souvent mauvais. Les imprudents, et les ignorants du danger, se noyaient, trop fréquemment, pour que la donnée de méchanceté et de traîtrise de l'esprit des eaux ne dût pas dominer toutes les autres.

Les eaux n'étaient, cependant, pas toujours redoutables ; une source pure, de débit modéré et constant, était, au contraire, une bonne fortune, quelquefois, pour désaltérer les individus, pour fournir des plantes comestibles, ou pour constituer un poste de chasse fructueux ; de sorte que, de bonne heure, ces esprits des eaux durent se partager en deux catégories : les uns bons, les autres méchants. — Enfin, ajoutons : que certains torrents se désséchant en été, et coulant à plein bord en hiver, enflant tout à coup à la suite d'un orage parfois très éloigné, dévastant la plaine ou la fertilisant, dans diverses circonstances, parurent, aux hommes étonnés, posséder les attributs de génies capricieux, migrateurs, etc., etc.

Plus tard, à mesure que l'intelligence humaine se meubla d'autres pensées, par le fait de nouvelles connaissances acquises, mille détails vinrent s'enter sur la donnée initiale. Ainsi, par exemple, lorsque l'homme, selon une habitude générale de notre espèce, anthropomorphisa ou zoologisa les esprits bons, ou méchants, qu'avait créé son esprit, il imagina les formes : du Drac des Elfes, des nixes ; celles des reptiles, des poissons, des mammifères, des oiseaux, etc., etc. monstrueux, leur attribua le sexe masculin ou féminin suivant le cas. De même qu'il fit, parfois, d'un fleuve qui avait plusieurs affluents, un père de famille ; d'une fontaine, une nymphe ; de même, aussi, il parla d'êtres et d'animaux fantastiques les plus divers. Une

fois qu'ils se furent lancés dans cette voie, nos premiers
parents devaient s'occuper, on le comprend, de la vie intime de ces nouveaux nés de leur imagination, comme
ils s'occupaient de leurs bienfaits ou de leurs méfaits;
et on comprend qu'ils leur attribuèrent les aventures
les plus diverses.

Suivant le cas, la donnée initiale de l'esprit des eaux,
passa dans le domaine de la religiosité, ou dans celui de
la vie laïque, qu'on me passe le mot; il en résulta, ainsi,
un véritable dédoublement: d'une part, le culte des eaux,
des fontaines, des sources, des fleuves, des rivières, des
lacs, de la mer, se créa; tandis que, d'autre part, on
parla, quelquefois, de ces eaux, sans y attacher une
idée de piété, d'invocation, de prière, etc., etc.

Pour des raisons faciles à comprendre, la légende
devait suivre de bien près la conception animiste; cette
légende, une fois créée, fut répétée de bouche en bouche,
et passa, d'âge en âge, se transformant incessamment.
Ainsi, les esprits des eaux acquéraient, ici, des attributs
qu'ils perdaient ailleurs; ils prenaient, dans un pays,
une importance qu'ils n'atteignaient pas dans un autre;
et tout cela, suivant les mille hasards les plus divers,
dépendant des causes les plus variées.

D'autre part, les migrations humaines emportaient
ces légendes, comme elles emportaient leurs mœurs,
leurs croyances, leur industrie de pays en pays, ce qui
fit: que des aventures imaginées dans une contrée, furent
attribuées, par la suite des temps, à un autre. A ce propos, il faut signaler, entre autres détails curieux: que
lorsque certains animaux serpents, crocodiles, lions,

tigres, phoques, etc., etc., qui faisaient partie du récit légendaire à un titre quelconque, se trouvèrent décrits dans des pays où on n'en avait aucune idée précise, ils se transformèrent, à leur tour, dans la bouche du conteur, en prenant : ou bien les attributs des animaux de la localité, ou bien des formes fantastiques ; ou bien encore ils furent dépeints avec leurs caractères propres; ce qui fit croire : que réellement ils avaient existé dans la contrée, à une époque antérieure, plus ou moins éloignée.

Toutes ces conditions et mille autres intervenant, suivant : les cas, les lieux, les temps, les individus qui contaient la légende, ont fait : que, d'une part, la donnée primitive de l'esprit des eaux est restée dans le cerveau humain, si profondément imprimée, que des milliers de siècles n'ont pu la dissiper; et que, probablement aussi, des centaines de siècles s'écouleront, encore, sans qu'elle disparaisse. Mais, d'autre part, cette donnée primitive a subi tant de transformations, d'adjonctions, de suppressions partielles dans tel ou tel de ses détails, qu'il en est résulté des variations innombrables. C'est ainsi, que dans l'ordre d'idées de la religiosité, mille superstitions, mille pratiques pieuses se sont perpétuées, à travers les âges, pour ce qui touche aux eaux ; et que, dans un autre ordre d'idées, le Drac du Rhône, les oiseaux du lac Stympale, les sirènes d'Ulysse, et le dragon de Gozon, quoique paraissant absolument étrangers les uns aux autres, a priori, découlent, cependant, d'une pensée unique ; ils ne sont, en définitive, que des expressions différentes d'une même croyance initiale : celle : qu'il y a des esprits dans les eaux, comme il y a des esprits, dans tout ce qui entoure l'homme, en ce bas monde.

Si le lecteur a eu la patience de me suivre, pas à pas, dans cette argumentation, il a été, j'en suis certain, frappé de ce fait constant dans l'histoire des crédulités populaires : que, sur un fond initial simple et minime, il s'est élevé, le plus souvent, un échafaudage, compliqué et considérable, d'invraisemblances.

CHAPITRE II

Le Pèlerinage du Mai à Toulon

I

DESCRIPTION DES LIEUX

Sur le point culminant du massif montagneux de Sicié, près Toulon, se trouve une chapelle, placée sous l'invocation de la Vierge, et connue sous le nom : de Bonne-Mère, de Notre-Dame-de-la-Garde, ou de Vierge du Mai.

Cette chapelle est le but d'un pèlerinage très en vogue dans la contrée, surtout pendant le mois de mai.

Du 1er au 31 de ce mois il y a foule tous les jours en cet endroit.

Le 3, surtout, jour de la fête religieuse du printemps, (invention de la croix du calendrier chrétien), on y rencontrait, il y a quelques années à peine, un nombre considérable de pèlerins. Aujourd'hui, encore, quoique le chiffre en ait notablement diminué, on pourrait bien y compter plusieurs centaines de visiteurs.

Le 14 du mois de septembre, jour de l'exaltation de la croix, du calendrier catholique, est la date d'une fête qui attire, aussi, beaucoup de pèlerins à Notre-Dame de la montagne de Sicié.

D'ailleurs, il faut dire que pendant tout l'été, et même pendant les belles journées de l'hiver, il n'est pas rare de voir des groupes d'individus faire l'ascension de la montagne, dans un but : soit de piété pure, soit surtout de réjouissance pieuse, si on peut s'exprimer ainsi. Car souvent la dévotion n'est que l'excuse ; le plaisir de la partie de campagne, du déjeûner sous bois... etc., etc., a été le sentiment déterminant.

Le pèlerinage du Mai, tient une grande place dans l'esprit du populaire de la région : une maladie grave a-t-elle éprouvé un membre de la famille, et la guérison est-elle heureusement survenue, alors qu'on avait craint une terminaison funeste ? On fait vœu d'aller au Mai.

Un voyage lointain est-il heureusement terminé par un parent ou un ami ? On va remercier la bonne mère. Tous les événements de la vie peuvent faire décider la famille à accomplir l'ascension.

Et, à défaut même, de raison majeure, le simple désir de se réjouir entraîne bien des hésitants.

C'est : au Mai, qu'on rencontre des parents, des amis, des voisins ; que les jeunes gens trouvent l'occasion d'échanger quelques mots aimables avec les jeunes filles. Plus d'un mariage s'est noué dans une de ces ascensions, plus d'une promesse d'amour a été échangée dans le sentier ombreux qui conduit au sanctuaire. Aussi le populaire croit : qu'aller au mai, assure le mariage, quand on va demander à la Vierge sa protection, dans une pensée d'amour honnête.

Ajoutons, cependant, que cette ascension du Mai, faite par une jeune fille en compagnie d'un amoureux, est une action qui ne manque pas d'un certain aléa, quelque peu redoutable ; en effet, si le pèlerinage est agréé par la Bonne-Mère, les fiancés sont assurés de se marier dans le courant de l'année. Mais, si la Vierge n'accueille pas favorablement les vœux, les amoureux sont condamnés, dit-on, à rester encore célibataires, pendant sept ans, à partir du moment de l'ascension qu'ils accomplissent. Aussi, si la jeune fille forme avec grande joie le projet d'aller au Mai avec l'élu de son cœur, ce n'est pas sans quelque inquiétude, cependant, qu'elle l'accomplit.

Quel que soit le moment où se fait le pèlerinage, on vient : soit à pied, soit en voiture, jusqu'à la base de la montagne, à un endroit dit le bois de Janas, dans le quartier des Moulières. Pendant tout l'été, se trouvent là, des baraques de marchands et de restaurateurs forains.

Qu'on me permette d'appeler l'attention sur ce mot : le bois de Janas, que les puristes locaux de la langue provençale appellent Janà. Or, Janà n'est, en somme, que le synonyme de Diana (Diane). C'est donc : du bois de Diane dont il est question ici. Et, le mot des *Moulières*, ne dit-il pas quelque chose à l'esprit ? n'est-il pas permis de penser que peut-être il vient en droite ligne de *Mulier ;* de sorte que ce serait, alors, le quartier des

femmes, que signifierait le nom de : quartier des Moulières.

De Janas à Notre-Dame, on fait l'ascension à pied,
par des sentiers serpentant, d'abord sous de grands
pins; puis, au milieu des bruyères et des cystes; et,
après trois kilomètres de marche, environ, on arrive à
la chapelle, qui est, comme je l'ai dit, placée au point
culminant de la montagne.

Cette ascension n'a rien de difficile, les pèlerins provençaux l'accomplissent en causant, riant et cueillant,
çà et là, des herbes aromatiques, entre autres une espèce
de lavande sauvage qu'on appelle : *lou bouon gaoubi* : le
bon savoir faire. Serait-elle plus pénible, cette ascension,
qu'elle mériterait encore de tenter le voyageur, car
lorsqu'on est arrivé à la chapelle, on jouit de la plus
admirable vue qu'on puisse imaginer.

D'un côté, l'immensité de la mer. — A droite et à gauche
les gracieuses découpures de la côte. — Au nord, les
massifs montagneux de la contrée, au nombre desquels
il faut noter la célèbre chaîne de la Sainte-Baume. —
Tandis qu'à ses pieds, l'ascensionniste voit les falaises
de Sicié, la rade de Toulon, et une infinité de villages
de hameaux et de maisons de campagne, dans les
plaines de Reynier, de Saint-Nazaire, de la Garde, de
Solliès, etc., etc.

La chapelle actuelle est un petit oratoire, de construction récente, qu'on a agrandi successivement, suivant les
besoins; et sans aucun caractère architectural. Il est placé
au point le plus élevé de la montagne, et touche les
ruines d'une modeste tour de garde, des temps anciens,

transformée en télégraphe aérien, au commencement de ce siècle, puis devenue inutile aujourd'hui. On n'y rencontre aucun vestige apparent de construction antique, bien que l'origine de ce pèlerinage se perde dans la nuit des temps.

Dans cette chapelle, qui peut contenir à peine une centaine de pèlerins, les murs sont tapissés de tableaux représentant: un navire en danger, un cheval emporté, un échafaudage qui s'écroule, un individu qui tombe, ou qui est menacé par un éboulement, bref, tous les événements dramatiques de la vie. Dans tous ces tableaux, qui n'ont aucune valeur artistique, et qui, souvent, sont d'une naïveté archaïque, on voit la vierge qui a protégé l'intéressé, ainsi que le nom de celui qui est venu le déposer pieusement.

Çà et là, on voit, pendus au mur ou au plafond: un petit modèle de navire, des béquilles, des corsets orthopédiques, des canons de fusil éclatés, des vêtements d'homme, de femme ou d'enfants, des couronnes d'immortelles; contre les murs, il y a quelques plaques de marbre votives : en un mot, on trouve dans cette chapelle les *ex-votos* habituels des sanctuaires de ce genre.

Au fond de la nef, se voit, dans une portion rétrécie qui, probablement, est le vestige de l'oratoire primitif, un autel chrétien moderne, surmonté par une statue de la Vierge, haute de deux mètres, ayant l'Enfant-Jésus au bras gauche, et tenant de la main droite une grosse ancre.

Au point où cette nef s'élargit, on voit, dans deux niches

symétriques, à droite et à gauche, deux autres statues
de la vierge, d'environ quatre-vingt-dix centimètres de
hauteur.

La statue que les fidèles appellent *Nouastro-Damo-deï-Marins* ou la *Bouano-Mèro de la Mar*, est récente:
elle est couverte d'une multitude de petits *ex-votos* d'or
ou d'argent; il y a là des médailles, des cœurs, des
bagues; et même des croix de la Légion d'honneur. La
statue de gauche, celle qu'on appelle: la miraculeuse
ou la vierge noire; est notablement moins surchargée de ces *ex-votos*.

Cette Vierge, dite noire, porte, comme les autres,
l'Enfant-Jésus au bras; elle a, ainsi que son Enfant-
Jésus, un diadème d'or doublé de pierres fausses;
elle est vêtue d'une robe surajoutée, d'une étoffe
larmée d'argent, qui ne laisse voir que la tête de la
Madone et du *Bambino*.

Une petite pièce d'argent donnée à l'ermite gardien
de la chapelle, m'a permis de regarder la statue dégagée de cette robe; et de constater: qu'elle est en bois;
elle paraît dater de deux ou trois cents ans, car à certains
endroits, notamment à la main droite et au piédestal,
la fibre ligneuse commence plus ou moins à se désagré-
ger. La statue représente une femme dont la figure est
douée d'un remarquable embonpoint; en effet, ses joues
et son menton ont un grand développement. — La robe
est dorée, le voile est rouge; et, chose curieuse, on ne
trouve sous ses pieds ni le nuage, ni le serpent, ni le
croissant traditionnels, mais des flammes rouges au
milieu desquelles, se trouvent de petites figures, repré-

sentant des âmes du purgatoire qui ont plutôt l'air de figures de petits chérubins.

La couleur noire de cette vierge n'est que très relative; car c'est, en réalité : une brune à cheveux blonds, et non une négresse, qu'elle représente. Ce n'est que de loin, et, quand en entrant dans la chapelle, par exemple, on compare, d'un premier coup d'œil, les deux petites statues placées symétriquement dans les niches précitées, que l'idée de la Vierge noire est indiquée vaguement à l'œil, par la teinte un peu plus brune de celle de gauche. — Malgré cela, quand on parle aux habitants de la contrée du sanctuaire de Notre-Dame de la Garde, ils vous signalent, aussitôt, l'existence *de la Vierge noire*, absolument comme s'il s'agissait : d'une véritable mélanienne.

II

LA LÉGENDE

Une légende curieuse se rattache à cette Vierge du Mai : dans le courant du seizième siècle, dit-elle, un berger, qui gardait des chèvres dans l'endroit, où s'élève maintenant la chapelle, eût, un jour, l'idée de creuser la terre ; il y trouva une statue de la Vierge, qui le frappa d'une respectueuse vénération.

En rentrant, le soir, dans le hameau qu'il habitait, le berger parla de la trouvaille qu'il venait de faire ; la

nouvelle se répandit dans les environs; et les villages
de Six-Fours, de Reynier et de La Seyne, qui la con-
voitèrent aussitôt, eurent la prétention de se l'approprier.

Six-Fours, s'appuyait sur son ancienneté, pour reven-
diquer la possession de cette Sainte-Vierge. — Ses
habitants disaient : que leur ville était déjà bâtie, et
même notable, puisqu'elle constituait une place de
guerre, et un foyer intense de chrétienté, avant que
Reynier et La Seyne eussent vu bâtir leur première
maison.

La Seyne, se réclamait de l'importance qu'elle prenait
de jour en jour, et de son avenir industriel, qui lui
assurait, d'une manière indiscutable, la suprématie sur
les autres centres de population du voisinage.

Enfin, Reynier, invoquait sa proximité relative, qui
pouvait faire pencher la balance en sa faveur.

De longues discussions passionnèrent les habitants
des trois centres précités : et, soit qu'on résolut de s'en
rapporter au hasard d'un tirage au sort, soit que des
arbitres eussent été choisis pour juger le différend,
toujours est-il, que, d'après la légende, c'est Six-Fours
qui alla en procession pour prendre possession de la
statue miraculeuse.

On fit une belle cérémonie religieuse à cette occasion;
on plaça la statue, en grande pompe, sur les épaules de
fidèles de bonne volonté et on vint la déposer dans
une niche préparée, à cet effet, dans l'église principale
de Six-Fours, qui est une des plus anciennes de la Provence, puisqu'elle date de l'an 360 après J.-C. Or, le

lendemain matin, lorsque les fidèles vinrent pour faire leurs dévotions à la Sainte-Vierge, ils trouvèrent sa niche vide. - La statue avait disparu, sans bruit, pendant la nuit.

On pensa, tout d'abord, qu'elle avait été dérobée par les habitants envieux, soit de Reynier, soit de La Seyne ; mais on apprit aussitôt : qu'elle était, tout simplement, retournée à l'endroit, où le berger l'avait sortie de terre.

En présence de la volonté de la Vierge du Mai, fermement manifestée par ce retour miraculeux sur la montagne de Sicié, les habitants de La Seyne dirent : qu'évidemment c'était eux qui devaient posséder la statue ; ils se hâtèrent, donc, de préparer une niche somptueuse dans leur plus belle église ; et ils allèrent processionnellement chercher la Sainte-Vierge. Mais cette fois encore, lorsque les fidèles arrivèrent, le lendemain matin, pour faire leurs dévotions à la Sainte-Madone, la niche était vide ; la statue, miraculeusement, était retournée à sa place primitive, pendant la nuit.

Cette fois, les habitants de Reynier triomphaient, ils donnèrent pour preuve de la légitimité de leurs prétentions : le double miracle du retour au Mai, qu'on avait constaté ; et ils allèrent chercher la statue en grande pompe. Ils ne furent pas plus heureux que leurs compétiteurs, car le lendemain matin la niche était vide dans leur église. La bienheureuse statue était retournée, nuitamment, sans le secours de personne, sur le point culminant de la montagne de Sicié.

Les plus aveuglés, jusque là, furent obligés de reconnaître que la Vierge avait montré, de la manière la plus énergique et la plus visible son désir manifeste de rester sur la montagne de Sicié ; aussi, d'un commun accord, les fidèles de Six-Fours, de La Seyne et de Reynier, se cotisèrent pour lui bâtir une chapelle dans cet endroit.

III

PARTICULARITÉS DU PÈLERINAGE

Le pèlerinage du Mai présente quelques particularités qui doivent nous arrêter un instant, car elles méritent d'être soulignées : les pèlerins partent, au petit point du jour de chez eux, de manière à se trouver au bois de Janas, près du quartier des Moulières, avant le lever du soleil, si c'est possible : on laisse, en cet endroit, non seulement le véhicule qui a servi à franchir la distance, mais encore, le plus souvent, les provisions de bouche, dont on aura besoin lorsque les devoirs de la piété auront été remplis.

Il y a quelques années à peine, les congrégations d'hommes et de femmes de : Six-Fours, La Seyne, Reynier, Saint-Nazaire, Ollioules, Bandol et Toulon, partaient, à une heure calculée avec soin, conduites par le clergé, pour se trouver, au même instant, réunies au ois de Janas ; et tous les pèlerins, qui étaient venus isolément, les attendaient là, pour se mettre à la suite de la procession. Dans chaque congrégation, un membre avait obtenu la faveur de porter la croix, ce qui impliquait : qu'il ferait l'ascension de la montagne à pieds-nus. Il n'était pas rare de voir quelques-uns des pélerins de ces congrégations, ou bien de la foule, quitter leur chaussure pour accomplir l'ascension, dans les conditions fixées par un vœu qu'ils avaient fait.

Parmi ces pélerins, étaient des hommes, des femmes, des enfants de tout âge, depuis le maillot même : et, tandis que les congrégations montaient en chantant des cantiques sacrés, le restant des ascensionnistes, marchant plus ou moins vite suivant les forces de chacun, s'éparpillait, en groupes variables, le long du chemin, s'aidant mutuellement du geste et de la voix. Dans ces groupes, chacun disait volontiers pourquoi il avait fait vœu de venir à la *Bonne-Mère* cette année.

Celui-ci racontait : que sa protection l'avait empêché d'être écrasé ; celui-là : que grâce à la Bonne-Mère il n'avait pas péri dans un naufrage. — Là, était quelqu'un qui revenait de voyage ou relevait de maladie ; bref, les pins, sous le couvert desquels l'ascension se fait, entendaient le récit des aventures les plus extraordinaires, écoutées avec une crédulité profonde par tous ; bien que, de temps en temps, une phrase plaisante échappât à quelque loustic, comme c'est tant l'habitude en Provence, au grand scandale des dévotes qui se récriaient : moitié scandalisées et moitié riantes.

Aujourd'hui, les congrégations religieuses ne vont plus, bannière et crucifix en tête, faire l'ascension, le jour de la fête ; le nombre des pèlerins a notablement diminué aussi ; mais, quoique moins nombreux, les miracles de la Bonne-Mère n'ont pas changé de nature. Et, les mêmes aventures prodigieuses sont racontées, avec même conviction ; et accueillies, d'ailleurs, avec la même crédulité, par les âmes pieuses.

Les pèlerins, quand ils sont arrivés à la chapelle, donnent, quelquefois, un rapide coup d'œil à la beauté saisissante du panorama, mais c'est l'exception ; ils ne songent, en général, qu'au cierge qu'ils vont faire brûler devant la statue de la Vierge ; des marchands leur en ont offert, au rabais, le long de la route ; et, beaucoup, ont fait cette petite économie, car le provençal n'est pas prodigue.

Les autres, achètent leur cierge à l'Ermite, et vont le placer : dans le lampadaire de la Vierge blanche ou de la Vierge noire, suivant l'inspiration de leur cœur.

Un prêtre, amené par les pèlerins ou venu d'une église voisine, spontanément, dit la messe, qui est entendue avec grande dévotion, naturellement ; puis, une fois la messe dite, on jette un coup d'œil de béate curiosité sur les ex-votos, et on va examiner les objets de piété, chapelets, médailles, bagues, porte-bonheur, etc., etc., qu'on a la coutume d'acheter, en cette circonstance.

Mais, à côté de ces objets de piété, il en est d'autres, qui sont aussi indispensables au rituel du pèlerinage, dirait-on, à voir le soin avec lequel tous les jeunes des groupes qui sont venus entendre la messe à Notre-Dame du Mai les examinent ; je veux parler :

1° De petits pavillons triangulaires, en papier, de couleur rouge, bleue, jaune ou verte, sur lesquels il y a la vue du sanctuaire et la statue de la Vierge à l'enfant; 2° de mirlitons de diverses couleurs et de diverses tailles, qui trouvent un débit beaucoup plus grand que celui des objets de piété, sur le perron du sanctuaire.

La messe entendue, les objets de piété, les pavillons et les mirlitons achetés, on songe au déjeuner.

Quelques groupes, ceux surtout qui ont amené un prêtre avec eux, s'installent, moyennant une petite rétribution à l'Ermite, dans une chambre qui sert de réfectoire, et où on trouve de l'eau de citerne, pour mouiller, quelque peu, le vin apporté.

D'autres, vont chercher sur le versant de la colline, un bouquet de pins propice au déjeuner champêtre. Mais, le plus grand nombre descend au bois de Janas près des Moulières, où il y a de l'eau en abondance dans divers puits; et, même, un petit ruisseau serpentant le long du chemin.

On choisit sous les pins, un endroit suffisamment ombragé; on y déjeune d'un excellent appétit que l'exercice, le grand air, la joie d'une promenade à la campagne, la satisfaction d'un devoir pieux accompli, ont rendu vigoureux; on a soif, l'eau est fraîche, le vin capiteux; aussi, bientôt, la plus grande gaîté règne dans tous les cœurs.

Il y a des restaurants forains, des cafés et des brasseries en plein air; des balançoires, des jeux de hasard des éventaires contenant des sucreries, quelques objets de piété, mais surtout d'abondantes provisions de mirlitons de tous les calibres; on en voit, depuis la longueur de dix centimètres, jusqu'à un mètre cinquante ; et les devises qu'ils portent en spirale, varient du plaisant à l'égrillard, allant presque jusqu'au gros sel, quelquefois.

Çà et là, des musiciens ambulants entonnent les airs à la mode, en s'approchant d'un groupe de pèlerins qui ont achevé leur repas sur l'herbe; et ils, le sollicitent à danser, en ébauchant un quadrille ou une polka.

Dans d'autres groupes on se contente de l'archaïque rondeau, pendant lequel chaque danseur chante un couplet, dont le refrain invariable est: embrassez celle que vous voudrez. — Et, aussitôt, on s'embrasse, sans aucune hésitation. A ces jeux on s'anime, et chacun se monte, bientôt, au diapason de la joie bruyante qu'aiment tant les provençaux.

Quand le moment du retour est arrivé, les groupes reprennent le chemin du logis, en riant et en chantant. Des voitures particulières, des omnibus, des chars à bancs, des charrettes, même, emportent un chargement complet de gens, qui échangent des lazzis avec les piétons, le long de la route.

Ce retour est très pittoresque à voir ; les chevaux sont enguirlandés de feuillage et de fleurs, des pavillons du Mai ornent leur harnais, partout où on a pu les fixer; des pavillons sont attachés aussi à la voiture ; d'autres sont brandis par les pèlerins qui chantent volontiers, avec accompagnement du mirliton et sur les airs les plus gais, à la mode du moment, le refrain suivant, dans lequel le mot *Maï*, Mai, fait calembour : *lou maï, vivo lou*

maï li vendren Maï o ou Maï; et seren maï o ou maï;
le Mai, vive le Mai, nous y viendrons encore au Mai ! et
nous serons d'avantage au Mai !

Quand les pèlerins passent près d'une habitation, il y
a une recrudescence de chants, de bons mots, de cris
des mirlitons, de brandissement des pavillons de papier.
On échange des plaisanteries; tandis, qu'au détour des
chemins, on voit des enfants qui font la maye, et qui
quêtent un petit sou, un pavillon ou un mirliton, pour
se gaudir, à leur tour, et se mettre au diapason des ascensionnistes.

Dans les premiers jours du mois de mai, le temps est
souvent incertain ; il n'est pas rare qu'une ondée
vienne rafraîchir les pèlerins ; mais, loin de refroidir
leur gaîté, elle est l'excuse de nouveaux lazzis.

Cette gaîté et cette mise en scène, dont nous venons
de parler, font si bien partie du pèlerinage qu'on ne
saurait, dans le pays, comprendre : que l'ascension du
Mai puisse être complète sans ce dernier acte, qui est
aussi important, dans l'esprit du populaire, que la
cérémonie religieuse elle-même.

Dans les détails que je viens de spécifier, touchant les
particularités qui caractérisent le pèlerinage du Mai,
sur la montagne de Sicié près Toulon, il y a quelques
points à retenir pour l'observateur, à savoir :

1°. — Le nom de la Vierge que l'on va y adorer ;

2°. — La couleur noire de quelques-unes de ses
images ;

3°. — La manifestation surnaturelle de la volonté de
la divinité, touchant l'endroit où elle a voulu habiter ;

4°. — Le sentiment de reconnaissance ou de sollicitation qui se rattache, pour quelques-uns, à ce pèlerinage ;

5°. — L'époque de l'année où se fait, de préférence, le pèlerinage ;

6°. — La gaîté qui préside à ce pèlerinage ;

7° La pensée de l'influence qu'il peut avoir sur le mariage et la fécondité des pèlerins.

Le lecteur me permettra de m'arrêter, un instant, sur chacun d'eux ; car, il peut, je crois, découler de leur examen, des indications utiles : pour la détermination précise du caractère de la divinité que les fidèles vont adorer, dans le pèlerinage du Mai.

Le nom de la Vierge. — La Vierge qui nous occupe ici, est connue à Toulon, et dans toute la Provence, sous les noms de : Bonne-Mère, Notre-Dame, de la Garde, Notre-Dame du Mai. Ces diverses appellations ont leur importance pour la détermination dont nous venons de parler.

Les devots de la population rurale de la Provence, appellent la Vierge qui nous occupe : *La Bonne-Mère.* Ce titre est, même, donné avec un accent de respect qui a quelque chose de frappant pour l'étranger ; on sent que celui qui le prononce met toute sa confiance dans la notion : d'une bonté et d'une puissance infinies qu'il attribue à la divinité du sanctuaire. — Qu'un danger le menace ou menace quelqu'un des siens ; que la maladie, la rigueur des temps, un événement malheureux ou au contraire une joie inespérée, surviennent dans la vie, aussitôt le nom de la Bonne-Mère est sur les lèvres de chacun, soit pour l'invoquer, soit pour la remercier.

— La confiance avec laquelle on implore cette Bonne-Mère, n'a d'analogue que l'effusion avec laquelle on lui adresse l'expression de sa gratitude.

C'est, quand le nom de Bonne-Mère est prononcé par les provençaux, qu'on sent combien l'importance de la divinité qui nous occupe est grande. Pour eux, le culte de la Vierge, dépouillé de cet attribut de Bonne-Mère, serait diminué d'une immense proportion. — Cette Vierge, toute sainte qu'elle soit appelée, ne deviendrait qu'une divinité de second ordre, peut-on dire ; une sainte comme tant d'autres ; tandis que la somme de de respect et d'adoration qui se rattache à son titre de Bonne-Mère en fait, réellement : la première de toutes les puissances surnaturelles que le provençal évoque, à ses heures solennelles de joie ou de tristesse.

D'autre part, on peut adopter l'idée : que le nom de Notre-Dame de la Garde vient de la position topogragraphique du sanctuaire, placé sur un promontoire qui domine la mer, et d'où on peut surveiller une grande étendue de la Méditerranée voisine. Pendant un grand nombre de siècles, assez voisins de nous, encore, la garde qu'on montait sur des éminences analogues, avait une si grande importance, quand il s'agissait de se garantir contre les incursions des pirates, pour que le nom de Notre-Dame de la Garde (Notre-Dame du quartier où l'on guette et surveille) fut un titre capable d'ajouter une grande faveur aux qualités du sanctuaire. — Ce qui semble appuyer cette manière de voir, c'est que dans les Alpes-Maritimes, il y a un sanctuaire, absolument semblable à celui de Sicié, sanctuaire où l'on va, aux

mêmes époques, possédant les mêmes attributs, etc.,
et qu'on appelle : Notre-Dame de la Gué (del *Ghetha*),
nom qui se rattache, bien évidemment, à cette garde
de la côte, instituée dans le but de garantir les populations riveraines des attaques maritimes.

Mais, sans révoquer en doute la réalité de cette signification du mot : Notre-Dame de la Garde, il faut dire,
aussi, que ce nom est basé par un autre ordre d'idées :
le sanctuaire est placé sur un promontoire qui domine
la mer, les marins le voient de loin, ils l'ont devant les
yeux, pour l'implorer au moment de leur détresse. Or,
une pensée pieuse a découlé, aussitôt, de cette particularité : les fidèles ont cru que la divinité, ainsi placée,
exerçait sa protection sur ceux qui couraient des dangers, dans le champ de sa vue ; aussi, la Vierge de Sicie
comme celle de la Gué, comme celle qui domine Marseille, comme cent autres sur les bords de la Méditerranée, et ailleurs, est-elle la patronne vénérée des
marins.

Le nom de Notre-Dame-du-Mai, est non seulement
en relation directe avec le mois où se fait le pèlerinage,
mais encore il répond à un sentiment bien distinct du
premier. — On sent, aussi, que c'est un ordre d'idées
bien différent, quoique toujours pieux, qui est évoqué
par lui. — Tandis que ce sont les vieux, les malades,
les tristes, les craintifs, les désabusés de l'amour, qui se
complaisent à donner, à la Vierge qui nous occupe, le
nom de Bonne-Mère ; ce sont les jeunes, les bien por-
tants, les amis du plaisir, les insouciants de l'avenir,
les amoureux qui l'appellent Notre-Dame du Mai :

Aller au Mai, monter au Mai, disent-ils, quand ils parlent de ce pèlerinage. Ce nom nous rappelle si clairement celui de *Maïa*, que le moindre doute ne saurait exister, au sujet de l'identité qu'il y a : entre la Vierge actuelle de Sicié, et la déesse *Maïa* ou *Flora* du paganisme romain, dans certains de ses attributs. — Je souligne ce détail, car il mérite une mention spéciale et j'y reviendrai plus loin.

La couleur noire de quelques-unes des images de la Vierge. — La couleur noire de quelques-unes des images de la Bonne-Mère, de la Vierge du Mai, de la Garde..., etc.... quel que soit le nom qu'on lui donne, est une particularité bien extraordinaire, et bien digne d'arrêter, un instant, la pensée de ceux qui aiment à réfléchir.

On sait, la chose est si connue, qu'il n'est pas nécessaire d'insister bien longuement : que le nombre des Vierges noires que l'on rencontre dans le monde est très grand ; il faudrait un gros volume pour les cataloguer, si on voulait les passer en revue. Mais, restant dans le champ seul de la Provence, nous dirons que le chiffre des spécimens de cette Vierge noire, y est vraiment considérable. Entre cent, je ne citerai que celle de la crypte souterraine de Saint-Victor, à Marseille, qui est célèbre ; celle de l'église Saint-Sauveur à Aix ; à Brignoles ; à l'Ermitage de Notre-Dame-des-Anges, près Pignans, etc., etc., il y a aussi des Vierges noires, plus ou moins célèbres, à cause des miracles qui leur sont attribués.

Dans le moment présent, je ne chercherai pas l'explication de ce fait curieux : de la coloration noire de certaines statues de la Vierge ; il me suffit de le signaler. Je le reprendrai plus loin, pour montrer : qu'il a sa très grande importance, dans le cas où nous sommes placés ici.

La manifestation surnaturelle de la volonté de la statue, touchant l'endroit où elle a voulu habiter. — Dans la légende de N.-D. de Sicié, que j'ai rapportée tantôt, on a vu : que la statue, transportée successivement : à Six-Fours, à la Seyne et à Reynier, par la piété des fidèles qui voulaient la posséder dans leur église, s'est miraculeusement dérobée et a manifesté, d'une manière très remarquable, sa volonté ferme : de rester dans l'endroit qu'elle avait choisi pour l'édification de son sanctuaire.

Cette expression de la volonté d'une divinité, est chose fréquente dans l'histoire hagiographique de nombre de pays ; nous en connaissons tant d'exemples, qu'il semble presque oiseux, de prime abord, de chercher à en fournir quelques-uns ; cependant, comme cette indication peut servir utilement à déterminer la nature de la Vierge qui nous occupe, je dois spécifier : qu'on en connaît plusieurs cas en Provence : Ainsi, par exemple, dans une contrée voisine de Toulon : le village des Pomets ; dans le territoire du Beausset, à une vingtaine de kilomètres du massif de Sicié, la légende raconte que la Sainte-Vierge voulut un jour avoir un sanctuaire dans le quartier du Brûlat (le Brûlé) et qu'elle y mit une telle insistance qu'elle l'obtint. Sainte-Marie-Magdeleine a, de son côté, manifesté sa volonté, d'une manière évidente, touchant le lieu où elle voulait être adorée. A Cotignac, même chose se retrouve, pour Notre-Dame-de-Grâce.

Je pourrais citer cent autres exemples analogues, mais ce serait une longueur inutile ; il me suffira de dire : que, non seulement en Provence, mais encore dans nombre d'autres pays, on retrouve cette donnée remarquable, et qu'elle a toujours, ou à peu près, pour sujet : une femme, une sainte, une vierge. Les divinités masculines : Dieu le père, Jésus-Christ, les divers saints du calendrier, ne paraissent pas avoir eu, aussi souvent, cette prédilection exclusive et obstinée pour ce choix du lieu précis, où ils voulaient que leur sanctuaire fut élevé.

Dans les légendes de la religion mahométane ; dans l'antiquité juive, grecque et dans l'histoire romaine ; dans les mythologies scandinave, scythe, germaine, indoue, etc., etc., nous retrouvons cette donnée sous mille formes et avec toutes les variétés possibles de cadre ; de sorte que nous nous trouvons, bien évidemment, ici, en présence d'une de ces idées qui ont frappé également l'esprit des peuplades les plus diverses, depuis l'antiquité la plus reculée.

Une des plus remarquables légendes de ce genre, est celle de Diane d'Ephèse, lorsque les Phocéens vinrent, sous la conduite de Protis, fonder la ville de Massalie.

D'autre part, Tite-Live nous apprend, dans son histoire des développements de Rome, que lorsque Tarquin l'ancien voua le temple de Jupiter Capitolin, pour lequel il fallut démolir ceux des autres divinités, le dieu Therme et la déesse Juventas, déclarèrent, par plusieurs signes, qu'ils ne voulaient pas quitter la place où ils étaient honorés (TITE-LIVE, livre XXXVI, chap. 36.)

Mais, une des manifestations les plus extraordinaires de cette volonté de la divinité : d'être adorée dans tel ou tel endroit, est, celle de la mère des dieux, de Pessinunte. — On sait, qu'au moment de la seconde guerre punique, la statue de Cybèle, qui s'était trouvée bien, depuis un temps immémorial, dans la ville sainte de l'Asie-Mineure, déclara solennellement : qu'elle voulait être portée à Rome. Elle manifesta son désir, d'une manière si péremptoire, qu'après des hésitations et des réticences, il fallut lui obéir. Ajoutons, que dans cette légende, il y a même un enjolivement qui est de nature à accentuer d'avantage, encore, le caractère surnaturel de l'aventure : C'est : le fait du navire échoué, que la vestale Claudia dégagea, avec l'aide seul de son voile de gaze, pour mieux montrer au peuple romain émerveillé : que les accusations de légèreté impudique qui étaient portées contre elle, n'étaient qu'une pure calomnie.

Le sentiment de reconnaissance ou de sollicitation qui se rattache, pour quelques-uns, à ce pèlerinage. — Un grand nombre de pèlerins, vont au sanctuaire de Sicié, pour accomplir un vœu, formé dans un moment grave de leur existence; ou bien, pour remercier la Vierge d'une guérison, de la terminaison d'un voyage accompli heureusement, d'un danger évité, etc., etc.

Sous ce rapport, on peut dire : que cette catégorie de pèlerins se partage en trois groupes distincts : 1° — Ceux qui ont adressé un vœu à la Vierge, dans un moment de danger ou de maladie. 2° — Ceux qui viennent demander à Notre-Dame la guérison, pour eux ou pour un parent ; le bonheur pour quelqu'un, etc..., etc. 3° — Ceux qui viennent remercier la Vierge de la terminaison d'un voyage lointain ou dangereux, de la terminaison heureuse d'une affaire importante, sans avoir fait un vœu au préalable.

Cet ordre d'idées qui se rattache au pèlerinage de Sicié a, aussi, sa très notable importance, dans le culte qui nous occupe; et, la grosseur de l'ancre marine que la Vierge tient de la main droite, sur l'autel principal de la chapelle, montre combien est grand le sentiment d'espérance qu'il évoque. D'ailleurs, il suffit de sonder, avec quelque attention, le cœur des provençaux des environs de Toulon, même chez nombre de gens qui paraissent très indifférents aux choses de la religion, pour constater la grande place que la protection de Notre-Dame de Sicié tient dans leur esprit. Si, telle est la manière de penser de bien des hommes en Provence, nous devons dire, *a fortiori*, que chez les femmes jeunes ou vieilles, quelle que soit leur condition, cette dévotion est profonde autant qu'intense.

C'est, assurément, un des sentiments les plus vivaces que l'on puisse imaginer. Les *ex-votos* qui tapissent le sanctuaire de Notre-Dame de Sicié montrent, d'ailleurs, la variété des occasions qui inspirent aux provençaux l'idée d'aller faire un pèlerinage de reconnaissance à la Bonne-Mère. Et, à voir le nombre innombrable des cierges qui brûlent devant les statues de la Vierge blanche ou noire, on comprend : combien la foi en la

Bonne-Mère est générale, autant que profonde chez les habitants de la contrée.

A ce sujet, j'ai besoin de souligner un détail : c'est que c'est à la sainte femme que représente la statue, et non à l'Enfant-Jésus, que s'adressent les prières des dévots.

Cet Enfant-Jésus ne représente pas, ici, pour les pèlerins, l'idée qui se rattache à Jésus-Christ, à la passion, c'est-à-dire à la rédemption du genre humain, base fondamentale du christianisme. C'est seulement la constatation du fait : que la vierge est la bonne mère. Aussi les vœux des dévots s'adressent, seulement et exclusivement, à la dignité féminine toute puissante.

C'est là, un point sur lequel on ne saurait trop méditer quand on songe aux caractères de la divinité qui nous occupe. Je le signale tout spécialement à l'esprit du lecteur, afin qu'il y voie : combien l'idée chrétienne n'est, en ceci, qu'un détail relativement très accessoire, qui est venu se greffer, incidemment, sur l'idée primitive et importante : de la puissance divine de la sainte mère que représente la statue.

D'ailleurs, pour mieux faire ressortir la nature du symbole, qu'on me permette de placer ici une de ces anecdotes, quelque peu risquées, que je n'oserais rapporter, je l'avoue, dans la présente étude, si par son étrangeté même, elle ne révélait, d'une manière saisissante, un des côtés, les plus originaux et les plus remarquables, de la tournure d'esprit des provençaux.

Le pèlerinage du patron de barque. — Un vieux patron de barque, très avare autant que dévot, fut assailli, un jour, par un grand mauvais temps ; et, au moment où il se croyait sur le point de sombrer en pleine mer, il s'écria : Bonne Vierge de la Garde, si vous nous sauvez, je vous promets un cierge, mais un cierge si gros, si gros, que vous en serez contente. Le mauvais temps s'appaisant, le digne patron fut persuadé de l'intervention de la *Bonne-Mère*, comme on l'appelle en Provence. Le lendemain, étant arrivé à bon port, il se vêtit de ses plus beaux habits, et monta sur la colline qui surplombe le sud de la ville, pour y accomplir son vœu.

Le mousse de la barque, qui était, il me semble, d'après ce que nous apprend la suite de l'histoire, quelque peu sceptique autant qu'espiègle, voulut, dit la légende, voir jusqu'où la générosité de son patron, qu'il savait fort avare, irait, en matière de cierge « si gros, si gros, que la Vierge de la Garde devait en être contente.» Aussi, suivit-il, de loin, son patron qui, arrivé à la porte de la chapelle, marchanda les cierges exposés au choix des fidèles. Le petit gamin ne perdit pas de temps, il se glissa derrière la statue de la Vierge qui tient l'Enfant-Jésus dans ses bras, et attendit son maître, en se promettant bien de rire à ses dépens.

Le vieux patron, ayant fait acquisition d'un cierge quelque peu exigu, entra dans l'église, s'approcha de l'autel, et après avoir dévotement allumé la cire blanche, il se mit à genoux et dit à haute voix, croyant être seul devant la reine des cieux : « Sainte-Vierge de la Garde, voilà le cierge que je vous ai promis quand vous m'avez tiré du mauvais temps qui pouvait nous perdre tous : merci de votre bonne protection ! »

Il avait à peine fini, et il se prosternait devant la statue avant de s'en aller, quand le mousse lui dit, en contrefaisant un peu sa voix : « Oh ! oh ! qu'il est petit, ce cierge !

Ce reproche alla droit au cœur de l'avare dévot, qui croyait avoir fait convenablement les choses, et qui fut blessé de voir qu'on cherchait à dénigrer son *ex-voto* aux yeux de la Vierge. Qui donc pouvait trouver que le cierge était trop petit ? il n'y avait pas de doute à avoir, la voix enfantine lui désignait bien clairement 'Enfant-Jésus.

Un sentiment de colère le saisit, et sans perdre de temps, il se hâta de lui retorquer l'argument : « Tais-toi ! enfant de... (Je demande au lecteur la permission de ne pas achever le juron familier aux provençaux), lui dit-il. ce n'est pas à toi, mais à la vénérable et digne mère que je me suis adressé ; tout ceci ne te regarde pas ! »

Beaucoup de gens ne voient là, qu'une stupide plaisanterie; disons, que tous les provençaux qui l'entendent bien souvent, cependant, ne manquent pas d'en rire chaque fois jusqu'aux larmes. Pour ma part, j'ai été frappé depuis longtemps par cette légende; et je me suis laissé aller à y songer d'une manière attentionnée. Ausssi, laissant de côté tout ce qu'il y a de grossier dans la trame de l'histoire, n'envisageant pas, surtout, ce qu'elle a d'irréverencieux touchant la Divinité catholique; mais n'y voulant remarquer que la portée de l'idée, que la manière de penser du vieux patron, je vois surgir, aussitôt, la perpétuelle tendance païenne du Provençal, tendance que deux mille ans de catholicisme n'ont pas étouffée. Pour un peu plus, je demanderais au conteur : si c'est à Cybèle, à Diane d'Éphèse, à Maïa ou à la Vierge Marie, que le vieux patron de barque avait promis son cierge ; et avait apporté son *ex-voto*.

Le mot bouffon de Cadet-Roussel, touchant l'enfant qui le poursuivait, depuis 40 ans, serait de mise ici. La divinité invoquée par ces marins qui viennent en pèlerinage, pourrait leur dire : bien que le christianisme ne date que de dix-neuf siècles, à peine : voilà près de quatre mille ans que je vous vois faire la même chose à mon égard. Vous m'avez appelée de dix noms différents, vous m'avez implorée dans tous les dialectes parlés sur les bords de la Méditerranée ; mais votre foi, je le sais, est toujours restée la même, que je sois : Diane d'Éphèse, d'Égypte, de Rome ou de Nazareth, je suis toujours la bonne mère, à vos yeux.

L'époque de l'année où se fait le pèlerinage. — On va au sanctuaire de la Vierge de Sicié pendant tout l'été ; et, même, pendant la plus grande partie de l'année, peut-on dire : mais, cependant, c'est au mois de mai qu'on fait de préférence le pèlerinage. Dès le premier jour de ce mois, pour un individu qui montait la colline jusque là, il y en a mille. Et, pendant les trente jours qui suivent, c'est une affluence considérable et soutenue ; de sorte que c'est bien, comme un de ses noms l'indique, la fête du Mai, de Maïa, que le plus grand nombre a en vue, dans cette ascension.

Les gens qui vont remercier la Vierge, pour une maladie heureusement terminée, pour un danger évité, pour une guérison à obtenir, choisissent, autant que possible ce mois de mai ; ce n'est qu'exceptionnellement, qu'ils y vont à un autre moment. Cependant, notons : que le 14 du mois de septembre, ceux-ci sont relativement en. plus grand nombre. Les jeunes gens, tout en faisant encore la grande majorité des pèlerins, et, tout en s'amusant volontiers, semblent avoir un degré de joie et d'entrain de moins qu'au mois de mai,

La gaîté qui préside au pèlerinage. — Cette gaîté est un des traits distinctifs du pèlerinage qui nous occupe ici ; elle est frappante, en effet ; et elle a quelque chose de si contagieux pour les provençaux, qu'elle ne saurait passer inaperçue aux yeux de l'observateur.

Il faut voir, en effet, pour bien s'en rendre compte, l'effusion de joie qui règne, pendant les dimanches de Mai, au bois de Janas près les Moulières, chez les pèlerins, qui, partis de bonne heure de chez eux, sont arrivés, en groupes de parents et d'amis au sanctuaire, pour y entendre la messe très dévotement. en général. puis sont redescendus au Janas pour y déjeuner.

Pendant toute l'après-midi. ce sont des rondeaux, des jeux pleins de gaîté ; les jeunes gens trouvent à chaque instant une excuse plausible pour embrasser les jeunes filles avec lesquelles ils viennent de danser, et la familiarité la plus aimable règne entre tous.

Puis, lorsque la journée commence à tirer vers sa fin, chacun songe à se munir de fleurs, de plantes odoriférantes, de petits pavillons et de mirlitons, pour rentrer dignement à la maison. Ceux qui sont venus en voiture, s'attachent à garnir le véhicule et les chevaux de feuillage et de drapeaux du Mai : plus il y a profusion de fleurs, de bruyères et de drapeaux, plus on est content. La voiture s'ébranle au bruit des chants de toute la société. Et, à la voir passer, avec son appareil de fête et de gaîté, elle rappelle tout à fait le fameux retour du pèlerinage de la madone de l'Arc ; La mise en scène est un peu différente, puisqu'au lieu de buffles, ce sont des chevaux ; au lieu de la massive charrette de laboureur, ce sont les véhicules les plus divers ; au lieu de paysans italiens, ce sont des provençaux de toutes conditions ; — mais l'idée que donne ce retour est absolument la même, et le tableau est tout aussi pittoresque.

C'est si bien la même idée que celle du pèlerinage de l'Arc : qu'on voit chaque année, des groupes d'italiens, employés aux chantiers de La Seyne, orner leur cariole et leur mulet, comme ceux du tableau de Léopold Robert; comme eux, ils rentrent à la maison au son d'instruments de musique, qui jouent les airs de leur pays, et qu'accompagnent la voix des femmes, chantant des cantiques de la campagne de Rome ou de Naples.

Les piétons, de leur côté, ajoutent au pittoresque du tableau ; chacun d'eux, en effet, qu'il soit garçon ou fille, à condition d'être jeune, s'est muni d'une touffe d'herbe odorante, mélangée de fleurs et de petits pavillons du Mai ; souvent il a attaché cette herbe et ces pavillons à un roseau, de manière à faire un arbre de

Mai qu'il porte sur l'épaule ; et il chante avec un mirliton, les airs les plus joyeux.

Cet arbre de Mai que les jeunes pèlerins emportent avec eux, en revenant du pèlerinage, est caractéristique ; le plus modeste consiste dans une touffe de serpolet agrémentée de quatre petits pavillons triangulaires, et attachée au bout d'un roseau d'un mètre de long. — Quelques-uns de ces Mais, sont de véritables monuments qu'il faut porter à l'aide d'une bretelle, et dont le bâton a trois mètres de longueur.

La foule des pèlerins de Toulon arrive, ainsi, avec mille chants, des cris, des refrains chantés à gorge déployée, ou dans un mirliton criard, sur le quai de La Seyne ; elle envahit les bateaux à vapeur omnibus, qui font le service entre les deux localités, et qui se sont pavoisés joyeusement pour la circonstance. Le long de la route, entre Janas et La Seyne, sur les quais de La Seyne et de Toulon, les curieux viennent en foule les regarder ; et on échange volontiers mille plaisanteries à cette occasion. La gaîté est contagieuse, les curieux sont presque aussi bruyants que les pèlerins qui rentrent à la maison en chantant. Notons, enfin, que nombre de ces pèlerins ont soin de placer dévotement, après cette journée passée dans la joie et le divertissement, leur petit pavillon de Notre-Dame-du-Mai au Christ ou à la statue de la Vierge qui est au chevet de leur lit ; ce pavillon restera là, avec la branche de laurier bénie du jour des Rameaux, et le petit cierge de la chandeleur.

Le fait de rapporter du pèlerinage du Mai des petits

pavillons triangulaires en papier, et de jouer du mirliton, est trop général et trop caractéristique, pour être une chose du hasard. L'observateur sent : que c'est, assurément, le vestige de quelque pratique qui avait son importance jadis, et dont la signification s'est perdue, sans que l'habitude ait disparu. — Pour ce qui est des pavillons, je ne puis fournir aucune explication, tout en constatant qu'il doit s'y rattacher une idée pieuse, puisque nous les voyons aller orner le crucifix de la chambre à coucher, au même titre que la branche de laurier ou de buis béni.

Quant au mirliton, il me semble, très positivement : que c'est le vestige de la flûte du roseau, dont les prêtres et les fidèles de Cybèle, jouaient, avec une véritable frénésie, en célébrant les mystères de la grande déesse.

Aujourd'hui, on serait tenté d'attribuer moins d'importance à ce mirliton, car il est devenu l'instrument de manifestation joyeuse qu'on rencontre dans tous les romérages, dans toutes les fêtes de campagne. Mais, s'il est devenu aussi commun, c'est à cause de la fréquence et de l'augmentation des communications, qui ont fait : que ces réjouissances rurales tendent à se ressembler d'une manière de plus en plus accentuée : il y a une cinquantaine d'années, il n'en était pas ainsi — ce mirliton était absolument spécial, dans les environs de Toulon, au pèlerinage de N.-D.-de-Sicié ; et, si je me reporte aux souvenirs de mon enfance, alors que les chemins de fer n'existaient pas dans la contrée. Et que les bateaux à vapeur y étaient à leur période d'essai timide, je constate : que cet instrument était le symbole de l'ac-

complissement du pèlerinage, pour les jeunes gens.
Jamais on n'en voyait autre part. — D'ailleurs, à cette
époque encore, on voyait souvent des pèlerins, fabriquer
de leurs mains une flûte champêtre, avec les feuilles
terminales d'une tige de roseau, cueillie, en passant, dans
les cannières du quartier des Moulières, où ces roseaux
sont extrêmement abondants. Tout cela corrobore, on
en conviendra, la pensée : que le mirliton est la transformation de la flûte champêtre de l'antiquité.

Dans ces conditions, on arrive à avoir deux indications
pour une. Cette joie exubérante, l'usage de cet instrument sommaire de musique, se joignent, pour nous
montrer : que nous assistons là, à la fin, extrêmement
amoindrie, mais néanmoins encore appréciable, de ces
scènes de foi qui caractérisaient le culte de Cybèle dans
l'antiquité ; fêtes dans lesquelles l'exaltation était portée,
on le sait, à des explosions de délire, heureusement
oubliées aujourd'hui.

*La pensée de l'influence que peut avoir le pèleri-
nage sur le mariage et la fécondité des pèlerins.*
— Nous avons dit précédemment : que la crédulité populaire attribuait au pèlerinage du Mai une influence sur
les chances de mariage des jeunes gens. — A voir la
joie, le laisser-aller, la familiarité qu'il y a dans
cette fête de campagne, on comprend : que bien des
liaisons, comme bien de petites brouilles, peuvent naître,
entre les jeunes gens. Aussi, il est certain que nombre
de ménages, ont pu attribuer leur mariage, à l'impression agréable, produite sur l'esprit de l'homme et de la
femme, par quelques heures passées en compagnie, un

jour de pèlerinage du Mai ; et pendant les amusements qui l'accompagnent.

D'ailleurs, quand l'observateur regarde les groupes qui s'amusent sous les pins du quartier de Janas, près des Moulières, pendant le mois de mai, il constate sans peine : que c'est la fête de la jeunesse, de la joie, du printemps, de la nature et de la vie. Et, si à notre époque, où le calcul entre pour une si grande part, en général, dans les actions de la vie, on voit encore ces abandons charmants de la jeunesse, à la fête du Mai, on comprend facilement que ce n'est qu'un vestige, très atténué, de la fête de Flore, de Maïa, de tout ce que le printemps a de gracieux et d'aimant.

Les diverses particularités que je viens de passer en revue, au sujet des attributs très divers de la Vierge de Sicié, ont, j'espère, ouvert un horizon intéressant au lecteur, à son sujet. Et, s'il pense comme moi, il se dira : que nous sommes, là, en présence d'une manifestation de la religiosité des provençaux, remontant à bien plus haut que l'ère chrétienne.

IV

ORIGINE DE LA DONNÉE

Voici, pour ma part, comment se présente la succession des idées qui touchent au culte dont nous nous occupons ici : aussi haut que nous puissions remonter

dans le passé, c'est-à-dire à une époque bien antérieure à l'arrivée des phocéens dans la contrée,
c'est la force créatrice de la nature, que les premiers
hommes vinrent adorer sur la montagne de Sicié. —
Quels noms lui donnaient-ils alors ? Nous ne le savons
plus, car le souvenir de ces temps est trop effacé, aujour-
d'hui, dans notre esprit : — Fécondité, Ops, Rhéa,
Tellus, Cybèle : Il nous suffit de prononcer ces noms,
pour fixer les idées sur les attributs qui lui furent
prêtés. C'était la mère nourricière, la dispensatrice des
biens de la terre, la mère éternelle et pleine de bontés,
la grande, la Bonne-Mère, qui était adorée en cet endroit.

Puis, il est probable qu'en vertu de ce sentiment très
naturel, du reste, qu'ont les hommes, de rattacher les
cultes étrangers qu'ils rencontrent à ceux qu'ils possèdent déjà, les phocéens virent dans la divinité de
Sicié, une incarnation de leur Diane, d'Ephèse : la pro-
tectrice des individus. Ce jour là, la forme Notre-Dame
de la Garde, de la Protection, vint s'ajouter à la première.

A ces deux données : celle de Maïa, de Flore, est venue
se surajouter ; soit qu'elle ait été apportée par les
romains, soit, plutôt, que depuis un temps beaucoup plus
éloigné, elle fut déjà venue se joindre à l'idée primitive de la force créatrice de la nature. — Maïa souligne
particulièrement le début, la floraison de l'amour, qu'on
me passe le mot — plutôt que sa fructification. Et voilà
pourquoi, le nom et les attributs de la Vierge de Mai ;
ont une si grande importance dans le culte qui nous
occupe ici.

Enfin, à toutes ces idées diverses antérieures, la religion chrétienne qui, depuis quinze à dix-huit siècles, joue un rôle si grand dans la Provence ; et qui, pour maintes raisons trop longues à énumérer dans ce moment, a trouvé dans le pays, les conditions les plus favorables à son développement ; la religion chrétienne, dis-je, est venue absorber et résumer dans la Vierge Marie, les attributs des divinités païennes précitées ; de telle sorte, que cette Vierge est, aujourd'hui, la résultante des symboles, du culte de la terre mère, adorés antérieurement, par les provençaux.

V

CONCLUSION

Tout cela nous explique : comment la Vierge de Sicié, répondant à des idées si complexes et si différentes, a des attributs si divers. — Nous comprenons, ainsi, les raisons qui ont concouru à sa perpétuation ; et qui lui ont donné, dans l'esprit des populations locales, l'importance considérable que nous constatons, aujourd'hui encore, à son actif.

Dans divers chapitres ultérieurs : notamment dans ceux qui auront pour titre : Les Castellets de la Sainte-Baume. — Le pèlerinage à la Sainte-Baume. — Le mariage et la progéniture. — La fécondité. — Les pilons et les clochers. — Les fontaines. — Les arbres. — Les grottes. — Les pierres. — Et, enfin, dans l'étude que je compte faire, à la fin de cet ouvrage : sur l'évolution de l'idée du surnaturel, à travers les âges, et dans les divers groupes ethniques, j'aurai à m'occuper en détail du culte des forces génératrices de la nature, qui a laissé des traces si profondes dans les superstitions et les survivances des peuples de tous les pays. Aussi, n'ai-je pas besoin de m'étendre plus longuement, en ce moment, sur les vestiges que nous trouvons dans le pèlerinage à Notre-Dame du Mai, près Toulon.

CHAPITRE III

Les Deux qui sont Morts

————

I

LA LÉGENDE PROVENÇALE

Dans son charmant livre : *La Chèvre d'Or* (Paris 1888), M. Paul Arène a rapporté une légende qui a cours dans la Provence méditerranéenne ; et dont le théâtre est rattaché par les conteurs populaires : à vingt villages, à vingt familles et à vingt époques différentes ; ce qui fait, qu'à priori, on est porté à penser que dix-neuf fois sur vingt, au moins, la crédulité publique a accepté, comme réel, un fait imaginaire ; ou au moins a attribué à un pays ce qui s'était passé dans un autre.

Voici la légende, empruntée textuellement à M. Arène : « Vers l'année 1500, deux frères, deux Gazan, se trouvèrent en rivalité pour épouser leur cousine, qui était une Galfar. — Non qu'ils l'aimassent ; elle était, il est vrai, admirablement belle ; mais, aussi pauvres l'un que l'autre, s'étant ruinés, l'aîné, à faire ses caravanes sur mer, l'autre, dans les tripots d'Avignon, sous prétexte d'étudier la médecine. C'est surtout le secret du trésor qu'ils désiraient d'elle. Aucun ne voulait céder ; ils se querellèrent, et le cadet souffleta l'aîné.

« Puis, sans que personne ne les vit, un soir, tous deux Caïn, tous deux Abel, ils allèrent dans la montagne du côté de la chapelle que déjà un ermite gardait

« Au milieu de la nuit, l'Ermite crut rêver que quelqu'un frappait à la porte, et, s'éveillant, il entendit crier « au secours, j'ai tué mon frère ! » Alors étant sorti, il vit, à la clarté des étoiles, dans l'herbe du cimetière, un pauvre homme étendu, dont un cavalier plus âgé, mais lui ressemblant singulièrement, soutenait la tête.

« Comme ce jeune homme se mourait, l'Ermite le confessa ; et, quand le jeune homme fut mort, le cavalier qui se tenait debout appuyé contre le mur, dit : « Mon père, il est grand temps que vous me confessiez aussi ».

Alors, l'Ermite se retournant vit, sur son pourpoint ensanglanté, le manche d'un long poignard qu'il s'était planté dans la poitrine. Et, quand il fut confessé, le cavalier retira la lame et se coucha dans l'herbe, à côté de son frère dont il baisait en pleurant les cheveux et les yeux.

« Le matin, au moment de les ensevelir, on les trouva enlacés si étroitement, que, pour séparer leurs cadavres, il aurait fallu briser les os des bras. On les mit ensemble dans le cercueil, dans la même fosse et une Messe fut fondée pour l'âme des deux qui sont morts. »

II

APPRÉCIATION

Je crois que nous sommes, ici, en présence d'une de ces légendes qui remontent aux temps les plus reculés; et qui sont répétées, de bouche en bouche, à travers les âges, comme si elles dataient d'hier, à peine, malgré leur antiquité.

Dans l'histoire des imperfections du cœur humain, on a eu si souvent à enregistrer des discussions, des haines, des luttes, des crimes, même, entre parents, qu'on pourrait se demander tout d'abord, si le fait que nous venons de relater ne se rattache pas, tout simplement, à une de ces querelles fratricides, dont il y a eu des exemples, en Provence, comme ailleurs. La fin de la légende se charge de nous révéler sa nature réelle. Cette affection qui venait après l'heure fatale ; et, surtout, ces deux cadavres qui s'enlacent si affectueusement après un combat acharné, au point qu'il faut les enterrer dans une même tombe, constituent plus qu'un enjolivement, ajouté par le conteur, pour rendre son récit plus saisissant ; c'est, il me semble, le cachet d'une survivance, dont il est possible de saisir la donnée initiale, en remontant plus haut dans le passé.

Nous avons besoin de nous arrêter un instant sur ce détail : de l'enlacement affectueux, *post mortem*. Et

7

quelque cela paraisse être une digression, le lecteur verra, bientôt, qu'il ajoute quelque chose à notre argumentation.

III

FAITS DU PASSÉ

La manifestation de sympathie ou d'antipathie entre deux cadavres, ou entre un cadavre et un vivant, se rencontre dans un grand nombre de légendes du Moyen Age. Pour ce qui est de la sympathie, par exemple, nous trouvons dans les martyrologes chrétiens, que : lorsque le corps de saint Étienne fut placé, après son martyre, dans la tombe qu'occupait déjà saint Laurent, ce dernier se déplaça miraculeusement, pour donner la droite, à son collègue qui, pendant la vie, avait été plus élevé que lui, en grade ecclésiastique (LABAT, *voy. d'Italie*, t. VIII, p. 33). Lorsque saint Gombert, mari de sainte Berthe, fut enseveli auprès du corps de sa femme déjà martyrisée. les plaies de la sainte saignèrent, miraculeusement, de nouveau (*martyr. rom.* 1er mai). Sainte Catherine de Sienne, étant allée au tombeau de sainte Agnès, pour lui baiser les pieds, la morte leva ses pieds l'un après l'autre, pour lui épargner la peine de se baisser, (*martyr. rom.*, 20 avril).

Ce ne sont pas seulement des saints, qui ont donné ce spectacle édifiant ; le prodige est entré dans la vie laïque, qu'on me passe le mot. Dans la légende d'Héloïse et d'Abélard. Il est dit : que lorsque le corps d'Héloïse fut déposé dans le tombeau, à côté de celui de son amant, celui-ci lui fit place. Grégoire de Tours (t. II, p. 870, édit. FIRMIN DIDOT) raconte aussi qu'à Dijon, le corps d'un homme mort depuis un an, leva le bras droit, et embrassa le cadavre de sa femme, qu'on ensevelissait près de lui.

A côté de ces témoignages de sympathie, il faut signaler les manifestations d'antipathie ; elles étaient si bien admises comme fréquentes, que : pendant longtemps, on fit approcher celui qu'on soupçonnait être le meurtrier de sa victime, avec la persuasion que les plaies du cadavre se rouvriraient, ou bien que le cadavre témoignerait de sa colère, pour prouver la culpabilité de l'accusé.

Avant d'en finir avec cette apparente digression, qu'il me soit permis d'ajouter la crédulité suivante, qui m'a été citée en 1888, dans les environs de Toulon, comme un fait qui s'était produit quelques mois avant : Une paysanne des environs d'Hyères, avait accouché de deux jumeaux qu'elle élevait avec l'amour d'une tendre mère. Un des deux enfants étant venu à mourir, elle redoubla de sollicitude pour le survivant. Or, un jour, cet enfant fut malade ; vite, la mère courut à l'église, pour faire brûler un cierge, à l'autel de la Vierge qu'elle implorait, afin que son cher nourrisson guérit. Au moment où elle plaçait le cierge allumé sur le lampadaire, un bruit sec se fit entendre, le cierge venait de se fendre en deux parties parfaitement égales, et fournit deux flammes distinctes, l'une à côté de l'autre — il n'y avait

aucun doute à conserver : c'était le petit mort qui réclamait sa part. La mère se hâta de faire brûler un autre
cierge, et bientôt l'enfant fut guéri.

Dans l'antiquité, nous trouvons : que lorsque la guerre
civile se déclara, le feu de l'autel des vestales se divisa
en deux parties (LUCAIN : PHARSALE. trad. de Marmontel, t. 1ᵉʳ, p. 89.)

Les grecs croyaient aussi à ce prodige, Pausanias,
(liv. X.), raconte : que pendant une éruption de l'Etna,
deux enfants, ayant chargé leurs parents sur leurs épaules, les flammes se séparèrent pour les laisser passer.

Après ces citations, on m'accordera j'espère, qu'il
n'est pas nécessaire de fournir d'autres exemples, pour
appuyer ma proposition.

IV

SIGNIFICATION DE LA LÉGENDE

La légende provençale contemporaine : des deux
qui sont morts, est, si je ne me trompe, une réminiscence de celle : d'Etéocle et Polynice, des auteurs
de l'antiquité ; légende racontée par Pausanias, Diodore
de Sicile, Eschyle, Sophocle, etc., etc. Voici, d'ailleurs,
la substance de cette étrange aventure, dont le lecteur
saisira bien vite, j'en suis certain, les liens de parenté.

Œdipe rentré à Thèbes, après avoir tué son père
Laïus et épousé sa propre mère Jocaste, sans savoir
qu'il avait commis un parricide et un inceste, eut deux

fils, Etéocle et Polynice. Ceux-ci, après sa mort, d'après les uns, après sa retraite, d'après les autres, arrivèrent au pouvoir.

Ils convinrent, qu'ils régneraient alternativement, chacun une année ; et que, celui qui ne régnait pas s'éloignerait, pour ne pas gêner son frère dans l'exercice de ses fonctions. Etéocle, en sa qualité d'aîné, régna le premier, et Polynice passa ce temps à Argos, auprès de son beau-père Adraste. Mais, au bout de l'année, Etéocle, ébloui par l'éclat de la couronne, ne voulut pas céder la place à son frère, et la guerre se déclara entre eux. Les deux armées étant en présence, les deux frères se défièrent en combat singulier ; ils se battirent et se tuèrent mutuellement.

On plaça les deux cadavres sur le même bûcher, pour leur rendre les honneurs funèbres. Or, la haine qu'ils avaient eu, l'un contre l'autre, pendant leur vie, persista après leur mort, car les flammes du bûcher se séparèrent en deux portions bien distinctes. Il arriva, même, plus tard, que : lorsqu'on leur faisait des sacrifices communs, les flammes se séparaient, afin que les offrandes ne se mélassent pas entre elles.

Le lecteur conviendra, en comparant les deux récits, qu'il y a un fond de parenté commun, extrêmement étroit, entre eux, quoique dans un cas, il s'agisse d'une femme et dans l'autre d'une couronne. Les flammes et les fumées du sacrifice qui se séparaient, bien que paraissant, *a priori*, être tout l'opposé de l'enlacement invincible des membres des deux cadavres, appartiennent au même ordre d'idées, au surnaturel. Aussi, même en admettant que dans tel ou tel pays, à telle ou telle époque, la légende ait pu avoir, pour condition de sa réédition : une lutte fratricide locale, on devine que c'est toujours sur le canevas primitif, que le populaire a brodé ; de telle sorte, que le fait réel a bientôt disparu sous les enjolivements du conte.

Ceci étant admis, l'esprit a la curiosité de se poser cette question : Qu'est-ce donc au point de vue historique, c'est-à-dire en réalité, que cette aventure du combat d'Étéocle et de Polynice ? La réponse qui s'impose, quand on y regarde de près, c'est : que cette lutte antique n'est pas plus vraie que celle des deux frères Gazan. C'était déjà, chez les anciens grecs, un récit imaginaire, fait à plaisir pour frapper l'esprit, qui s'est répété, d'âge en âge, à cause de son étrangeté, plutôt qu'à cause de sa réalité. Cette aventure extraordinaire n'était, en réalité, qu'une de ces nombreuses allégories, imaginées par les féticheurs, pour cacher le vrai sens d'une indication que les initiés seuls possédaient.

Pour prouver l'exactitude de cette proposition, reprenons les détails de l'évènement, et examinons, de près, les dates, les lieux, et même les noms des acteurs. Nous allons voir : que nous sommes en pleine légende. En effet, nous remontons aux temps fabuleux de la Grèce, c'est-à-dire à l'époque où Cadmus, fils d'Agénor et de Telephassa quitta la Phénicie, son pays natal, et arriva en Grèce où il bâtit Thebes. Cadmus eut le malheur de déplaire à Junon, qui lui voua une haine profonde, et résolut d'attirer tous les malheurs possibles sur lui et sur ses descendants. Ne pouvant lui nuire, la vindicative déesse poursuivit sa postérité jusqu'à la sixième génération.

Cadmus épousa Harmonie, eut quatre filles et un fils nommé Polydore, dont le petit-fils fut Laïus, qui épousa Jocaste ou Epicaste. Laïus, informé par l'oracle de Delphes, que son fils le détronerait, voulut faire mentir la prédiction, en vivant dans une grande réserve vis-à-vis de Jocaste. Mais, un jour qu'il s'était enivré, il s'oublia et sa femme mit au monde Œdipe. Cet enfant, né contre le désir de son père, fut remis, aussitôt après sa naissance, à un domestique chargé de le faire mourir. Ce domestique le porta sur le mont Cytheron, lui perça les pieds, et le pendit par là à un arbre.

Le berger Phorbas, au service du roi de Corinthe, passant, par hasard, en cet endroit, recueillit cette victime innocente des passions divines et humaines, et la porta à son maître, dont la femme qui n'avait point d'enfant, l'éleva. Œdipe, fut appelé de ce nom, à cause de ses pieds enflés οἶδα (je suis enflé) πους (pieds). Une fois arrivé à l'âge d'homme, Œdipe alla consulter l'oracle, qui lui répondit : qu'il tuerait son père, épouserait sa mère et engendrerait une race exécrable. Effrayé par cette réponse, Œdipe, qui se croyait fils du roi de Corinthe, résolut de s'expatrier. Mais voilà qu'en chemin, il rencontra Laïus, son père, qui voulut l'obliger à se déranger de sa route pour le laisser passer. Œdipe, ignorant qu'il avait à faire à un roi, et à plus forte raison à son père, se regimba ; la dispute s'envenimant, il lui donna un mauvais coup qui le tua sur place. Œdipe arriva, ensuite, à Thèbes qui était désolée par le sphinx. Le vieux Créon, père de Jocaste, qui était régent depuis la mort de Laïus, fit publier : que celui qui délivrerait le pays du sphinx, épouserait sa fille, en récompense. Notre héros tenta l'aventure ; il en sortit vainqueur. Une fois qu'il eut épousé Jocaste, Œdipe fit rechercher le meurtrier de Laïus pour le punir ; il découvrit, ainsi, toute l'horreur de sa situation, et s'arracha les yeux de désespoir, au dire de quelques conteurs de la légende.

Suivant les uns, Œdipe eut : Etéocle et Polynice de Jocaste ; selon d'autres, Jocaste se tua de désespoir en apprenant son forfait involontaire, et Œdipe eut, ensuite, ses enfants d'une autre femme, nommée Euriganade.

Si nous essayons de fixer une date pour cette migration de Cadmus, nous voyons : que c'est à peu près à quinze cents ans avant l'ère chrétienne, qu'il faut remonter — cinq cents ans avant le siège de Troie — c'est-à-dire quatre siècles, au moins, avant le moment où l'histoire a commencé à avoir quelque fond de réalité et de précision. Par conséquent, nous ne pouvons avoir l'espérance d'être en présence d'un fait réel, bien certifié par des preuves irrécusables.

Si, d'autre part, nous cherchons la signification des mots qui sont présentés comme des noms propres, dans cette légende, nous voyons qu'il sont d'une transparence telle, qu'ils nous mettent sur la voie d'une explication à laquelle l'esprit se rallie volontiers *a priori*. C'est ainsi : que *Cadmus* vient de κάδμος, hauteur élévation nom générique des montagnes. C'est le nom d'une

montagne divine ; et, aussi, le nom primitif de l'éminence sur laquelle fut bâtie la *Cadmée*, καδμεια.

Harmonie, fille de Vénus, n'est autre que le mot
Αρμονια, jonction, assemblage.

Agénor Αγηνωρ, signifie : élevé sur les autres.

Téléphassa, Τηλεφασσα, est ce que l'on voit de loin.

Laïus, λαιος, n'est que le nom de la rivière qui coulait
dans la plaine voisine de Thèbes. Il y en avait une
autre, du même nom, en Macédoine. Le Laïos, était une
rivière, de Bithynie. Nous connaissons, de nos jours,
un laye dans les environs de Saint-Germain près, de
Paris : dans les pays bas il y a la ville de : a Haye. Enfin
signalons un : layon dans l'Anjou.

Jocaste ou *Epicaste*, était une fontaine voisine de
Thèbes. Le nom d'Ακαστ donné à la nymphe de cette fontaine était formé de : A augmentatif et καστ profond.

Créon vient de Créus, ciel, et au figuré, prince, roi,
montagne, élévation.

Le sphynx. — Le sphynx était un monstre qui avait
le visage d'une femme, le corps d'un lion et les ailes
d'un oiseau. Les égyptiens employaient ce symbole
pour désigner le débordement du Nil. Or la plaine qui
avoisine Thèbes. entourée par une chaîne de montagnes, Κυθαρων, Cythéron, ceinture, qui versaient plus
d'eau qu'il n'en pouvait s'écouler, était sujette à une
inondation périodique, et probablement était, même,
un lac ou un marais dans les premiers temps.

Œdipe que l'on a traduit par Oidos, enflé et πους pied
peut aussi se traduire par πως fontaine, source, eau ;
il y avait près de Thèbes la fontaine πος.

Étéocle Ετεοχλε fermé chaque année. On appelait de ce nom, une source du voisinage de Thèbes, qui ne coulait que pendant l'hiver.

Polynice, de πολυνιχε, qui coule abondamment, était aussi le nom d'une fontaine du voisinage de Thèbes, qui avait un fort débit, pendant toute l'année.

Si, avec les éléments que vient de nous fournir l'examen de ces divers noms, nous cherchons une explication de la légende d'Œdipe, comme l'a fait déjà, d'ailleurs, Bergier (*l'origine des dieux du paganisme*, Paris 1774 t. ii, p. 13 et 328) nous voyons : qu'on peut admettre l'hypothèse suivante. Cadmus, n'était, en somme, que le nom générique de la montagne sur laquelle s'éleva Thèbes. Cette élévation, faisait partie d'une chaîne d'autres pitons élégamment disposés, dans lesquels deux, en particulier, étaient plus élevés que lui ; de sorte que, chez les premiers habitants de l'endroit, on dit, d'abord : que cette montagne était harmonieusement unie à des pitons voisins ; et que deux sommets principaux dominaient la chaîne. Puis, cette donnée simple s'obscurcit : par le fait de l'anthropomorphisation des symboles, par l'oubli de la signification primitive, par la manière dont l'allégorie fut comprise, à mesure que les générations la qui répétaient, étaient, plus frappées par tel ou tel détail de sa rédaction, que de son explication réelle. Dans ces conditions, Cadmus devint, peu à peu, un homme, pour la crédulité populaire. La citadelle de Thèbes s'appelant la Cadmée, c'est Cadmus qui avait bâti Thèbes. Ce Cadmus, était fils d'Agénor et de Telephassa ; et, comme on ne savait pas ce qu'avaient été ces ancêtres, on dit :

qu'ils étaient étrangers. Les Phéniciens étaient alors les étrangers qui venaient commercer dans le pays, y fonder des comptoirs, y apporter la civilisation etc., etc. Cadmus fut phénicien, pour cette raison. Enfin, la disposition harmonieuse de la montagne avec les autres pitons, fut formée, à son tour, par le mariage de Cadmus, avec Harmonie, fille de Vénus. En appliquant le même raisonnement à la suite de la légende, nous voyons que, peut-être, toute l'aventure extraordinaire des malheurs de la famille de Cadmus, s'explique de la manière suivante : Sous l'influence d'une pluie, (la colère de Junon) la fontaine Ipos, que l'opinion publique considérait, dans le pays, comme provenant du Laos et de la source Jocaste, déborda ; et, contrairement à ce qu'on pouvait croire, alla dégrader ou même détruire le lit de ce Laos ou Laïos. Ce fait formulé, peut-être, dans cette simplicité au début, fut présenté sous une forme allégorique. Puis, lorsque le récit anthropomorphisa les noms Ipos devint Œdipe, et la destruction du Laïos fut représentée, comme le meurtre du père par son fils. La fontaine Ipos étant allée, un jour, d'une manière imprévue, et contraire à ce qu'on croyait possible ou raisonnable, jusqu'à celle de Jocaste. Sous l'influence de la même anthropomorphisation, ce fut l'union incestueuse du fils avec sa mère.

Quant aux sources Etéocle et Polynice, qui étaient considérées comme provenant de la fontaine Ipos et de la fontaine Jocaste, elles se réunirent, peut-être, dans un débordement ; et eurent leur lit dégradé ou détruit. Pour cette raison, elles furent considérées comme s'étant entretuées.

Disons, en passant, que le mariage de Laïus et de Jocaste, peut être considéré, au même point de vue, comme l'éventualité constatée quelquefois : de l'augmentation de débit de deux cours d'eau, se réunissant accidentellement, sans avoir dégradé leurs berges.

Bergier, dans le livre extrêmement curieux que j'ai cité (*L'Origine des Dieux*), a suivi, pas à pas, le poème de la théogonie d'Hésiode ; et a expliqué, de la manière que je viens de spécifier, tous les détails, non seulement de cette légende, mais de cent autres de la même nature. Et, si dans certains cas, il a forcé quelque peu les analogies, dans la plupart, il paraît avoir donné l'explication réelle de mille faits, qu'il serait impossible de comprendre, par une autre hypothèse.

De son côté Dom Pernety : explication des fables, etc., etc. (Paris, 1786, 2 vol.) a expliqué cette légende par des allégories portant sur des opérations de chimie.

V

ORIGINE ET TRANSFORMATION DE LA DONNÉE

Il n'entre pas dans mon plan d'insister sur tous les détails des légendes qui ont fourni à Bergier et à Pernety, des explications, souvent, si inattendues ; il me suffira, ici, pour remplir mon programme, de chercher à expliquer au lecteur, comment il me semble qu'on peut se faire une idée, de la filiation des enjolivements, qui sont venus successivement se stratifier les uns sur les autres, en tout ceci, ou se rapprocher, s'unir, se mélanger comme les parcelles d'une mosaïque, pour faire un tout harmonique, avec des éléments disparates. Des faits très simples et très vulgaires, au fond, frappant l'esprit des premiers hommes, ont été l'objet de leurs méditations et de leurs causeries ; la sympathie innée que nous avons, depuis le début de l'humanité, pour l'extraordinaire, l'invraisemblable, le surnaturel, a fait, que ce qui avait le plus étonné, était précisément ce dont on se souvenait avec le plus de persistance, ce qu'on se complaisait à raconter à ses voisins, à ses semblables, à ses descendants, pour les étonner à leur tour.

A une certaine époque, l'allégorie fut, on le sait, le moyen qu'employaient les féticheurs, pour transmettre, à leurs adeptes, des indications, touchant certains faits, des formules, etc., etc. En un mot, des secrets qu'ils ne voulaient pas que le commun de la population connut ; les légendes du genre de celle qui nous occupe, furent utilisées pour ces allégories. Nous venons de voir un des sens de cette légende. Hâtons-nous de dire : que suivant le pays, le temps, le collège des féticheurs, ce sens a pu être très différent ; c'est grâce à ces différences, qu'il était souvent si difficile à ceux qui n'étaient pas initiés, de savoir la véritable explication des divers détails de ces aventures extraordinaires.

A mesure qu'un fait passait de bouche en bouche, et que les temps s'écoulaient, il se modifiait, se transformait, s'amplifiait dans un sens, se raccourcissait dans un autre ; il arrivait, ainsi parfois, à être très différent de ce qu'il avait été au début. En outre, transmis oralement, il passait dans diverses contrées, c'est-à-dire allait défrayer des groupes ethniques différents, qui, suivant la tournure de leur esprit, étaient plus frappés par tel ou tel détail ; de sorte que des variantes, parfois très dissemblables, prenaient naissance.

Sous l'influence de mille conditions, celle du temps entre autres, il arrivait, peu à peu, que le souvenir du fait initial s'obscurcissait, disparaissait même. Les noms d'hommes, devenaient parfois des noms de choses; et, surtout, des noms d'animaux ou de choses touchant la terre, l'eau, les montagnes, les arbres, des passions, devenaient des noms d'homme : s'anthropomorphisaient, en un mot, pour me servir du terme consacré.

Il arriva, ainsi, que de nouvelles légendes se créèrent, parfois tellement différentes de l'aventure initiale, qu'il devint désormais impossible de saisir les relations qui existent entre elles. De même, certaines variantes d'une même légende, furent, peu à peu, tellement dissemblables, que leur lien de parenté s'est obscurci, sinon même, a disparu.

Quoi qu'il en soit, avec le temps, le système de transmission des faits par l'allégorie perdit son importance, probablement à cause de son imperfection ; les aventures merveilleuses que les légendes mettaient en scène restèrent dans les Sociétés à l'état de récits émotionnants pour les masses, mais n'ayant aucune valeur pour les initiés des divers cultes. Il arriva, alors, on le comprend sans peine, que certaines de ces légendes, plaisant plus que d'autres à l'esprit humain, se perpétuèrent, pour cette raison.

C'est ainsi, qu'après avoir subi mille variations et mille transformations, peut-être, le souvenir d'un accident météorologique local, d'un orage, d'un débordement de torrent, est devenu : la légende de Cadmus, d'Œdipe, d'Etéocle et Polynice, etc.

Cette légende, qui défraya les conversations de la veillée des anciens grecs, plut assez, par son étrangeté, pour prendre une importance dans la liste de celles qui se débitaient souvent, çà et là. Les conteurs oraux, les poètes, les écrivains, la répétèrent à l'envie ; et c'est ainsi que nous en trouvons des traces dans *Eschyle, Sophocle, Diodore de Sicile*, Pausanias (p. 178), etc., etc.

Les relations si intimes, que notre pays de Provence a eues avec la Grèce, à chaque instant, depuis plusieurs milliers d'années, devaient faire apporter cette légende sur nos côtes ; la tournure de l'esprit des provençaux devait lui offrir facilement droit de cité ; et il a suffi, peut-être, qu'un soir, un de nos ancêtres celto-lygiens, attiré par la curiosité, près d'une barque de pêcheurs massaliotes, ait entendu le conteur du groupe, parler de la lutte fratricide d'Etéocle et de Polynice, pour que, désormais, l'aventure ait fait partie de l'arsenal légendaire des conteurs provençaux. Suivant le temps, le pays, les évènements et les hommes, la cause de la lutte a varié.

Jadis, un des frères avait pris parti pour les massaliotes ou les romains, et l'autre, pour les celto-lygiens. Plus tard, l'invasion sarrasine vint déteindre sur la légende ; puis se furent, peut-être, les guerres de religion ; demain, ce sera la politique qui interviendra, pour expliquer les dissentiments entre les deux frères. Sans compter, que l'amour, que l'intérêt, que la chasse, le jeu, etc., ont pu, en maintes circonstances, apporter leur appoint dans le récit, pour assurer sa perpétuité. C'est ainsi que, depuis un nombre considérable de siècles, probablement, la légende des *Deux qui sont morts*, que M. Paul Arène a recueillie, de nos jours, sur les côtes de Provence, y est répétée, d'âge en âge, intéressant toujours les auditeurs, et stimulant perpétuellement l'imagination de ceux qui aiment à raconter des choses extraordinaires à leurs semblables.

Quant au fait : de la manifestation, *post mortem*, de l'affection initiale des deux frères, il était assez frappant, pour devenir, à son tour, la donnée fondamentale d'autres récits merveilleux ; elle s'est complétée par la spécification des deux cas contraires : de la sympathie et de l'antipathie. Et, de très bonne heure, il s'est répandu dans les récits populaires. Nous savons que Pausanias, Lucain, les légendaires du moyen âge, etc., n'ont pas dédaigné de le rééditer. L'aventure du cierge, fondu en deux, nous montre : que de nos jours, sous forme concrète ou atténuée, cette donnée initiale n'a pas encore disparu de la crédulité populaire.

CHAPITRE IV

Les Castellets de la Sainte-Baume

En lisant, il y a déjà longtemps, le curieux livre de D. Monnier, sur les traditions populaires comparées (Paris, 1845, p. 150), je trouvai, au sujet de ce que l'on voit sur le sommet de la montagne de la Sainte-Baume de Provence, l'indication suivante, qui frappa vivement mon esprit :

« Le 10 août 1843 j'étais là (sur la montagne qui, dans les cartes de Danville, porte le nom d'Olympe; et qui a, aujourd'hui, celui de Saint-Pilon, au-dessus de la Sainte-Baume), tout seul, au sommet d'une roche élevée de mille pieds au-dessus de la vallée ; j'y voyais une foule innombrable de petits tas de pierres, faits de main d'homme, et dont je ne devinais pas encore la signification. Je ne sais ce qui me préoccupait le plus, en ce moment, ou de la vue magnifique dont je jouissais, sur les monts comme sur les plaines de Provence ; ou de la crainte d'être emporté dans les airs par un vent impétueux ; ou des vives sensations que j'avais éprouvées à la Sainte-Baume ; ou du mystère que je cherchais à pénétrer, à la vue de toutes ces piles dont l'aride sommet de cette montagne était hérissé, sous mes yeux ; mais j'avoue que mon ascension sur l'Olympe de la Provence, est celui, des incidents de mes voyages, qui m'a le plus vivement impressionné. »

Précisément au moment où je consultais le livre de Monnier et Vingtrinier, je faisais des recherches sur les légendes de sainte Magdeleine, de sainte Marthe... etc., pour mon livre des *Traditions et réminiscences populaires de la Provence* (Paris, R. LEROUX, 1885); et je trouvai dans le livre de l'abbé Faillon, (*Monuments inédits*, etc., etc., t. 1er, p. 1,153), une autre indication, touchant ces petits amoncellements de pierres ; indication puisée au mémoire de Villeneuve-Bargemont (*Ruche provençale*, t. 1er, 1819, et *Compte rendu des séances de l'Académie de Marseille*, de la même année). En voici les détails :

« Tels sont les seuls hommes qu'on rencontre dans ces lieux sauvages, excepté, néanmoins, le jour de la fête (lundi de la Pentecôte), époque à laquelle une dévotion, transmise successivement, peuple ce désert d'une foule innombrable d'individus de tout sexe, de tout âge, de toutes conditions, et particulièrement de jeunes époux mariés dans l'année. Ce pèlerinage était jadis pratiqué dans toute la Provence ; on le stipulait souvent dans les contrats ; et il était rare qu'il ne s'effectuât pas, car cette omission aurait été regardée comme devant entretenir la stérilité, et souvent un défaut de tendresse de la part du mari.

Quelques pierres placées les unes sur les autres, sont

le témoignage de l'accomplissement de ce vœu, ils se nomment *castellets* (petits châteaux). On en rencontre une grande quantité dans le bois, sur le chemin, dans la grotte, aux environs du Monastère, et jusqu'aux abords du Saint-Pilon. »

Comme on le devine facilement, je me promis bien de vérifier l'exactitude de ce fait, avancé par Monnier et Vingtrinier, comme par Villeneuve-Bargemont, lorsque, dans les premiers jours de septembre 1887, je pus faire le voyage de la Sainte-Baume et l'ascension du Saint-Pilon. Or, je dois dire : que je trouvai, sans peine, les petits tas de pierres dont il est question ; ils sont si nombreux, d'ailleurs, qu'ils ne sauraient passer inaperçus.

Entrons dans quelques détails de description, pour bien fixer les idées du lecteur sur les *castellets* dont il est question, ainsi que sur les lieux où on les rencontre.

La chaîne dite : de la Sainte-Baume, se trouve, on le sait, à 25 kilomètres environ dans l'est-nord-est de Marseille, et à 27 kilomètres dans le nord-ouest de Toulon ; elle est constituée, par une élévation d'une quinzaine de kilomètres de long, allant du nord-est au sud-ouest ; et dont le revers méridional est un plan incliné à 30 ou 40 degrés, tandis que le revers septentrional est constitué par une falaise verticale de 300 mètres de hauteur, aussi droite et aussi lisse qu'un véritable mur. Il s'ensuit, que celui qui fait l'ascension de cette montagne, ne peut manquer d'avoir son esprit extrêmement frappé par ce gigantesque jeu de la géologie.

Cette dénivellation brusque, jointe à la présence

d'une grotte très remarquable, située à un endroit donné de la falaise, était bien de nature à favoriser, dans l'esprit des populations crédules et poétiques du midi de la France, la naissance et la transmission de la célèbre légende : de l'expiation prolongée de sainte Magdeleine, en ce lieu.

On peut faire l'ascension de la montagne du Saint-Pilon par bien des endroits : par Signes, Riboux ou Gémenos, sur le versant méridional, pour les piétons ; par Saint-Zacharie, ou Nans, sur le versant septentrional. Le chemin de Saint-Zacharie permettant l'accès des voitures, plus facilement que celui de Nans, c'est par ce village que viennent la plupart des visiteurs.

Quand on vient par Saint-Zacharie, on arrive au pied de la falaise de 330 mètres, sur les flancs de laquelle on voit, de loin, les deux maisons qui ont été élevées de chaque côté de la grotte pour les besoins du culte ; on s'arrête, très généralement, à l'hôtellerie, tenue par les moines dominicains.

De cette hôtellerie, on part, à l'heure propice, pour faire l'ascension. On traverse, dans ce trajet, une forêt séculaire absolument inculte, et, par cela même, doublement belle et imposante ; forêt dans laquelle, quelques sentiers, souvent très raides, ainsi qu'un petit chemin, accessible seulement aux bêtes de somme, conduisent à la grotte et au Saint-Pilon.

Je n'ai pas à décrire, ici, la grotte de Sainte-Magdeleine et les constructions qui ont été faites dans ses environs immédiats, car pareil travail n'entre pas dans mon cadre. Je n'ai qu'à m'occuper du Saint-Pilon, et je dirai, pour fixer les idées, qu'à un endroit situé à peu près au milieu de la longueur de la chaîne de l'Olympe, très près de la grotte de Sainte-Magdeleine, il y a dans cette falaise, qui s'élève droite et abrupte comme un véritable mur, absolument infranchissable au premier aspect, un pli de terrain qui permet aux ascensionnistes d'arriver, par un sentier très raide et très rocailleux, jusqu'au sommet de la montagne, où se trouve, perpendiculairement au-dessus de la grotte, un oratoire bâti sur le bord, même, du gigantesque précipice qui est une des beautés saisissantes de la région.

C'est dans les environs de cet oratoire, qu'on trouve le plus grand nombre des petits tas de pierres dont je parle, parce que c'est là que viennent la majorité des pèlerins. Mais, je dois dire: que sur toute la crête, depuis le Baou de Bretagne, qui fait l'extrémité sud-ouest de la chaîne, jusqu'au piton des Béguines, qui constitue le point extrême du côté du nord-est, on en rencontre, çà et là.

Ces petits tas de pierres se rencontrent, aussi, mais plus rares, dans la forêt, et sur les bords des sentiers qui mènent de l'hôtellerie à la grotte ou au Saint-Pilon. Dans cette forêt, l'habitude d'écrire son nom ou ses initiales sur les troncs d'arbres ou sur les rochers, tend à faire disparaître celle d'ériger les castellets.

Les castellets qui nous occupent présentent deux variétés, assez distinctes, pour mériter d'être différenciées. Les uns, sont constitués par un amoncellement de quelques pierres : de trois à une douzaine, disposés de telle sorte, qu'elles forment une pyramide grossière, surmontée d'un caillou placé sur un de ses petits côtés, c'est-à-dire, érigé de manière à bien accentuer la terminaison aiguë du petit monument. Les autres, sont constitués par une seule pierre plus longue que large, et que l'on eut soin de placer dans une des cavités ou des fissures que présente le sol rocheux du sommet de la montagne, de manière à constituer : un véritable menhir, de petite dimension.

Dans les environs du petit oratoire actuel du Saint-Pilon, on trouve des débris de briques, provenant de l'ancien oratoire, détruit à la fin du siècle dernier. Ces briques, employées dans certains de ces castellets, sont de nature à bien montrer : que c'est la pensée d'érection d'une pierre qui a présidé à leur édification. En effet, quelques pèlerins qui ont trouvé plus commode de faire les assises inférieures de leur castellet avec des fragments plats et réguliers de ces briques, ont cherché, pour placer sur ces briques superposées, une pierre obscurément triangulaire, qui accentue mieux la forme pyramidale de l'amoncellement. Quelques pèlerins, ont érigé une de ces briques plates dans un trou de rocher, pour faire un petit menhir : et ils ont eu soin, alors, de caler la brique, à l'aide de petites pierres, afin qu'elle restât solidement verticale.

Le désir de faire un castellet, aussi haut et aussi près que possible du bord de la falaise, est tel, qu'il a fallu, quelquefois, une certaine hardiesse au pèlerin. En quelques endroits, même, on voit ce castellet, constitué par un seul caillou, qui a été érigé sur une aspérité

de la crête du roc, placé si près de cette falaise, que
bien certainement il doit arriver, parfois : que la force
du vent les précipite du haut en bas du Saint-Pilon.
Cette action du vent pourrait constituer un certain
danger pour les personnes qui séjournent sur la terrasse du devant de la grotte, entre les deux maisons
construites pour le besoin d'un culte, qui attire, annuellement, un grand nombre de visiteurs.

Qu'elle peut être la signification de ces castellets, dont
nous signalons la présence sur la montagne de la Sainte-
Baume ? Dans quelle pensée sont-ils érigés ? Telles
sont, naturellement, les premières questions qui se
posent à l'esprit. Voici les renseignements que j'ai pu
recueillir sur leur compte.

D'abord, je rapporterai ce que disent, à ce sujet, Monnier et Vingtrinier, dans le passage de leur livre que
j'ai signalé.

« A la fin, je me doutai que ces pierres brutes, ainsi
superposées, étaient autant de témoignages laissés par
les visiteurs, et sans attendre plus d'éclaircissement à
cet égard, je rassemblai, à mon tour, quelques débris
de roc dont je formai mon petit pilier, strictement
parlant, sur le bord d'un précipice de 333 mètres de profondeur, et derrière l'oratoire de Sainte-Magdeleine. —
A peine m'étais-je acquitté de cet espèce d'*ex-voto*,
que je vis avancer trois jeunes provençaux : ils venaient
accomplir au Saint-Pilon l'obligation pieuse que s'im-
posent les pèlerins. C'étaient de simples ouvriers, qui
m'apprirent qu'il était d'usage en Provence : que tout
homme, avant de s'établir, vînt au moins une fois dans

sa vie faire une visite à la Sainte-Baume, et qu'il cons-
tatât par l'érection d'un tas de pierres l'acquit de son
pèlerinage ; ils dressèrent donc chacun un *monceau
du témoignage.* »

De son côté le passage que nous avons rapporté précédemment de la notice de M. de Villeneuve : « quelques pierres placées les unes sur les autres sont le témoignage de l'accomplissement de ce vœu », corrobore
l'assertion de Monnier et Vingtrinier.

Enfin, j'ajouterai : qu'en rentrant à l'hôtellerie, au
retour du Saint-Pilon, je ne manquai de parler des petits
tas de pierres, que j'avais rencontrés dans mon ascension, au religieux qui nous avait assigné nos cham-
bres et nous avait fait servir à déjeuner. Je lui en
demandai la signification, ; il me répondit : « Ces tas de
pierres peuvent être appelés des Montjoie en français.
Les Provençaux les désignent sous le nom de : *mouloun
de joye (mouloun,* petite meule, amoncellement, tas,
de joie) ou mount joyo (mons jovis).

« Chaque pèlerin qui vient visiter la Sainte-Baume, a
soin, ajouta-t-il, de faire le sien, parce que c'est l'habitude, pour montrer qu'il est venu jusque-là. Il y en a,
même, qui attachent, en outre, une certaine pensée
pieuse à cette édification ; en effet, lorsqu'ils ont le
projet d'épouser une jeune fille, ils viennent faire un
pèlerinage à la Sainte-Baume, montent au Saint-Pilon,
et y font leur moulon avec soin, en demandant mentalement à sainte Madeleine de leur faire connaître : si
elle approuve leur choix.

« L'année d'après, ils reviennent, et, s'ils retrouvent

leur amoncellement de pierres intact, ils considèrent
leur projet comme bien accueilli par la sainte ; si, au
contraire, les pierres ont été dispersées, ils sont persuadés que leur mariage ne serait pas béni par sainte Magdeleine : ce qui est une raison suffisante pour leur
faire chercher une autre fiancée. »

Il résulte de ces indications, qu'en laissant au second
plan, cette idée dont me parlait le religieux dominicain :
du signe pronostic que les amoureux demandent à
sainte Magdeleine, au sujet de leur projet de mariage ;
idée qui est la manifestation de la dévotion locale, il est
évident que ces castellets sont : des *monuments de
témoignage*, la preuve de l'accomplissement du pèlerinage, la démonstration matérielle du fait d'ascension
accompli, que les visiteurs ont en vue, lorsqu'ils les
construisent.

Ces castellets sont inspirés par la même pensée qui a
présidé à l'inscription du nom ou des initiales des
visiteurs sur les arbres, les pierres, les murs des monuments, les parois de la falaise, etc., etc.

Cette coutume d'élever un petit monceau de pierres,
en témoignage de l'ascension d'un pic, se retrouve,
quoique à un moindre degré, sur plusieurs sommets de
la Provence : sur la montagne de Sainte-Victoire qui
est voisine de la Sainte-Baume, par exemple, et sur
diverses autres.

L'usage d'entasser des pierres paraît avoir été très
général dans les temps anciens, car on retrouve, aujour-
d'hui encore, des amas de ce genre dans une infinité
d'endroits de tous les pays. Parmi ces amoncellements,

les uns sont minimes, les autres plus ou moins considérables. On peut logiquement penser; que leur volume
donne seulement la mesure des moyens d'action que
possédaient les individus qui les élevèrent; petits ou
grands, ils ont tous également procédé une inspiration pieuse.

Cette inspiration pieuse a différé dans son objet, suivant les cas; nous voyons, en effet, par l'analyse, que
quelquefois, ces amoncellements de pierre, ont été élevés, à titre de témoignage d'un engagement ou d'un
évènement. D'autres fois, ils ont servi à honorer une
sépulture. Dans d'autres circonstances, ils ont constitué un autel érigé en l'honneur d'une divinité, et, parfois, aussi, ils ont été le symbole de cette divinité elle-
même. — De là donc, trois catégories de significations
qui se rattachent à ces amoncellements.

I

MONCEAUX DE TÉMOIGNAGE

Dans le Jura, sur la chaîne de la L'heute, Désiré
Monnier (*Tradit. p.* 193), dit avoir vu de petits amoncellements de pierres, qui remontent à des temps antérieurs à la conquête romaine, et qui étaient des
monceaux de témoignages élevés par les habitants, qui
venaient accomplir une dévotion dans cette localité.

Dans les Alpes, les Cévennes, le Forez, les Pyrénées, on rencontre, aussi, en maints endroits, de petits amoncellements de pierres, absolument semblables aux Castellets de la Sainte-Baume de Provence, et qui paraissent avoir été érigés, aussi, en témoignage de l'accomplissement d'une pratique pieuse.

Dans le nord de l'Angleterre, on voit des monceaux de pierres, auxquels les gens, qui passent dans le voisinage, ajoutent un caillou (cité par Dulaure, p. 205). — Camden et Jos Strutt, dans leur *Tableau des mœurs des anciens habitants de cette contrée* (p. 148), racontent qu'Harold, lors de la conquête du pays de Galles, élevait un monceau de pierres dans tous les endroits où il avait battu les ennemis, et y mettait cette inscription : « *Hic fuit Victor Heroldus* », pour rappeler ses exploits à la postérité. Dans tous les pays du nord et de l'est de l'Europe : Danemark, Suède, Norwège, Allemagne, Russie, où des amoncellements de pierres se rencontrent, plusieurs peuvent être considérés comme des monceaux de témoignage.

Nous pouvons dire la même chose, pour tout le continent asiatique : à Ain-Moussa, dans le sud de la Mer-Morte, par exemple, Burckarth (*Nouv. Hist. des Voy.* 2e sér. t. x, p. 168), dit avoir vu, en 1812, les arabes qui allaient en pèlerinage au tombeau d'Haroun, faire de petits tas de pierres semblables aux castellets de Provence, pour laisser une trace matérielle de leur passage.

Dans le pays des Khirgiss, en Perse, en Boukarie, au Thibet, comme en Sibérie ou en Mongolie, les amoncellements de pierres, dont nous parlons, ne font pas défaut.

Lorsque les thibétains passent sur une montagne, ils portent une pierre sur les divers amoncellements de cailloux qu'ils y rencontrent, pour faire hommage au *dewata* du lieu (esprit) — et laisser une trace de leur passage.

De son côté, l'Afrique présente de nombreux spécimens de ces modestes monuments. Sparmann (*Voy. au Cap.* t. III, p. 162), en a vu dans le pays des Cafres ; divers voyageurs en ont signalé chez les Hottentots, et, d'ailleurs, dans la plupart des régions, soit centrales, soit méridionales, à l'est ou à l'ouest du continent africain.

Si, dans le moment actuel, on trouve de nombreuses manifestations de la coutume d'élever un monceau de pierres, pour servir de témoignage de l'accomplissement d'un devoir pieux, ou pour honorer un mort, il faut convenir : que dans le passé, cette pratique était encore plus étendue et plus fréquente. Nous savons, par exemple, par les historiens de notre pays, que lorsque Childéric, roi des Francs, et Alaric, roi des Goths, délimitèrent, par un traité, leurs possessions respectives, ils firent élever dans les environs de Sublaine, près de la Loire, deux monceaux de témoignage. Dans une infinité de localités des Iles Britanniques, on a vu élever des menhirs, des cromlecks, des galgals, postérieurement à l'ère chrétienne, pour rappeler des faits saillants.

Dans l'antiquité, ces amoncellements de pierres étaient

bien plus fréquemment érigés, encore, à titre de monceaux de témoignage, de même qu'on les élevait pour orner les sépultures ; ou comme des autels de la divinité, ou bien : le symbole de cette divinité elle-même. La preuve de cette assertion n'est pas difficile à fournir. Dans la Bible, par exemple, nous en rencontrons plusieurs mentions. C'est ainsi : que Jacob en fit ériger un, en compagnie de Laban, lorsqu'il fut assez habile pour calmer la colère de son beau-père, à l'occasion de sa fuite en compagnie de Lia et de Rachel ; cette dernière ayant, même, dérobé à son père ses deux domestiques (*Genèse.* ch. XXXI, § 44 à 52).

Josué, après avoir traversé le Jourdain, ordonna, à un homme de chaque tribu, de prendre, dans le lit du fleuve miraculeusement desséché, une pierre destinée à faire un monceau de témoignage ; et il en fit un autre dans le lit de la rivière. (*Josué.* ch. IV.)

Dans le *Livre des Proverbes* de la Bible, l'action d'ajouter une pierre aux monceaux consacrés, est signalée, comme un acte de folie ou d'impiété ; ce qui prouve, aussi bien que les citations précédentes, l'existence de la coutume.

D'autre part, nous savons que les Scythes, d'où sont venus les Celtes, avaient l'habitude d'élever des monuments mégalythiques, pour indiquer les évènements mémorables de leur vie.

Tous ces exemples accumulés, nous montrent donc, péremptoirement : que cette coutume de faire des amoncellements de pierres, comme témoignage des grandes circonstances de la vie des hommes en particulier, ou des peuplades entières, a existé chez les groupes ethniques qui ont habité, jadis, la plupart des contrées de l'ancien monde.

II

MONCEAUX DE PIERRES ÉRIGÉS SUR LES SÉPULTURES

Pour la facilité de mon exposition, je parle séparément : des monceaux de pierres qui ont eu pour but de servir de témoignage, et de ceux qui ont orné les sépultures ; mais on comprend que la division est tout à fait factice, car, dans mille cas, il serait impossible de déterminer, à laquelle des deux catégories appartient, tel ou tel monceau qu'on examine. D'ailleurs, la pensée est identique au fond, de sorte, qu'à la rigueur, la confusion n'aurait aucun inconvénient. Quoi qu'il en soit, ces amoncellements employés pour orner, au jour indiqué, des sépultures, se rencontrent dans un grand nombre de pays. Je rappellerai, dans cet ordre d'idées, qu'en Écosse, lorsque les paysans demandaient, il n'y a pas bien longtemps encore, une faveur à leurs maîtres, ils finissaient leur supplique par ces mots « et le suppliant ajoutera une pierre à votre tombeau ». (DULAURE, p. 205).

Pour ce qui est des autres pays d'Europe, je n'ai à répéter, ici, relativement aux amoncellements funéraires

des pierres, que ce que j'ai dit, tantôt, pour les monceaux
de témoignage. On retrouve ces monceaux, semblables:
soit en France, soit en Espagne ou en Italie, soit en
Danemark, en Norwège, en Allemagne, en Russie, etc.

D'autre part, je rappellerai : que Pallas a rencontré,
dans son voyage en Asie, un grand nombre de tombes,
d'amoncellements funéraires de pierres, etc., qui sont,
ou non, encore, l'objet des pratiques pieuses de la part
des habitants voisins : c'est ainsi par exemple (t. VI, p.
314) qu'il raconte que, lorsqu'il arriva sur le sommet de
la montagne Kouna, en Tartarie, il vit deux monticules
de pierres, qui paraissaient être des tombeaux ; et sur
lesquels, les tartares, qui l'accompagnaient, déposèrent,
pieusement, des rameaux d'arbres, et des cailloux.

Dans presque toute l'Arabie, on élève, de nos jours,
comme on le faisait déjà dans l'antiquité la plus reculée,
des monceaux de pierres, sur la tombe des individus
qu'on ensevelit ; et les voyageurs ajoutent quelques
cailloux, en passant, après avoir dit une prière. (*Choix
des r y. mod. par* T. ADAM, t. II, p. 140.)

Par ailleurs, nous savons : que dans le pays des zoulous de l'Afrique méridionale, il existe, aujourd'hui
encore, la coutume de faire un tas de pierres, plus ou
moins gros, à l'endroit où un soldat anglais a été tué en
embuscade, pour perpétuer le souvenir de l'aventure.
Chez les Hottentots, John Barrow, dit avoir vu ces
monceaux tumulaires, qui indiquaient, par leur volume,
le nombre d'amis ou de clients du défunt. (*Voy. dans
la part. mér. de l'Afrique.* t. I, p. 191).

Les cafres, ont l'habitude de couvrir les tombes avec

des pierres ; ils dressent de véritables *cairns*, aux endroits où un individu a été inhumé.

De leur côté, les Guanches, des Canaries, élevaient des *tumuli* sur leurs morts, de même qu'ils faisaient des monuments mégalythiques commémoratifs, pour les divers événements de leur histoire.

Si nous remontons dans le passé de l'histoire, nous voyons : que l'habitude d'élever ces amoncellements de pierres, était dans les pratiques d'une infinité de peuplades. Ils étaient : grands ou petits, suivant les cas ; et la légende de leur élévation se rattachait aux guerriers historiques ou légendaires, aux divinités même. C'est ainsi, par exemple, que dans l'île de Crète, on montrait, sur le mont Ida, le tombeau de Jupiter, à une époque où, cependant, ce dieu était le souverain de l'Olympe païen. (DIODORE DE SICILE, liv. II, ch. I), dit : que Sémiramis fit élever un monceau de terre sur la tombe de son mari Ninus, fondateur de l'empire d'Assyrie. — Hérodote (liv. I), nous apprend : que le tombeau d'Alyattes, roi de Sardes, et père de Crésus, était un tumulus formé de pierres et de terre. Soulignons, en passant, que ce monument funéraire était surmonté de cinq pierres érigées, détail sur lequel nous aurons à revenir dans un chapitre ultérieur.

Au dire de Cléarque (*Erotiques*), Gygès fit ériger à la mémoire de sa femme, un tumulus qui se voyait de très loin ; et que le voyageur Chandler a retrouvé, peut-être, au siècle dernier, dans son voyage en Asie mineure.

Homère, nous parle, en vingt endroits de l'*Illiade* et de l'*Odyssée*, de tumuli, formés de pierres et de terre, érigés sur le corps des héros morts ; il nous apprend, incidemment, que cette coutume était antérieure au siège de Troie, puisqu'il nous dit que : Polytes, fils de Priam, monta sur un de ces monceaux voisins du Scamandre, pour reconnaître le campement des grecs.

Dans la vieille Grèce, ces amoncellements funéraires étaient communs ; Pausanias parle d'un grand nombre d'eux : les tombeaux de Laïus, en Phocide, de Lycus, près de Cycione ; d'Antiope, entre Athènes et Phalère ; d'Augé, à Pergame ; d'Eurythos et de Cléatus, à Cléones, de Mynias, à Orchomène, etc., etc.

De son côté, Virgile (*Énéide*, liv. II, v. 203), nous apprend : que la coutume d'élever un tumulus sur la tombe des héros, existait chez les anciens latins, bien avant la fondation de Rome.

Nous savons, aussi, que ces amoncellements funéraires se rencontraient en Palestine et en Syrie. Josué (chap. 8, § 29), fit jeter sur le corps du roi de Haï, qu'il avait fait pendre, un monceau de pierres. Les soldats de David, après avoir tué Absalon, dans la forêt d'Éphraïm, élevèrent un énorme tas de pierres sur sa sépulture (*Samuel*, liv. II, ch. 17 et 18).

IV

AMONCELLEMENTS DE PIERRES, ÉLEVÉS A TITRE D'AUTEL DE LA DIVINITÉ, OU DE SYMBOLE DE LA DIVINITÉ ELLE-MÊME.

On comprend sans peine que : la pensée pieuse qui avait fait élever, par nos premiers parents, un monceau de pierres, pour servir de témoignage à un acte mémorable, ou pour rappeler qu'un homme était enterré en cet endroit devait, par une pente naturelle, mener à celle : qui considérait cet amoncellement, comme un autel consacré à la divinité, si même l'idée de l'autel n'a pas été antérieure à elle. Quoi qu'il en soit, les exemples de cette catégorie d'amoncellements de pierres, se rencontrent dans de nombreux pays.

Dans les pays d'Europe, les cultes qui se sont substitués aux croyances primitives, ont fait disparaître, depuis longtemps, de l'esprit des masses, la pensée que : tel ou tel amoncellement de pierres est un autel.— Mais, nous devons faire remarquer : que, lorsque nous voyons certains amoncellements de pierres être surmontés d'une croix, d'un pilon, d'un édicule, d'une chapelle, etc., etc., nous pouvons penser : que cette manifestation du culte actuel est la christianisation d'une coutume antique, qui considérait ces amoncellements, comme un autel élevé en l'honneur de la divinité.

Au Thibet, on élève, encore de nos jours, des *cairns*, sur les montagnes, pour aller y faire des cérémonies d'invocation qui rendent les *dewatas* favorables.

Les cingalais, ont placé aux angles des chemins, de petits édicules surmontés d'une tête d'éléphant ; et, chaque passant ajoute une pierre aux monceaux qui avoisinent ces édicules, pour accomplir un acte de piété (COUTANT D'ORVILLE, t. II, p. 249).

Dans le Nepaul, les sommets des montagnes, sont surmontés de petits *cairns*, de colonnes, d'édicules sacrés, (FRAXER *Hist. Gén. des Voy.*), qui sont autant de petits temples, où les dévots, qui passent ou qui habitent le voisinage, vont faire leurs dévotions.

Si nous trouvons de pareilles traces de ces amoncellements, élevés dans le but de la prière et de l'hommage à la divinité, de nos jours encore, nous pouvons penser : que dans l'antiquité ils furent infiniment plus nombreux.

Qu'il me suffise de dire : que Pittiscus (*Dict. anc. mot lapis*) indique : que, dans les lieux où aboutissaient plusieurs chemins, les anciens dressaient des monceaux de pierres, appelés *thermula* ou statue de Mercure, que chaque voyageur avait soin d'augmenter en y jetant un caillou. C'est ce qui fait, que ce dieu est appelé souvent : *lapidum congeries* (amas de pierres) ; et que ces monceaux s'appellent, aussi : les monceaux de Mercure. (DIDYME).

Selden, qui a consacré (*de diis Syris*), un chapitre de son livre aux monceaux de pierre (*de Mercurii acervo*, rapporte plusieurs passages des auteurs antiques, qui parlent de cette coutume.

Les arabes anté-islamiques, avaient l'habitude de faire de petits amoncellements de sable, sur lesquels ils répandaient un peu de lait, dans les endroits où ils campaient (Dozy, *his... de l'Islamisme*). Ces amoncellements, étaient, dans leur esprit : des endroits sacrés, où les prières avaient plus d'efficacité ; et, d'où, les demandes des dévots arrivaient, plus facilement et plus vite, aux oreilles de la divinité.

Tite-Live (liv. ... raconte : que les habitants de Carthagène d'Espagne, adoraient, au temps de Scipion l'africain, un amas de pierres, qu'ils appellaient : Mercure Theutatès.

Enfin, disons : que les thraces (DUBUY, *hist. des grecs* t. 1er, p. 41) adoraient Hermès, le dieu des bergers, et l'honoraient, en entassant des monceaux de pierres sur le bord des chemins.

V

APPRÉCIATION

La plupart des pierres et des monuments mégalythiques dont nous avons parlé précédemment, ont été, à l'origine, l'objet, des attentions pieuses de ceux qui les avaient érigés. Les peuples agriculteurs les entouraient de fleurs, de fruits et de feuillages, y faisaient des libations d'huile ou de vin ; les pasteurs y répandaient de la graisse, y déposaient des toisons, des peaux ; les chasseurs y faisaient des libations de sang avec leur gibier ; et les guerriers y immolèrent des victimes humaines. Ce culte qui remonte à nos premiers parents, c'est-à-dire à des époques extraordinairement reculées, existe encore de nos jours, peut-on dire, malgré les transformations innombrables qu'il a subies, et les événements qui ont obscurci l'idée primitive. Mais nous ne nous en occuperons pas plus en détail, en ce moment, car nous aurons à y revenir, d'une manière synthétique, lorsque nous aurons parlé des autres vestiges de la pétrolatrie.

CHAPITRE CINQUIÈME

Les Esprits de l'Air

I

CRÉDULITÉS DE LA PROVENCE

On rencontre, encore de nos jours, dans maints pays, des vestiges de la croyance aux esprits de l'air, qui, au même titre que celle des esprits: de la maison, des champs, des eaux, etc., etc., a joué un si grand rôle dans l'imagination et le culte des peuplades primitives. Les diverses manifestations de cette croyance présentent, entre elles, des différences telles, qu'on a souvent une grande difficulté à trouver le lien commun qui les unit les unes aux autres. La raison de cette particularité tient, précisément, à l'ancienneté de la crédulité. Cette ancienneté lui a fait subir tant de modifications, à travers les âges, qu'elle s'est surchargée d'autres superstitions adventives, obscurcissant souvent l'idée primitive qui lui a servi de base.

Je vais essayer d'étudier les détails de cette croyance aux esprits de l'air; et, pour cela faire, je fournirai d'abord, d'après le plan que j'ai adopté dans cet ouvrage; les variantes que j'ai eu l'occasion de recueillir en Provence, touchant ce sujet ; en les rapprochant, ensuite, de celles que l'on a signalées, déjà, dans les autres contrées, nous pourrons, peut-être, plus facilement arriver à déterminer: et la donnée primitive, et les diverses adjonctions qui sont venues s'y superposer.

Les mauvais esprits de l'air à La Garde. — Un soir d'hiver, deux jeunes filles et une vieille dévote, revenaient vers le village de La Garde, près Toulon, après avoir travaillé aux champs, dans une ferme assez éloignée. Elles étaient auprès d'une allée de grands chênes qui bordait la route, quand, tout à coup, elles entendirent un bruit strident et sinistre, qui leur fit penser : que quelque chose d'effrayant se passait dans l'air, au-dessus de leur tête.

Elles furent prises d'une grande peur, et ne savaient à quel parti s'arrêter, lorsque la dévote reprenant ses esprits, la première, s'écria « faisons vite le signe de la croix, pour éloigner le mauvais esprit de l'air. »

Ces paroles étaient à peine prononcées, que le signe de la croix était fait, à plusieurs reprises ; et que même les deux jeunes filles s'étaient écriées : « Sainte-Vierge, protégez-nous ! » Au même moment, elles entendirent quelque chose s'abattre, avec fracas, sur les pierres du chemin, à quelques pas d'elles.

Toutes les trois, firent un nouveau signe de croix, et doublèrent le pas, sans aller regarder ce qui était tombé. Les esprits forts du village dirent : qu'il s'agissait, tout simplement, de quelque oiseau nocturne qui chassait, par aventure, dans les environs, à cette heure ; mais toutes les bonnes femmes, et, nombre d'hommes moins incrédules, pensèrent, comme les trois témoins, que c'était bien le mauvais esprit (le diable) qui était dans l'air, cherchant à leur faire du mal ; et que les signes de croix l'avaient fait tomber par terre.

Le mauvais esprit prenant la forme d'un scarabée. — Une jeune femme des environs de Toulon, me racontait, un jour, avec l'accent de la plus franche conviction, qu'elle avait veillé, quelques mois auparavant, un de ses parents, gravement malade, dans une bastide du plan de La Garde, c'est-à-dire à une dizaine de kilomètres de la ville. Ce parent entra, me disait-elle, en agonie, au commencement de la nuit, et ne rendit le dernier soupir que vers quatre heures du matin. Or, pendant tout ce temps, elle entendit des bruits étranges dans les airs. On eut dit : un vent furieux, déracinant les arbres d'alentour, de la pluie et de la grêle battant les vitres, des coups de tonnerre ; et, même, des cris inarticulés de malheureux qui souffraient ou qu'on tuait. Après avoir rendu les derniers devoirs au mort, c'est-à-dire l'avoir habillé, lui avoir mis un chapelet entre ses mains jointes, et avoir allumé un cierge bénit sur une table, où étaient placés : une croix et un bénitier garni, cette femme songea à regarder hors la maison, croyant voir la plaine dévastée. Le soleil se levait radieux, rien n'était dérangé dans les environs ; on lui assura que la nuit avait été parfaitement calme et sans incident. Mais, elle trouva, devant la porte de la bastide, la carapace vide d'un énorme scarabé, ce qui était, me dit-elle, l'indice certain du passage d'un mauvais esprit.

La conjuration des orages. — Il faut rattacher à l'idée des esprits de l'air, la pensée, encore vivace dans une infinité de localités de la Provence ; qu'il est possible de conjurer les orages par certaines pratiques. Comme je dois m'occuper de cette croyance, ultérieurement, je n'entrerai pas dans de plus longs détails, à ce sujet, en ce moment ; il m'aura suffit de la signaler d'un mot.

Le passage des rois. — De même qu'on fait croire aux gens simples et aux enfants : que les cloches des églises s'en vont à Rome, à travers les airs, le jeudi saint, pour revenir, par la même voie, le samedi suivant ; de même, on leur affirme : que de la Noël à l'Epiphanie, on voit passer, dans l'air, les rois mages, qui vont à Bethléem. Seulement, tandis que pour les cloches, on se contente de signaler le fait, comme une chose qui n'entraîne aucun commentaire plaisant, pour les rois, au contraire, la locution de : voir passer les rois, est devenue une plaisanterie au gros sel. En effet, quel que soit le moment de l'année, du mois d'octobre au mois d'avril, quand il fait un froid piquant, grand vent, mauvais temps, en un mot, on dit pour égayer la conversation : *Voici un moment propice pour aller voir passer les rois !* Aux naïfs, qui demandent comment il faut faire pour cela, les loustics répondent : que pour réussir dans ce projet, il faut choisir une nuit bien noire, bien froide et bien venteuse. On doit, alors, monter sur les toits de la maison la plus élevée des environs, ou aller se placer sur une éminence bien découverte. Là, on se dévêtit absolument, et on ne conserve sur son corps qu'une chemise de toile neuve, trempée, au préalable, dans l'eau froide ; on tient, en outre, dans sa main droite, un roseau vert. Quelques mauvais plaisants ajoutent à l'équipement : un entonnoir qu'on doit placer ailleurs que dans la bouche ; on ne tarde pas, juste à l'heure de minuit, à voir passer les trois rois mages, qui laissent tomber une bourse bien garnie dans la main gauche de l'observateur, s'il a rempli bien exactement toutes les conditions nécessaires pour la réussite de son équipée.

Le lecteur a constaté, sans doute, comme moi, que ces diverses manifestations de la croyance des provençaux aux esprits des champs, sont assez vagues et assez imparfaites. C'est que la Provence n'est pas la contrée où elle se présente avec la plus grande intensité ou la plus grande précision ; bien au contraire, on dirait que c'est un des points où elle a atteint les dernières limites de son atténuation. Déjà, elle est tombée dans le domaine de la plaisanterie, qui est, avec les jeux d'enfants, un des degrés ultimes de l'amoindrissement des croyances qui ont joué un rôle dans la piété des individus.

II

CRÉDULITÉS DES AUTRES PAYS

Si, au lieu de nous en tenir aux manifestations qu'on rencontre en Provence, de nos jours, nous examinons, sous ce rapport, les crédulités des pays où elle existe, encore, d'une manière bien accentuée, nous voyons qu'il faut établir diverses catégories, pour se faire une idée suffisamment complète de ces vestiges. Ces catégories, sont au nombre de cinq, si je ne me trompe.

1° La croyance aux esprits des airs se présente : sous la forme de quelque chose, de bon ou de mauvais, qui passe dans l'air, à certains moments, sans qu'on l'aperçoive, le plus souvent, autrement que par les conséquences qui résultent de son passage ;

2° Dans quelques cas, les esprits de l'air se manifestent seulement par des sons, qui vont : depuis le simple murmure ou le simple bruit insignifiant, jusqu'au cri de joie ou de douleur ;

3° Parfois, l'esprit de l'air est représenté : sous la forme d'un animal plus ou moins fantastique, chien, chat, cheval, et ses allures sont bienveillantes ou non' suivant le cas ;

4° Par une transition facile, l'idée du cheval a conduit à celle du cavalier, qui a, naturellement, comme le cheval, des allures fantastiques, et qui est bienveillant ou malveillant ; sans compter, que dans quelques circonstances, il est seulement saisissant pour l'esprit, sans chercher à faire plaisir ou à nuire à ceux qui le voient.

5° Du cavalier, à la chasse à courre, la distance n'était pas grande ; et on comprend qu'elle devait être franchie, bientôt, par l'imagination.

Dans chacune de ces catégories, on voit, çà et là, venir se joindre l'idée : du diable, du sorcier, du damné, du vaincu, etc., etc.

Citons quelques exemples pour chacune des catégories que nous venons de spécifier ; nous fixerons, ainsi plus facilement, les idées du lecteur, sur les divers attributs prêtés à l'esprit des champs, suivant le pays ou les époques.

PREMIÈRE CATÉGORIE. — *Esprit de l'air constitué par quelque chose de bon ou de mauvais, qui passe dans l'air, sans qu'on l'aperçoive, autrement, que par les traces de son passage.*

Comme je viens de le dire, il y a un instant, il est question dans la première catégorie : de quelque chose de bon ou de mauvais, plus souvent mauvais que bon, qu'on ne voit pas, le plus souvent, et dont on n'apprécie le passage, que par les résultats qu'il a entraînés.

J'ai dit : plus souvent mauvais que bon ; en effet, à l'exception de la tante Arie, de France, et de la Béfana, de Toscane, les esprits de l'air qui nous occupent, sont nuisibles aux hommes et aux choses ; de sorte qu'on est autorisé à se demander : si cette tante Arie et cette Béfana, ne sont pas des adjonctions faites, ultérieurement à l'idée primitive, d'une manière inconsidérée ; adjonction qui a changé, du tout au tout, la nature de ses attributs.

Quoi qu'il en soit, nous devons dire un mot de la tante Arie. C'est un esprit qui, dans le Jura, la Franche-Comté et tout le nord-est de la France, passe, à diverses époques indéterminées de l'année, à travers les habitations, pour laisser des cadeaux aux enfants sages, et faire des niches à ceux qui ne le sont pas.

C'est, naturellement, pendant la nuit que tante Arie fait

ses excursions à travers les maisons; et, quand on songe à ce que lui prête la crédulité locale de cent endroits, on voit, qu'en réalité, elle n'est qu'une variante de l'idée du *bonhomme Noël*, dont elle diffère, seulement, parce qu'elle vient visiter les habitations à des époques indéterminées, au lieu de ne voyager qu'aux approches du jour de l'an.

Dans le Jura et la Franche-Comté, nous voyons la tante Arie avoir un caractère spécial, celui de s'amuser à augmenter la grosseur du peloton de fil des jeunes filles travailleuses, tandis qu'elle se complaît à embrouiller la filasse et les fuseaux de celles qui sont paresseuses, de manière à les empêcher de faire un ouvrage utile. Ce détail me paraît résulter de la confusion qui a été faite, entre la tante Arie, esprit de l'air, et le follet, lutin, etc., esprit de la maison; tant il est vrai : que dans le champ des superstitions, il faut s'attendre à tous les mélanges, même alors qu'ils sont incohérents.

Dans l'Italie du Nord, et particulièrement en Toscane, existe la croyance à un esprit de l'air, ayant tout-à-fait les caractères de la tante Arie. C'est la *Béfana* de Toscane, qui est, d'ailleurs, quelque peu voisine de *Caïa* ou *Ambriana*; elle fait des cadeaux aux enfants sages, et fait peur aux enfants paresseux ou turbulents.

Le rôle de la tante Arie française est joué, en Allemagne, par la dame Hollé qui a les mêmes attributs; et qui, comme la *Befana* italienne, sait récompenser ou punir les enfants, suivant, qu'ils ont été sages ou méchants.

Le nom de tante Arie, nous met sur la trace de sa

signification ; nous savons : que les romains avaient donné à Junon, le nom : d'*Aeria*, déesse de l'air, de la lumière, des lieux élevés, etc., etc., et que sous ce nom, ils avaient absorbé une divinité des airs, des bois et des montagnes, que les populations celtiques des Alpes vénéraient de toute antiquité. Celui de *Befana* dérive, évidemment, de *fanum*, le temple, l'édicule, pour rappeler, probablement, l'origine sainte de l'esprit. Je ne sais à quoi se rapporte le nom de Hollé, donné à l'esprit allemand ; si on ne le rattache pas à : Holle, l'enfer, les régions souterraines, etc., etc.

Arie, Befana et Hollé, sont les seules formes aimables et bienfaisantes de la catégorie des esprits de l'air qui nous occupe ; toutes les autres, sont déplaisantes ou nuisibles. Aussi, me paraît-il fort probable qu'elles ne doivent être considérées que comme un exemple de plus de ces divergences, de ces contradictions, même, qu'on rencontre à chaque pas dans l'étude des superstitions et des survivances. La raison de ces contradictions, tient, probablement, à ce fait : que, par une extension, une approximation, une interprétation à la portée de laquelle on n'a pas pensé au premier moment, une donnée nouvelle a été surajoutée à la primitive ; et cette fois, est venue en changer totalement la portée. Au lieu d'un esprit méchant, cette adjonction a visé un esprit de bonne nature.

Nous arrivons, maintenant, aux vrais caractères de l'esprit des airs, c'est-à-dire à ceux qui sont agressifs contre les hommes ou les choses ; et, tout d'abord, nous sommes amenés à parler : des *jours de la vieille*. Tout le monde sait : que dans nos contrées, il y a, au printemps, des refroidissements passagers de l'atmosphère, des orages ou des perturbations aériennes qui réagissent plus ou moins fâcheusement sur les récoltes. Il était naturel qu'on mît ces accidents météorologiques sur le compte des esprits malfaisants de l'air ; de même qu'on les a mis, dans certains pays, sur le compte de la lune.

C'est ainsi, que dans la vallée de la Seille du Jura, on dit : que chaque année, au printemps, une vieille fée parcourt les champs, pendant la nuit, pour y geler les bourgeons; et qu'on appelle cette époque : *Les jours de la vieille*. Cette vieille, est plus ou moins méchante, suivant les années, pour quelques paysans ; elle est rendue plus ou moins impuissante par l'intervention de certaines influences, notamment : par les prières ou les conjurations, au dire des dévots et des superstitieux.

Par ailleurs, les trombes de vent qui, à n'importe quel moment de l'année tordent les arbres et brisent leurs branches ou arrachent les herbes, dans certains orages, sont considérées dans la plupart des provinces de France, comme d'ailleurs du monde entier, comme des manifestations des esprits malfaisants de l'air. La preuve qu'on peut donner de la généralité de cette croyance, c'est : que dans toute la chrétienté on fait la cérémonie des Rogations, qui n'est, au fond, qu'un exorcisme contre les puissances malfaisantes de l'air. Les neuvaines, les diverses cérémonies religieuses, employées, à chaque instant, pour faire cesser la sécheresse ou la pluie, ne sont, en réalité, que des manifestations de la même idée ; et d'ailleurs, toutes les religions, tant actuelles qu'anciennes, fournissent l'exemple des pratiques de cette nature, ce qui montre : aussi bien la généralisation, que l'antiquité de l'idée.

La croyance à l'existence des esprits malfaisants de l'air, n'a pas besoin de se baser sur des faits matériels pour terrifier les crédules. Nous avons vu : que dans les environs du village de La Garde, il ne faisait que sombre, lorsque les dévotes rencontrèrent ces mauvais esprits. Dans nombre de localités, on croit que cette obscurité est suffisante, dans certaines circonstances. C'est ainsi que dans le Jura, lorsque la famille va à la messe de minuit de la Noël, on a soin de laisser quelqu'un à la maison, pour empêcher les mauvais esprits de l'air d'y pénétrer, qu'il fasse beau ou mauvais temps. En Italie, en Corse, en Sardaigne, en Sicile, en Grèce, en Turquie, dans l'Afrique septentrionale, en un mot : dans une infinité de pays, on craint l'action pernicieuse de ces esprits, pendant la nuit, de n'importe quel moment de l'année.

L'idée des esprits de l'air malfaisants, prend, dans certains pays, une forme plus concrète, comme on va le voir. C'est ainsi, qu'en Bretagne, on dit : que, dans les nuits orageuses, on entend, et même on voit, parfois, passer dans les nuages, les âmes des morts qui sont emportées vers la baie des trépassés, où leur sort sera réglé, par Dieu, pour l'éternité, le jour du jugement dernier. Dans les environs de Saint-Pol-de-Léon, on croit, en outre, que pendant les nuits d'orage un homme rouge, de petite taille, commande aux esprits de l'air, pour leur faire commettre mille méfaits. Dans ces deux variantes, l'idée de la mort et du diable, telle qu'elle a cours dans la contrée, est venue, naturellement, dominer le fond de la croyance, et lui donner son ton spécial.

Dans les terres de Bréauté près de Dieppe on rencontre souvent pendant la nuit des fantômes qui rasent la terre, et courent dans les bois, à travers les branches d'arbres. On les appelle : les *Cavaliers blancs*. — Ce sont les âmes de soldats qui ont été tués en cet endroit — on les voit, sous forme de spectres transparents, montés sur des squelettes de chevaux (*R. d. t.* 1891, p. 418).

Dans la haute Bretagne, on dit : que les tourbillons de poussière que l'on rencontre sur les routes ou dans les champs, sont des esprits qui cherchent à aveugler les voyageurs.

Le souvenir obscurci d'un fait historique, vient parfois réagir sur la donnée de l'esprit qui nous occupe, c'est ainsi, qu'entre Auray et Pluvigner, dans le Morbihan, se trouve une plaine où se livra un sanglant combat, lors des guerres entre les comtes de Blois et de Montfort. Or, la crédulité publique affirme : que les âmes de ceux qui furent tués à cette époque, viennent errer, la nuit, dans cette plaine, absolument comme les anciens grecs disaient : qu'on entendait dans la plaine de Marathon, le bruit des combattants, pendant la nuit.

Nous voyons cette donnée fournie par le souvenir, s'amalgamer intimement avec l'idée primitive de l'esprit malfaisant, car la superstition locale ajoute : Malheur à celui qui se trouve, par hasard, sur le passage de ces âmes. Si elles le frôlent en passant, c'en est fait de lui, il meurt aussitôt ou peu après. Émile Souvestre, dans son *Foyer Breton*, raconte le fait suivant, qui montre les détails de la superstition : « Pendant un séjour que je fis à Auray, je pus juger combien cette croyance était profondément enracinée chez les habitants du pays. Une jeune paysanne arriva dans la maison où je me trouvais, la figure couverte de pleurs et ne pouvant parler. Effrayés, nous l'interrogeâmes et la pauvre fille nous apprit, à travers ses sanglots, que son père était mourant. La veille il était allé à la foire de Pluvigner, d'où il était revenu, seul et tard, par la plaine funeste. *Il avait été rencontré par une âme* (en prononçant ces mots la pauvre fille tremblait de tous ses membres), il avait été terrassé ; et c'était seulement le matin, qu'on l'avait retrouvé et rapporté chez lui. Nous nous informâmes sur le champ, si un médecin l'avait vu — à quoi bon ? nous répondit la paysanne, c'est un prêtre qu'il nous faut, ses heures sont comptées. Nous nous rendîmes près du malade, il était déjà à l'agonie. Cependant, il nous donna quelques explications en phrases, entrecoupées par cet horrible hoquet du râle auquel on ne peut rien comparer. Il nous dit qu'il s'était senti *frapper par l'âme* ; et que, malgré tous ses efforts, il avait été précipité de cheval. Le médecin que nous avions fait chercher arriva enfin ; il examina le malade et déclara qu'il avait été frappé d'apoplexie. »

Cette pensée de l'esprit de l'air de mauvaise nature, en relation avec la mort des individus se traduit d'une manière un peu différente dans certaines localités. C'est ainsi, par exemple, que dans les Cornouailles, on croit à l'existence de démons, rôdant dans le voisinage des maisons où il y a un moribond, pour tâcher de devancer l'ange gardien ; et d'emporter l'âme du pécheur dans les marais de Saint-Michel, où elle reste jusqu'à ce que des messes suffisantes l'aient délivrée. On rencontre, parfois, ces conducteurs d'âmes, pendant la nuit, dans les chemins écartés, et ils ont naturellement un air sinistre.

Déjà, en Bretagne, nous avons vu : que, quelques rares fois, on voit, plus ou moins distinctement, les âmes emportées par le vent, le diable et les démons mêmes ; dans le S.-O. de l'Angleterre les esprits conducteurs d'âmes sont plus facilement visibles. On peut ajouter : qu'à mesure qu'on remonte dans le Nord, leur apparition est plus fréquente, en même temps que plus concrète. Suivant les pays, les apparitions sont variables. Dans les contrées terrestres, ce sont : des hommes, des animaux qui se voient de préférence ; sur les régions maritimes, il est question de pêcheurs, de barques, de navires. C'est ainsi, par exemple, que sur les rivages de la Baltique, on croit qu'on voit, parfois, dans les airs, pendant les nuits d'orages, des formes de navires enflammés, courant sur les nuages ; et que c'est l'indice de la perte d'un bâtiment. Mais nous n'insisterons pas plus longtemps sur cette variété de la croyance, car nous arrivons, par une transition ménagée, aux cas où l'esprit de l'air a une forme précise, chose que nous aurons à étudier dans une catégorie suivante.

Si dans les contrées septentrionales de l'Europe on rencontre, comme je viens de le spécifier, des traces nombreuses de cette croyance aux mauvais esprits de l'air, dans les pays de la zone moyenne, comme d'ailleurs dans ceux de la partie méridionale, elles sont loin de faire défaut ; nous en aurons la preuve lorsque je parlerai des faits où ces esprits de l'air apparaissent, sous des formes animales ou humaines très précises. Pour le moment, qu'il me suffise de dire : que dans la Russie méridionale, on croit : qu'à l'heure de midi, il passe, en été, dans les champs de blé, des esprits qui casseraient bras ou jambes aux moissonneurs, ou même les tueraient, s'ils n'avaient pas soin d'aller se mettre à l'abri sous un arbre, à ce moment. Dans ces pays, où les hivers sont si rudes, l'été est très chaud, on le sait, l'insolation fréquente et dangereuse ; et, c'est probablement pour expliquer l'action nocive du soleil, que la crédulité vulgaire a fait intervenir ces esprits de l'heure de midi.

La croyance aux esprits de l'air malfaisants, faisant leur sombre besogne soit le jour, soit la nuit, mais surtout la nuit, est répandue dans tout le continent asiatique. Comme nous venons de le dire, en parlant du bassin de la Méditerranée, les mahométans du nord comme du sud de la Perse, de la Mésopotamie, de la Syrie, de l'Arabie, etc., etc., croient qu'il y a: des *fagia* ou *méfagian*, qui jettent la maladie, et même la mort, sur leur passage.

Dans les régions septentrionales de l'Asie, depuis la Tartarie jusqu'à la Chine, on croit à l'existence de mauvais esprits qui voyagent dans les airs, et assaillent les caravanes ou les voyageurs isolés.

En descendant vers le Sud, la même chose est constatée. Dans l'Inde, on raconte, que les âmes des morts s'envolent ainsi, pendant la nuit, pour se rendre au tribunal de Yama, le dieu de l'Enfer. Leur rencontre est toujours chose dangereuse ; d'autant, qu'aux mêmes heures d'autres esprits malfaisants courent la prétentaine à travers champs.

En Afrique, la crédulité se rencontre intense. Les algériens, les tunisiens, les égyptiens, les arabes du désert redoutent les esprits des airs qui se manifestent tous par l'agitation des broussailles, pendant la nuit. Ces esprits, sont des fantômes et des revenants malfaisants, qui présagent le malheur à ceux qui les entendent.

Les arabes disent: qu'on entend dans les airs, des voix inconnues qui parlent, chantent ou crient (*Alg. trad.* 191).

Iben Batouta, dit que le désert est rempli de démons, qui passent leur temps à chercher à abuser les voyageurs, pour les égarer en leur faisant miroiter des paysages trompeurs devant leurs yeux, et en soufflant sur les traces de leurs pas pour les effacer. (*Alg. trad.* I, p. 185).

Les touaregs croient, aussi, aux esprits de l'air et les redoutent.

En descendant vers le Sud, on rencontre les mêmes crédulités dans toutes les peuplades africaines; de même qu'en se dirigeant vers l'est, on voit que ces crédulités ne font pas défaut. En un mot, qu'elles sont générales dans tout le continent noir.

DEUXIÈME CATÉGORIE. — *Esprits de l'air manifestant leur présence par de simples bruits.* — J'ai dit: que, dans quelques cas, les esprits de l'air manifestaient leur présence par des bruits divers, allant depuis le murmure jusqu'au cri, depuis une simple note musicale, jusqu'à la symphonie. Il est à retenir: que, tantôt les attributs de méchanceté de l'esprit de l'air sont conservés dans cette catégorie, tantôt au contraire, ils disparaissent plus ou moins.

Le nombre de vallées, de gorges, de plaines, même, où la crédulité populaire affirme: qu'on entend des bruits insolites, est vraiment infini; j'en ai rencontré, pour ma part, un grand nombre, sans, cependant, je dois l'avouer, leur avoir trouvé autre chose que les attributs de l'écho, ou ceux d'un cri d'animal.

Cependant, en général, on redoute les esprits qui crient ou appellent les voyageurs. C'est ainsi, par exemple, que dans toute la Provence et dans la Ligurie, depuis Menton jusqu'à Gênes, on dit qu'il ne faut pas répondre à ceux qui vous appellent pendant la nuit, ni retourner la tête pour les voir, parce que ce sont de mauvais esprits de l'air.

Désiré Monnier, dans son livre si curieux, a recueilli un assez grand nombre de faits: de bruits insolites attribués aux esprits des airs; et on peut établir une véritable gamme musicale, en les passant en revue. C'est, ainsi qu'on constate d'abord, en parcourant son énumération: que, tantôt il s'agit d'un simple bruit, celui qu'on appelle dans le bois de Crimont (*cri mont*): *la voix de l'esprit.*

Dans le quartier de Revermont, du département de

l'Ain, près de la pierre des fées de Simandre, la crédulité locale affirme, dit D. Monnier : qu'il y a un esprit aérien, qu'on entend crier de temps en temps.

En Franche-Comté, on entend dans les bois, pendant la nuit, les cris du pleurant des bois qui effraie les voyageurs.

Dans d'autres localités, le bruit prend une tournure plus caractérisée. C'est ainsi que dans le vallon de Vaux-de-Roche, du département du Doubs, il y a un esprit qu'on appelle : le soupirant, et qu'on entend passer près de soi quand on s'y attarde. Il est à remarquer, que les habitants de la contrée disent: qu'il faut lui jeter un peu de beurre et de sel, pour se le rendre favorable, ce qui montre que la croyance se rattache à l'idée : des esprits de l'air, dont on a quelque chose à craindre.

Des soupirs aux pleurs, la distance n'est pas grande, elle a été franchie, au dire de D. Monnier dans les environs de Pontarlier, où on entend le *pleurant*. Enfin, prenant un autre tour, la crédulité populaire parle de véritables symphonies plus ou moins compliquées, qui sont entendues, parfois, dans une localité. C'est ainsi que D. Monnier dit: qu'entre Lure et Luxeuil, dans la Haute-Saône, on entend parfois des airs mélodieux dans le bois de Cithers (*Cithara*). On voit, par ce mot, que probablement la crédulité a imposé, ici comme à Crimont, un nom emblématique au quartier rural.

Les faits d'esprits se manifestant par des bruits divers, se rencontrent dans nombre de pays, ai-je dit. Les frères Grimm, par exemple, racontent que dans le bois de Langue-Broudait, il y a un esprit crieur : que dans les bois de Holl, aux environs d'Oberkainsbach, il y en a un autre.

Il n'est pas difficile, parfois, de se rendre un compte très naturel et très simple, de la nature du bruit qui frappe l'esprit du vulgaire d'idées superstitieuses, tantôt, c'est le bruit d'une fontaine, de certains animaux; le bruissement du vent, l'écho, etc., etc.; mais, même, alors qu'une explication catégorique est fournie, la crédulité persiste, parfois, dans son interprétation. C'est ainsi, par exemple, que dans les pays du Durham et du Yorkshire, en Angleterre, les paysans croient : que les cris poussés par les vols de canards et d'oies sauvages, qui voyagent pendant la nuit, sont les aboiements des chiens à tête d'homme de Gabriel ; que dans les environs de Leeds, près d'York, les cris de ces oies et de ces canards sauvages, qui voyagent pendant la nuit, sont attribués aux âmes des enfants morts avant le baptême, qui planent autour de leur maison. Que dans toute l'Angleterre, l'Ecosse et l'Irlande, lorsque les vols de canards sauvages planent en criant pendant la nuit au dessus d'une maison, on dit qu'ils annoncent, qu'une personne mourra dans l'année. L'origine du bruit est bien connue dans ces cas, et il semblerait naturel qu'en sachant qu'il provient de ces canards et de ces oies sauvages, l'imagination populaire dût rester en repos, mais la superstition a fait intervenir alors un autre élément : c'est le don prophétique accordé à ces volatiles. Et, grâce à cette transformation, une chose parfaitement ordinaire a pris les allures du surnaturel.

Ajoutons pour en finir : que, parfois, la donnée religieuse vient s'enter sur celle des esprits malfaisants de l'air. C'est, ainsi, qu'on raconte en Suisse, que les mauvais esprits du Mont-Blanc faisaient souvent naître, jadis, des orages qui menaçaient les habitants irreligieux du Valais. Mais, au XVIIe siècle, Jean d'Arenthe, évêque de Genève, les a exorcisés ; et depuis le Valais n'a plus rien à craindre d'eux. (*R. d. t.* 1890, p. 251).

TROISIÈME CATÉGORIE. — *Esprits de l'air se manifestant sous la forme: d'un être animé plus ou moins fantastique.*— Dans quelques cas, la croyance aux esprits de l'air, a pris une forme plus concrète que dans les faits qui nous ont occupé jusqu'ici. Ces esprits, se sont manifestés sous la forme : d'un être animé plus ou moins fantastique, qui a frappé la vue des crédules, dans une infinité de pays.

La forme de cet esprit de l'air est tantôt, celle d'un chien, d'un chat, d'un bélier, d'un cheval, d'un homme même; et, ici, la qualité malfaisante est à son maximum, peut-on dire; car c'est à peine, si la nature diabolique de l'esprit est déguisée, par l'apparence qui frappe les yeux. C'est ainsi, qu'en Bretagne, on rencontre, dans les carrefours à l'heure de minuit, un esprit qu'on appelle : *Buguel nos* ou *teuss ;* et qui, suivant les localités, est bon ou mauvais. Chose étrange, à Landerneau cet esprit est bon, par exception, on l'implore contre ses ennemis et il vous garantit de la mort, sans rien réclamer de ses suppliants ; mais ailleurs, à Morlaix, entre autres, ce teuss a une étroite parenté avec le diable; et, à ce titre, il est très redouté (Comparez: theuss, theut, avec theutatès gaulois.)

En Bretagne, en Normandie, dans le Forez, en Auvergne, dans les Vosges, les Ardennes, etc., etc., on rencontre, pendant la nuit, des béliers noirs qui vomissent des flammes, ou des chats de même couleur, dont les yeux brillent terriblement. Quelquefois, ce sont des lapins blancs, ou des taureaux rouges, ou bien, encore, des chiens noirs. Toutes ces formes se rattachent à une origine diabolique.

Quelquefois, cependant, l'apparence animale de l'esprit de l'air n'entraîne pas une idée de méchanceté bien apparente ; sa vue n'a jamais rien d'agréable, mais néanmoins, son origine diabolique n'est pas soulignée comme d'habitude.

Dans cette catégorie, nous devons ranger le cheval de Foncine, dont parle D. Monnier. — A Foncine, dans le Jura, il y avait un cheval blanc, ailé, qu'on rencontrait dans les environs de la source ; et qui, a certains moments, s'envole sur les collines voisines, aux yeux ébahis de ceux qui affirmaient avoir vu l'apparition.

QUATRIÈME CATÉGORIE. — *Esprits de l'air ayant la forme d'un cavalier.* — Nous arrivons à la quatrième catégorie des esprits de l'air. Comme nous l'avons dit précédemment : par une transition, facile à comprendre, l'idée du cheval a conduit à celle du cavalier. Ce cavalier à des attributs divers, suivant les localités.

Dans le Jura, il y a un esprit de l'air qu'on appelle : le cavalier de Bonlieu ; on le voit, dans la nuit, faire sur un cheval blanc, des courses fantastiques, à travers les monts, les précipices et les vallées. Parfois, on rencontre son cheval scellé et bridé, mais sans cavalier, piaffant et écumant d'impatience ; puis tout à coup, on voit le cavalier survenir, l'enfourcher, et tous deux partent à bride abattue.

On dit dans le Jura, que, quelquefois : des paysans ont sollicité l'aide du cavalier de Bonlieu, soit pour faire la contrebande, soit pour un rendez-vous d'amour ; et que le cavalier les a pris en croupe. D'autre part, la superstition locale affirme : que le cavalier de Bonlieu est le fantôme d'un seigneur du pays, qui menait mauvaise vie, et qui fut assailli, un soir, dans les bois par une troupe de chats noirs qui l'étranglèrent. Il y a dans ces deux versions, une indication de la nature de ce cavalier de Bonlieu, si je ne me trompe. On voit : que c'est une croyance dégénérée, par le fait de son antiquité même ; et ayant conservé, pour les uns, les caractères de l'esprit antérieur aux croyances chrétiennes ; c'est-à-dire que ces caractères sont restés liés au culte de la nature, de l'amour, etc., etc. Pour les autres : au contraire, l'idée de l'irréligion de ce cavalier, et de la punition qui lui a été infligée, par l'intervention des chats noirs, d'origine diabolique, a pris le dessus, en vertu des idées qui eurent un cours si général pendant le Moyen Age.

Au val de Mièges, dans le Jura, on raconte : que le dimanche, au moment où le prêtre consacre l'hostie, on voit, souvent, un fantôme, monté sur un cheval blanc, sortir des nuages, et se précipiter, à travers les rochers, de Latalle. Ce cavalier, ne serait autre que le diable, car on lui a vu un pied de bouc.

Le souvenir obscurci de faits historiques mémorables, est venu se greffer sur la croyance primitive des esprits de l'air, dans quelques cas. C'est, je crois, à cette donnée qu'il faut rattacher : le proscrit du Bugey. Dans ce pays, en effet, on croit voir, parfois, un cavalier qu'on appelle : le proscrit ; et qui se montre, à pied ou à cheval, dans des ruines, à l'entrée de certaines grottes, dans les bois. Il a un air triste et pensif qui a frappé très vivement l'esprit de quelques paysans. Or, il faut se souvenir, que le pays de Bugey était, au temps des Romains, un lieu d'exil pour les citoyens qui s'étaient compromis en politique ; de sorte que la filiation des idées se voit bien clairement, comme je viens de le dire. Je dois ajouter : que les paysans et les bergers font, volontiers, offrande d'un peu de lait au proscrit du Bugey, ce qui est une pratique curieuse à souligner. En effet, à l'idée du proscrit politique, s'est joint, dans une certaine limite, celle du culte primitif des esprits, qu'on invoquait, et qu'on cherchait à se rendre favorables, par des offrandes.

C'est aussi : au souvenir obscurci de faits mémorables qui se sont passés dans la localité, qu'il faut rattacher, je crois, la donnée du cavalier de Montcheroux dont parle D. Monnier. Dans les environs de ce village de Montcheroux, près de Montbeliard, on assure que le soir, à la tombée de la nuit, on voit passer : un cavalier fantastique, blessé à la tête, qui pousse des cris furieux, et se précipite à travers les précipices, qui entourent les ruines d'un vieux château féodal. La crédulité locale dit : que le cavalier de Montcheroux, est le fantôme d'un intendant deshonnête du château de Clemont, qui a été puni de cette manière, de ses exactions.

Nous trouvons en Normandie, une donnée assez analogue, sous certains rapports, à celle qui régit les âmes de Pluvigner en Bretagne. En effet, dans ce pays, on raconte: qu'on voit, souvent, dans les airs, des cavaliers, blancs, qui galopent, d'une manière fantastique, pendant la nuit. Ces cavaliers sont vus, parfois, chevauchant dans les prairies, et frappant la terre de leurs lances. Il paraît, que jadis, ces cavaliers blancs paraissaient, poursuivis par des cavaliers rouges.

L'influence pernicieuse de ces cavaliers sur les individus qu'ils rencontrent, n'est pas aussi vigoureusement indiquée en Normandie qu'en Bretagne. Il est probable que l'idée de la bataille fantastique, est le résultat: de l'obscurcissement du souvenir d'une ou plusieurs luttes mémorables, qui ont eu lieu dans les plaines de la contrée, soit au temps de l'invasion romaine, soit lors de celle des Normands ; ou, pendant ces longues guerres livrées entre les Anglais et les Français, à la fin du Moyen Age.

La donnée du cavalier fantastique, qu'on voit avec tels ou tels attributs, se rencontre dans nombre de pays ; et, lorsqu'on remonte dans le passé, on en trouve de nombreuses manifestations.

Entre le Thibet et la Chine, il y a une montagne que l'on appelle : le mont des Génies ; et où la crédulité locale parle aussi : de cavaliers fantastiques, qui ne seraient autres que des guerriers vaincus.

Les Hindous disent : que Wishnou, monté sur son

cheval blanc Kaliki, sera vu dans les airs, au jour de la fin du monde.

Les anciens grecs attribuaient à Bellerophon et à Persée, ce que nous rapportons, de nos jours, au cavalier fantastique, dans certaines localités.

Enfin terminons, en disant : que dans l'apocalypse de Saint-Jean (*chap 6, verset 8*) il est parlé d'un cheval pâle, monté par l'ange de la mort, qui doit parcourir la terre, au jour du jugement dernier.

Cette donnée me paraît appartenir, aussi, de son côté, à l'idée : des esprits de l'air, présentée d'une manière qui est devenue, aujourd'hui, incompréhensible pour nous.

CINQUIÈME CATÉGORIE. — *Esprits de l'air se manifestant sous la forme d'une chasse fantastique.* — Par un enchaînement très naturel des idées du cavalier, la croyance populaire a passé à un chasseur ; et, du chasseur, elle est bien vite arrivée à la chasse, qui a mieux expliqué, dans certaines circonstances, soit l'intention, soit la variété des bruits entendus, ou des choses vues, par une sorte d'hallucination de la vue des crédules.

Nous trouvons cette donnée, plus ou moins développée, et avec des détails variables, dans une infinité de contrées de nos provinces de France, et des pays du Nord de l'Europe. Parlons d'abord du chasseur, nous nous occuperons ensuite de la chasse. En France, nous avons une grande variété de ces chasseurs fantastiques, comme on va le voir. Tout d'abord nous devons parler du grand veneur. On sait que dans plusieurs ouvrages du temps, il est raconté : qu'en 1598, le roi Henri IV chassant dans la forêt de Fontainebleau, entendit le bruit de la chasse fantastique ; et eut, même, l'apparition terrifiante du grand veneur (1).

L'aventure du grand veneur rapportée à Henri IV, par quelques auteurs, est attribuée aussi par d'autres : à François Ier qui, poursuivant dans cette forêt de Fontainebleau, un cerf qu'il ne pouvait parvenir à atteindre, eut l'imprudence de prononcer le nom du Diable. Aussitôt, toute la chasse fut environnée d'une nuée obscure, et un chasseur vêtu de noir tua la bête, en criant au roi : « *Amendez-vous* — m'entendez-vous ! — Qu'en pensez-vous ! ou, — En mangez-vous ! suivant les diverses versions.

Cette rencontre d'un chasseur fantastique par un roi, est attribuée, aussi, à Charles IX, pendant qu'il chassait dans une forêt voisine de Rouen.

Nous savons, aussi : que, bien avant cette époque, la crédulité populaire affirmait : qu'à la fin du XIVe siècle, Charles VI, avait rencontré, dans la forêt du Mans, ce chasseur surnaturel, dont la vue lui fit, même, sur lui, une si forte impression, qu'il en devint fou.

Quant à ce qui est de la chasse, c'est-à-dire, de la donnée, dans la quelle : c'est plutôt une collection de chasseur, qu'un seul individu, en particulier, qui est en saillie, nous allons en voir maints exemples.

(1) Saint-Foix, dans ses essais sur Paris (t. Ier, p. 185) dit : qu'il s'agit, probablement, d'un complot d'assassinat, qui échoua pour des raisons qu'on ne sait pas ; mais le public crédule n'y vit que la chasse fantastique, en rapport avec les superstitions du temps et de la localité.

En Bretagne, nous avons : la chasse du roi Arthur, qui n'est que l'extension de la variante du chasseur, dont nous avons parlé précédemment.

Chose curieuse, nous trouvons la donnée de cette chasse dans le S.-O. de notre pays, dans le Périgord, la Guyenne, l'Armagnac, le Comté de Foix, etc., etc. Elle a, dans ces divers pays, des caractères différents, qui se rattachent à des variantes distinctes. C'est ainsi, que dans le Périgord, elle émotionnait vivement les populations rurales, car elle annonçait les évènements mémorables : les révolutions, les épidémies, les guerres, les changements de règne.

En Armagnac, on disait que le roi Arthur avait été condamné à courir dans les nuages, jusqu'au jugement dernier, parce qu'un jour de fête, il interrompit l'audition de la messe, pour chasser un sanglier qu'il entendit attaquer par sa meute. Cette légende du roi Arthur, comme d'ailleurs les diverses variantes de l'idée de la chasse nocturne, a dû être apportée ou ravivée par la domination anglaise en Gascogne. Dans la Tourraine, la donnée de la chasse fantastique se rencontre sous le nom de : la chasse du roi Hugon ; dans plusieurs provinces de notre pays, la même donnée porte le nom de : chasse de Saint-Hubert.

En Angoumois, on raconte : qu'un chasseur impie voulut aller, malgré Dieu, à la chasse, un jour de vendredi ; et qu'il a été condamné à courir dans les airs, avec ses cinquante chiens, tous les cinq ans, à minuit, le jour anniversaire de sa faute. (*R. d. t.* 1894. p. 91).

La chasse Gallery en Vendée. (*R. d. t.* 1894. p. 411).

— Dans le canton de Mont-les-Maufaits, en Vendée, on entend, parfois, une chasse fantastique. C'est le seigneur Gallery, qui a été condamné à chasser, ainsi, parce qu'un dimanche, il força la grotte d'un ermite, pour tuer un cerf qui s'y était réfugié, à l'heure de la messe. On raconte : qu'un paysan de Saint-Fornain, qui entendit la chasse lui cria « tu m'apporteras demain ma part » — et le lendemain, il trouva devant sa porte, une jambe de cadavre. (*R. d. T.* 1894 p. 411.)

Dans la Loire-Inférieure, on entend, souvent, pendant les nuits de septembre et d'octobre, la *chasse Gallery* qui se réunit sur le chemin de la Reine, entre Plessi et Richebourg ; elle s'élance de là, dans deux directions, pour se rejoindre ensuite. On dit : que ce sont des âmes de seigneurs impies, qui ont été condamnés à chasser, ainsi, perpétuellement, sous la conduite de Gallery, le plus méchant d'entre eux. Ce Gallery, pourrait être : le fameux brigand Guillery, ou le sire Jean de Gallery, qui reçut, d'Anne de Bretagne, les biens confisqués à Guillaume de Saint-Aignan ; c'est-à-dire, deux êtres dont le souvenir fut longtemps exécré dans le pays.

Que signifie le nom de Hugon ? La chose est assez difficile à dire, car il n'est pas prouvé qu'il évoque le souvenir du comte Hugues, comte de Paris et de Tours, duc de Provence, etc., etc., vivant, pendant le milieu du huitième siècle, et qui fut l'effroi des paysans de la Touraine, de l'Orléanais et de la Brie. D'ailleurs, il n'y avait pas de raison, dans ce cas, pour que ce nom se fût répandu dans les crédulités populaires des pays où l'influence du comte Hugues ne s'est jamais exercée.

Il n'est pas sans intérêt de rappeler : que le cri de l'oiseau de nuit connu sous le nom de grand duc, pourrait bien être évoqué dans l'étymologie du mot Hugon.

En Normandie, la chasse nocturne est connue, aussi bien que dans les régions de l'est et du nord de la France, ainsi que nous allons le voir.

Chasse Annequin. — En Normandie, on rencontre souvent, dans la nuit, des ombres qui passent dans l'air et poussent des cris sinistres. La légende locale dit : que c'est un moine et une nonne, qui furent condamnés, jadis, à courir, ainsi, jusqu'à la fin des siècles. Cette chasse s'appelle aussi : merguie-hellequin, herlequin, hennequin, Allequin, etc., etc.

La Chasse Proserpine. — En Normandie, on entend, aussi, dans la nuit, les bruits de la chasse Proserpine, Cherseguine ou Harpine. Ce sont des fantômes qui passent, pendant les orages, à l'heure de minuit, au-dessus des carrefours, auprès des habitations.

Un paysan incrédule qui entendit cette chasse, une nuit, eût l'imprudence, dit la légende, de crier : *part de la chasse;* et, aussitôt, il vit tomber à ses pieds, un morceau de cadavre. Effrayé, il alla le jeter aussitôt à la rivière, mais cette horrible venaison revint tomber à la même place, un instant après ; et, malgré vingt tentatives infructueuses, le malheureux paysan fut poursuivi de cette apparition, jusqu'au lendemain, à la même heure, moment où Proserpine, en passant, emporta son butin.

Dans le Forez, on croit aux chasses fantastiques, qui

11

sont révélées : par la sueur dont on voit, le matin, un cheval couvert (*Noëlas* p. 148).

Dans la vallée de Malegoute et dans le bois de Trappières, dans le Forez, on entend souvent la chasse fantastique (*Noëlas* p. 177 et 256), qu'on appelle: la chasse maligne ou la chasse royale. La légende raconte: qu'un charbonnier eût, une nuit, l'imprudence de dire « bonne chasse » en l'entendant passer. Or, il fut obligé de monter sur son maigre cheval, de courir toute la nuit ; et reçut un morceau de cadavre, comme part de curée, quand les sorciers l'abandonnèrent.

Sur le mont Pilat, dans le Lyonnais, il y a une chasse fantastique. C'est un homme monté sur un cheval-fantôme, et suivi d'une meute de chiens noirs. — Il renverse les portes qu'il rencontre fermées ; de sorte que dans les fermes qui se trouvent sur son passage, on a grand soin de les laisser ouvertes.

Dans les environs d'Arinthod, dans le Jura, on entend, parfois, le bruit de la chasse d'Olopherne, aux environs du château de ce nom ; et on raconte: qu'un garde forestier vit, un matin, au lever du jour, de beaux seigneurs et de belles dames assistant à la curée, dans une clairière isolée ; mais, lorsqu'il voulut s'approcher de plus près, tout disparut d'un coup, comme par enchantement.

Dans la vallée de Condes, entre le Jura et l'Ain, on entend, le soir de la veille des rois, passer la chasse du roi Hérode ; il faut bien se garder d'être sur son passage, car on serait foulé aux pieds, sans merci. Il n'y a pas bien des années, encore, on citait le nom d'individus qui avaient vu cette apparition ; et, qu'un pontonnier racontait; avoir été réveillé au milieu de cette nuit des rois, par un chasseur fantastique qui lui donna, pour prix de sa peine, une poignée de pièces d'or. Mais ces pièces se trouvèrent changées, le lendemain matin, en simples feuilles de buis.

A Scey en Varais, dans le département du Doubs, il y a un chasseur nocturne, qui passe, aux nuits de la Toussaint et de la Noël, avec sa meute bruyante.

Dans la forêt de la Serre, dans le Jura, on parle aussi: de la chasseresse de Moissey, qui hante les environs d'un monument druidique, et dont on entend le bruit, quand on s'attarde dans ce quartier.

Dans les Ardennes, il y a, aussi, la légende d'une chasse aérienne, qui se traduit de maintes manières. C'est ainsi, par exemple, que près Puilly, on parle seulement d'un homme fantastique, qui courait, à travers champs, par monts et par vaux, en criant : taïaut! taïaut! — Dans nombre de villages de ce département, on entend, dans la nuit, des bruits de chasse; et la légende dit: que c'est un moine qui commit la faute de chasser pendant la matinée du dimanche, au lieu d'aller à l'office; et qui a été condamné : à faire le tour des bois, treize fois, chaque nuit.

A Montchentin, dans les Ardennes, un chasseur fantastique passait, parfois, dans les rues, pendant la nuit; et frappait aux portes et aux fenêtres des maisons.

Dans la vallée du Moulin, entre Cornay et Châtel, dans les Ardennes, on entendait pendant les nuits d'orages, le bruit d'une chasse fantastique; et on voyait passer, comme une trombe, quand on était dans le bois, des

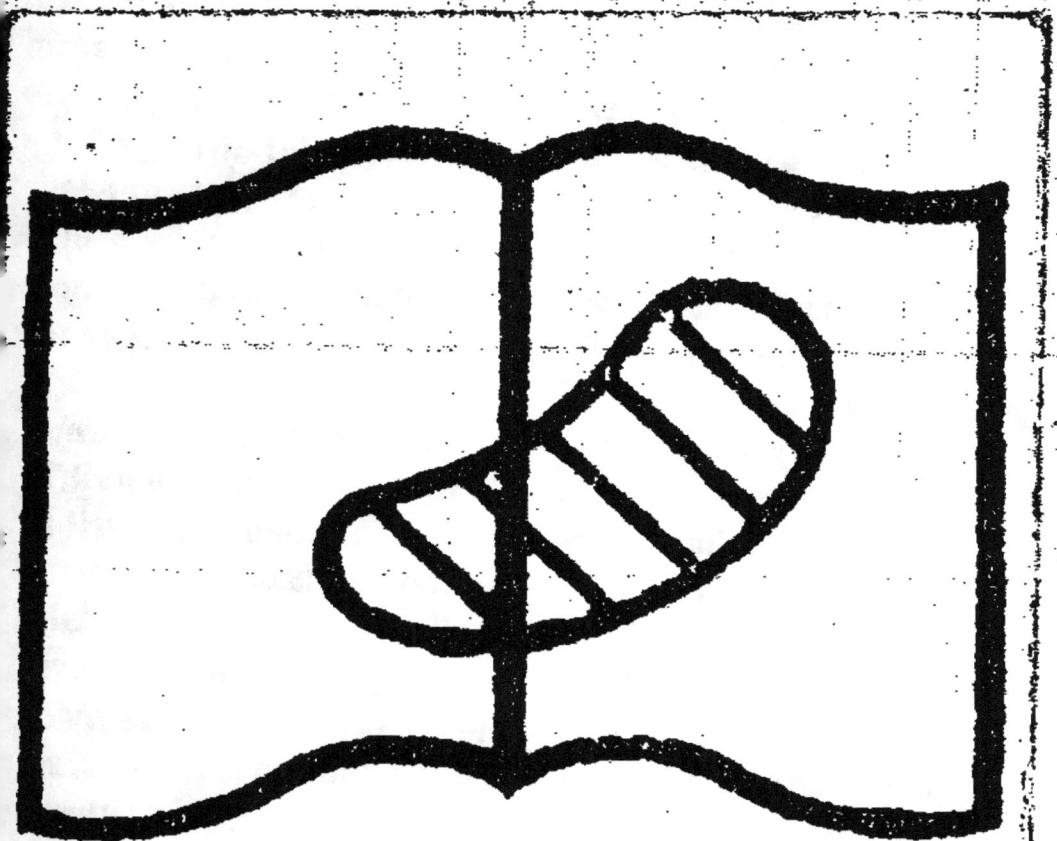

Illisibilité partielle

veneurs et des chiens, qui disparaissaient tout à coup.

Dans la forêt d'Escombres, un géant chassait pendant les nuits d'orage avec des chiens nains. Une fois, un homme de Villiers parvint à saisir un de ces chiens et le cacha dans sa chemise : « Etrangle-le ! Etrangle-le ! » crièrent aussitôt les autres chiens au roquet, qui leur répondit : « Impossible, il a bien mis sa chemise » et le lendemain matin, quand cet homme voulut regarder son chien, il ne trouva qu'une feuille sèche (*Meyrac*. p. 200).

Un bûcheron qui habitait le bois de la Grande Ferme, près de Braux, dans les Ardennes, entendit, une nuit, la chasse fantastique passer près de sa cabane. Il ouvrit la fenêtre, et se mit à crier: « Au moins, chasseur, apporte-moi demain la moitié de la chasse ». Or, le lendemain matin, au moment où il ouvrit sa porte, une main invisible lança dans sa cabane, un enfant mort-né. (*Meyrac*. 206). Enfin, en Alsace, le chasseur dont nous parlons, se rencontre, en divers endroits. Dans la vallée d'Ottrot, par exemple. Dans le grand duché de Luxembourg, c'est la chasse du roi Otton ; en Thuringe, celle de Holda,

Cette croyance de la chasse surnaturelle se rencontre dans toute l'Angleterre, l'Ecosse et dans les régions Scandinaves, où elle se rattache, d'ailleurs, à la vieille mythologie odinique.

Les écossais, ont une chasse nocturne qu'on entend pendant la nuit, mais même aussi, parfois, pendant la journée, quand le temps est orageux. Walter-Scott raconte, qu'un paysan entendant une chasse nocturne eût l'idée de crier : « Glue zu Valkemburg ! (Bonne

chasse Valkembourg ». Merci, répondit, aussitôt, une
voix terrible, tu auras ta part de venaison ! et tout à
coup, un morceau de vi... corrompue tomba aux
pieds du téméraire qui... partir de ce moment, vit
toutes ses bêtes dépérir ; ... tomba malade, lui-même,
d'une affection qui le mit... tombeau.

A Douglas, dans l'île de M... ... entre l'Ecosse et l'Irlande,
un jeune matelot qui arri... ...d'un long voyage, traver-
sait une montagne pour... ...utre chez sa sœur, mariée
dans le voisinage ; il en... ...lit tout-à-coup un bruit de
cor de chasse, et vit pa... ...près de lui une superbe
chasse, dans laquelle il y a... ...treize seigneurs ou dames,
vêtus de vert. Quand il... ...nta cette aventure, chez sa
sœur, on le considéra, d... ...le pays, comme très heureux de n'avoir pas été... ...rté par ces esprits.

En Danemark, la crédu... ...publique affirme : que pendant la nuit du solstice... ...(Saint-Jean-Baptiste), on
entend le bruit de la c... ...se du roi Staldemar qui,
monté sur son cheval blan... ...poursuit un cerf fantastique.

En Danemark, on enten... ...endant la nuit, à n'importe
quel moment de l'année... ...bruit d'une cavalcade diabolique. Ce sont : trois se... ...ours damnés, qui voulurent
épouser trois princesses... ...ir et qui, ayant été repoussés, essayèrent de les pre... ...de force ; mais les jeunes
filles eurent le courage... ...se tuer ; leurs ravisseurs
ont été condamnés à cou... ...perpétuellement, pendant
la nuit, pour les chercher...

En Suède, on dit : que... ...dant la nuit de Noël, les
esprits courent dans les c... ...ères, à cheval, suivis de

meutes de chiens, et habillés de vert. C'est la meute d'Odin, qui tient, autant aux esprits de la terre, qu'à ceux de l'air.

Dans toute la Scandinavie, d'ailleurs, on entendait, jadis, passer la chasse d'Odin, dans les forêts qui lui étaient consacrées ; il n'est pas certain qu'elle ne passe pas, de nos jours encore, dans beaucoup plus d'endroits que ne le croit le scepticisme moderne.

Les habitants du Sternslint, dit Xavier Marmier, dans ses lettres sur le Nord, entendent souvent les aboiements d'une chasse fantastique, dans la vallée de Grenjette ; ils ont soin de déposer un petit tas d'avoine, dans le coin de leur champ, pour éviter que cette chasse ne prenne toute leur moisson.

L'idée se trouve encore reproduite sous une autre forme. Marmier nous raconte, en effet (*Souvenirs de Voyage* p. 220), qu'un seigneur, ayant profané le saint jour du dimanche, en courant au cerf, à travers le champ d'une veuve, fut condamné à poursuivre perpétuellement un gibier qu'il n'atteindra jamais.

Nous devons rappeler au lecteur : que dans l'île de Rugen, sur la côte poméranienne de la Baltique, la croyance au chasseur fantastique de la nuit, était passée à l'état de dogme religieux, avant l'introduction du christianisme ; car, dans le temple qui lui avait été élevé dans la ville d'Akron, le cheval blanc de Swetovide, était soigné, avec vénération, par le clergé. On le trouvait, parfois, couvert de sueur et de boue, le matin, alors que la veille au soir, il avait été laissé propre et reposé.

Ce culte, était, bien évidemment, la continuation de

l'antique pratique des peuplades celtiques, avant leur invasion en Europe. La preuve que nous en puissions donner, c'est que Tacite (*Annales*, liv. XII. § XIII. *Trad. Louan*. t. I. p. 887), nous raconte : que les Parthes avaient un dieu analogue à Hercule, qui était adoré sur le mont Sambulos de la chaîne du Caucase. Ce dieu révélait à ses prêtres, pendant leur sommeil, le jour où il voulait aller à la chasse. A la tombée de la nuit, on préparait, alors, un grand nombre de chevaux sellés, bridés et portant des carquois remplis de flèches. La nuit venue, on entendait un bruit de cavalerie ; puis, le lendemain matin, on retrouvait les chevaux, hors d'haleine, couverts de sueur et leurs carquois vides. Ajoutons : que les prêtres savaient, d'après un rêve inspiré par le dieu, qui leur indiquait le lieu où il avait chassé ; et qu'en allant en cet endroit, on trouvait des quantités considérables de gibier, tué par les flèches surnaturelles du dieu chasseur.

Si nous remontions plus haut, dans l'antiquité de ces peuplades, qui ont plus tard constitué les barbares de l'Europe centrale et septentrionale, nous y trouverions la légende de Nemrod, qui a bien, évidemment, un lien étroit de parenté avec celle du chasseur dont nous retrouvons, aujourd'hui, encore, les vestiges atténués et obscurcis dans nos pays.

Dans les montagnes de la Savoie, on parle d'une chasse fantastique qui serait : celle d'une jeune châtelaine impie, qui voulut chasser le dimanche ; et qui a été condamnée à errer, ainsi, perpétuellement ; elle est invisible, mais on l'entend distinctement pendant, les nuits d'orage ; et, malheur à qui se trouve sur son passage.

Dans le canton de Vaud, en Suisse, on parle d'un esprit de la montagne, qui chasse, la nuit, d'une manière fantastique ; et dans nombre de vallées de l'Helvétie, on retrouve cette donnée.

A Bleyenbach, dans la Haute-Argovie, près de Laugenthal, on entend, pendant la nuit, la chasse fantastique des seigneurs de Rothental (Wyss. t. II. p. 17).

Dans toute l'Allemagne, nous constatons la crédulité qui nous occupe ; et, dans le sud-est de l'Europe, elle se retrouve, tant chez les populations chrétiennes, que dans les localités ou habitent les musulmans.

Dans l'Allemagne du Nord, le mot : Hug sert à désigner le feu follet ; de sorte qu'on pourrait penser, peut être, que la chasse du roi Hugon, signifie : la course du feu follet.

La donnée de la chasse nocturne, existe dans la Flandre, et, même dans toute la Belgique. Il n'est pas rare de rencontrer, dans ces pays, des gens qui affirment l'avoir entendue passer.

Dans la Haute-Saxe, la croyance à la chasse sauvage, se rencontre encore, car on raconte : que, jadis, un homme passant sur la chaussée qui mène à Rudinsghain vit tout à coup passer, auprès de lui, dans un tourbillon, un cavalier sans tête, monté sur un cheval sans tête, aussi. (R. d. t. 1891, p. 291).

Si nous passons en revue les divers pays de l'Europe Centrale et Orientale, nous retrouvons la donnée de la chasse nocturne, avec des spécifications: qui sont en rapport, avec la tendance de la superstition locale. C'est ainsi, que dans le canton de Lucerne, en Suisse, on entend, parfois, pendant les nuits d'orage, passer la chasse de Turst ou Durst, qui a une origine diabolique, comme son nom l'indique. Dans toutes les vallées d'Allemagne on retrouve la légende d'un chasseur sauvage, chasseur nocturne, féroce chasseur, chasseur de Falkenberg, etc., etc., qui ressemble : tantôt aux variantes de la Scandinavie, tantôt, au contraire, possède des détails spéciaux, en relation avec l'influence chrétienne, et les idées du diable, intervenant dans les œuvres humaines. C'est ainsi que dans l'Entlebuet, il y a un chasseur fantastique, du monde *posterli*, qui passe, pendant la nuit du jeudi avant la veille de la Noël, en faisant un tapage infernal ; dans le pays de Braunschweig, il est question du chasseur Hackelberg. On raconte : que, jadis, ce chasseur demanda à Dieu, en mourant, de chasser dans les bois de Solling jusqu'à la fin du monde, en échange de sa part de paradis (MARMIER). Cette grâce lui fut accordée ; et c'est ce qui fait, que, de temps en temps, on entend des bruits sinistres de cors et de chiens, pendant la nuit, dans cette contrée. Ces bruits sont toujours d'un mauvais augure ; et le chasseur qui s'aventurerait dans les bois, le lendemain du jour où il les a entendus, courrait grand risque de se rompre le cou.

Les frères Grimm (t. 1er, p. 70) racontent : que dans les environs de Saafeld, dans le duché de Saxe Meiningen, il y a des petits nains, qui vivent dans la mousse, et qu'une chasse nocturne poursuit. Une nuit,

un paysan, qui s'était attardé dans la forêt, eut l'idée,
en entendant le bruit de la chasse, de se mettre, aussi,
à crier, comme s'il y prenait part. Or, le lendemain matin, il trouva : un lambeau de cadavre, pendu à sa porte.
Terrifié, il alla conter l'aventure à son seigneur, qui lui
dit, de ne pas toucher à ce funèbre butin. Ce morceau
de cadavre disparut la nuit suivante.

En Allemagne, il y a la légende du féroce chasseur,
qui appartient, bien incontestablement, à l'idée des
esprits des champs autant qu'à ceux de l'air. Ce qui
peut servir à l'appui de cette opinion, c'est : qu'on croit,
dans certaines contrées de ce pays, que, parfois, pendant
les nuits d'hiver, on entend la dame Berthe, suivie d'une
troupe d'enfants, passer en courant, à travers champs,
pour aller rejoindre la meute du féroce chasseur.

En Allemagne, la légende du féroce chasseur, se con-
fond, parfois, avec celle du Juif-Errant (*Gould. Curious*
Mythes, p. 27), qui au lieu d'être un cordonnier, aurait
été un chasseur, auquel, Jésus-Christ aurait demandé :
un peu d'eau à boire, et qui lui aurait répondu : qu'il eut
à s'abreuver dans le creux laissé, dans la boue, par le
sabot de son cheval. Comme manifestation atténuée de
la crédulité du féroce chasseur, rappelons : que Berthe
la sauvage est signalée, dans l'Allemagne septentrionale, aux enfants indociles, comme chargée d'emporter
ceux dont les parents sont mécontents, pour les rendre
malheureux, ou, même, les manger.

Les habitants du Riesenberg, entre la Bohême et la
Silésie, ont aussi leur chasse nocturne, qui fait grand
peur aux enfants. Le chasseur nocturne de ce pays,

poursuit des petits nains des forêts qu'on appelle : les femmes remuantes, et qui sont vêtues de mousse. En Silésie, on dit : que sur le sommet du Risemberg ; il y a un esprit malfaisant, nommé : *Ribenzal*, qui se complaît, souvent, à attirer les nuages, et à faire éclater subitement des tempêtes violentes qui provoquent des inondations dans les vallées. Ce Ribenzal, serait ainsi, la transition : entre l'esprit des champs et celui de l'air, si nous voulions être très rigoureux, dans notre classification.

Les dispositions du chasseur fantastique d'Allemagne, sont en général malveillantes. On raconte : qu'à Munster, il passait, une nuit, dans l'air devant la fenêtre d'un tailleur qui s'amusa à le railler ; mais aussitôt un coup de pied du cheval fantastique le culbuta avec son établi.

Dans une grande quantité de provinces de la Russie, et particulièrement dans le gouvernement de Kazan, on croit tellement, aux esprits malfaisants de l'air et des champs, se manifestant sous forme : de chasses, de chasseurs, ou, seulement de fantômes, que lorsqu'on se met en voyage, on leur fait l'offrande d'un kopeck, pour se les rendre favorables.

Les chamaniens du nord de l'Asie, croient aux chasses nocturnes ; ils disent, qu'ils trouvent leurs chevaux en sueur, le matin, quand les esprits des airs, les ont montés, pendant la nuit.

Les japonais, croient aux esprits de l'air de toutes les catégories ; et, par conséquent, aux chasses fantastiques, comme aux autres données de ces esprits aériens.

La Chasse Galerie au Canada. — Les canadiens

français racontent : qu'on entend, dans les bois, et dans la nuit, un bruit produit par la chasse Galerie. — Les bûcherons, qui ont envie d'aller passer la nuit dans les villes éloignées de leur travail, peuvent se faire emporter par cette chasse, s'ils connaissent certains mots magiques qui évoquent le diable. — Mais, ils courent les plus terribles dangers, s'ils oublient la moindre des précautions indiquées, pour ravir, au démon, leur âme qu'il convoite. (*R. d. t.* 1883, p. 566.)

Dans les îles de la mer du Sud, on retrouve les mêmes crédulités. C'est ainsi, par exemple, que les Tasmaniens, croient aux esprits ; et disent : qu'on voit et on entend, pendant la nuit, des chasses aériennes fantastiques.

X

ORIGINE DE LA CRÉDULITÉ

Quand on cherche à se rendre compte de la donnée fondamentale qui se trouve dans la croyance aux esprits de l'air, on arrive, bien vite, à penser : que c'est une réminiscence de la pensée animiste des premiers hommes, qui attribuaient : à la maison comme aux champs ; à l'air comme à l'eau, une volonté et des passions, en tout semblables, à celles qui les agitaient.

L'écho répercuté dans les forêts, par les moindres bruits initiaux, le bruit des vents, des tempêtes, des animaux les plus divers, soit pendant le jour, soit, surtout, pendant la nuit, devaient bientôt donner naissance

à la pensée : de voyages, de courses, de chasses aériennes. Et, une fois la donnée initiale créée, mille idées
secondaires vinrent se greffer sur elle, au fur et à
mesure des diverses variations de l'esprit humain, pour
ce qui touche ses crédulités. Déjà, dans l'antiquité, Orion
poursuivait, dans le champ voisin du lieu où Minos juge
les âmes, des animaux fantastiques (*Odyssée*, liv. XI,
v. 568); et, depuis cette époque reculée, toutes les modifications possibles ont été, tour à tour, formulées; et sont
restées, comme figées, dans l'esprit des populations de
la plupart des contrées de la terre.

Les celtes et les gaulois, qui avaient sur leurs mon-
naies la figure d'un cheval ailé, croyaient, fermement, à
ces esprits de l'air, auxquels ils prêtaient les attributs
les plus divers. Nous avons dit, déjà, que les grecs possédaient, aussi, cette superstition, puisque plus de quatre
cents ans après la bataille de Marathon, Pausanias avait
entendu dire : qu'on entendait, encore pendant la nuit,
dans cette plaine, le bruit des combattants. Ajoutons que
de son temps, comme de nos jours, dans mille pays, la
crédulité publique croyait : qu'il était dangereux, pour
les vivants, de passer la nuit dans l'endroit où il y avait,
dans l'air, des âmes de trépassés.

Toute l'antiquité a cru fermement à ces esprits de
l'air : j'en donnerai pour preuve, entre cent exemples,
que saint Paul, parlant aux éphésiens, des puissances
de l'air disait : « Car nous n'avons pas seulement à combattre les inspirations de la chair et du sang, mais à
lutter contre les principautés, les puissances qui gou-
vernent ce siècle de ténèbres, et autres esprits de malice

répandus dans l'air ». (*Epist. S. P. ap. Eph.* ch. v, § 12.)

Les romains, croyaient qu'il y avait des esprits des airs, appelés : *Stryges*, qui avaient la forme d'oiseaux, et suçaient le sang des enfants, pendant leur sommeil). — (*Ovid.* liv. 6. *Fastes.* PETRONE : TRIMALCION. p. 310).

Pendant le moyen âge, les mêmes crédulités avaient cours ; et, de nos jours encore, aussi bien en Europe qu'en Afrique ; en Asie, qu'en Amérique, on rencontre des traces indéniables de son existence. Les indiens, lorsqu'ils font hommage de beurre fondu et de lait à leurs déoutas, les japonais lorsqu'ils cherchent à se rendre leurs jakises favorables, par des offrandes et des invocations, ne font, en réalité, pas autre chose, que ce que nous faisons en Europe, dans la cérémonie des Rogations, la conjuration des orages, les prières pour avoir de la pluie ou de la sécheresse, etc., etc.

Ce que j'ai dit, déjà, pour les esprits de la maison et ceux des champs ou des eaux, me permet d'être très bref, en ce moment ; car, on peut très bien l'appliquer aux esprits de l'air. Ici, comme ailleurs, l'idée primitive a profondément frappé l'esprit humain, au début ; et a subi, à travers les âges, des transformations, des adjonctions, des modifications, qui n'ont fait qu'étendre ses caractères initiaux, et les compliquer, d'une manière, souvent, inextricable.

CHAPITRE VI

Mariage et Progéniture

I

FAITS DE LA PROVENCE

Quand on examine, avec quelque attention, les coutumes populaires de la Provence, on constate : qu'il y reste, encore de nos jours, des vestiges, très atténués et dénaturés, sans doute, mais parfaitement reconnaissables, de coutumes antiques qui tinrent, à une certaine époque, une grande place dans les mœurs des agglomérations humaines.

Je n'ai pas la prétention d'avoir connaissance de tous ces vestiges ; néanmoins j'en ai recueilli un assez grand nombre, pour pouvoir en inférer : qu'ils sont nombreux dans le pays, on va, d'ailleurs, en juger.

La cérémonie du mariage, dans le village de Fours. — Dans le village de Fours, près de Barcelonnette, c'est-à-dire dans un des endroits les plus montagneux de la haute Provence, le mariage a été l'occasion, jusqu'après la moitié du dix-neuvième siècle, d'une série de particularités curieuses. Je m'en suis occupé dans mon livre sur les réminiscences populaires de la Provence (p. 198); je ne veux retenir ici que la suivante : Au sortir de l'église, le père de l'épousée conduisait sa fille vers un rocher, appelé : la pierre des épousées ; il la faisait asseoir, en lui plaçant un pied dans une excavation de la roche, ce qui la mettait dans une situation déterminée, les jambes écartées. Puis, tous les parents et amis conviés à la noce, venaient l'embrasser, par rang d'âge, lui donnaient, chacun, des anneaux dont elle finissait par avoir les doigts couverts.

L'olivier du Luc. — Le chemin de fer de Toulon à Nice, a fait disparaître, au village du Luc, un vestige d'hétaïrisme intéressant de rapporter : A trois cents mètres mètres, environ, de la localité, dans le quartier rural de Saint-Jacques et de Saint-Philippe, se trouvait un carrefour, où la jeunesse allait danser, le 1er mai. Ce carrefour, se trouvait au point de jonction de deux chemins qui formaient un *trivium.* Juste, au sommet du triangle, s'élevait un olivier plusieurs fois séculaire, ou, après chaque contre-danse, le danseur conduisait sa danseuse, qui heurtait le tronc de l'arbre, avec son derrière, par trois fois. Cette petite cérémonie burlesque, ne se faisait pas sans force rires, et sans plaisanteries; lorsqu'on demandait aux jeunes paysannes, ce qu'elle signifiait, elle répondaient, en riant et rougissant, qu'elles ne le savaient pas ; mais tout le monde savait bien, cependant, que la crédulité populaire affirmait: que la jeune fille qui l'aurait négligée, aurait couru grand risque de : *Coiffer Sainte Catherine*.

L'olivier de la Touesse à Aix. — À Aix, au quartier de la Touesse ou de la Torse, la même cérémonie s'est faite, à la fête champêtre, jusqu'à ces dernières années ; et, comme au Luc, on la croyait propice au mariage pour les jeunes filles, à la venue des enfants pour les jeunes ménages.

Le châtaignier de Collobrières. — Dans les environs de Collobrières, il y a, sur le bord du chemin dit : *des amoureux*, un châtaignier séculaire, dont les puissantes racines font saillie sur le sol. Ce châtaignier porte, au-dessous d'une maîtresse branche rompue, deux bosselures globuleuses, qui lui donnent une apparence phallique. Les jeunes filles de la localité qui désiraient se marier, et les jeunes femmes qui voulaient avoir des enfants, allaient glisser sur certaines racines de cet arbre, à certains moments.

L'escourencho de Bauduen. — Derrière l'église du village de Bauduen, il y a un rocher formant plan incliné. Le jour de la fête patronale, les jeunes filles, désireuses de se marier, sont venues, longtemps, glisser sur elle ; ce qui la rendu polie comme du marbre.

La pierre de Saint-Ours. — Au village de Saint-Ours, dans les Basses-Alpes, il y a une pierre, sur laquelle les jeunes filles vont glisser, pour trouver un mari, et les jeunes femmes, pour avoir des enfants (GIRARD DE RIALLE, *Myth. com.* p. 29).

Le Saint-Laurent du Thoronet. — Dans le préau du cloître de l'abbaye du Thoronet, il y a les restes informes d'une statue qu'on appelle : Saint-Laurent. Les jeunes filles qui veulent se marier, vont essayer de la faire tourner, parce qu'elles croient : que celle qui y parvient, est exaucée dans le courant de l'année.

La tuile de Solliès-Pont. — A Solliès-Pont, près Toulon, on est allé longtemps, le jour de la fête patronale, entendre la messe à la chapelle de Sainte-Christine. Au retour, les jeunes filles qui voulaient se marier, allaient à la chapelle de Saint-Roch, où elles essayaient de toucher avec la main, en s'élevant sur la pointe des pieds, en sautant, ou en se faisant élever par les bras d'un ami complaisant, une tuile saillante, placée dans le mur de l'édicule. Cette opération avait aussi pour résultat, de satisfaire les vœux des jeunes femmes qui désiraient des enfants. Cette chapelle, tombant en ruines, a été reconstruite vers 1890 ; et, le maçon n'a pas manqué d'y placer une brique saillante, pour que la cérémonie ne tombât pas en désuétude.

Les amoureux du Beausset. — Au Beausset, dans l'arrondissement de Toulon, les jeunes gens vont s'asseoir, le jour de la fête, ou un dimanche d'été, auprès des jeunes filles qui leur plaisent ; et leur dévoilent leur amour : en leur lançant de petites pierres. Si la jeune fille n'est pas d'humeur favorable aux désirs du jeune homme, elle change de place, et va s'asseoir un peu plus loin. Si au contraire, elle veut encourager l'amoureux, elle prend, à son tour, de petites pierres qu'elle lui renvoie, en plaisantant, action dont la signification est parfaitement claire dans le pays.

L'Embourigou de Saint Sumian. — Dans le chapitre

septième du premier volume de ce travail, j'ai parlé de la crédulité Brignolaise : touchant l'embourigou de Saint Samian. Je n'ai pas à y revenir actuellement, il me suffit de la rappeler.

Les moissonneurs de Valensole. — A Valensole, dans les Basses-Alpes, on fait, le 17 janvier, jour de Saint-Antoine, la fête des moissonneurs, dans les détails de laquelle, il y a un curieux vestige d'hétaïrisme. Cette fête des moissonneurs consiste, dans le simulacre de la moisson, qu'entrecoupent des libations et des danses — les moissonneurs, et les lieuses de gerbes, sont des jeunes hommes et des jeunes filles, les gens mariés ne sont pas admis. — Or, le choix de la lieuse de gerbes, fait par chaque jeune homme s'accomplit de la manière suivante : Toutes les jeunes filles se mettent autour du gerbier, en ayant soin de cacher leur figure, et en faisant ressortir leur croupe, aussi bien que possible ; le moissonneur tourne autour du gerbier, et fait son choix, par l'examen de cette croupe, au lieu de se baser sur le visage — on devine toutes les plaisanteries au gros sel, qui ont cours, à cette occasion ; et il faut ajouter : que le plus souvent, le moissonneur et la lieuse de gerbe qu'il a choisie, se marient peu de temps après — le choix, qui semble dû au pur hasard, étant, en général, la signification officielle des fiançailles projetées.

Les cadeaux d'épingles. — Jusqu'au milieu du dix-neuvième siècle, dans la plupart des villages de Provence, depuis Arles jusqu'à Grasse, les jeunes gens offraient aux jeunes filles, qui venaient de danser avec eux, des épingles. Le nombre de ces épingles était en raison directe du degré de sympathie que le galant désirait témoigner ; et, la jeune fille, en les recevant avec plus ou moins d'empressement, exprimait ses sentiments, de son côté.

Les embrassades pendant la danse. — Quand les familles vont, au mois de mai, au pèlerinage mi-pieux, mi-gai de Notre-Dame de Siéié, près Toulon, il est d'usage, après avoir entendu la Messe, d'aller déjeuner et se réjouir dans le bois de Janas (*Jana, Iana, Diana*), près du hameau des Moulières (*Mulières*). La jeunesse se livre au plaisir de la danse champêtre, pendant laquelle il existe, entre jeunes gens et jeunes filles, une intimité inusitée, en temps ordinaire. On fait, assez généralement, un rondeau en chantant ; et, au refrain, on embrasse sa voisine qui change à chaque instant. Ou bien, on place, au centre du rondeau, une jeune fille qui a le droit d'embrasser celui qu'elle veut, ou un jeune homme, qui choisit celle qu'il veut embrasser. Et, à ce moment, chacun saisit l'occasion pour embrasser sa voisine.

Les Jouvines de Grasse — Dans les environs de Grasse, il y a un quartier, appelé : Saint-Hilaire, dans lequel se trouve un ancien temple de Jupiter, qui fut transformé en Oratoire chrétien, puis abandonné par le culte. Près ce temple, se trouvait une prairie où, jusqu'au siècle dernier, tous les jeudis de carême, et le premier jour de mai, la jeunesse de la localité venait s'amuser. A un moment donné, au son du tambourin et du galoubet, on se rendait près d'un piédestal, où, chacun montait, à son tour, et urinait de son mieux. — Des

Commissaires marquaient avec une branche de laurier, l'endroit qu'atteignait le jet d'urine ; et celui qui était allé le plus loin, était proclamé vainqueur. Cette cérémonie, pendant laquelle les plaisanteries au gros sel étaient de mise, car les filles comme les garçons y prenaient part, n'était plus qu'un vestige de ce qui s'était fait anciennement, lorsque Monseigneur de Verjus l'anathématisa, dans le commencement du siècle dernier ; elle a fini par disparaître ; mais, on devinait, à certains de ces détails, que jadis ; le couple qui avait uriné le plus vigoureusement, était désigné pour le mariage.

Le Pèlerinage à la Sainte-Baume. — Le pèlerinage à la Sainte-Baume, dont j'aurai à parler dans un chapitre ultérieur, est fait, en Provence, dans cent buts différents. Il rend, non seulement les femmes fécondes, mais, encore, assure le mariage, lorsqu'il est fait dans certaines conditions. Les jeunes filles qui l'accomplissent, doivent avoir, cependant, grand soin d'accomplir tous les rites nécessaires, sous peine de rester sept ans à attendre un mari. Ce pèlerinage présente, encore, de nos jours, maints vestiges d'hétéarisme, vestiges qui étaient plus apparents, encore, jusqu'au milieu du dix-neuvième siècle, alors que chaque année les populations venaient, en grande pompe, à la grotte. — A cette époque, les pèlerins passaient la nuit dans le bois, chaque village était campé à part, et faisait bonne garde : pour empêcher que les jeunes gens d'un groupe voisin, ne vinssent en maraudeurs d'amour, dans le lieu qu'il avait choisi. En revanche, il y avait une promiscuité telle, entre les individus des deux sexes dans un même campement, qu'on a pu dire, avec raison, que la sainte n'avait : que la moitié du travail à faire, pour assurer la fécondité des pèlerines.

Le Chêne de la Forêt de la Sainte-Baume. — Lorsqu'un couple de jeunes époux, va en pèlerinage à la Sainte-Baume, pour avoir des enfants; il faut, en entrant dans la forêt, que : le mari et la femme embrassent le premier tronc de gros chêne qu'ils rencontrent, en demandant, mentalement, à sainte Magdeleine : de donner une progéniture au ménage qui vient l'invoquer.

Certaines personnes disent : qu'il n'y a dans toute la forêt qu'un seul chêne capable de recevoir efficacement les vœux; de sorte que, si le pèlerinage reste infécond, on dit aux époux, pour les consoler, qu'ils se sont trompés d'arbre.

La perte de la Jarretière au Saint-Pilon. — Lorsqu'une jeune fille va faire son pèlerinage à la Sainte-Baume, et qu'elle veut obtenir de sainte Magdeleine, la faveur de se marier dans l'année, il faut qu'elle monte au Saint-Pilon; et que là, elle s'arrange de manière à perdre sa jarretière gauche. Si cette perte se fait bien, dans les conditions voulues, elle peut compter, dit-on, dans le pays, sur l'accomplissement de ses vœux.

Les Castellets. — Les castellets qu'on va faire au Saint-Pilon ou dans le bois de la Sainte-Baume, et dont j'ai parlé dans le chapitre de ce volume (page 113), sont de puissants moyens d'assurer la fécondité des ménages. Pour que la sainte exauce les vœux des époux, il faut que ceux-ci, fassent ensemble le castellet : et qu'ils accumulent, dans l'endroit le plus inaccessible ou le plus solitaire, autant de pierres qu'ils désirent d'enfants. Le mari peut, en outre, assurer davantage le succès du pèlerinage, en allant chercher dans le bois, un morceau de gui, pour le placer à la ceinture de sa femme.

Le Pèlerinage à la Baume de l'Estérel, de Saint-Arnoux, etc., etc. — Les jeunes ménages provençaux qui désirent des enfants, vont en pèlerinage mi-pieux, mi-gai, dans une infinité d'endroits, à la baume de l'Estérel, où saint Honorat a vécu longtemps; à celle de Saint-Arnoux, dans les gorges du Loup ; à Notre-Dame des Anges, près Pignans ; et dans cent hermitages de : sainte Anne, sainte Christine, etc., etc., où les jeunes filles qui désirent se marier, comme les malades qui veulent guérir, vont également.

Le Berceau de Sainte-Anne à Apt. — Les femmes qui désirent avoir des enfants, vont pieusement remuer le berceau de sainte Anne d'Apt. *A boulega lou bres de saut Anno d'A*, dit-on, des jeunes filles qui ont un enfant avant le mariage. Ce proverbe montre bien : la réputation d'efficacité qu'a cette pratique, dans le populaire provençal.

II

FAITS DES AUTRES PAYS

Les diverses pratiques que je viens d'énumérer, se partagent en deux groupes, quand on essaie de les catégoriser. C'est ainsi, que les cérémonies : du mariage de Fours, de l'olivier du Luc, du châtaignier de Collobrières, l'escourencho de Bauduen, ont encore une signification si claire, qu'elles frappent l'esprit du moindre observateur; tandis que le don d'épingles après la danse, les embrassades du mai, la tuile de Solliès, la perte de la jarretière, et les castellets du Saint-Pilon, les pèlerinages aux grottes saintes, tout en appartenant au même ordre d'idées, indiquent d'une manière moins brutale, qu'on me passe le mot, la pensée fondamentale qui les domine. A un autre point de vue, on peut partager ces pratiques de la manière suivante : celles qui ont pour but l'obtention d'un mari, et celles qui doivent rendre la femme féconde.

La Provence, tout en présentant, comme on vient de le voir, un grand nombre de vestiges hétaïriques très variés, est loin d'en avoir le monopole; on retrouve aussi ces vestiges dans les groupes ethniques les plus divers et les pays les plus éloignés les uns des autres. Qu'il nous suffise de citer, entre mille, les exemples suivants :

1° *Pour se marier*. — Près du bourg d'Oisans, dans l'Isère, il y a sur la montagne de Brandes, une chapelle où, les jeunes filles désireuses de se marier, allaient, au mois de juin. Près de l'Oratoire, se trouve une pierre conique sur laquelle elles se mettaient à genoux, pour invoquer le saint de l'endroit ; et si cette attitude était trop pénible, au cours de l'invocation, elles se prosternaient, en ayant soin que la pierre restât placée entre leurs deux genoux, c'est-à-dire, dans une position qui indique, suffisamment, l'origine et la signification de la pratique (PILOT DE THOREY, *Usages et Coutumes du Dauphiné*, p. 59).

Dans le Dauphiné, lorsqu'un garçon désire épouser une fille, il prend le pan de son tablier, et le roule, de bas en haut ; si la jeune fille le laisse faire, jusqu'à ce que le tablier soit roulé au-dessus du genou, c'est qu'elle accepte les hommages (*R. d. t.* 1894, p. 569).

Dans le département de la Haute-Vienne, les jeunes filles qui désirent se marier, vont en pèlerinage à Saint-Junien-les-Combes, et invoquent saint Eutrope, après avoir fait plusieurs fois le tour de la croix qui est sur une éminence, et y avoir suspendu la jarretière en laine de leur jambe gauche. Les bretonnes, allèrent, long-temps, se baigner dans la cuve de la Couarde de Quini-pily, pour trouver un mari ; elles y retournaient aussi, pour avoir des enfants.

Près Guérande, il y a un dolmen, dans les fentes du quel, les jeunes filles vont glisser des morceaux de laine, de couleur rose nouées avec du clinquant, pour se marier dans l'année (DE CAUSNEAUX, *Cours d'antiq.* t. 1, p. 120).

En basse Bretagne, les jeunes filles à marier vont s'asseoir, le jour de saint Michel, sur les parapets du pont de Pengé, où les jeunes gens viennent faire leur choix (*R. d. t.*, 1891, 215).

La fontaine de Bodilis, près de Landivisiau, laisse surnager l'épingle des jeunes filles pures, et engloutit celle des dépravées (CAMBRY).

Les bretonnes, vont au pèlerinage à N.-D. de Trégurun, dans le Finistère, pour se marier, avoir des enfants, et surtout du lait ; leur prière finie, elles vont jeter des épingles dans la fontaine voisine ; car, sans ce dernier soin, elles ne sont pas exaucées.

Près de Bécherel, dans l'Ile-et-Vilaine, il y a un chêne qui a poussé sur une butte placée dans l'étang, aujourd'hui desséché, de Ligoyer ; les jeunes garçons et filles qui voulaient se marier, devaient, jadis, traverser l'eau, et aller se frotter le ventre à ce chêne. (*R. d. t.*, 1892, p. 98).

A Laval, dans l'église d'Avesnières, il y a une grande statue de saint Christophe, dans les jambes de laquelle, les filles et les garçons, qui veulent se marier dans l'année, vont planter des épingles (*R. d. t.*, 1880, p. 82).

Près de Perros, dans les Côtes-du-Nord, dans la chapelle de Saint-Guirioz, les filles vont en pèlerinage pour se marier ; elles plantent des épingles dans le nez du saint, pour se le rendre spécialement favorable (*R. d. t.*, 1890, p. 575).

A l'île de Cesembre, près Saint-Malo, est la chapelle de Saint-Brandan, où les filles vont demander un mari (*R. d. t.*, 1892, p. 308).

Dans la vallée de Lunain, du département de Seine-et-Marne, il y a un menhir appelé pierre frite, où les jeunes gens qui veulent se marier, vont planter des clous ou des épingles.

Chaise de sainte Lucie à Verdun. — La chaise de sainte Lucie, qui a la propriété de rendre les femmes fécondes a, aussi, celle de faire obtenir un mari, aux filles qui trouvent le célibat désagréable. La légende dit: que sainte Lucie, princesse d'Ecosse, quitta sa famille, et vint jusqu'aux environs de Verdun, où elle garda des moutons ; elle vécut dans une grotte, où elle a laissé l'empreinte de son corps sur un rocher appelé : la chaise de Sainte-Lucie. Les femmes vont s'asseoir sur cette chaise, pour avoir des enfants. Anne d'Autriche y est allée (*Mart. rom.* 10 septembre).

Dans les Ardennes, les jeunes filles vont en pèlerinage à Elion, près de Charleville, implorer sainte Philomène, pour se marier dans l'année (MEYRAC, p. 44).

Le jour du mariage, à Verdun-sur-le-Doubs, les époux étaient conduits, au sortir de l'église, à la pierre d'appétit (MONNIER et VINGTRINIER), comme les nouveaux mariés de Fours dans les Basses-Alpes. Dans les environs de Castelnaudary, après la cérémonie du mariage à l'église, la mariée, conduite dans sa nouvelle demeure, s'asseyait au milieu d'une chambre, tenant une assiette sur les genoux ; tous les parents et les amis, venaient, à tour de rôle, l'embrasser, et déposaient ensuite une offrande d'argent, dans cette assiette. Cette pratique, que l'on rencontre, modifiée de cent manières différentes suivant les pays : Poitou, Manche, Picardie, etc., etc, et qui dans plusieurs s'appelle du nom caractéristique de : *livrées* est d'un symbolisme très transparent.

Dans l'Orléanais, la mariée remet son bouquet de noce à ses compagnes, qui vont, avec lui, quêter chez les parents ; la première, portant une quenouille ; la seconde recevant les offrandes ; la troisième, versant à boire aux donateurs ; la quatrième, leur offrant une serviette pour s'essuyer les lèvres ; et la cinquième, présentant la joue pour recevoir un baiser. Dans la Manche, non seulement la mariée reçoit des cadeaux, et donne un baiser à chaque convive ; mais, encore, le marié ne peut se mettre à table, pendant le repas des noces ; il sert les convives, ce qui indique bien : qu'il n'est pas le maître de sa femme, ce jour là. Dans quelques pays, non seulement il y eut, pendant longtemps, des pratiques symboliques ; mais, encore on y constatait un hétaïrisme à peine déguisé. C'est ainsi qu'en Basse-Bretagne, les époux et les garçons et fille d'honneur, couchèrent, longtemps, pêle mêle dans le même lit, pendant la première nuit des noces.

A Carnac, les jeunes filles qui voulaient se marier, allaient pendant la nuit frotter leur nombril contre un menhir des célèbres alignements du pays, après s'être entièrement déshabillées (*R. d. t.*, 1895, p. 123).

Il n'y a pas bien longtemps, encore, dans certaines localités de la Bretagne, le mari était obligé de faire : un simulacre d'enlèvement de sa femme, le jour du mariage ; et les parents cherchaient, par tous les moyens possibles, à l'en empêcher.

Les bretonnes vont en pèlerinage au menhir de Kerloas, dans le Finistère ; et s'y livrent à la pratique curieuse du frottement du ventre, contre la pierre, pour avoir des enfants. Cette coutume se rencontre dans plusieurs autres communes de la Bretagne.

La glissade sur le menhir de Locmariaquer (*R. d. t.* 1894. p. 123). Pendant longtemps les filles de Locmariaquer, qui voulaient se marier, allaient, dans la nuit du 1er mai, glisser sur le menhir voisin, comme les provençales de Bauduen.

En Savoie, on fait pendant les fêtes du mariage, plusieurs cérémonies symboliques, qui sont des vestiges des coutumes anté-historiques (MILLIN, t. I. p. 79), nous signalerons, entre maintes réminiscences d'hétaïrisme antique, cette particularité : qu'un enfant promène autour de la table, pendant le dîner de noces une sébille, dans laquelle, chacun dépose une pièce de monnaie qui est donnée à la mariée (MILLIN. *Loc. cit.* t. I, p. 80).

Dans les environs de Mautpantier, en Savoie, lorsqu'une jeune fille est fiancée à un garçon, tous les voisins lui donnent de la laine, qu'elle file et met en peloton, suffisamment gros pour faire une paire de jarretières ; puis, quand elle rencontre les amis de son fiancé, elle leur glisse le peloton dans la poche. Les jeunes gens qui reçoivent ce cadeau, font tricoter des jarretières, et les rendent ensuite à la fiancée, qui les fait teindre, et les distribue, le jour de la noce, aux invités (MILLIN. *Loc. cit.* t. I, p. 136).

En Auvergne, sur le plateau du Puy-de-Mouton, au-dessus de grottes qui ont été habitées dans l'antiquité, se trouve une statue de la Vierge, qui a été élevée à l'endroit où se trouvait un monument mégalythique, appelé : la Pierre Fade. De toute antiquité, le jour du mariage, les noces du pays allaient en cet endroit, tous les invités, se tenant par la main, formaient le rond autour de la pierre, tandis que les époux en faisaient trois fois le tour, en dansant, pour que leur union fut

féconde, et que la femme fut bonne nourrice (BIELAW.
p. 218).

Près de Troyes, les jeunes filles qui veulent se marier,
vont jeter une épingle sur un tertre appelé: la Croix de
Beigne (*R. d. t.* 1894. p. 354).

En Angleterre et dans le midi de l'Ecosse, le mari
porte la jeune épouse dans les bras, pour lui faire franchir le seuil de la porte de son habitation, au moment
où ils arrivent chez eux pour la première fois (WALT. v.
DÉMON. p. 85).

2° Pour avoir des enfants. — A Neuilly-Saint-Front,
dans le Soissonnais, le lendemain du mariage, les époux
étaient conduits à une pierre, où ils buvaient du vin,
dans deux excavations voisines.

Dans les environs de Rennes, les nouveaux mariés
vont, encore sauter, en chantant, par dessus la pierre
des épousées, le premier dimanche de carême. J'ai parlé,
tantôt, de la couarde de Quinipily, qui faisait marier les
filles et rendait les ménages féconds. A Poligny, dans
le Jura, les jeunes femmes vont, dans le même but,
embrasser une pierre levée qui est, dit la légende, la
pétrification d'un géant qui voulait violenter une
jeune fille. Cette légende révèlerait, à défaut d'autres
indices, l'idée fondamentale de la pratique. A Sam-
pigny, dans la Meuse, les jeunes femmes stériles
vont s'asseoir dans le fauteuil de la chapelle souterraine
de sainte Lucie, comme à Verdun. On assure qu'Anne
d'Autriche y alla en 1638, comme elle est allée à Auray,
à Cotignac, à la Sainte-Baume, à Verdun, partout, enfin,
où les femmes vont, pour avoir des enfants. A Grand-

champ, dans la Seine, la tête de saint Saturnin féconde
les pèlerines. — La grotte de sainte Agathe, à Fonvent-le-
Bas, dans la Haute-Saône, a la même réputation. — Et,
un rocher de la vallée d'Arpe, dans les Basses-Pyrénées,
rend féconds, les ménages qui vont s'y frotter le ventre.

En Berry, dans le village de la Châtelette, du·dépar-
tement du Cher, les femmes stériles allèrent, jusqu'au
commencement de ce siècle, invoquer saint Guignolet;
elles râclaient sa cheville phallique, pour en faire une
boisson miraculeuse, malgré les défenses de l'archevêque de Bourges.

A Bourges, chef-lieu du Cher, il n'y a pas longtemps
encore, dans la rue Chevrière du faubourg du Château,
il y avait une statue du bon: saint Greluchon, placée
dans le mur d'une maison, et que les femmes, qui
voulaient avoir des enfants, allaient râcler, pour faire
un breuvage fécondant.

A Bourg-Dieu, dans le diocèse de Bourges, il y avait,
aussi, dans un abbaye : un saint Gerlichon ou saint Greluchon, qui n'était qu'une ancienne idole de Priape ; et qui
fut invoqué avec ferveur par les femmes stériles, jusqu'à
la fin du siècle dernier. — « Les femmes stériles venaient,
dit Dulaure, p. 240, implorer sa vertu prolifique, y faisaient une neuvaine, et à chacun des neufs jours, elles
s'étendaient sur la figure du saint, qui était placé horizontalement ; puis elles râclaient certaines parties de
saint Guerlichon, laquelle était aussi en évidence que
celle de Priape. Cette râclure, délayée dans l'eau,
formait un breuvage miraculeux.

Saint Arnaud est, aussi, invoqué par les femmes stériles, qui, lors de leur invocation, soulèvent le tablier qui lui couvre les jambes (SAINT ALDEGONDE. *Tableau des diverses relig.* t. 1, part. v, ch. 10).

En Anjou, c'est saint René qui est invoqué par les femmes stériles, qui font, en le suppliant, des cérémonies dans lesquelles, le but qu'elles veulent atteindre, apparaît sans voiles.

A Bourey-Bauguay, dans le canton de Pouilly (Côte-d'Or), il y a dans le cimetière, un tombeau informe et sans inscription, fameux dans le pays, par un usage *bizarre et superstitieux*, disent les auteurs qui ne veulent pas entrer dans des détails trop explicites. Cet usage, n'est, en réalité, qu'un vestige d'hétaïrisme, analogue à ceux que nous avons indiqués pour certains menhirs de Bretagne, où les femmes vont frotter leur ventre, pour avoir des enfants.

A Loches, les femmes stériles vont glisser sur une meule de saint Ours, comme celles des Basses-Alpes et de Baudinen.

En Auvergne, les époux qui veulent avoir des enfants, doivent aller en pèlerinage à Orcival, et y baiser un pilier, qui n'est que le vestige d'un culte phallique (BIELAW. p. 217).

Dans la vallée d'Aspe, dans les Basses-Pyrénées, il y a un rocher, sur lequel, les femmes stériles vont se frotter le ventre.

A Deals, dans le Berry, les femmes allaient, jusqu'à la fin du siècle dernier, se coucher sur la statue de saint Gréluchon (*Rheghellini*, t. 1er, p. 505).

Dans le Périgord, les femmes stériles vont, en pèlerinage, à l'abbaye de Brantôme ; à la chapelle de Saint-Robert ; ou à celle de Saint-Edouard, près Jouvens. Après la messe, elles font : aller et venir, le verrou de la porte de l'église, jusqu'à ce que leur mari les prenne par la main et les emmène.

A Rocmadour, dans le Rouergue, les femmes qui veulent avoir des enfants, vont baiser et faire jouer, aussi, le verrou de l'église ; ou bien toucher une barre de fer qu'on appelle : le braquemart de Rolland.

Au village Gargilesse dans la Creuse, il y a, dans l'église, la tombe de Guillaume de Naillac, datant du XIII° siècle — le seigneur est couché sur son tombeau, revêtu d'une longue robe, les mains jointes et la tête posée sur un coussin.

Juste au-dessous de l'abdomen, cette statue est percée d'une infinité de trous, que les femmes stériles vont percer, pour en boire la poudre qu'elles retirent. Cette coutume est venue : de ce que le curé fit, un jour, disparaître de l'église, un saint Gréluchon, dont elles venaient gratter la cheville, qu'il fallait remplacer trop fréquemment, — Or, ne trouvant plus le saint cherché, les paysannes ont attaqué l'organe du sire Guillaume de Naillac ; et pour empêcher la destruction du tombeau, le curé fait, de temps en temps, boucher les trous avec du plâtre (*R. d. t.* 1890, p. 173).

Si, au lieu de me borner à citer quelques faits, pris au hasard, dans les provinces de la France, je voulais parler des vestiges analogues d'hétaïrisme, que l'on rencontre : en Espagne, en Italie, en Angleterre, en Hollande, en Danemark, en Suède, en Allemagne, en

Russie, dans toute l'Europe, en un mot, j'aurais plusieurs volumes d'indications à écrire. Et l'Europe est, certainement, un pays où ils sont moins nombreux que l'Asie, l'Afrique, l'Amérique et l'Océanie. Je vais, donc, ne fournir que quelques rares indications, choisies entre plusieurs milliers.

Dans une chapelle du couvent de Saint Antoine de Paule, à Saragosse, il y a le tombeau du saint, qui a la propriété de rendre les femmes fécondes. Les suppliantes, introduites seules, dans l'endroit où il se trouve, s'agenouillent, prient, font trois fois le tour du tombeau, puis se couchent de tout leur long au-dessus. La médisance a raconté des choses extrêmement significatives, à ce sujet (DULAURE, 234).

A Nagialinagy, dans le comtat d'Arad en Hongrie, les jeunes mariées vendent des baisers, le jour de Saint Joseph, sur la place du Marché (*R. d. l.* 1804, p. 359).

En Grèce, les athéniennes de nos jours vont, comme leurs aïeules, glisser sur certaines pierres, pour avoir des enfants et des couches heureuses (YEMENIER, *Revue du Lyonnais*, 1842).

En Asie, les pratiques qui nous occupent, ici, tiennent une place infiniment plus grande qu'en Europe, parce que la civilisation moderne y a moins, que dans notre région, modifié les coutumes antiques.

En Géorgie, la grotte du prophète Élie, reçoit des pèlerins qui désirent, comme ceux de la Sainte-Baume de Provence, se marier ou avoir des enfants. Plus puissante, même, que celle-ci, elle assure la fécondité des troupeaux, en outre de celle des bergères.

Dans nombre de localités de l'Inde, depuis Ceylan jusqu'au Thibet, on constate la polyandrie, chez les peuplades les moins civilisées. Dans ces pays, on se marie à l'essai : on y exerce, sur une vaste échelle, la prostitution de la femme avec toute la famille, avant la célébration du mariage ; et il y a cent variétés diverses, dans ce communisme de la propriété matrimoniale.

Chez les noirs du Malabar, la femme a généralement cinq ou six maris ; et souvent cohabite avec, à peu près, tous les hommes qui la rechercheront ; elle cohabite, soit un, soit deux, soit cinq, soit huit jours, avec chacun de ses nombreux maris, d'une manière successive.

Chez les Tadas du Malabar, en particulier, la femme d'un individu, sert à tous les frères puinés de son mari, qui, à leur tour, se servent de toutes ses sœurs cadettes. Chez d'autres peuplades de ce pays, les femmes sont possédées, en commun, dans chaque maisonnée.

Les femmes stériles de l'Inde, vont appliquer leur corps à un lingam, dans le but d'avoir des enfants, absolument comme les femmes de la Grèce et de l'Italie antique.

Duquesne (cité par DELAURE, p. 96) raconte : que les jeunes filles de l'Inde, vont, dans certains pays, offrir leur virginité à un lingam en fer. Il dit, aussi : que dans d'autres localités, ce sacrifice se fait, en grande pompe, au moment du mariage.

Herbert raconte : qu'en nombre d'endroits de l'Inde, les filles font hommage de leur virginité, avant de se marier ; elles recourent, pour cela, aux soins d'un Brahmine (COUTANT D'ORVILLE, t. II, p. 148).

Les jeunes indiennes de Jagrenat font, absolument, ce que faisaient les jeunes filles d'Assyrie, de Phénicie, de Paphos, etc., etc., pour ce qui regarde les sacrifices génésiques à la divinité.

Ces jeunes filles sont censées épouser le Dieu du temple, elles sont introduites, le soir, dans le sanctuaire, où le sacrifice s'accomplit dans l'obscurité.

Bonier, nous renseigne de la manière la plus précise à ce sujet, en nous disant : que pendant les huit jours que dure la fête de Jagrenat, une jeune fille, pure jusque là, est conduite, chaque soir, pour épouser le Dieu qui, en retour, accorde de bonnes récoltes pour l'année suivante (BENIER, *Voy. dans le Mogol*).

Lorsque les rois de Calicut, de Malabar, etc., etc., doivent épouser une jeune fille, la fiancée est confiée à une prêtre de Chiven, qui prend, au nom de son Dieu, les prémices de sa virginité. (VAN CAERDEN cit. par DULAURE, p. 96).

Pendant longtemps, les filles étaient tenues, dans les pays de Goa et de Pondichéry, d'aller sacrifier leur virginité au temple d'une divinité locale.

Chez les Cingalais de Ceylan, la polyandrie s'exerce sur une vaste échelle; de sorte que toutes les femmes d'une famille ont des rapports avec tous les hommes.

D'ailleurs, dans la loi de Manou, on rencontre des versets qui permettent au beau-frère de féconder sa belle-sœur stérile; ils ne sont, en réalité, que des vestiges de la pratique de l'hétaïrisme, et, même, de la promiscuité primitive des peuplades qu'elle régit. Aujourd'hui, encore, il y a, dans une infinité de temples de l'Inde, des courtisanes attachées régulièrement au culte.

En Birmanie, au Cambodge, en Cochinchine, au Japon, même, les filles, ont fait, longtemps, commerce de leur corps, pour acquérir une dot. Pendant longtemps, aussi, on a fait au Cambodge l'étrange cérémonie de la défloration religieuse, dans laquelle, la famille de la femme, payait très cher un bonze chargé de la besogne ; ce qui faisait : que seules, les filles indigentes attendaient quelque temps.

Quant à ce qui est de la Chine, les documents et les traditions que l'on possède au sujet des mœurs de ses habitants, montrent : que la promiscuité a été longtemps la règle sociale. Aujourd'hui encore, dans la classe inférieure, on constate un relâchement très accentué de ce que nous appelons la vertu des femmes.

Au Japon, la profession de prostituée n'était pas déshonorante, il n'y a pas bien longtemps encore ; et les filles l'exerçaient très fréquemment, car elles étaient libres de leur corps avant le mariage. Dans le peuple, au moins, les femmes mariées étaient loin d'être de mœurs rigides. Dans ce pays, les jeunes filles qui veulent se marier et les femmes qui veulent avoir des enfants, vont, encore de nos jours, glisser sur certaines pierres, absolument comme les paysannes provençales de Bauduen.

Afrique. — En Afrique, nous rencontrons l'hétaïrisme et, même, la promiscuité, sur une échelle plus vaste, encore, qu'en Asie. C'est ainsi, par exemple, que dans nos possessions algériennes, les filles de la tribu des Oulad-Nails, vont sacrifier à Vénus, pour se faire une dot ; elles sont, d'autant plus recherchées en mariage, que cette dot, gagnée ainsi, est plus riche. D'ailleurs, la chose est commune, peut-on dire, à tout le Sahara, ou à peu près.

A Alger, il y a la mosquée de Sidi-Abderhaman, à Bab-el-Oued, qui fait marier les filles et féconder les femmes. Près de la grote Bab-Azoun, dans l'ancienne ville, il y avait un sanctuaire, où les femmes, désireuses d'avoir des enfants, allaient passer la nuit en prières, à l'époque où l'oukil de cette Kouba était jeune et vigoureux.

Les femmes kabiles qui veulent avoir des enfants, vont dans diverses mosquées, et particulièrement dans celle de Koukou, où est inhumé Sidi-Abi-Thaleb, et elles agitent, vigoureusement en tous sens, le bâton du saint, dans un trou pratiqué au milieu, même, de la mosquée (DAUMAS, *Kabylie*, p. 23).

A Tunis, il y a un lieu célèbre, dans l'ordre d'idées qui nous occupe : c'est le Marabout de Sidi-Fathallah, nom évidemment symbolique (Dieu : ouvre, favorise, accorde, fait la faveur). Pour obtenir la faveur désirée, la femme doit glisser 25 fois sur ce tombeau, à savoir : 5 fois sur le ventre, 5 fois sur le dos, 5 fois sur le côté gauche, 5 fois sur le côté droit et enfin 5 fois la tête en bas. (*Alg. trad.* p. 127).

Voici la description de la cérémonie, telle qu'elle est racontée par un témoin oculaire, dans une correspondance adressée au journal le *Petit Var*, de Toulon, en 1887. « Je voyais passer des groupes aux couleurs variées, c'étaient des négresses à la coiffure élevée au-dessus de la tête, enveloppées à la mode antique égyptienne d'un soufséri de laine, à raies alternativement rouges, bleues et vertes ; et faisant entendre des cris d'allégresse, et des zagarits bruyants, en l'honneur du saint ; c'étaient, ensuite, des mauresques aux vêtements de soie brodés d'or et d'argent, recouvertes d'un léger voile blanc qui les couvrait entièrement, mais que le vent soulevait gracieusement, en me permettant, ainsi, d'apercevoir par échappées, des formes gracieuses et des minois effarouchés. Peu d'hommes, car c'est une fête pour le beau sexe seul. Derrière chacun de ces groupes, cheminaient les domestiques, les uns conduisant un âne chargé de provisions et d'offrandes pour le saint, les autres portant, à la main, des poules et des oies vivantes à offrir en sacrifice à la divinité de l'endroit, ou encore tenant en équilibre, sur la tête, des couffins remplis de fruits ou des jattes pleines de beurre, de lait et de miel. Rien de plus pittoresque, je vous assure, que cette procession, sous le beau ciel d'Afrique, le long de ce lac où se reflète l'azur du ciel, dans cette saison qui est ici un véritable printemps.

« Arrivé au village, je m'assis sur un siège de hachboura (tiges d'un arbuste), dans un café arabe, où une musique tunisienne charmait les auditeurs. Je pouvais, de ce point assez élevé, jouir de tout le spectacle ; non loin de là, s'élève le marabout de Sidi-Fathallah ; il était, ce jour là, complètement orné de draperies aux couleurs voyantes : et, tous les drapeaux verts, jaunes et rouges du prophète, flottaient au vent ; devant ce sanctuaire, se démenaient comme des furies, des négresses à demi-vêtues, qui dansaient une danse effrénée, au son assourdissant d'un tambour et d'un fifre nègre ; tout autour, étaient rangées, en cercle, des femmes au visage couvert ; et qui, battant des mains, accompagnaient en cadence, les mouvements des négresses, poussant aussi des cris de joie et des exclamations en l'honneur du saint. Des parfums brûlaient dans des cassolettes, et exalaient une odeur suave.

« Tout d'un coup, à un signal donné, par le gardien du sanctuaire, prêtre vénéré, je vis une femme, puis deux, puis trois, se laisser glisser le long d'une pierre du haut de la colline, sur un espace de cinq à six mètres, et recommencer par trois fois ce manège. Je m'approchai de la pierre glissante, et m'aperçus, au poli qui la distinguait, qu'elle devait depuis longtemps servir à cet usage. En effet, toute femme stérile, dit la légende, qui, pendant deux années de suite ira, de temps en temps, glisser à Sidi-Fathallah, sur la pierre vénérée, sera fécondée la troisième année, Il était curieux de voir ces musulmanes convaincues, s'asseoir au haut du rocher, et se laisser glisser jusqu'au bas, aux cris de joie et au milieu des chants de la foule.

« Quand la cérémonie de la glissade fut terminée, toutes les femmes se prosternèrent devant le santon, chacune baisant la porte ou le seuil du marabout ; et la procession se mit en chemin vers la ville, avec bannières et tambours en tête ; les nègres et les négresses, prirent la tête de la colonne, et, avec leur musique infernale, leurs cris, leurs chants attiraient la foule sur leur passage. Arrivées à la porte de la ville, les femmes se séparèrent par groupes, et chacune se dirigea vers son quartier. A l'année prochaine, pour les novices qui, cette année, ont commencé leur pèlerinage, ce qui ne les empêche pas, dans le courant de l'année, d'aller, en petit cortège, chaque vendredi, rendre visite au saint bienheureux, et glisser, si le cœur leur en dit, le long de la pierre fécondante.

M. de Flaux, dans son : *Etude sur la Régence de Tunis* (Paris 1865), a parlé, aussi, du tombeau qui nous occupe, dans les termes suivants :

» A côté du tombeau de *Lella Manouba* est celui de *Sidi Fethallah*, non moins célèbre ; et, surtout, plus recherché des femmes. On dit : qu'il a le pouvoir de faire cesser la stérilité, défaut de nature, si grand chez les musulmans, qu'il est considéré par le Coran comme une cause de divorce. Les saints ont leur jour, comme de simples mortels. C'est le samedi, que Sidi Fethallah est le plus accommodant ; c'est aussi le jour où il a le plus de solliciteuses. Son marabout est situé à une lieue de Tunis, dans un endroit charmant, à côté d'un rocher de cinquante pieds de haut environ, abrupt et très glissant. Après avoir imploré le saint, la pèlerine doit prendre une pierre plate, l'appliquer sur le ventre, et descendre ainsi le rocher, au risque de se casser le cou. J'ai vu, moi-même, des femmes, richement vêtues, que je supposais, à leur tournure, malgré leur voile, jeunes et jolies, recommencer deux et trois fois ce pieux exercice ; et rentrer avec leurs suivantes, à Tunis, dans la voiture qui les avait amenées.

En Egypte, les femmes stériles vont, de nos jours encore, en pélerinage au tombeau de Saïd et à celui d'Abraham Soukgy, pour avoir des enfants. — Il se fait, en ces lieux, des cérémonies diverses, pendant le jour et pendant la nuit; et des faits de promiscuité nocturne, analogues à ceux des anciennes fêtes de Bubaste, s'y accomplissent comme par le passé.

Les Juifs du Maroc, qui pratiquent encore le mariage temporaire de trois, six, neuf mois, et les musulmans de ce pays, qui ne sont pas plus difficiles sous le rapport des mœurs féminines, ont, dans leurs habitudes, des pratiques d'hétaïrisme qui sont les vestiges d'anciennes croyances. — A Aïn el Ginoun (la Fontaine des Génies) dans le royaume de Fez, entre autres, on est allé longtemps, et on va, encore, en pélerinage, pour avoir des enfants. Après avoir passé la soirée en prières, on éteignait les lumières et la promiscuité la plus aveugle régnait.

Les femmes des tribus nomades de tout le Soudan, depuis l'Algérie ou le Maroc jusqu'en Sénégambie, depuis l'Atlantique jusqu'à la mer Rouge ont, non seulement des mœurs très libres, mais tirent, même, vanité du grand nombre d'amoureux qu'elles ont contenté; sans compter, que, çà et là, elles se livrent à des pratiques pieuses ou superstitieuses, se rattachant à l'hétaïrisme antique.

Si nous descendons plus au sud, vers la Sénégambie par exemple, il ne nous est pas difficile de constater: que le relâchement des mœurs féminines n'est pas moindre, chez les ouolofs, les soninkais, les bambaras, etc. Dans ces pays, la femme se donne volontiers à celui qu'il lui plaît; et les liens du mariage ne sont guère solides. J'ai signalé dans mon livre sur les *Peuplades de la Séné-gambie*, nombre de détails, qu'on me permettra de ne pas reproduire, actuellement, et qui corroborent ce que je viens de dire. Ajoutons: que l'hétaïrisme religieux se rencontre dans nombre de localités de cette région.

Dans les villages voisins du Grand Bassam et d'Assi-nie, à la Côte-d'Or, sur la côte occidentale d'Afrique, les jeunes filles vont, à un moment donné, cérémonieuse-ment, de case en case, offrir leurs faveurs aux jeunes gens. L'héroïne est suivie d'amies et des parents, qui portent une corbeille, dans laquelle s'étalent les cadeaux faits par les galants; cadeaux qui constituent la dot, d'autant plus riche, que cette fille a été plus appréciée par ses galants compatriotes.

Dans tout le golfe du Benin et de Guinée, à part les femmes des chefs; et encore, cette règle comporte bien des exceptions, la femme est accessible à ceux qui la trouvent à leur goût. Au Gabon, entre autres, elle est louée sans répugnance par son mari. La condition n'est pas différente, dans les régions orientales de l'Afrique.

Les mariages: à la demi, au quart, aux trois-quarts, que l'on rencontre en Nubie, et, dans lesquels, la femme peut avoir jusqu'à: quatre époux légitimes, ne sont, en somme, qu'une forme de l'hétaïrisme. Les Arabes, du Nil blanc, pratiquent aussi ce mariage: au tiers, au quart ou à la demi, d'une manière courante. Ce qui donne la mesure de ce que l'on pense, dans ces pays, touchant les relations amoureuses. En Abyssinie, le mariage libre, une des variétés du mariage temporaire, est encore en vigueur. Enfin, au Sud, dans le pays du Congo, des cafres, des zoulous, des hottentots, la fille ne doute pas de ce que nous appelons : la vertu des femmes ; tandis que le mari, tire profit de sa femelle, toutes les fois qu'il en trouve un prix suffisamment rémunérateur. Dans toutes ces contrées, les femmes se livrent, à certains moments, à des pratiques, commandées par la religion, la superstition, ou, même seulement, par l'habitude ; pratiques, dans lesquelles, certaines promiscuités génésiques entrent pour une large part.

Amérique. — L'Amérique sauvage, ne diffère pas des autres pays, sous le rapport de la liberté des mœurs féminines. En effet, depuis les groenlandais jusqu'aux fuégiens, les peuplades restées en dehors de la civilisation, jusqu'ici, ont des habitudes d'hétaïrisme, très analogues à celles que nous avons signalées pour les autres parties du monde. C'est ainsi, que les voyageurs nous apprennent : que les groenlandais se prêtent, sans grande difficulté, leur femme, pour plus ou moins longtemps ; et que, dans les divers groupes de la population, les rapports sexuels sont d'une telle facilité, que le caprice a toute latitude. Chez eux, aussi, l'hétaïrisme fait partie du rituel de certaines cérémonies, religieuses ou superstitieuses.

Les esquimaux d'Amérique ; ne sont pas rigides, non plus, sous le rapport de ce que nous appelons : la vertu des femmes ; ils attachent fort peu d'importance, en réalité, à ce qui touche les rapports sexuels. Ce besoin, impérieux comme celui de la faim, est satisfait au hasard de la chance du moment. Chez eux, aussi, on trouve des pratiques pieuses ou superstitieuses, dont la promiscuité génésique constitue le fond.

Toutes les peuplades à peau plus ou moins colorée, qui habitaient l'Amérique du Nord, et dont nous voyons encore des nombreux spécimens refoulés par la civilisation des Etats-Unis, avaient ce que nous appelons : des mœurs très relâchées. Chez elles, la femme, en sa qualité de propriété du mari, pouvait être louée, prêtée, vendue ; et la fille ne mettait pas grand scrupule à accorder les faveurs au voisin. Chez les peuplades les plus élevées, relativement, en civilisation, on se prêtait, sans difficulté, les femmes pour : un ou plusieurs jours. Dans nombre d'endroits, les femmes libres se livraient, quelquefois, sans honte, et, au contraire, pour se faire une réputation, aux amoureux. Les pratiques pieuses ou superstitieuses d'hétaïrisme leur étaient familières.

Par ailleurs, les peuplades indiennes de la Californie, vivent même, encore de nos jours, dans la promiscuité, souvent assez complète ; les femmes appartiennent, à peu près indistinctement, à tous les hommes de la tribu. Ce n'est que vis-à-vis des entreprises amoureuses d'un homme de la tribu voisine, qu'elles mettent une mesure, ou défendent leur vertu relative. Même chose à dire, pour les pratiques d'hétaïrisme pieux ou superstitieux.

Dans les îles des Antilles, la population primitive a disparu depuis longtemps, remplacée par des européens et des nègres africains, de sorte qu'on y remarque, à peu près seulement, les usages et les coutumes des pays civilisés ; mais, à mesure qu'on examine une région où les relations avec l'Europe sont moins intimes, on voit le mariage libre, c'est-à-dire une forme de l'hétaïrisme, prendre une plus grande importance. La rigidité des mœurs de la classe inférieure va, naturellement, s'amoindrissant en relation directe de la diminution de la civilisation.

Sur le littoral inter américain, depuis le Texas jusqu'au Venezuela, nous trouvons chez les indiens : un relâchement de mœurs qui fait, que la fille et la femme, se livrent, sans grande difficulté, quand l'occasion est propice.

Enfin, terminons ce qui a trait à l'Amérique, en disant : que chez la plupart des peuplades sauvages de l'Amérique du Sud, depuis l'Amazone ou la Colombie jusqu'au cap Horn, la femme est loin d'être sévère, à l'endroit de la variété de ses adorateurs ; et si la loi condamne, en théorie, l'adultère à la peine la plus terrible, en réalité dans la pratique, l'hétaïrisme est pratiqué sur une large échelle.

Dans nombre de peuplades de l'Amérique du Sud, le mariage par rapt de la femme, se pratique couramment, aujourd'hui encore ; et, par conséquent, de ce que cette femme a un rôle très subalterne dans la société il en résulte qu'elle n'est guère rigide, pour ce qui touche à l'amour matériel.

Océanie. — Pour en finir avec l'énumération que nous faisons des divers pays, disons que l'Océanie présente le relâchement des mœurs le plus accentué. Dans ce pays comme dans les autres, à mesure qu'on observe des populations plus arriérées, on constate une tendance plus grande à l'hétaïrisme et à la promiscuité.

Aux Carolines, la femme, étant en propriété au mari, n'a pas le droit de se livrer à d'autres; mais le mari ne fait aucune difficulté pour la prêter, moyennant rétribution.

Chez les andanamites, dans le golfe du Bengale, les femmes appartiennent à tous les hommes de la tribu, tant qu'elles ne sont pas enceintes ou nourrices; résister aux désirs de l'un d'eux, est une action sévèrement réprouvée et punie même.

En Polynésie, les filles ne gardent aucune retenue, en général, et ce que nous savons, de l'étrange confrérie des aréoïs, nous montre : que l'hétaïrisme est pratiqué sur une vaste échelle dans quelques îles. Les mariages temporaires, les changements de personnes, sont chose assez fréquente dans nombre des îles, pour que ce que nous appelons : la fidélité des femmes, n'y existe qu'à un degré infiniment minime et limité ; dans plusieurs groupes d'îles, la polyandrie existe d'une manière plus ou moins générale, ce qui rend la promiscuité encore plus fréquente et plus facile.

En Tasmanie, chez les peuplades sauvages de l'Australie, et dans le grand nombre d'îles de la Mélanésie, les filles et les garçons vivent dans la promiscuité la plus complète ; en outre, les jeunes filles ont le devoir, d'aller partager, la nuit, la couche des hôtes de la tribu, ou celle de leurs parents qui désirent leur concours. On comprend que dans ces conditions, l'hétaïrisme est la monnaie courante chez les filles pubères. Quant à celles qui sont devenues la femme d'un individu, par capture ou achat, elles constituent une propriété dont le maître fait commerce, s'il le juge à propos ; elles ne sont pas libres de pratiquer cet hétaïrisme, de leur plein gré, Mais elles doivent le subir lorsqu'il leur est imposé.

Les tasmaniens ont des fêtes nocturnes, pendant lesquelles ils vont danser au clair de lune, au moment du printemps (novembre — hémisphère sud) — Ces fêtes, semblent se rattacher au culte de la nature fécondante, car l'union des sexes y joue un rôle assez important, en général (LUBBOCK).

En opposition à ces nombreux exemples de promiscuité et de polygamie ou de polyandrie, que nous venons de citer, il faut signaler des exceptions très curieuses ; et, parmi elles, par exemple, les amazones du Dahomey, qui restent, si rigoureusement chastes. Dans certaines peuplades de cette région de l'Afrique, le mari tue, sans rémission, la femme adultère. Les battas de Sumatra, les apaches du Mexique, et nombre d'autres, de diverses contrées, sont monogames et de bonnes mœurs, dans le sens que prête au mot la civilisation actuelle ; mais nous ferons remarquer : que ces exceptions constituent la très infime minorité ; elles sont peut-être dues à des conditions spéciales de l'existence de ces peuplades.

Les diverses cérémonies, superstitions, crédulités, que nous avons enregistrées au début de cette étude, comme des vestiges de l'hétaïrisme en Provence, tout curieux qu'ils soient, dans l'époque actuelle, ne sont que le reflet, très atténué, de ce qui se faisait jadis, dans notre pays, et, d'ailleurs, dans tout le vieux monde Asiatico-Européen ; on peut même ajouter : qu'en remontant dans le passé, on constate que ce que nous voyons, sous forme de symbole, d'allusion, plus ou moins voilés, de nos jours, fut la réalité crue et grossière, à certains moments et à certaines époques. Je n'aurai pas de peine à le démontrer.

Ne lisons-nous pas, par exemple, dans Strabon, au sujet de ce qui se pratiquait aux Baléares, à une époque voisine de l'Ère Chrétienne, c'est-à-dire dans les temps relativement peu éloignés de nous? « Ils » (les habitants des Baléares) ont d'étranges coutumes dans leurs mariages. Pendant les festins des noces, les parents et amis vont, l'un après l'autre, depuis le premier jusqu'au dernier, d'après le rang de l'âge, jouir des faveurs de la mariée. Le jeune époux est toujours le dernier qui reçoive cet honneur.

Le même auteur nous apprend (liv. 4, ch. 5, § 4) que dans l'île d'Ierné (l'Irlande), la promiscuité la plus absolue existait, entre les sexes.

Dans la Grèce antique, comme dans la Rome des rois, il arrivait, souvent, que la fille gagnait sa dot, en livrant sa personne, pendant plus ou moins de temps. La tradition raconte, on le sait, qu'avant Cecrops, c'est-à-dire vers le XVIII° siècle, avant J.-C., la promiscuité régnait dans les populations grecques. Lycurgue, recommandait aux maris âgés de chercher de jeunes hommes, pour faire des enfants à leur femme. Enfin, en un temps relativement rapproché, Socrate, prêtait sa femme Xantippe, à Alcibiade; et Platon, blâmait Lycurgue, de n'avoir pas proclamé la liberté absolue des femmes, dans ses lois.

14

L'hôtairisme était, d'ailleurs, si peu déshonorant dans l'antiquité grecque : que nous avons connaissance de femmes, qui n'ont dû leur célébrité qu'à cette pratique. Et, lorsqu'on jette un coup d'œil sur la mythologie grecque, on voit : que Vesta, Cérès, Diane, Vénus, Junon, elle-même, avaient des habitudes qui feraient dresser les cheveux à bien des gens, de nos jours. Toute cette mythologie, du commencement à la fin, n'est qu'une longue suite de légendes montrant : qu'en réalité, l'hôtairisme, et, bien plus, la promiscuité la plus grossière, étaient à l'ordre du jour, dans les temps reculés.

Pendant longtemps, en Grèce antique, les filles qui voulaient se marier, et les veuves qui convolaient à de nouvelles noces, étaient tenues de sacrifier, au préalable, à Vénus (PAUSAN, *Corinthe*, 34). Puis, à mesure que les mœurs se modifièrent, elles chargèrent des courtisanes de profession de remplir, en leur lieu et place, ce sacrifice, moyennant certaines redevances.

Dans l'île de Chypre, les jeunes filles allaient, solennellement, offrir leur virginité à Vénus, dans certains endroits déterminés.

Dans le monde romain, où la civilisation était plus avancée que chez les barbares, on était loin d'être d'une extrême rigidité, sous les rapports qui nous occupent, surtout dans le bas peuple, et dans les temps relativement assez peu anciens. Ce que la légende nous apprend : des esclaves romaines qui allaient faire l'amour avec les convives, revêtues des habits des matrones ; ce qu'elle nous raconte : de l'événement des sabines, nous montrent, qu'en réalité, les rapports sexuels laissaient quelquefois à désirer, au point de vue de la chasteté; car, à côté du sacrifice émouvant du père de Virginia, et de Lucrèce, il y a nombre de faits où, au contraire, cette chasteté peut se voiler la face. Chez les samnites, on nous dit: qu'il se faisait, chaque année, une cérémonie solennelle, au cours de laquelle, les jeunes gens étaient classés par ordre de mérite, ce qui leur permettait de choisir une fille, suivant le rang qu'ils avaient obtenu. Je me demande; comment se faisait la sélection; et, si les jouvignes de Grasse, n'étaient pas le dernier vestige des concours qu'on faisait subir aux jeunes romains.

Le dernier jour de mars ou le 1er avril, on célébrait, à Rome, la fête de Vénus dans laquelle l'idée de la force génératrice tenait la place prépondérante ; c'étaient les dames romaines les plus qualifiées qui faisaient la cérémonie, elles portaient un phallus, en grande pompe, sur le mont Quirinal, au temple de Vénus, Erycine ; et, la plus respectable d'entre elles, était chargée d'introduire ce symbole, dans le sein de la déesse, disposé pour la cérémonie ; puis, le phallus était repris par la procession, qui le rapportait, dévotement, dans la chapelle, où il résidait, pendant le restant de l'année.

Les mystères de Bachus, qu'on célébrait à Rome, étaient licencieux. Les invités des deux sexes, admis dans le bois sacré de Simila, sur les bords du Tibre, se livraient aux plaisirs de la table, de la boisson ; et, agités par une fureur, dite divine, accomplissaient, dans l'obscurité, des actes de promiscuité épouvantables.

Les fêtes de Flore des romains, qui se célébraient pendant les derniers jours d'avril, avaient des liens de parenté étroite avec les vieilles coutumes orientales du culte de la génération. On dressait des cabanes de feuillage, où, pendant trois nuits, il se passait des scènes licencieuses.

Les femmes mariées qui restaient stériles, allaient, à Rome, accompagnées de leurs maris, vers l'idole de Tatanus, sur laquelle elles se plaçaient, dans une position qui ne permettait aucun doute, touchant la pensée de la cérémonie. Un groupe antique qui se trouve dans la galerie de Florence (*Meursius Græcia feriat* t. v, *de puerperio*), représente cette opération. Le dieu est couché horizontalement, l'organe est vertical ; et, la femme se met en contact avec lui, après avoir relevé ses vêtements.

Juvénal dans une de ses satires (*Sat.* 9, vers. 24), disait : « Quel est le temple, où les femmes ne soient pas prostituées ? »

Néron institua les fêtes qu'il appela : Juvénales, fêtes de la jeunesse, où les jeunes gens des deux sexes, appartenant à la haute société, montaient sur le théâtre et chantaient des chansons dissolues, se livrant à des gestes indécents (CHATEAUBRIANT, *Génie du Christianisme*).

Lactance dit : que les jeunes filles offraient leur virginité à des simulacres de phallus (*Lact.* lib. 1, ch. XXI).

Asie. — La civilisation asiatique, qui a précédé celle de la Grèce, comportait, dans plusieurs contrées, l'hétaïrisme ; nous en trouvons mille preuves, pour une, dans les livres qui viennent de l'antiquité. Je ne rapporterai pas, ici, tous les passages de ces ouvrages qui ont trait à cette liberté des mœurs, il me faudrait un gros volume pour les contenir ; qu'il me suffise de citer, au hasard de la plume, les quelques usages suivants :

On sait que les filles de Chypre allaient sacrifier à Vénus sur la plage de leur île. Les filles de Phrygie allaient se baigner dans le Scamandre, pour lui faire l'hommage de leur virginité, lorsqu'elles étaient fiancées, cérémonie, qui n'était, en réalité, que le vestige d'un hétaïrisme plus ancien. Par ailleurs, Strabon, parlant des : Amazones, des Massagètes, des Arméniens, des Parthes, des Wèdes, des Indiens ; Hérodote, parlant des : Babyloniens, des Lydiens, des Agathyrses, des Anses, etc., etc., nous donnent des détails qui ne laissent aucun doute dans l'esprit.

Entre autres coutumes inouïes, entre autres bizarreries observées par Aristobule, chez les habitants de Taxila (probablement Attock sur l'Indus) nous remarquons celle-ci : Certains pères de famille, trop pauvres pour pouvoir espérer d'établir leurs filles, les amènent sur la place du marché quand elles sont nubiles ; et, là, après que la foule a été rassemblée au son de trompe et de caisse (comme s'il s'agisssait d'un appel aux armes), ces jeunes filles relèvent leurs robes jusqu'aux épaules, par derrière, d'abord, puis, par devant, se font voir nues, à quiconque s'approche d'elles ; et, si elles trouvent quelqu'un à qui elles plaisent, et de qui, les conditions soit acceptables, le mariage est conclu, séance tenante. (STRABON, liv. 15, ch. 1er, § 62).

Le même auteur nous raconte (liv. xi — ch. 5, § 1), l'hétaïrisme des amazones de la manière suivante :

« Il y a, du reste, deux mois de l'année, les deux mois du printemps, qui font exception à leur vie solitaire, vu qu'elles (les Amazones) se transportent, alors, sur le sommet de la montagne qui sépare leur territoire de celui des Gargaréens ; en vertu d'une ancienne convention, ils sont tenus de se rendre là, pour célébrer, en grande pompe, un sacrifice commun, et pour s'unir, ensuite, à elles charnellement, mais à l'unique fin de procréer des enfants, ce qui fait : que l'acte s'accomplit, sans choix, dans l'obscurité, et au hasard des accouplements ; et qu'aussitôt qu'ils les ont rendues grosses, les Gargaréens les renvoient (STRABON, trad. Tardieu, t. II, p. 412).

« Les Massagètes, n'épousent tous qu'une seule femme, mais ils usent, sans scrupule, des femmes des autres ; et cela, ostensiblement ; l'homme, qui a commerce avec la femme d'autrui, ayant soin, au préalable, de suspendre son carquois au charriot de cette femme, pour rendre la chose aussi publique que possible (STRABON, t. II, p. 429, livre XI, § 6). Chez les Tapyres, (les Parthes) l'homme le plus brave a le droit d'épouser la femme de son choix. Chez les Mèdes, les filles des grandes familles étaient consacrées à la déesse Anaïtis, et se prostituaient dans son temple, pendant un certain temps, avant de se marier (STRABON).

Voici, par ailleurs, ce que nous apprend Hérodote liv. 1er, § 199). « Les Babyloniens ont une loi bien honteuse : toute femme, née dans le pays, est obligée, une fois dans sa vie, de se rendre au temple de Vénus, pour s'y livrer à un étranger.

Plusieurs d'entre elles, dédaignant de se voir confondues avec les autres, à cause de l'orgueil que leur inspirent leurs richesses, se font porter devant le temple, dans des chars couverts. Là, elles se trouvent assises, ayant derrière elles, un grand nombre de domestiques qui les ont accompagnées ; mais, la plupart des autres, s'assoyent dans l'enclos sacré, dépendant du temple de Vénus, la tête ceinte d'une cordelette. Les unes arrivent, les autres se retirent. On en voit, en tous sens des allées, séparées par des cordage tendus. Les étrangers se promènent dans ces allées, et choisissent les femmes qui leur plaisent le plus. Quand une femme a pris place en ce lieu, elle ne peut retourner chez elle, que quelque étranger ne lui ait jeté de l'argent sur les genoux, et n'ait eu commerce avec elle, hors du lieu sacré. Il faut que l'étranger, en lui jetant de l'argent lui dise. « J'invoque, pour toi : la déesse Mylitta ». Or, les Assyriens donnent à Vénus le nom de Mylitta. Quelque modique que soit la somme, il n'éprouvera point de refus, la loi le défend, car cet argent devient sacré. Elle suit, le premier qui lui jette de l'argent : et il ne lui est pas permis de repousser personne. Enfin, quand elle s'est acquittée de ce qu'elle devait à la déesse, en s'abandonnant à un étranger, elle retourne chez elle. Après cela, quelque somme qu'on lui offre, il n'est pas possible de la séduire. Celles qui ont en partage, une taille élégante et de la beauté, ne font pas un long séjour dans le temple, mais les laides y restent d'avantage, parce qu'elles ne peuvent satisfaire à la loi ; il y en a même, qui demeurent trois ou quatre ans. Une coutume, à peu près semblable, s'observe en quelques endroits de l'île de Chypre.

Strabon, parlant des mœurs des Arabes, fournit les détails suivants: « Dans l'Arabie heureuse, ils n'ont aussi qu'une femme pour eux tous, celui qui, prévenant les autres, entre le premier chez elle, use d'elle, après avoir pris la précaution de placer son bâton en travers la porte, (l'usage veut que chaque homme porte toujours un bâton). Jamais, en revanche, elle ne passe la nuit qu'avec le plus âgé, avec le chef de la famille. Une semblable promiscuité les fait tous frères les uns des autres. Ajoutons: qu'ils ont commerce avec leurs propres mères. En revanche, l'adultère, c'est-à-dire le commerce avec un amant qui n'est pas de la famille, est impitoyablement puni de mort. La fille d'un roi du pays, merveilleusement belle, avait quinze frères, tous éperdûment amoureux d'elle; et qui, pour cette raison, se succédaient auprès d'elle, sans relâche. Fatiguée de leurs assiduités elle s'avisa, dit-on, du stratagème que voici: elle se procura des bâtons exactement semblables à ceux de ses frères et quand l'un d'eux sortait d'auprès d'elle, elle se hâtait de placer contre la porte un bâton pareil à celui du frère qui venait de la quitter. Puis, peu de temps après, le remplaçait par un autre, et ainsi de suite, en ayant toujours bien soin de ne pas y mettre un bâton pareil à celui du frère dont elle prévoyait les visites. Or, un jour que tous les frères étaient réunis sur la place publique, l'un d'eux s'approcha de sa porte, et à la vue du bâton comprit, que quelqu'un était avec elle ; mais comme il avait laissé tous les frères ensemble sur la place, il crût à un flagrant délit d'adultère, courut chercher son père et l'emmena avec lui, force lui fut de reconnaître, en sa présence, qu'il avait calomnié sa sœur. (STRABON, t. III, p. 391, livre XVI, § 25).

Dans le temple de Belus à Babylone, une femme, choisie parmi les plus belles, était couchée sur un lit magnifique, dans le sanctuaire, chaque nuit, pour servir aux plaisirs du dieu. La même chose se passait à Thèbes, en Egypte, à Patarès, en Lycie (HERODOTE, *Clio*, ch. 182).

Les prostitutions dans les temples étaient si universelles, qu'Hérodote a pu écrire que « Presque tous les peuples, si l'on excepte les égyptiens et les grecs, ont commerce avec les femmes dans les lieux sacrés » (HERODOTE, *Euterpe*, ch. 64; et, dit (DULAURE, p. 182). « Ces exceptions ne paraissent être qu'une complaisance de l'auteur ».

Les filles des hébreux sacrifièrent, à certaines époques, leur virginité à des idoles phalliques. Ezechiel nous l'apprend d'une manière positive « *fecisti tibi imagines masculinas et fornicata es in eis.* » (*Ezech.*, ch. 16, v. 17.)

Les femmes moabites, allaient se présenter nues, devant les statues de Beel-Phegor, pour obtenir la fécondité ; et les filles de cette nation, se prostituaient à l'idole, avant le mariage. (*Beyer sur Selden* cité par DULAURE, p. 67).

La prostitution religieuse était en usage dans toute la Phenicie. Saint Augustin le dit amèrement, *civit dei*, (liv. 4, ch. 10). Chez les phéniciens, les filles se rendaient, à un certain moment, dans un lieu appelé *Succothbenoth*, les tentes des filles. où elles sacrifiaient aux divinités génératrices.

Justin nous raconte : que lorsque Elissa fuyant Tyr et Pygmalion, aborda à Chypre, les jeunes filles de la localité, qui célébraient les fêtes de Vénus, vinrent offrir leurs charmes à ses matelots (Lib. 18).

A Carthage, on conserva longtemps les rites du culte de la génération ; les jeunes filles allaient gagner leur dot, dans un lieu déterminé, consacré à Vénus, en se livrant à la passion des étrangers.

Les arméniens, consacraient à Diane Anaïtis, les prémices de leurs filles légitimes et de leurs esclaves ; ce n'était, qu'après cette prostitution, qu'elles étaient considérées comme aptes au mariage (STRABON. liv. II).

Chez les lydiens, les jeunes filles se prostituaient avant de se marier (HÉRODOTE. *Clio.* ch. LXLIII), et les épousées sacrifiaient à l'amour, avant de se livrer à leurs maris (ELIEN, *Hist. diver.* Liv. IV, ch. I).

Les égyptiennes de Chemnis, qui désiraient être fécondes, venaient relever leurs vêtements devant le bouc de Mendès ; elles s'enfermaient avec lui, dans l'espérance d'obtenir la faveur de sa cohabitation ; ce qui était, pensaient-elles, le moyen le plus efficace pour obtenir des enfants. (HÉRODOTE. *Euterpe.* liv. II. § 46). Strabon, Clément, d'Alexandrie, en font foi.

A Biblos, les jeunes filles avaient à choisir entre la prostitution, pendant un jour entier, aux étrangers, ou le sacrifice de leur chevelure.

Les femmes de Nicopolis, en Egypte, avaient la coutume d'aller, pendant quarante jours, visiter le bœuf Apis, quand il venait d'être découvert ; elles relevaient leurs vêtements devant lui, persuadées qu'elles obtenaient, ainsi, la fécondité (Diod, de Sicile. liv. 1, sect. 85).

Afrique. — Aux temps reculés dont nous parlons, l'Afrique ne faisait pas exception à la loi commune, même dans les pays relativement civilisés. Ce qu'Hérodote nous apprend des égyptiens, comme des nasamons, c'est-à-dire : aussi bien pour les plus avancés, que pour les plus sauvages, ne laisse aucun doute à cet égard.

« Les égyptiens célèbrent le reste de la fête de Bacchus, à peu près de la même manière que les grecs, à l'exception pourtant des chœurs qu'ils n'ont pas et des Phallus, au lieu desquels, ils portent des statuettes hautes d'environ une coudée, que l'on fait mouvoir par le moyen d'une corde. Les femmes portent dans les bourgs et les villages, ces figures, dont le membre viril n'est guère moins grand que le reste du corps, et qu'elles font remuer Un joueur de flûte marche à leur tête, elles le suivent, en chantant les louanges de Bacchus. Mais pourquoi ces figures ont elles-le membre viril d'une grandeur si peu proportionnée ; et pourquoi ne remuent-elles que cette partie La raison qu'on en donne est religieuse. Il me semble que Melampus, fils d'Amythaon, a connu cette cérémonie sacrée. C'est lui, en effet, qui a instruit les grecs du nom de Bacchus et des cérémonies de son culte, et qui a introduit parmi eux la procession de Phallus. Il est vrai, qu'il ne leur a pas découvert le fond de ces mystères, mais les sages qui sont venus après lui, en ont donné une ample explication (NÉRODOTE. liv. II, § 48).

Lorsqu'un nasamon se marie pour la première fois,

la première nuit de ses noces, la mariée accorde ses faveurs à tous les convives ; et, chacun lui fait un présent, qu'il a apporté de sa maison (HÉRODOTE. livre IV, § 172. t. I. p. 421).

Dans les hordes barbares qui envahirent le monde romain sous le nom de : saxons alains, suèves, bourguignons, huns, etc., etc., les chefs avaient le droit de cohabitation avec les filles, ce qui s'est transmis plus tard, sous forme du droit, de marquette, de prélibation, etc., etc., dont on retrouve tant de traces dans le moyen âge. Cette coutume, jointe à maints autres renseignements, nous montre : que ce que nous appelons la vertu des femmes, n'était pas extrêmement respectée chez les barbares, pendant l'antiquité.

Enfin, terminons en disant : que pendant le moyen âge, les mœurs furent extrêmement relâchées ; les vestiges que nous rencontrons, aujourd'hui, sous forme de cérémonies plaisantes, grotesques, et, surtout, sans conséquence, étaient, au contraire, les pratiques les plus grossièrement réelles qu'on puisse imaginer.

III

ORIGINE DE LA CRÉDULITÉ

Les pratiques de promiscuité et d'hétaïrisme de l'antiquité, dont nous venons de parler, sont si contraires, aujourd'hui, aux habitudes de la société moderne, que nous avons de la peine à comprendre qu'elles aient pu exister, et avoir lieu, surtout, sur une aussi vaste échelle, et d'une manière aussi universelle. En constatant : qu'elles ont tenu une si grande place chez les peuples primitifs, nous arrivons à reconnaître qu'elles ont eu leur raison d'être dans l'évolution de la Société humaine.

Pour prouver l'exactitude de cette assertion, qu'on me permette d'entrer dans quelques détails ; je prendrai les choses d'un peu haut, car il est nécessaire de généraliser la question, pour la bien faire comprendre.

Sans descendre bien bas dans l'échelle zoologique, examinons synthétiquement ce qui se passe chez les mammifères supérieurs, pour ce qui regarde la vie de famille. Nous voyons qu'il y a les modes suivants :

1º Le mâle n'approche de la femelle qu'au moment du rut, puis s'en va de son côté, tandis que la mère seule élève ses enfants ;

2º Le mâle reste avec la femelle, et lorsque les enfants sont nés, la famille se compose : de deux adultes que suivent, un plus ou moins grand nombre de jeunes, s'isolant, à leur tour, par paires ;

3º L'agglomération ne comprend qu'un mâle, que suivent un plus ou moins grand nombre de femelles, et les enfants ; jusqu'à ce que les jeunes mâles soient, à leur tour, assez forts pour abandonner le groupe, et aller en fonder un autre analogue ;

4º La troupe est composée d'un nombre plus ou moins grand d'individus des deux sexes, que suivent les jeunes.

Dans les deux premiers cas, l'agglomération est étroitement familiale : matriacale, dans la première catégorie ; patriarcale, dans la seconde. Le troisième cas, constitue un mode de patriarcat qui est la transition entre la famille et la peuplade. Le quatrième est le type de la véritable société.

Dans le premier cas, l'espèce n'est en général pas nombreuse, si, une fécondité exubérante, ne contrebalance pas les mauvaises chances qui menacent les individus. En effet, le mâle vivant seul, en dehors de la période du rut, n'est d'aucun secours pour la famille ; et si la femelle n'est pas vigoureusement armée contre les ennemis, les petits ont mille aléas à redouter.

Dans le second cas, le mâle restant dans la famille, lui prête le secours de sa vigueur corporelle, contre les ennemis. Dans ces conditions, la famille prospère plus facilement : mais, comme lorsque les jeunes sont devenus adultes, ils s'en vont, par paires, fonder de nouveaux ménages, les groupes familiaires restent toujours assez peu nombreux.

Dans le troisième cas, le mâle fécondant ses diverses femelles, la famille est plus nombreuse ; mais, chaque jeune mâle devenu adulte, s'en allant, à son tour, suivi d'un certain nombre de femelles, il en résulte : que les agglomérations sont perpétuellement assez restreintes.

Enfin, dans le quatrième cas, la société peut devenir très nombreuse ; et elle présente diverses variétés. C'est ainsi que : tantôt la promiscuité la plus complète règne, tantôt un mâle exerce le commandement, et possède un monopole génésique, dont il est plus ou moins jaloux.

La vie familiale des trois premières catégories est

relativement très simple ; nous n'avons pas besoin de nous arrêter plus longtemps sur son compte. En revanche, celle de la quatrième est plus intéressante. La promiscuité complète se rencontre dans certains troupeaux : chevaux, loups, etc., etc. Les mâles s'accouplent avec les femelles, sans rencontrer trop d'opposition de la part des autres mâles. Sans doute, la jalousie se traduit par quelques coups de dents, de pied ou de corne ; le plus faible est le moins favorisé, mais cette jalousie n'a, ni l'importance ni la tyrannie, qui s'observe dans d'autres circonstances.

Le mode dans lequel la prépondérance génésique est tyranniquement exercée, s'observe, entre autres, chez quelques troupes de singes, et dans les poulaillers, où le chef de la famille, c'est-à-dire le mâle le plus vigoureux, prétend avoir le monopole de la fécondation, et corrige, très vertement, les jeunes qui se permettent quelque entreprise auprès des femelles ; il en résulte, souvent, des combats acharnés dans lesquels, le maître devenu vieux est, un jour, vaincu par un jeune, longtemps persécuté ; il perd aussitôt son prestige ; et son heureux vainqueur triomphe tyranniquement, à son tour ; en attendant qu'il rencontre un athlète plus vigoureux ; ainsi de suite.

Dans ces groupes d'animaux vivant en promiscuité entière ou limitée, c'est l'attrait de l'accouplement qui constitue le lien de la société ; le mâle aiguillonné constamment par le désir génésique, reste dans la collectivité, parceque c'est là seulement, qu'il a la chance de l'assouvir : il en résulte, que l'appétit érotique est le moyen, employé par la nature, pour assurer la persistance de la collectivité. Or, si nous appliquons ces données générales à l'homme, nous voyons: que si dans la grande diversité de conditions où se sont trouvés nos ascendants, il y a eu, suivant les pays, soit la première, soit la seconde catégorie d'organisation de la famille, ce n'est pas ce mode d'existence qui a pu favoriser l'accroissement des populations ; il a pu entretenir la présence de l'homme dans telle ou telle contrée privilégiée, où les ennemis étaient peu nombreux, et les moyens d'existence abondants; mais, s'il n'y avait eu que cette manière de vivre dans l'histoire de l'humanité, les agglomérations d'individus seraient restées, perpétuellement, très limitées.

La troisième catégorie était, déjà, mieux apte à produire de nombreuses lignées, mais la sélection, forcément plus limitée, devait être dans bien des cas nuisible à l'expansion de la peuplade. La quatrième, était nécessaire pour permettre le développement des grandes peuplades ; d'ailleurs on doit dire que : cette quatrième catégorie, peut très bien n'avoir été, elle-même, que l'évolution naturelle de la troisième.

Donc, quoiqu'il en soit, on peut admettre que l'attraction des sexes a joué un rôle considérable dans l'évolution des sociétés. Au début, le désir incessant de possession de la femme, maintenait les hommes dans l'agglomération, même, lorsque le chef, jaloux de ses prérogatives génésiques, les exerçait tyranniquement; d'autant que dans ce cas, quelle que fut la surveillance exercée, la complaisance de la femme faisait : que l'amoureux n'avait que la moitié de la tromperie à méditer, pour la mettre en défaut. Les habitants de l'Irlande dont parle Strabon (liv. iv. ch. v. § 4. *Trad. de Tardieu*. t. i. p. 349), ceux des îles Sandwich (De Varigny. *Quatorze ans aux Sandwich*, p. 159). — Les aléoutes (E. Reclus. *Les Primitifs*), paraissent présenter les coutumes initiales de la Société, c'est-à-dire la promiscuité complète.

Mais, bientôt, l'évolution devait se produire, pour cela comme pour les autres coutumes; le sentiment de la propriété, une des plus puissantes formes de l'égoïsme individuel, allait faire produire, touchant la possession de la femme, une série de dispositions qui, en se modifiant, devaient constituer, peu à peu, toute la gamme des variantes du mariage.

Dans les peuplades, où l'abondance des enfants est une richesse pour le chef de la famille, la stérilité de la femme et l'impuissance de l'homme furent, de bonne heure, considérées comme un malheur. La religiosité, qui a toujours tenu une si grande place dans la vie humaine, devait, naturellement, se mêler à l'affaire; et, sous cette influence, le malheur de la stérilité se transforma en opprobre; on considéra cette stérilité, comme un des signes les plus sévères de la malédiction divine.

C'est en tenant compte de ces multiples influences qu'on peut expliquer certains détails, qui nous paraissent, aujourd'hui, étranges, *a priori*.

Au début, la femme appartenant à l'agglomération, devait ses faveurs à tous les membres qui les désiraient. Une des premières réglementations consista, peut-être, à établir : que la jalousie avait sa raison d'être, seulement, lorsque la femme se livrait à un étranger. Les Indiens de Californie (ROARRT SMITH ROMAIN, *Report* 1869, p. 303) sont dans ce cas. La femme qui, comme la jeune arabe, dont parle Strabon (liv. xvi, ch. iv, § 25, *Trad.* TARDIEU, t. iii, p. 391), qui plaçait le bâton d'un de ses frères absents, devant sa tente, pour éviter la visite des autres, était considérée comme coupable d'un crime de lèse société ; et, en conséquence, digne de la mort.

La première manifestation de la propriété, en matière de rapports sexuels, est celle du mâle de la troupe des singes, qui prétend empêcher les autres de jouir de ses femelles. Ce sentiment, ne pouvait manquer de se présenter dans les sociétés humaines ; d'abord, le chef de la famille eut, seul, le droit de passer la nuit avec la femme, les jeunes hommes devaient se contenter des hasards de la journée. On comprend que, pareille réglementation, appelait la fraude ; aussi, la coutume dût-elle recevoir, de bonne heure, de nombreux accrocs, dans la pratique. Disons, à titre de digression, que probablement, de ce fait primitif : que la femme était la propriété du chef, a dû découler ce sentiment, étrange pour nous, de l'orgueil, que les femmes de certains pays mettent, à avoir couché avec un individu de marque. En Tasmanie, chez divers peaux rouges de l'Amérique du Nord cet orgueil est très développé.

La femme, appartenant virtuellement au chef de la famille, qui n'avait pas — surtout, lorsqu'il avançait en âge, la vigueur nécessaire pour user de ses droits, dans toute leur étendue, — Il arriva, sans doute, que : les jeunes filles étaient peu farouches, vis à vis des entreprises des jeunes gens. Or, en vertu de l'égalité relative dont jouissaient les membres d'une même agglomération, elles s'abandonnaient, de préférence, à celui qui leur plaisait le plus. De ce fait, parut, peut-être, une des formes de la monogamie, dans certains pays. Seulement, avant d'en arriver là, il dût y avoir bien des tâtonnements, les jeunes filles devaient, souvent, se livrer à divers hommes, avant de rester fidèles à un élu de leur cœur. Nous voyons cette période de l'évolution du mariage, exister, encore de nos jours, dans une infinité de pays de : l'Afrique tropicale, · dans plusieurs îles de l'Océanie ; sommes-nous bien certains que la chose ne se voit pas dans nos campagnes et même nos villes ? Dans certaines contrées de l'Afrique et de l'Asie, la jeune fille se constitue une dot avec les libéralités de ses adorateurs éphémères ; dans d'autres, la jeune fille qui n'a pas eu beaucoup d'amants est considérée, comme n'ayant pas su inspirer des désirs, aux hommes qui l'ont rencontrée.

Pendant la période animiste primitive, au temps du fétichisme particulier, le clergé n'existant pas encore, puisque c'était, tout au plus, le chef de la famille, qui était le ministre du culte, la réglementation des rapports sexuels n'était pas encore entrée dans les prérogatives de la religion ; mais, peu après l'établissement du fétichisme collectif, c'est-à-dire de la constitution du clergé, ce détail, en relation très étroite avec l'existence de la société, le préoccupa. Bientôt, lorsque les cultes : chtho-

nique, astrolatique, etc., etc., furent créés, ils intervinrent
d'une manière plus directe encore dans la question. C'est à
leur influence, que l'on doit ces coutumes, si étranges :
des prostitutions religieuses, dont on trouve un grand
nombre de variétés dans l'histoire. C'est qu'en effet,
les féticheurs qui ont eu, perpétuellement, la préoccupation d'étendre leur influence, en réglementant, au nom
du surnaturel, les coutumes de leurs contemporains,
ne devaient pas laisser improductif pour eux, un filon
aussi riche que celui des appétits génésiques. C'est,
assurément à cela, que les cérémonies, si importantes,
du culte d'Anaïtis, de Mylitta, d'Adonis, de Dyonisios,
de Cybèle, etc., etc., doivent leur existence. De nos
jours, encore, le mariage n'est-il pas soumis à des lois
ecclésiastiques plus ou moins variées, suivant les pays ;
et l'exercice de la fonction génésique doit tenir compte :
non seulement, de mille conditions, d'ordres · très
divers, mais même, des jours qui précèdent ou suivent
telle ou telle fête religieuse, dans le cours de l'année.

Ces prostitutions religieuses sont : quelque chose de
bien intéressant, pour celui qui cherche à se rendre
compte de leur raison d'être. Comme le fait remarquer
si bien Letourneau (*Sociologie*), ces usages étranges
s'expliquent en pensant que, pendant longtemps, la
possession exclusive d'une femme par un homme, fut
considérée comme une sorte de vol fait à la communauté ; et les lois qui obligeaient les filles et les femmes
à se prostituer, au moins une fois dans leur vie, était :
une sorte de dime payée à cette communauté, pour la
dédommager.

Nous aurions bien des pages à écrire, si nous voulions étudier, en détail, toutes les variétés de ces prostitutions religieuses : ici, comme à Chypre, les jeunes filles devaient aller sacrifier leur virginité à Vénus, à un certain moment de leur jeunesse ; là, avant de se marier, elles allaient l'offrir au dieu Scamandre, etc., etc. Dans nombre de localités de l'Inde, on voit, encore de nos jours, ces sacrifices s'accomplir dans les temples de Jaggernaut. Notre société actuelle ne trouve-t-elle pas étrange : que les prêtres de Brahma se fassent payer bien cher, par les parents, ou par le fiancé lui-même, le soin de déflorer la jeune mariée ?

Dans certaines contrées, non seulement la jeune fille, mais la femme mariée, devait, à certains moments de sa vie, aller se prostituer, au nom de la divinité. Nombre de fêtes, très solennelles, avaient pour but de rapprocher les sexes ; et, dans quelques circonstances, même, le rituel imagina des détails spéciaux : l'obscurité absolue par exemple, pour que le hasard, seul, présidât aux péripéties de l'acte. Les fêtes d'Eleusis, de Bubaste, d'Hiérapolis, etc., etc., en sont des exemples remarquables. Certains sanctuaires musulmans ou boudhistes présentent, encore de nos jours, des fêtes pareilles, dans des pays, où il semblerait, *a priori*, que la jalousie des maris ne devrait pas permettre ces orgies.

Ce que je veux souligner seulement, dans cette étude, c'est que : certains clergés se sont fait les promoteurs de la prostitution, pour en réglementer l'exercice à leur profit. Les temples de Jérusalem, d'Hiérapolis, de Corinthe, etc., etc., entretenaient des prêtresses hétaïres, qui n'étaient pas une des moindres sources de leurs revenus. On s'est demandé, avec raison, pourquoi: le clergé avait, dans certains pays, ou à certaines époques, imaginé, ou, au moins, toléré ces étranges pratiques religieuses? Bien des explications ont été proposées: Les uns, par exemple, ont dit: qu'il avait voulu, ainsi, détourner, au gré des aspirations de la pudeur naissante chez les femmes, les prescriptions d'une loi antique, en opposition avec les tendances du moment ; et, qu'en créant ainsi des hétaïres sacrées, il avait permis aux familles de ne plus subir une exigence devenue répugnante. D'autres, ont pensé: que le seul désir du lucre l'avait poussé ; et que le monopole, accaparé par les hétaïres sacrées, avait été la cause, et non pas le résultat, du désir qu'eurent les femmes : de se soustraire aux désagréments de rapprochements sexuels, que le hasard pouvait rendre : répugnants ou malsains.

Quoi qu'il en soit, à mesure que la société a progressé, le sentiment de la pudeur publique et privée s'est développé; et, le mariage évoluant dans le sens de la possession exclusive, la promiscuité originelle s'est modifiée, a diminué, cessé même d'être une chose tolérée. L'hétaïrisme n'a plus été qu'une exception au lieu d'être une règle ; cependant, les paganismes grec et romain, nous fournissent des faits et des légendes, qui semblent montrer: combien les rapports sexuels étaient faciles et capricieux.

La religion chrétienne a cherché à modifier ces rapports, dans le sens que nous appelons : la morale et la bienséance ; elle s'est basée, en grande partie, sur l'apologie de la contention, pour s'établir sur les ruines de celles qui l'avaient précédé ; mais il faut convenir : que, si ses principes étaient absolus en théorie, il y eut, longtemps, un grand écart entre cette théorie et la pratique ; nous savons que les premiers chrétiens vécurent, dans certains pays, en état de promiscuité ; on les a même accusés de vouloir faire faire un pas rétrograde à la société, sous ce rapport. Pendant bien longtemps, le clergé catholique, tout en prêchant la continence, fut obligé de laisser fléchir la loi religieuse, devant la coutume ; les fêtes : des fous, des innocents, etc., etc., les débordements des prêtres, des moines, des religieux, des laïques, du moyen âge, n'étaient en réalité que la persistance d'anciens errements, habituels à la société antique.

Néanmoins, l'église ne s'est pas ralentie dans ses efforts ; et, gagnant du terrain à mesure que, parallèlement, la société laïque modifiait ses allures sous ce rapport, il est arrivé : que le symbolisme a remplacé, peu à peu, la réalité, la crudité des symboles s'est voilée si bien, que, de transformations en transformations, le vulgaire a fini par ne plus comprendre, qu'en partie et d'une manière plus ou moins obscure, leur véritable signification. La jeune mariée qui empêche, aujourd'hui, son époux, de pousser l'anneau béni jusqu'à la racine du doigt, dans l'espérance de commander à la maison, ne songe pas : que, symboliquement, ce qu'elle fait, veut dire : qu'elle prétend régir, et non subir, l'acte de la cohabitation. Celle qui fait agenouiller son mari sur le pan de sa robe, pour que le mariage soit heureux, ne sait pas que : c'est le symbole de la superstition des individus touchant les rapports génésiques réguliers. Quand on regarde le garçon et la demoiselle d'honneur, tenir le dais tendu au-dessus des mariés, pendant la bénédiction nuptiale, on ne réfléchit pas, le plus souvent, que : c'est le symbole de la couche, sous les voiles de laquelle le mariage s'accomplit effectivement.

L'Eglise catholique a rejeté de son rituel tout ce qu'elle a pu écarter, des allusions faites à l'acte de la cohabitation ; mais des cérémonies religieuses avaient été, si longtemps, basées sur lui, que, chassées de l'Eglise. plusieurs d'entre elles sont restées dans ses environs immédiats ; c'est ainsi : que certains pèlerinages aux grottes, aux sanctuaires, aux fontaines, etc., etc., comportent, encore de nos jours, une ou plusieurs nuits passées, soit à la belle étoile, soit sous des bois, des hangards, etc., etc., où, l'apparence de la promiscuité d'antan, se retrouve, de très loin. C'est ainsi, aussi, que les jeunes filles, désireuses de se marier, perdent leur jarretière ou la déposent dans tel ou tel endroit ; que d'autres, vont glisser sur une pierre ou une racine d'arbre, le jour d'une fête chrétienne ; et, l'on est à se demander dans ces cas, si c'est : un acte de piété ou de superstition, alors, qu'en réalité : c'est un symbole de débauche.

Dans sa lutte contre les coutumes provenant d'autres cultes, l'Eglise chrétienne a été : si acharnée et si intolérante, que nombre de symboles d'hétaïrisme se sont réfugiés dans les réjouissances laïques. C'est ainsi que : lorsqu'on va au Mai, près de Toulon, on s'éloigne du sanctuaire pour danser le rondeau où l'on s'embrasse ;

que les jeunes filles du Luc, allaient frapper l'olivier,
dans une salle de danse absolument profane ; et que,
dans d'autres pays, on leur donnait des épingles dans
les sauteries, loin des yeux du curé.

IV

CONCLUSION

Nous aurions de longues pages à écrire encore, si
nous voulions tracer l'histoire entière des rapports
génésiques, dont nous venons d'indiquer quelques linéaments ; tous les cultes nous fourniraient des détails
aussi curieux que variés sur ce sujet. Nous arrêterons,
ici notre étude, en disant : qu'avec le temps, et les transformations de la civilisation, la société a modifié profondément ses pratiques originelles. Et les changements ont
été si grands, si variés : que les premières coutumes
ont été oubliées ; de même, que la raison d'être de certaines d'entre elles, n'a plus été comprise par tout le
monde. — Mais ici, comme toujours, pendant que l'idée
évoluait théoriquement, si je puis m'exprimer ainsi, il
restait, çà et là, des vestiges, plus ou moins saillants,
des usages du passé ; vestiges qui, eux-mêmes, allaient
en se transformant, et en perdant de leur caractère
initial.

C'est ainsi, que nous avons vu, jusqu'à ces dernières
années, les jeunes paysannes du Luc aller frapper
l'olivier de leur derrière, sans se douter qu'elles

faisaient le simulacre de ce que leurs aînées avaient accompli, jadis, d'une manière infiniment plus effective ; que les pèlerines de la Sainte-Baume perdent leur jarretière au saint Pilon, sans songer que jadis, elles y perdaient plus que cela. Si on leur disait la véritable signification de ce qu'elles font en badinant, ou en manière de superstition mi-pieuse, mi-plaisante, mais toujours innocente et chaste, le rouge leur monterait au front, assurément.

CHAPITRE VII

La Récompense de la Piété

———

I

LÉGENDES DE LA PROVENCE

Les bonnes femmes racontent, en Provence, des aventures merveilleuses, dans lesquelles, la piété a été récompensée, d'une manière éclatante et surnaturelle. Nous allons nous arrêter, un instant, sur ces prodiges ; et nous constaterons, sans difficulté, j'en suis certain, que ces légendes ne sont, que des rééditions de crédulités antiques, remontant à des époques plus ou moins éloignées, et ayant eu cours dans les pays les plus divers.

La plupart de ces légendes se trouvant dans une infinité de livres, on me permettra d'être très bref sur leur compte. Je n'ai même pas besoin de donner beaucoup d'indications bibliographiques à leur égard, tant le sujet est connu ; il me suffit, donc, de fournir seulement le canevas de ces aventures, d'une manière aussi sommaire que possible.

L'honnête fille accusée à tort. — Dans mon livre sur les *Réminiscences populaires de la Provence* (p. 318), j'ai rapporté le fait : de la jeune servante qui laissait sa cruche, pour aller adorer la vierge ; et qui porta son eau dans un panier, que les malveillants avaient substitué à cette cruche.

L'innocence de Sibille. — Nostradamus, raconte que la seconde femme de Jauffred, de Toulon, accusa Sibille, fille d'un premier lit, d'impudicité ; mais qu'elle fut forcée de confesser sa faute, de sorte que la vertu de la jeune fille fut reconnue.

La résurrection de Déodat. — Raymond Féraud, rapporte : que Déodat, fils du seigneur Anselin, d'Hyères, ayant été accusé, par sa belle-mère, d'une tentative d'inceste, fut noyé par ordre de son père, et retrouvé sain et sauf, au fond de la mer.

L'anneau de Pierre de Provence. — Dans la légende de Pierre de Provence et de la belle Maguelonne, il est raconté : qu'un poisson, pêché miraculeusement, rapporta les anneaux de fiançailles, qui avaient été ravis aux amants, par un oiseau malfaisant (*Lyonnel* ou la *Provence*, etc., etc. t. I. p. 330).

La Dame Azalaïs, de Toulon. — Raymond Féraud, parle de cette dame (*Vie de saint Honorat*), qui avait obtenu la palme du pèlerinage de Lérins ; et qui, étant tombée dans la misère, essaya de la vendre à un juif. Celui-ci, par dérision, lui promit de lui en donner le poids, en or. Une seule feuille de cette palme pesa tellement, que le juif s'en convertit.

Clariane de Fréjus. — Dans le même recueil, nous

trouvons le fait : d'une veuve, réduite à l'indigence, dont le grenier et le cellier furent tout-à-coup remplis de grains, de vin et d'huile, par la puissance de saint Honorat.

Le changement de l'eau en vin. — Dans un grand nombre de cas, on a vu une personne pieuse trouver du vin, là où elle ne croyait avoir que de l'eau pure.

Le sommeil miraculeux. — Un esclave pieux fut empêché d'aller au pèlerinage de Lérins par son maître, qui le jeta en prison ; or, ce pauvre diable s'endormit, et au retour des pèlerins, il fut constaté : qu'il avait fait le pèlerinage, d'une manière surnaturelle.

La guérison miraculeuse. — Un individu malade, blessé ou même mort, fut guéri ou ressuscité, par l'intercession d'un saint, invoqué par : la mère, le père, la femme, etc., etc.

L'absolution miraculeuse. — Un individu qui avait vécu saintement, ou même qui, ayant mal vécu, eût le désir de mourir saintement, reçut, au moment de quitter la vie, une absolution miraculeuse de ses péchés.

La beauté donnée en récompense. — Une jeune fille, laide par la disposition naturelle de ses traits, ou par le fait d'une maladie, fut rendue très jolie de figure, par la puissance d'un saint ou d'une sainte, invoqués avec ferveur.

Je pourrais prolonger à l'infini cette énumération de prodiges, survenus pour montrer : que la piété est quelquefois récompensée d'une manière éclatante ; mais ce serait stérile, car, au fond, quelque varié que soit le cadre, la donnée initiale est toujours la même. Il vaut mieux, je crois, essayer de catégoriser ces diverses aventures, pour montrer qu'elles appartiennent à des groupes dont les anciens connaissaient déjà la teneur. Or, examinées à ce point de vue, ces légendes peuvent se partager, en catégories assez distinctes les unes des autres.

1º Dans la légende de l'honnête servante, nous voyons la piété récompensée, par le prodige : de l'eau qui ne sort pas d'un vase percé, comme semblerait l'exiger la loi commune ;

2º Dans les aventures de Sibille et de Déodat, la vertu triomphe, sans avoir essayé de lutter contre le vice le plus agressif.

3º Dans le fait de la dame Azalaïs, il est montré : que les bonnes œuvres ont plus de prix que les métaux les plus précieux.

4º La piété, peut remplir les celliers et les greniers vides.

5º Elle peut même changer, d'une manière merveilleuse, la nature des substances.

6º La donnée du pèlerin qui eût un sommeil surnaturel, montre : que l'âme peut accomplir son devoir religieux, tandis que le corps obéit à ses obligations matérielles.

7º La piété peut obtenir une guérison, ou une beauté corporelle, qui semblait impossible.

8º Enfin, elle peut, en un moment, effacer les fautes les plus graves, et les plus longtemps prolongées ; de sorte que le criminel est toujours à temps pour se convertir, s'il veut enfin changer de vie.

J'aurais pu étendre à l'infini, ai-je dit, ces catégories, car le nombre des légendes sensationnelles, que les bonnes femmes de Provence racontent, touchant la récompense miraculeuse de la piété, est aussi grand que varié ; mais je me serais éloigné du point de vue que je veux étudier ici. Celles que j'ai établies, sont suffisantes, je crois, pour nous permettre d'étudier l'origine de ces histoires pieuses.

II

LÉGENDES DES AUTRES PAYS ET DES AUTRES TEMPS

PREMIÈRE CATÉGORIE. — *Le vase percé qui retient l'eau.* — La légende qui a cours, de nos jours, en Provence, et dans un certain nombre d'autre pays, se rencontre, avec des variantes plus ou moins grandes, dans les temps les plus reculés, et chez des peuples très différents. Nous savons par Valère Maxime (t. II, p. 148, *trad. de Fremion*), qu'une vestale, du nom de Tullia ou de Lucia, se disculpa d'une accusation d'impudicité, en allant chercher de l'eau du Tibre, dans un crible. Dans mon livre sur les réminiscences populaires de la Provence, j'ai parlé de la jeune fille indienne, dont le père défonça le seau ; nous avons là deux preuves de la grande ancienneté de l'aventure merveilleuse. En cherchant un peu, soit dans l'histoire romaine ou grecque, soit dans les martyrologes chrétiens, et les livres de piété musulmans ou bouddhistes, nous en trouverions de semblables ou d'analogues, tendant à prouver la même chose, malgré les différences de leur cadre.

Nous ne citerons que les deux faits suivants pris entre mille du même genre. Saint Albert de Trapani, voyageant à pied, un de ses moines cassa par mégarde le pot dans lequel était la provision d'eau ; mais le saint se mit à prier, et le pot se retrouva : entier et plein d'eau (*Martyr. roman.*, 7 août).

Un saint Ermite, n'avait qu'une marmite de bois, qui lui servit, néanmoins, pendant toute sa vie, pour faire cuire sa nourriture. (*Grégoire de Tours*, t. II, p. 378).

DEUXIÈME CATÉGORIE. — *Triomphe de la vertu sur le vice.* — Les légendes de Sibille, de Toulon, et de Déodat, d'Hyères, soulignent cette pensée : que la vertu triomphe, en définitive, du vice. Ce thème se rencontre dans une infinité de légendes, non seulement du moyen âge, mais encore de l'antiquité. On me permettra de ne pas rapporter, ici, toutes les aventures merveilleuses que l'on rencontre, dans la tradition orale ou écrite, depuis le commencement de l'ère chrétienne, il me suffira de rapporter, entre mille, les faits suivants :

Une honnête femme injustement accusée d'adultère par son mari, fut soumise à l'épreuve de l'eau froide ; elle fut jetée du haut d'un pont dans le Rhône, avec une énorme pierre au cou ; invoquant saint Générius d'Arles, elle surnagea, ce qui démontra son innocence (*Grégoire de Tours*, t. II, p. 320). Même chose dans la Saône.

Saint Jérôme raconte : qu'une femme, faussement accusée d'adultère, fut condamnée à avoir la tête tranchée; mais que, jamais, le bourreau ne put accomplir son office.

Saint Flaive, pris par les Lombards, fut vendu à un homme, dont la femme le sollicita, à la façon dont la femme de Putiphar avait sollicité Joseph. Comme il résista, elle l'accusa d'avoir voulu la violenter. Il fut condamné à garder des troupeaux, mais ses bêtes prospérèrent tellement, que le maître reconnut son innocence (*Martyr. rom.*, 18 décembre.)

Ces légendes du Moyen Age, ont été, certainement, inspirées par celles de Phèdre, de Joseph sollicité par la femme de Putiphar, etc., etc.; elles n'en sont, en définitive, que des variantes.

TROISIÈME CATÉGORIE. — *La valeur des bonnes œuvres.* — Ce thème a été développé dans mille et mille légendes les plus variées; nous aurions des volumes à écrire, si nous voulions essayer de rapporter celles qui ont eu le plus de notoriété; aussi, me contenterai-je de signaler les suivantes, tout à fait au courant de la plume.

Le P. Gazée raconte : que l'enfant Jésus descendait des bras de sa mère, pour venir jouer avec les enfants sages (D'ARGENS, *phil. de bon sens*, t. 1er, p. 104).

Saint Pacôme, voulant aller évangéliser des peuples divers, dont il ne connaissait pas la langue, se mit à prier; au bout de trois heures, il reçut du ciel un billet, qui lui donna connaissance du latin et du grec (*Martyr. rom.*, 14 mai).

Une femme qui se hâtait d'aller au sermon de saint Antoine de Padoue, tomba dans un bourbier; elle en

19

sortit, sans avoir aucune tache sur ses habits, parce qu'elle invoqua le saint (*Martyr. roman.*, 19 juin).

Sainte Oliverie et sainte Liberette, étaient deux sœurs appartenant à une illustre famille païenne ; tous les soirs, elles quittaient leur maison pour aller écouter les exhortations de saint Berthaud ; et, afin qu'on ne se doutât pas de leur absence, elles garnissaient leur rouet de lin, qui se trouvait tout filé, le lendemain matin (*Meyrac*, 335).

Une femme, n'ayant pu obtenir de son mari, la permission d'aller entendre la messe, dans l'église de Saint-Antoine de Padoue, monta sur la terrasse de sa maison ; elle entendit prêcher le saint, quoiqu'elle fut à plus d'une lieue de lui (*Martyr. romain.*, 13 juin).

Saint Guthbert, ayant passé toute une nuit en prières, à genoux dans la vase d'un marais, deux loutres vinrent, le matin, lui essuyer les pieds et les lui réchauffer (*Martyr. romain*, 20 mars).

« Gallus comte de Chalons, tourmenté par des maux d'entrailles, ayant fait, d'après le conseil du prêtre Epichérius, qui gouvernait l'église de Tournus, le vœu de faire présent à cette église d'une poutre pour la réparation du toit, fut, à l'instant, guéri » (*Grégoire de Tours*, t. II, p. 318).

Dans une bourgade d'Italie, un curé voulant bâtir une église à Saint-Laurent, fit apporter des poutres qui se trouvèrent trop courtes ; et qui s'allongèrent, d'elles-mêmes, sous l'influence d'une invocation au saint (*Martyr. romain*, 10 août).

Un jour que saint François lisait son office, les

hirondelles qui chantaient, lui donnaient des distractions; il les pria de se taire, et elles ne chantèrent plus.
— Une autre fois, il fit de même, à l'égard d'une cigale (D'ARGENS. *Phil. du Bon Sens*, t. I. p. 103).

Nous trouvons dans le *Martyrologe* de Simon Martin (2 mai), une aventure assez plaisante qui appartient au groupe : de la valeur des bonnes œuvres. Un paysan, ayant apporté un panier de fruits à saint Antonin, celui-ci lui dit : pour tout remerciement : *Deo gratias.* — Le paysan trouvant que c'était là, peu de chose, le saint fit apporter une balance : dans un plateau, il mit le panier, dans l'autre, un morceau de papier sur lequel était écrit *Deo gratias.* Or, il se trouva : que le papier pesait infiniment plus que les fruits.

Les saints chrétiens n'ont pas le monopole de ces prodiges. Les santons musulmans, et les dévots de l'Inde, de la Chine, etc., etc , ne savent pas moins bien faire éclater aux yeux des fidèles, l'extrème importance des bonnes œuvres et de la piété.

Sidi Ali-Embareck. — Un riche arabe, prit un pauvre laboureur, nommé Ali-Embareck, à son service. Comme ses récoltes furent magnifiques dès ce moment, il voulut aller voir comment son domestique travaillait ; il le trouva : priant, au milieu des fleurs, tandis que ses bœufs labouraient, sans être guidés ; et, étaient suivis par des mésanges, qui semaient le blé, avec leur bec (*Alg. trad.* t. I. p. 113).

Une vieille femme, se plaignit un jour à Sidi-Mohamed-Ben-Alija, de n'avoir jamais eu d'enfants ; le saint homme dit un mot, et elle fut enceinte. Elle donna naissance aux Oulad Mimoum (*Alg. trad.* t. i. p. 109).

La Koubba de Sidi-Yacoub. — Lorsque Sidi-Yacoub, revenant de la Mecque, vit que Dieu avait fait pousser miraculeusement des oliviers, sur l'emplacement de son ancien campement, près de Blidah, il comprit qu'il allait mourir, et dit à ses disciples : qu'il voulait être enterré, dans ce champ d'oliviers. — Il mourut, en effet. Dans la nuit, ses disciples l'inhumèrent, comme il l'avait désiré, et se mirent en devoir de recueillir des aumônes pour lui élever une koubba. — Leurs quêtes furent fructueuses, et ils revinrent, peu de jours après, avec de l'argent pour faire travailler les maçons ; mais ils trouvèrent une superbe koubba, toute fraîchement construite, qui s'était élevée, d'elle-même, sur le tombeau du saint, pendant la nuit qui avait suivi son inhumation (*Trumelet*, p. 11).

Les légendes des temps modernes et du moyen âge, ne sont que des reproductions de celles de l'antiquité. L'évangile de saint Jean (ch. 12), nous rapporte, en effet, l'aventure de Marthe et Marie. Celui de saint Mathieu (ch. 26), à propos de la femme qui parfuma Jésus, reflète la même pensée.

Chez les romains, les aventures de la vestale Claudia, qui traîna, avec son voile, le navire sur lequel était la statue de la mère idéenne de Pessinunte. — Celle de la vestale, qui ralluma, le feu éteint, avec son voile ; et, cent autres, nous montrent: que la donnée était connue, dans nos pays, bien avant l'origine du christianisme.

Dans mon livre sur les *Peuplades de la Sénégambie*

(p. 84), j'ai rapporté la légende de Hadj Omar (p. 84), qui est, évidemment, brodée sur le même thème ; et qui nous montre, que l'idée est allée jusqu'au fond du Continent noir.

Dans les livres d'hagiographie chrétienne, on trouve la réédition de la fameuse aventure de Polycrate de Samos.

Saint Lenfroy, d'Evreux, ayant laissé tomber sa hache dans une rivière, implora Dieu ; et la hache se mit à surnager (*Mart. Rom. 21 juin*).

Saint Maurille, évêque d'Angers, n'ayant pas pu sauver la vie d'un enfant par ses prières, résolut de quitter son diocèse, et il s'en alla en Angleterre, où il se fit jardinier d'un couvent. Or, il faut ajouter : qu'en partant, il emporta les clefs de son église, qu'il perdit, d'ailleurs, en route. — Ses paroissiens étant parvenus à découvrir sa retraite, le sollicitèrent de revenir à Angers ; le saint refusa, leur disant : qu'il n'accepterait, que s'il retrouvait miraculeusement les clefs, perdues depuis longtemps. Mais un des suppliants lui présenta, aussitôt, les clefs, qu'il avait trouvées dans le ventre d'un poisson, qui était sauté dans le navire, pendant la traversée de la Manche. On comprend, qu'en présence de ce prodige, le saint fut obligé de céder (*Mart. Rom.* 13 septembre).

Dulaure (*Description des Villes*, etc., etc. t. v, Auvergne. p. 110), cite aussi, une légende, de sainte Eulalie, qui se rapporte à l'idée dont nous nous occupons, ici.

Cette donnée, a passé dans la dévotion des laïques. En

effet, Meyrac, dans ses *Légendes Ardennaises* (p. 333), parle : d'une veuve, qui laissa tomber, par hasard, son anneau dans une fontaine, et qui vit cet anneau reparaître, à fleur d'eau, après une prière qu'elle fit.

L'aventure de Polycrate de Samos, dont un poisson rapporta l'anneau (HÉRODOTE. t. I. p. 267), se trouve non seulement, dans l'antiquité grecque, mais elle avait cours, aussi, chez les hébreux.

« Mais afin que nous ne les scandalisions pas, vas-t'en à la mer et jette l'hameçon, et prend le premier poisson qui montera : tu y trouveras un statère et le leur donne pour moi et toi. » (*Evang. de saint Mathieu.* XVII. 24-25-26).

QUATRIÈME CATÉGORIE : *Cave et grenier remplis par la prière.* — Les faits qui se rapportent à cette idée, dans les livres de piété de toutes les religions, sont vraiment infinis, et présentent des variétés sans nombre. C'est ainsi : que saint Ermelin de Gueldre augmentait le vin dans ses bouteilles, avec un signe de croix (23 mars) ; que saint Pierre archevêque de la Tarentaise (8 mai), et saint Galbert, de Florence (11 juillet), augmentèrent, de la même manière, le blé de leur grenier, en temps de disette ; que saint Antonin, de Florence (2 mai) fit la même chose, non seulement pour le blé, mais pour le pain et l'huile. Qu'en temps de disette, saint Yves, de Bretagne, nourrit plus de deux cents pauvres, avec un seul morceau de pain (19 mai) ; que saint François-de-Paule, ayant béni un pain et une bouteille de vin, put rassasier, une fois, vingt ouvriers, sans que ce pain et ce vin eussent diminué (2 avril). Une autre fois, trois mille personnes furent rassasiées par le même procédé ; et on conserve à Messine, la marmite dans laquelle il faisait sa soupe miraculeuse. On dit : que sainte Françoise (10 mars), fit la même chose, pour vingt religieuses.

Nous savons aussi : que saint Richard, de Chichester, rassasia trois mille personnes, avec un seul pain (3 avril). Sainte Thérèse, nourrit ses religieuses, pendant six mois, avec le même pain, qui ne diminuait pas pendant tout ce temps (15 octobre).

Ajoutons que saint Diégo, des Canaries, n'ayant rien à manger, trouva tout-à-coup, sur sa table, du vin, du pain et des poissons, après avoir fait sa prière (12 novembre) ; que saint Maur, n'ayant qu'une bouteille de vin, put régaler soixante personnes, sans la tarir (15 janvier).

A Cezène, dans les anciens états du pape, on voit, pendue au plafond, dans une église, un quartier de porc qu'un particulier donna, en aumône, à saint Pierre, martyr, lorsque ce religieux quêtait, pour bâtir une église. Cette pièce de porc, servit à nourrir les ouvriers, pendant toute la construction de l'édifice ; et ne diminua jamais, malgré la consommation journalière, qu'on en faisait (LABAT, *voy. d'Italie*, t. v, p. 290).

Un jour que saint François-de-Paule, n'avait qu'une figue pour déjeûner, plus de trois cents personnes lui demandèrent l'aumône ; il la leur partagea, si heureusement, que tout le monde fut rassasié (2 avril). Saint Hilarion bénissant une vigne, pût rassasier mille personnes, sans en diminuer les grappes. Le pain manquant dans le couvent, saint Benoît fit une prière, et on trouva, aussitôt, deux cents mesures de farine, à la porte du monastère (21 mars).

Parfois, la légende a un tour plus curieux encore, ainsi, un jour, saint Théodore (11 janvier), étant venu demander à déjeûner à un Ermite, nommé Macien, celui-ci partagea, avec lui, son plat de lentilles, en s'excusant de ne pas avoir de pain ; mais saint Théodore voyant un grain de blé dans la barbe du pieux Ermite, le prit, et lui dit : « Comment pouvez-vous dire, que vous manquez de blé pour faire du pain ? — Déposant ce grain dans le grenier, il se trouva : que ce grenier fut, aussitôt, rempli jusqu'aux combles. De son côté, saint Furt de Péronne (16 janvier), voyant, en plein hiver, qu'il allait manquer de blé, en fit semer par ses moines : et en récolta, une énorme moisson, trois jours après. Un cuisinier du couvent de saint François-de-Paule, ayant oublié de faire cuire la soupe, se mit à prier, et put, aussitôt, servir un excellent potage (2 avril). Sainte Liduvine (14 avril) qui, d'ailleurs, put nourrir trente familles, avec une portion de viande, possédait, aussi, une bourse inépuisable, grâce à laquelle elle put payer les dettes de son frère, mort insolvable. Saint Gildard, de son côté (8 juin), ayant donné un des chevaux de son père à un pauvre voyageur, retrouva le même nombre de bêtes, le soir, dans son troupeau.

Dans quelques cas, la prière peut non seulement être utile au dévot, mais encore être nuisible aux impies. C'est ainsi, que saint Germain d'Amiens (2 mai) ayant demandé, en vain, à un avare de Bayeux, une bouteille de vin, pour désaltérer ses matelots, fit un signe de croix, qui épuisa miraculeusement tous les tonneaux de ce mauvais riche (2 mai).

Les santons arabes avaient un pouvoir aussi grand que les saints chrétiens. Nous trouvons, dans l'Algérie traditionnelle de MM. Certeux et Carnoy (p. 140), une aventure semblable à celle de Clariane de Fréjus, attribuée à Sidi-Aïssa : qui fit, pour un de ces dévots, ce que saint Honorat fit pour Clariane.

Les hagiographes chrétiens et musulmans, bien qu'ils aient rapporté des milliers de ces aventures extraordinaires, n'ont pas eu l'imagination aussi féconde que les conteurs boudhistes, lamaïstes, sintoïstes, etc., etc., des pays du grand continent asiatique ; car ces conteurs orientaux font des récits plus merveilleux encore.

On n'a qu'à jeter un coup d'œil, sur la Bible, sur les livres de l'antiquité grecque, latine, égyptienne ou syrienne, pour constater : que les légendes chrétiennes, musulmanes et autres, de l'époque actuelle, ne sont que des accomodations aux religions nouvelles, de vieux sujets, traités bien longtemps avant l'origine du christianisme, de l'islalisme. J.-C. multiplia les pains, nourrit de grands rassemblements d'hommes, avec une quantité minime de nourriture. Elisée (*rois*, ch. 17, § 15). Moïse et cent autres ont fait des choses aussi extraordinaires.

CINQUIÈME CATÉGORIE. — *Changement de nature des substances sous l'influence de la prière.* — Les hagiographes chrétiens ont enregistré, par centaines, les miracles dans lesquels : la prière a fait changer de nature, certaines substances ; il faudrait des volumes pour rapporter en détail ces aventures merveilleuses :

Saint Rémi (1er octobre) ; sainte Agnès (19 avril) ; saint Simon Stock (26 mai) ; saint Thomas de Cantorbéry (29 décembre) ; saint François le Séraphique (4 octobre) ; saint Vaast, évêque d'Arras (6 février) ; saint Guthbert, de Durhour (20 mars), ont changé l'eau en vin.

Saint Marcel, étant enfant de chœur, alla chercher de l'eau dans la Seine pour la messe ; et il se trouva, à son retour, que l'eau avait été changée en vin (3 novembre) ; sainte Elisabeth de Portugal, ne buvait jamais de vin par esprit de pénitence. Or, un jour qu'elle était malade, les médecins lui ordonnèrent de boire du vin, et l'eau de son verre fut instantanément changée en cette liqueur. Même aventure arriva à saint Mayeul, abbé de Cluny. Sainte Geneviève, changea l'eau en vin pour ses ouvriers, pendant qu'ils bâtissaient l'église de saint Denis, près Paris. Aux Andelys dans l'Eure, on va, encore de nos jours, en pèlerinage à une fontaine, dont sainte Clotilde changea l'eau en vin, pour désaltérer les ouvriers qui bâtissaient l'église de son monastère.

Un jour, saint Odilon rencontre des pèlerins qui mourraient de soif ; il leur donna l'eau de ses outres qu'ils vidèrent. Mais, quelques heures après, le saint ayant soif, voulut regarder s'il n'y restait pas un peu d'eau ; il les trouva pleines de vin (*Vie des saints de l'Auvergne et du Velay*, par Jacq. BRAENLU 1652, ordre des Augustins).

Un homme qui préparait de la bière pour des travailleurs, n'en avait pas fait assez ; il se mit à prier, craignant d'être puni, et son tonneau devint inépuisable (*G. d. t.*, t. II, p. 363).

Le frère économe du couvent de saint Benoît, n'avait plus qu'un peu d'huile dans une bouteille, et refusa d'en donner à un pauvre ; le saint l'apprenant : jeta cette bouteille par la fenêtre, et au lieu de se rompre, elle fut retrouvée miraculeusement remplie jusqu'au goulot (*Martyr. romain.*, 21 mars).

Le plus souvent, il s'agit du changement de l'eau en vin, dans ces miracles ; mais, cependant, dans un grand nombre de cas, il est question d'autres substances. La célèbre aventure des roses de sainte Elisabeth, de Hongrie (19 novembre), est attribuée à vingt autres saints ou saintes : sainte Elisabeth, de Portugal (4 juillet) ; saint Pierre, de Luxembourg (5 juillet) entre autres. Le miracle, prend, même parfois, un tour assez plaisant. Des libertins ayant invité saint Conrad, de Plaisance, à dîner, un jour maigre, lui servirent de la viande de porc, que le saint homme mangea ; et, lorsqu'à la fin du repas, on se moqua de lui, en lui rappelant qu'il avait mangé gras, il leur prouva qu'il avait mangé du poisson, en leur montrant les arêtes qu'il avait mises, à part, sur son assiette (19 février).

Les prodiges que les chrétiens attribuent à la piété de leurs saints, les musulmans les racontent de leurs santons. — Il n'est pas question de vin, il est vrai, pour eux, parceque Mahomet a défendu l'usage de cette boisson, mais, les changements n'en sont pas moins aussi extraordinaires que nombreux. — Ici, c'est de la pierre qui est transformée en viande ; là c'est de la terre qui se change en pain, en riz, en couscous, en sucre même (le santon *farid udin*). Bref, l'imagination des conteurs de l'Islam, ne le cède en rien à celle des nôtres.

Dans les contes populaires des pays orientaux, ces changements de nature des substances, font souvent le thème d'aventures très extraordinaires. Tel magicien, pour se venger d'un individu, transforme : un animal mort, en un homme égorgé ; ou bien : une jolie fille, en horrible mégère, etc., etc.

Toutes ces aventures rapportées par les contes de nos jours, et les hagiographes du moyen âge, ne sont que des rééditions de vieilles crédulités de l'antiquité. Les éléens, qui avaient une dévotion particulière pour Bacchus, voyaient jadis, tous les ans, au moment de la fête du dieu, se produire le miracle de trois bouteilles d'eau placées dans la chapelle, le soir, et retrouvées, pleines de vin, le lendemain matin (PAUSAN. liv. VI. ch. XXVI). Ces bouteilles avaient été cachetées avec soin, devant un concours immense de fidèles, et le miracle pénétrait les dévots d'admiration et de piété.

Pendant les fêtes de Bacchus, qui duraient sept jours, la fontaine Paléopis, de l'île d'Andros, coulait du vin au lieu d'eau. (PAUSAN. liv. 6. ch. 26). Mais, chose très remarquable, ceux qui croyaient d'emporter de ce vin chez eux, ne retrouvaient plus que de l'eau, dans leur vase, une fois de retour dans leur maison.

A Mycone, il y avait, aussi, une fontaine qui donnait du vin, pendant les fêtes de Bacchus (PLINE. lib. II.

ch. CIII.). Et je pourrais, sans grande peine, en signaler d'autres.

Bacchus, frappant l'eau d'un fleuve de son thyrse, la changea en vin (NONNUS. liv. 14-15 et 48). Maintes fois, il fit la même chose, pour des fontaines, des rochers arides même ; les exemples en sont très nombreux ; et c'est, même, grâce à ce subterfuge, qu'il enivra la fille de Sangar, Nicéa, dont il était amoureux, pour abuser d'elle.

Par ailleurs, Ono, fille d'Anius, roi de Délos, avait la propriété de : changer l'eau en vin, comme sa sœur Spermo changeait tout en blé et la troisième Elaïa, tout en huile.

Nous savons, aussi, que Midas, changeait tout ce qu'il touchait en or ; et que cette funeste faculté le rendit, même, très malheureux, puisqu'il mourut de faim.

Chez les hébreux, la donnée du changement de nature des substances, qui nous occupe ici, était monnaie courante dans les légendes, depuis Moïse (*Exode*. ch. VII, § 17), qui changea l'eau du Nil en sang, pour montrer sa puissance au roi Pharaon, jusqu'aux noces de Cana, on trouve un grand nombre d'aventures merveilleuses de cette catégorie.

SIXIÈME CATÉGORIE : *Sommeil surnaturel.*— L'aventure du sommeil miraculeux, pendant lequel, le pauvre esclave d'un juif de Provence, put accomplir son pèlerinage, à l'île de Lérins, se retrouve dans un grand nombre de légendes chrétiennes ; et elle est formulée de maintes manières différentes.

Dans mon livre sur les *Légendes de la Provence*

(Paris 1888, p. 302), j'ai montré que la même aventure, a cours chez les arabes d'Algérie. En voici une autre, aussi curieuse que celle du frère de sainte Rossoline, de Provence.

Une pauvre femme de Coleah, avait eu son fils pris par les espagnols; elle alla implorer Sidi-Ali-Embareck. — Ce jeune homme se retrouva, le lendemain, près de sa mère, ne sachant comment il avait été délivré, parce qu'il avait été rapporté en Algérie, pendant son sommeil (*Algérie. Trad.* t. I. p. 114).

Nous nous trouvons, certainement, en présence d'une donnée qui nous vient en droite ligne de l'antiquité. — Les dieux du paganisme, savaient endormir les individus, pour les transporter, miraculeusement, d'un endroit dans un autre; leur faire des communications surnaturelles; ou bien, encore, endormaient les geoliers, pour faire évader les prisonniers. Bacchus endormit les thraces, pour sauver les captifs thébains (PAUSAN. *Beotie.* ch. XXII).

SEPTIÈME CATÉGORIE. — *Guérison obtenue par la prière.* — Ces faits sont si nombreux dans les légendes chrétiennes, qu'il faut renoncer à les colliger. On les trouve : dans les récits des bonnes femmes de tous les pays, dans les livres de piété, sous toutes les formes imaginables; il suffirait, d'aller jeter un coup d'œil sur les *ex-votos* d'un des mille sanctuaires de notre pays, pour voir une collection de variantes, extrêmement nombreuses.

Citons cependant les quelques faits suivants, qui se font remarquer par l'étrangeté du prodige.

Sainte Agathe de Sicile, eût le sein coupé par les païens; mais, pendant son sommeil, elle vit Jésus-Christ, qui lui remit la partie coupée en place, miraculeusement (*Martyr rom.* 5 février).

Saint Jean Damascène, eût la main droite coupée, par l'ordre du gouverneur de Damas; mais, dans la nuit qui suivit, la vierge la lui remit en place (*Martyr rom.* 6 mai).

Un jeune homme, qui avait frappé sa mère d'un coup de pied, alla se confesser à saint Pierre, de Vérone, qui lui fit sentir, si bien, l'étendue de sa mauvaise action, que ce malheureux prit une hache, et se coupa le pied ; mais, le saint appelé aussitôt, invoqua Dieu, et remit le pied détaché, d'une manière miraculeuse (*Martyr rom.* 13 juin).

A Taragone, Notre-Dame-del-Pilar rendit, une jambe coupée, à un de ses dévots.

Les membres de saint Stanislas de Cracovie, furent dispersés par les païens, qui l'avaient martyrisé; mais ils se réunirent, miraculeusement (*Martyr. rom.* 7 mai).

Dans le martyrologe de Simon Martin (20 août), j'ai trouvé: un cas de guérison miraculeuse qui sort tout à fait de l'ordinaire, comme on va le voir : Saint Bernard de Clairvaux étant malade, la Sainte Vierge lui donna à téter ! — On conviendra : que l'hagiographe qui a inventé cette légende, avait l'imagination plus féconde que pudique.

Je ne m'attarderai pas plus longtemps à rapporter ces contes pieux; et me bornerai à dire : que les mahométans les idolâtres, les boudhistes de toutes les sectes, etc.,

etc., ont les mêmes crédulités. Bien plus, leurs miracles sont peut-être plus remarquables dans leurs pays, que dans le nôtre ; car, en général, l'action de nos divinités ne s'exerce que sur les hommes, tandis que les santons musulmans, boudhistes, lamaïstes, etc., etc., recollent la jambe cassée d'un chameau, lorsque le suppliant les implore (le santon Sarwar de Moulton dans l'Inde).

A certains moments, il y a eu lutte d'influence entre deux saints, et la guérison du patient s'est trouvée être l'enjeu de la partie ; c'est ainsi que dans une discussion survenue en 853, entre les clercs de Tours et d'Auxerre, au sujet de la puissance respective de saint Germain et de saint Martin, on plaça un lépreux entre les deux châsses des reliques ; or, le côté qui touchait saint Martin guérit, tandis que celui qui touchait saint Germain resta malade. Ce fut une preuve de la supériorité de saint Martin ; d'autant, qu'après avoir retiré la châsse de saint Germain, on fit retourner le malade dans l'autre sens, et le côté de son corps qui n'avait pas été débarrassé de la lèpre, se trouva guéri.

Aux époques de lutte entre les diverses croyances, on a vu cent fois la guérison d'un malade être l'enjeu, entre deux saints ou deux divinités hostiles. Au temps des croisades, les chrétiens et les mahométans fournissaient, chacun de son côté, des exemples frappants dans cet ordre d'idées ; au temps des grandes hérésies du commencement du christianisme, il y eut des luttes mémorables, sous ce rapport. Les chrétiens et les juifs ou les idolâtres, ont combattu sur ce terrain ; et d'ailleurs ils n'étaient pas les premiers, bien avant eux, les

divers paganismes s'étaient livrés des combats acharnés;
car la guérison des maladies, a toujours été une arme
puissante, pour les sectes religieuses, quelles qu'elles
fussent.

Cette donnée de la guérison miraculeuse, nous vient
en droite ligne de l'antiquité. Esculape avait, en effet,
chez les grecs et les romains, une réputation que nos
saints modernes n'atteignent pas (PAUSANIAS, liv. x,
ch. 38) nous en fournit la preuve, dans son aventure de
Phalysius, qui nous montre, que de son temps, le clergé
savait tirer parti des situations. En effet, ce Phalysius
étant presque aveugle, implora Esculape, et reçut, peu à
près, la visite de la poétesse Anyté; elle lui apportait une
lettre cachetée, que lui avait donné le dieu. Phalysius,
quoique persuadé qu'il ne pourrait pas la lire, la prit
avec un saint respect; mais, ô prodige admirable, il y lut
sans difficulté, aucune : que le dieu, dans sa bonté, lui
rendait la vue, en lui ordonnant : de donner deux mille
pièces d'or à Anyté. En outre, Phalysius fit bâtir un
temple au dieu. Près du village d'Eva, dans la province
de Corinthe, il y avait un temple dédié à Polemocrate,
fils de Machaon, qui opérait des guérisons merveilleuses
(PAUSAN, Corinthe). Près de Coronée, Apollon faisait
la même chose (PAUSAN, Messénie). Près de Mégare,
Miomaque et Gargarus guérissaient les malades
qui les invoquaient, en leur portant des offrandes
(PAUSAN, Messénie). J'en pourrais citer cent autres,
non seulement en Grèce, en Italie, en Espagne, en
Gaule, mais encore en Asie et en Afrique. De leur côté,
les égyptiens, les phéniciens, les juifs, les assyriens,

les perses, toutes les populations, en un mot, de l'antiquité, avaient des divinités qui rendaient la santé à
leurs suppliants. Apollonius le thyane, (p. 129), nous
apprend, de son côté : que les brachmanes de l'Inde,
obtinrent des miracles aussi remarquables que les prêtres païens, en invoquant leur divinité, et guérissaient
les maladies internes, rendaient la vue, redressaient
les jambes tordues, etc., etc., sans aucune difficulté.

. HUITIÈME CATÉGORIE. — *Absolution des péchés.* —
Dans les contes populaires, comme dans les livres de
piété, chrétiens, on trouve des exemples saisissants de
l'absolution des péchés, par une pratique pieuse.
Alexandre Dumas a, même, raconté, dans un de ses
voyages en Italie, l'aventure d'un brigand qui avait
l'habitude d'invoquer saint Joseph, et qui fut la cause
d'une véritable révolution en Paradis, au moment de
sa mort, parce que saint Joseph exigea qu'il ne fut
pas jeté en enfer. Grosley (*obs. sur l'Italie*, 1774,
t. III, p. 383), nous raconte quelque chose d'aussi
extraordinaire, c'est le cas d'une dévote de la confrérie
du Rosaire, qui avait deux amoureux, et qui fut tuée par
l'un d'eux ; or, comme elle était morte sans confession,
la sainte Vierge invoqua saint Dominique, sur le bord
du puits, ou le corps de la victime avait été jeté par le
meurtrier, la tête de la dévote, séparée du corps, monta
jusqu'à l'oreille du saint, lui fit sa confession et retomba
dans l'eau, après avoir reçu l'absolution, qui permit à
la pécheresse d'entrer en Paradis.

Ces aventures de confession ne sont survenues,
comme on le pense bien, que dans les pays où la reli-

gion catholique a fait pénétrer ce sacrement ; et on n'a pas de peine à comprendre le but que veut atteindre la morale de la légende. Dans les contrées où cette confession n'existe pas, la donnée prend une autre forme: ici, c'est une œuvre pieuse ; là, une restitution, etc., etc., qui est visée ; en un mot, sous le couvert de l'utilité personnelle du sujet, il y a toujours en jeu les intérêts du culte en vigueur.

NEUVIÈME CATÉGORIE. — *Morts ressuscités*. — On ne parle plus guère des morts ressuscités, dans notre pays, à l'heure actuelle ; pareil évènement jetterait une telle perturbation dans l'état civil des communes où le fait se passerait, que l'autorité serait obligée d'intervenir ; et on sait que les interventions de ce genre gênent considérablement la production des miracles ; mais, dans les pays où l'administration publique est moins chatouilleuse, et dans les époques ou le pouvoir était assez peu solidement organisé, pour permettre aux aventures surnaturelles de se dérouler, on a signalé des faits très frappants, dans l'ordre d'idées de la résurrection des morts.

Un jour, que saint Vincent Ferrier avait retenu près de lui un habitant de la ville de Morelle, près Valence, pendant une prédication, ce malheureux s'aperçut, en rentrant chez lui : que sa femme, devenue folle, avait tué son enfant, l'avait coupé à morceaux et le faisait cuire. Ce pauvre père implora le saint homme, qui ramassa les morceaux de l'enfant, cuits ou à cuire, dit la légende, et les rendit à la vie, en faisant le signe de la croix (*Martyr. roman.*, 5 avril).

Saint Martin de Tours, saint Denis, saint Cyprien, sainte Geneviève, saint Cassien et cent autres, ont fait des prodiges de cette nature, soit pour permettre à un adulte de se confesser, soit pour faire recevoir le baptême à un enfant. Saint Jacques de Compostelle, ressuscita, même, paraît-il, un homme mort, à Grenade, depuis six cents ans, pour lui procurer les avantages de la conversion à la religion chrétienne (LABAT, *voyage en Espagne et en Italie*, t. 1er, p. 187).

Les musulmans, les boudhistes, etc., etc., ont des faits de résurrection très remarquables, dans leurs légendes; ils peuvent lutter avec les chrétiens, sans rien craindre, sous le rapport de l'étrangeté des aventures. En effet, on raconte en Algérie, qu'un jour, Si-Amet-Ioussef, de Milianah, ayant demandé l'hospitalité à des impies, on lui servit un chat rôti, au lieu de lapin. — Le saint voyant la bête cuite, sur le plat, au milieu de la table, la toucha avec son index, en disant *quott!!* comme disent les arabes, pour chasser les chats importuns. Aussitôt, l'animal ressuscita et partit en courant, tout effarouché *(Alg. Trad.* t. I. p. 118).

Des impies, firent manger à Sidi, Bou-Djenin, de Bougie, une poule qui n'avait pas été tuée selon les rites; et, comme ils le lui dirent après le repas, il prononça la phrase sacramentelle : « Louanges à Dieu ». Aussitôt la poule se reconstitua, battit des ailes, et s'en alla, en criant comme un coq *(Alg. Trad.* t. I. p. 117).

Les juifs avaient les mêmes preuves de la puissance de leurs saints, car nous savons qu'Elisée *(Rois.* t. I. ch. XVIII. § 22), etc., etc., a ressuscité des morts. Un cadavre étant, même, tombé par hasard, dans le tombeau d'Elisée, fut ressuscité (*Rois*. t. II. ch. 14. § 21), de sorte, que Jésus-Christ et les apôtres, n'ont rien fait de nouveau, dans cet ordre d'idées.

Nous sommes toujours en présence de données qui remontent à l'antiquité la plus reculée, les romains croyaient que Jupiter ressuscitait les morts, quand il le voulait, les grecs aussi ; j'en citerai pour preuve, entre mille, la résurrection de Pelops, fils de Tantale. — Esculape, avait, aussi, ce pouvoir (PAUSAN. *Corinthe*).

DIXIÈME CATÉGORIE. — *La beauté donnée en récompensé.* — L'origine antique de cette pensée : que la beauté peut être accordée par la divinité, en récompense de la piété, ne saurait être contestée, après l'exemple que je vais emprunter à Hérodote (liv. VI. § 61. t. II. p. 104) : De riches citoyens de Sparte, avaient une petite fille horriblement laide ; ils en étaient très attristés, naturellement. La nourrice de l'enfant, implorant la bonté divine, s'avisa de la porter, tous les jours, au temple d'Hélène. Or, un jour, elle rencontra une femme, qui la pria de lui montrer la figure de la petite fille. Chose qui lui avait été interdite par les parents. Après bien des résistances, la nourrice céda, et la femme carressa la fillette, en lui disant : « Tu seras la plus belle femme de Sparte ». Cette femme n'était, en réalité, que Vénus, et sa prédiction se réalisa.

ONZIÈME CATÉGORIE. — *Action de la piété sur le feu.* — Dans un grand nombre de récits édifiants de l'époque actuelle et du moyen âge, il est parlé d'une action directe de la piété sur le feu. — Tantôt, c'est un objet digne de respect, qui n'est pas touché par les flammes ; tantôt, c'est un individu qui est respecté par elles. Tantôt, enfin, c'est la prière qui arrête miraculeusement un incendie. — Cela constitue, on le voit, trois variétés bien distinctes de prodiges.

Pour ce qui est des objets sacrés qui sont respectés par les flammes, j'aurais des milliers d'exemples à rapporter, il me suffira de citer les suivants, pour fixer les idées : En 1533, le feu prit dans la chapelle où était enfermé le saint suaire, à Chambéry, et les flammes respectèrent cette sainte relique (MILLIN. *Voy. en Italie*, t. I. p. 207).

A Aukirchen, en Bavière, il y a une statue de la Vierge, qui ne fut pas touchée par les flammes, dans un incendie qui dévora l'église.

Ces prodiges étaient infiniment plus communs pendant le moyen âge : tous les hagiographes chrétiens nous en fournissent des exemples remarquables ; et les historiens soit sacrés, soit profanes, de l'époque, ne manquent pas de citer des cas très curieux, dans cet ordre d'idées. Grégoire, de Tours, entre autres, nous dit que les huns, ayant mis feu à la ville de Metz, il arriva : que l'Oratoire de saint Etienne, fut miraculeusement respecté par l'incendie ; et on raconta à Grégoire : qu'un homme pieux, avait vu en songe, à cette époque, saint Etienne qui disait aux apôtres saint Pierre et saint Paul : « Je vous supplie de ne pas permettre que la ville soit brûlée ; et, si vous ne croyez pas devoir m'accorder cette faveur, faites, au moins, que mon sanctuaire soit protégé contre le feu (GRÉG., de Tours. t. I. p. 55).

Les musulmans, les boudhistes, etc., etc., possèdent les mêmes données dans leurs hagiographies.

Bou-Zid, ayant été jeté dans un brasier ardent, par le Dey d'Alger, resta au milieu des flammes, sans souffrir, en disant à ses persécuteurs : « Votre feu est bien froid ! augmentez-en, donc, la chaleur (*Alg. Trad.* t. 1. p. 115).

Fudo, était un saint japonais qui, pour se mortifier, s'assit sur un brasier ardent (COURANT D'ORVILLE. t. 1. p. 278).

L'antiquité était, au moins, aussi riche que le moyen âge, pour ce qui nous occupe ici. En effet, la statue de Servius Tullius, ne fut pas endommagée, dans l'incendie du temple de la Fortune, en l'an 364 de Rome (VALÈRE. *Maxime.* t. 1. p. 70). — Après l'incendie du sanctuaire des saliens, on ne retrouva intact, au milieu des cendres, que le bâton augural de Romulus (VAL. *Max.* t. 1. p. 70). La statue de Claudia, ne fut pas endommagée, lors des incendies du temple de Cybèle, en 642 et en 749 de Rome (VAL. *Max.*).

Les grecs avaient les mêmes crédulités.

Pour ce qui est des individus respectés par les flammes, la croyance était si vivace, pendant le moyen âge, que le passage à travers le feu, entra largement dans la procédure des jugements de Dieu. Nous en avons cent exemples mémorables. — Celui du prêtre Barthélemy, par exemple, qui traversa les flammes, pour prouver : qu'il avait bien réellement trouvé, la lance qui avait percé le flanc de Jésus-Christ.

Le *Martyrologe* contient des centaines de faits de

saints jetés dans le feu, sans être brûlés : sainte Christine (24 juillet); sainte Lucie (16 septembre); saint Eleutère (18 avril) ; saint Janvier (19 septembre) ; sainte Thècle (23 septembre); saint Guy (15 juin) ; saint Mamas, de Paphlagonie (17 août) ; sainte Espérance, seconde fille de sainte Sophie (30 septembre) ; saint Alexandre et saint Evence (3 mai), subirent, sans être brûlés, ce genre de torture.

Par ailleurs, Grégoire, de Tours, nous raconte : que l'enfant d'un juif, s'étant converti, son père furieux, le jeta dans une fournaise ardente, d'où il sortit, d'ailleurs, sain et sauf (Grég. de Tours. t. II. p. 312).

Les légendes du moyen âge, présentent, au sujet de ces individus qui ne se brûlent pas dans le feu, les variétés les plus étranges. Ainsi, par exemple, elles disent: que saint Paul, évêque de Verdun, étant, un jour, en retard, pour cuire le pain de son couvent, entra dans le four ardent, pour le balayer (8 février). Saint Aurée (4 octobre), et sainte Austreberte (10 février), firent la même chose.

Un four à chaux menaçant de crever, saint François-de-Paule y pénétra, au milieu des flammes et le répara, ce qui lui permit de ne pas perdre la chaux qui y cuisait (2 avril). Un moine, ayant laissé, par mégarde, son froc dans un four, saint Sabbas, de Cappadoce, alla le chercher dans le feu (5 décembre).

Enfin, je rapporterai encore ici, le fait suivant, bien que le feu n'ait pas cette fois respecté sa pâture ; mais parce qu'il montre bien que la piété est recompensée par la divinité : Le roi de Portugal étant jaloux du page de sainte Élisabeth, sa femme, résolut de le faire mourir, il alla trouver un chaufournier et lui dit : « Demain matin je vous enverrai quelqu'un qui vous commandera, de ma part, d'exécuter mes ordres, vous le saisirez, aussitôt, et vous le jetterez dans votre four en flammes ».

Le lendemain, le roi envoie le jeune homme auprès du chaufournier, mais le pieux page, passant devant une église, eût l'idée d'y entendre la messe. Une heure après, il en sortit, et alla trouver le chaufournier, qui lui répondit : « Dites à Sa Majesté, que ses ordres ont été exécutés ponctuellement. Or, voici ce qui était arrivé : une demi-heure après le départ du page, le roi avait envoyé le courtisan qui lui avait suggéré la mauvaise pensée de le brûler, auprès du chaufournier ; et, comme à cause de la messe entendue, il était arrivé le premier, c'est lui, et non pas le pieux jeune homme, qui avait été jeté dans le four en flammes (4 juillet).

Les faits de gens pieux mis dans le feu sans être brûlés nous viennent de l'antiquité la plus reculée, la Bible nous apprend, en effet, que Daniel, Ananias, Azarias, Missaël, etc., etc., avaient été jetés dans la fournaise, à Babylone ; les Arabes racontent que Nemrod fit subir le même sort à Abraham. Enfin, nous pouvons rapprocher de ces exemples, celui de Crésus qui implora Apollon, sur le bûcher, lorsque Cyrus voulut lui faire grâce, et que les flammes résistaient aux efforts de ceux qui cherchaient à le délivrer.

Pour ce qui est des personnes pieuses, ou des objets de piété, qui arrêtent les progrès d'un incendie, d'une manière surnaturelle, le moyen âge est autrement fécond que l'histoire moderne ; Grégoire de Tours nous raconte nombre de faits de ce genre (t. II, p. 313). Les hagiographes chrétiens nous en citent plusieurs : celui de saint Léobin, évêque de Chartres entre autres (15 mars).

Une fois de plus, nous nous trouvons en présence d'aventures remontant à la plus haut antiquité. Pausanias nous raconte, en effet, que lorsque l'Etna envahit Catane, deux enfants pieux, prirent leurs parents sur les épaules, et furent respectés par la lave, qui se divisa, pour les laisser sauver (PHOCIDE, liv. 10). Celui de Crésus, que je viens de citer, est dans le même ordre d'idées ; et nous pouvons rapprocher de ces faits, celui de la jeune vestale qui, ayant laissé éteindre le feu sacré, mit son voile sur l'autel ; et, invoquant la déesse, le vit, tout à coup, s'enflammer, tout seul (VALÈRE, *Max.*, t. 1ᵉʳ, p. 6). A Hyérocésarée et à Hyrepas, en Lydie, il y avait un temple, où le mage mettait du bois sur l'autel, et le faisait enflammer par ses prières (PAUSAN, *Elide*).

DOUZIÈME CATÉGORIE. — *Les portes qui s'ouvrent d'elles-mêmes.* — De nos jours, il n'est plus guère parlé des portes d'une prison qui s'ouvrent d'elles-mêmes, ou de chaînes qui se brisent, d'une manière miraculeuse, mais dans le moyen âge les faits de ce genre étaient très communs; nous en trouverions cent exemples, pour un, dans les martyrologes et les histoires édifiantes. Je ne me mettrai pas en frais d'érudition pour le montrer ; qu'il me suffise de rappeler : que saint Macaire voulant faire ses dévotions dans l'église de N.-D. de Cambray, et trouvant la porte fermée par l'ordre d'un prêtre de mauvaise humeur, fit le signe de la croix, et les portes s'ouvrirent tout à coup, d'elles-mêmes (10 avril).

Dans la mosquée de Sainte-Sophie, à Constantinople, on montre le mur, à travers lequel le prêtre, qui disait la messe au moment où les musulmans arrivèrent, disparut, en 1453 ; et, par lequel il passera, pour terminer l'office saint, interrompu, le jour où les turcs quitteront l'antique Byzance. On ne voit sur ce mur aucune trace matérielle du prodige ; tant le recollement de la maçonnerie s'est bien accompli.

Au monastère de sainte Claire à Assise, on montre la porte, aujourd'hui murée, où sainte Claire montra le saint sacrement aux sarrasins, pour les repousser.

Saint François, voulant réparer l'église de Saint-Damiens dans la ville d'Assise, déroba des pièces de drap à son père ; le père furieux, lui courut après, pour le jeter par la fenêtre, mais les pierres de la muraille éclatèrent, pour lui permettre de se dérober (*Martyr. romain.*, 4 octobre).

Les anciens, étaient aussi riches que nous, sous le rapport de ces prodiges, car nous savons : que lorsque les romains furent attaqués par les sabins, les portes du temple de Janus s'ouvrirent seules, à deux reprises différentes.

Dans la ville de Mycalène, en Béotie, il y avait un temple de Cérès, dont Hercule ouvrait et fermait, miraculeusement, les portes, toutes les nuits (PAUSAN, liv. IX. ch. 19).

Acéte, protégé par Bacchus, fut mis dans un cachot

par Penthée, roi de Thrace ; mais, ses chaînes tombèrent d'elles-mêmes, et les portes de la prison s'ouvrirent, seules, pour lui permettre de s'échapper.

Près de Jérusalem, il y avait un tombeau d'Hélène, dont les portes s'ouvraient et se refermaient, toutes seules, d'une manière miraculeuse, à un certain jour de l'année (PAUSAN, liv. VIII, ch. 16).

TREIZIÈME CATÉGORIE. — *Préservation des individus pieux contre les dangers.* — Dans cette catégorie, peuvent se ranger les légendes les plus diverses, et les plus nombreuses ; contentons-nous de citer les suivantes, au courant de la plume.

Un jour que la ville d'Igurio était assiégée, saint Uffald monta sur les remparts, et bénit les ennemis, qui furent tellement terrifiés, qu'ils s'enfuirent, aussitôt (*Martyr. romain*, 6 mai).

Sainte Rira, qui habitait crémotiquement dans les environs de Coblentz, passait, tous les jours, le Rhin, en marchant sur l'eau, pour aller entendre la messe au couvent de Saint-Castor. Un jour, le fleuve était très gonflé ; et, comme elle fut effrayée de l'élévation des eaux, elle eut l'idée de prendre, dans une vigne voisine, un échalas pour s'en servir de bâton ; mais elle enfonça dans l'eau, et allait bientôt être noyée, quand elle jeta, loin d'elle, cet échalas, et mit sa confiance, toute entière, dans le Seigneur. Aussitôt, elle remonta sur l'eau, et put effectuer son trajet, sans encombre.

Saint Marcelin, premier évêque d'Embrun, étant venu à Ubaye, trouva le pont emporté par les eaux, il se mit en prière ; et, aussitôt, la rivière s'arrêta, pour lui permettre de passer à pied sec ; elle ne recommença à déborder que lorsqu'il fut assez éloigné d'elle pour n'avoir plus rien à craindre (FÉRAUD, *Hist. des Basses-Alpes*, p. 455).

La chapelle de N.-D. des Anges, dans le département de l'Oise, a été bâtie, dit la légende, par trois marchands angevins qui, en 1212, furent arrêtés par des voleurs, dépouillés et attachés à des arbres de la forêt ; ils seraient bientôt morts, s'ils n'avaient imploré la Vierge, qui les délivra miraculeusement, aussitôt, en rompant leurs liens, et en faisant, même, jaillir une fontaine, pour les désaltérer.

L'évêque Quirinal, précipité dans le Tibre, avec une grosse pierre au cou, surnagea, au grand étonnement de ses persécuteurs, dont plusieurs se convertirent incontinent (*G. de Tours*, t. 1er, p. 29).

Un jour, un débordement de la Seine inonda la ville de Paris, mais l'eau s'arrêta sur le seuil de l'église de sainte Geneviève, sans rien y gâter (*Martyr roman.* t. 1er, p. 93).

Saint Thomas, voyageant sur mer, fut attaqué par un vaisseau turc ; mais, au moment d'être pris par les infidèles, il invoqua Dieu, qui entoura le bâtiment des chrétiens, d'un nuage ; cela lui permit de se sauver (*Martyr. rom.*, t. 1er, p. 118).

Les païens, ayant cassé un calice qui servait à saint Donat de Nicomédée, il le bénit, et les morceaux se recollèrent (*Martyr. rom.*, 7 août).

Le roi de Perse qui assiégeait Lusibe, fit un barrage, qui arrêta les eaux du Tigre, pendant quelques jours ;

puis, détruisant le barrage, fit tomber les remparts de la ville par la violence du courant ; mais, saint Jacques, évêque de cette ville, se mit à prier, et l'armée du roi de Perse fut, aussitôt, assaillie d'une nuée de guêpes, qu'ila mit en déroute (*Martyr. rom.*, 15 juillet).

A Ivry-sur-Seine, saint Frambourg, voulant se faire religieux, malgré son père, fut poursuivi ; il se cacha dans une citerne, dont l'eau le couvrit, en entier, pour le soustraire aux recherches.

Saint Félix, fuyant ses persécuteurs, se cacha dans une grotte ; et, aussitôt, des araignées se mirent à tisser leur toile devant l'ouverture ; de telle sorte que les soldats qui le poursuivaient, furent persuadés que personne n'avait pénétré dans cette grotte, depuis longtemps (*Martyr. rom.*, 14 janvier).

Les Arabes possèdent des légendes aussi extraordinaires, sinon plus, même, que les chrétiens, dans l'ordre d'idées qui nous occupe. Mahomet, poursuivi dans sa fuite, se cacha, comme saint Félix, dans une grotte, dont l'ouverture fut, aussitôt, tapissée par une toile d'araignée ; de sorte que ceux qui le poursuivaient, furent persuadés qu'il n'était pas dans cette excavation du sol.

Un tremblement de terre détruisit toutes les habitations de Coleah, sans que la chapelle funéraire de Sidi-Ali Embareck eut rien souffert (*Alg. trad.*, p. 114).

Quand Sidi-Ali Thaleb était attaqué, il n'avait qu'à coucher en joue, avec son bâton, un ennemi, pour le tuer comme avec un fusil (DAUMAS, *Kabylie*, p. 25).

Dans l'Extrême-Orient, nous trouvons des légendes

qui ne le cèdent en rien, pour le merveilleux, à celles des chrétiens et des musulmans.

Les Coréens, racontent : que Chuc-Mong, étant poursuivi par les gens qui voulaient le tuer, arriva sur le bord d'une rivière, où il invoqua son ancêtre Hang-Ho (le Soleil). Aussitôt, les poissons s'approchèrent, et lui firent ainsi un pont, sur lequel il put passer miraculeusement (COUTANT D'ORVILLE, t. 1er, p. 176).

Ces aventures nous viennent en droite ligne de l'antiquité; et pour n'en citer qu'une preuve, je rappellerai : que la toile d'araignée qui sauva saint Félix et Mahomet, avait déjà sauvé David, poursuivi par les sicaires de Saül.

III

CONCLUSION

Je pourrais étendre considérablement la liste des diverses catégories de prodiges, qui ont été considérés, comme des manifestations de la protection de la divinité, à l'égard de ses dévots ; mais ce serait sans intérêt, je crois ; d'autant, que dans le chapitre suivant, qui traitera de la punition de l'impiété, j'aurai, encore, à fournir un grand nombre de faits aussi invraisemblables que les précédents. Je vais donc arrêter ici cette partie de mon étude, en faisant observer au lecteur: que l'origine antique de la plupart de ces légendes est bien démontrée, ainsi que je l'ai dit déjà. Pour ne pas faire un double emploi, je ne rechercherai pas, non plus, en ce moment, l'idée initiale qui a inspiré ces diverses aventures ; je m'en occuperai, lorsque je serai arrivé à la fin du chapitre suivant. On verra, j'en suis persuadé, qu'il ne s'agit, en tout ceci, que de faits fortuits produits par le hasard ou bien d'événements extrêmement simples et parfaitement naturels, qui ont été utilisés par les féticheurs, des temps les plus anciens, pour frapper d'une sainte terreur ou d'une douce espérance leurs crédules dévots. Ces légendes, une fois créées, se sont transmises d'âge en âge ; et, ont été utilisées par les diverses religions qui se sont succédées, parce qu'elles constituaient, en réalité, un filon extrêmement profitable, à ceux qui exploitaient la fibre émotive des populations.

CHAPITRE VIII

La Punition de l'Impiété

I

LÉGENDES DE LA PROVENCE

La punition de l'impiété est affirmée, dans les récits légendaires des provençaux de nos jours, par des aventures aussi saisissantes que variées. On entend, dans chaque localité, et à chaque instant, raconter à ce sujet, par les bonnes femmes, les histoires les plus frappantes, dans lesquelles, le désir de montrer : la relation de cause à effet, entre l'impiété et la punition, n'est pas arrêté par les bornes du vraisemblable ; et fait volontiers appel, à tout ce que le surnaturel a de plus étrange et de plus prodigieux. — On en jugera, d'ailleurs, par les diverses légendes que je vais rapporter, pour fixer les idées sur ce point.

Lei belli manèttos (les jolies petites mains). — Sainte Magdeleine avait déjà passé sept ans dans la grotte de la Sainte-Baume, à faire pénitence ; elle avait tant prié et tant pleuré, pendant ce temps, que le bon Dieu pensa, qu'elle avait, peut-être, suffisamment expié ses fautes, et méritait le paradis ; il résolut, donc, de lui donner un peu d'allègement à sa pénitence, et lui permit de manifester un désir. La sainte, qui ne s'était pas lavé les mains, depuis son arrivée dans la grotte, lui demanda un peu d'eau. Aussitôt, la source, que l'on voit aujourd'hui encore, sourdre du rocher, se mit à couler. Sainte Magdeleine se lava les mains, qui redevinrent blanches et roses, comme au temps de son aveuglement. Elles étaient tellement belles et mignonnes, qu'elle ne put se défendre d'un petit sentiment d'orgueil : « O lei belli manettos », ô les belles petites mains, s'écria-t-elle. Mais Dieu comprit, à cette exclamation, qu'elle n'avait pas encore dépouillé, suffisamment, ses anciens défauts ; et, pour ces mots là seuls, il lui infligea sept autres années de pénitence.

La chevelure de la jeune fille. — Une jeune fille, avait une superbe chevelure dont elle fut trop orgueilleuse ; pour la punir, Dieu lui fit venir les yeux rouges ; elle en fut très peinée, et elle invoqua sainte Magdeleine avec ferveur. Un jour, elle eût l'idée : de couper ses cheveux, et d'aller les déposer, en offrande, sur l'autel de la sainte ; dès le lendemain matin, ses yeux se trouvèrent guéris miraculeusement.

Tout le monde la félicita, et fit l'éloge de sa beauté, de sorte que l'orgueil la saisit de nouveau. Alors, elle se prit à regretter de ne plus avoir les superbes cheveux qu'elle avait consacrés à la sainte. Ce sentiment, alla en augmentant tellement, qu'un jour, quelqu'un la félicitant, elle répondit avec humeur : « Je sais à quel prix j'ai obtenu, de sainte Magdeleine, ma guérison ».

Le lendemain matin, en s'éveillant, elle trouva sa chevelure sur son lit ; la sainte, blessée de ses paroles, lui avait renvoyé son offrande ; mais ses yeux étaient redevenus rouges, pendant la nuit, et plus rien ne put la guérir, désormais.

La barbe de saint Maur. — La commune de La Garde, près Toulon, a pour patron, saint Maur (sant Maoury), qui est un des plus puissants saints du paradis. — La légende raconte : que saint Maur, était le fils d'un sénateur romain, qui vivait au commencement du sixième siècle ; son père le confia, dès l'âge de douze ans, à saint Benoît, fondateur du couvent de Subiacco, dans les Appenins. — Après vingt ans de noviciat, saint Maur fut envoyé en France, pour y prêcher la religion chrétienne ; et, en passant à La Garde, en compagnie de quelques moines, il parut suspect aux habitants, qui le maltraitèrent, d'abord, puis ayant reconnu leur erreur, furent pleins d'attention pour lui. Après sa mort, il fut considéré comme le patron du village ; et, depuis, on vient toutes les années l'invoquer le jour de sa fête (8 juin), pour la guérison de toutes sortes de maladies.

La statue de saint Maur de La Garde, porte une grosse barbe noire. Or, il arriva, un jour, qu'un jeune impie, qui était venu à la messe solennelle, pour lorgner les fillettes, et non pour faire ses dévotions, alla, ostensiblement, déposer une pièce de monnaie dans le tronc, placé près du saint, en disant à haute voix : *Ténez, sant Maoury ! raqui un soou, per pagar lou barbier* : tenez saint

Maur, vous avez besoin de vous faire raser, voilà un sou pour payer le barbier.

Quelques personnes, rirent de cette plaisanterie ; d'autres, blâmèrent l'impie qui, dès le lendemain matin, vit apparaître des boutons à son menton, et eût, bientôt, un aspect hideux. Tous les remèdes qu'il essaya pour guérir, restèrent absolument impuissants, jusqu'au jour, ou, plein de repentir, il vint, de nouveau, à la messe de *sant Maoury*, le jour de la fête, confessa sa faute, et fut guéri, aussitôt, d'une manière miraculeuse, au dire des bonnes gens de l'endroit.

La punition de la désobéissance. — Dans le chapitre où j'étudie la croyance aux fantômes et aux revenants, je parle : de l'apparition du spectre de Nostradamus à un individu qui, ayant désobéi à ses injonctions, fut frappé de mort subite. Un second, ayant désobéi, également, fut frappé de la même manière. Aussi, un troisième obéit-il avec respect, et conserva la vie.

Les poules de Saint-Mandrier. — Dans mon livre sur les origines de l'hôpital de Saint-Mandrier, près Toulon (Paris. LEROUX, 1881), j'ai rapporté (p. 513), la légende des poules, dérobées par des matelots, dont le bateau fut retenu, miraculeusement, devant Saint-Mandrier, jusqu'à ce qu'ils eussent rendu ces poules, dérobées au prieur de la chapelle. Je puis ne pas répéter, ici, les détails de cette aventure.

Le faux visage qu'on ne peut plus enlever. — Quand j'étais enfant, j'ai entendu raconter, avec l'accent de la conviction la plus profonde, que le fils d'une vieille veuve, négligeant les conseils de sa mère, se livrait à

toutes les débauches. A la fin du carnaval, il se masqua ;
et lorsque, le mercredi des cendres arriva, il voulut continuer à faire ses fredaines avec quelques amis, aussi
impies que lui. Ils résolurent, donc, d'aller prendre
cendres, dans leur costume de carnaval : or, quand ils
s'agenouillèrent devant le prêtre, celui-ci leur dit, d'un
ton sévère : « enlevez, au moins, votre faux visage ». Ils
sortirent, en riant, de l'église, au grand scandale des
dévots ; mais, lorsqu'ils voulurent se dévêtir, ils ne
purent plus retirer de sur leur figure, le faux visage en
carton.

Le juif changé en porc. — Exténué de faim et de
fatigue, Jésus-Christ arriva, un soir, après une longue
journée de marche, à la porte d'une bastide isolée, et
demanda la faveur d'être admis à y passer la nuit. — Le
propriétaire, comme les garçons de la maison, étaient
juifs ; par conséquent, ils ne croyaient pas à sa divinité ;
et, l'ayant reconnu, ils résolurent de lui jouer quelque
mauvais tour, pour le mortifier. Ils le firent entrer dans
la chambre où ils étaient réunis, lui firent répéter sa
demande, lui demandèrent son nom et sa qualité, le
questionnèrent longuement, se consultant à voix basse,
de temps en temps ; et enfin, ils lui dirent : puisque
vous êtes le Fils de Dieu, c'est-à-dire que vous savez les
choses les plus cachées, dites-nous ce qu'il y a dans le
pétrin couvert, qui se trouve au fond de la pièce, près de
la bouche du four. Si vous devinez juste, nous vous
donnerons l'hospitalité ; au contraire, si vous vous trom-
pez, vous irez coucher à la belle étoile. — Il faut savoir :
que, pendant qu'on s'amusait à poser à Jésus-Christ,

cette question oiseuse, un loustic était allé se cacher dans le pétrin, de connivence avec ses camarades ; et, s'était mis à grogner, absolument, comme un porc.

Jésus-Christ, dans sa modestie, répondit humblement, à celui qui lui demandait ce qu'il y avait dans le pétrin : mais, vous l'entendez comme moi, dans ce pétrin, il y a un cochon.

Toute la maisonnée, qui était dans le complot, se mit à rire ; et, pour montrer au pauvre Jésus-Christ qu'il s'était grossièrement trompé, le maître de la ferme se dirigea vers le pétrin, en enleva le couvercle, et dit à celui qui était caché dans sa profondeur « auen ! sorti de la mastre, que véguen ce que siés : porc ou homé ».

Chacun s'apprêtait à se moquer de Jésus-Christ, pensant qu'il était pris en défaut, lorsqu'à la stupéfaction de tous, on vit sortir du pétrin un porc véritable qui, s'en alla : grognant, fureter dans les coins de la chambre. Jésus-Christ ouvrit la porte et lui dit : « Bête immonde, ta place n'est pas dans le pétrin où se fait le pain du bon Dieu. Va-t-en, donc, au cochonnier, où tu dois vivre et mourir. Puis, se tournant vers le maître de la maison, il ajouta : « Je suis bien fatigué, mais je marcherai encore toute la nuit, s'il le faut, pour ne pas coucher dans une maison, où les habitants sont assez impies, pour loger le cochon dans le pétrin ».

Jésus-Christ reprit son voyage, laissant les juifs atterrés de l'aventure ; et comme celui qui avait, ainsi, été changé en cochon, ne reprit plus sa forme humaine, les juifs n'osent plus manger du porc, depuis ce temps, de peur de manger leur semblable.

La jambe cassée de Jésus-Christ. — Dans mon livre sur les réminiscences populaires de la Provence, j'ai parlé de la jambe cassée du Christ (*loc. cit.*, p. 310); de sorte que je puis ne pas entrer dans plus de détails, là dessus, en ce moment.

Le bras cassé de l'enfant Jésus. — Même chose à dire (*Réminiscences pop. prov.* p. 310), pour le bras cassé de l'enfant Jésus, dans la cathédrale de Toulon.

La profanation de la cathédrale de Toulon. — On raconte, à Toulon : qu'en 1791, on décida, que la cathédrale serait transformée en écurie, et qu'on fit venir des chevaux sur le parvis de l'église ; mais, au moment où le premier d'entre eux fut introduit sous la porte, il se mit à ruer, et étendit, raide mort, le palefrenier impie, qui voulait profaner le saint lieu.

L'endroit où les saintes images furent brûlées. — A cent cinquante mètres, à peine, de l'entrée du château Saporta, à Solliès-Pont, il y a un endroit, où l'on jette, actuellement, les détritus de végétation. C'est là, que les images et les statues de l'église, furent brûlées, en 1793. On raconte, dans le pays, que depuis ce temps, aucune herbe n'y a plus poussé.

La punition d'outre-tombe. — Je connais cent histoires de ce genre, soit pour Toulon, soit pour Marseille, ou pour telle localité de la Provence ; et leur variété est très grande. Ici, c'est une famille, dont les malheurs récents, sont rattachés à l'achat de biens nationaux, comme relation directe de cause à effet —; là, c'est un crime accompli par un individu dont le père ou le grand-père commit telle ou telle impiété ; — plus loin, c'est une maladie qui est survenue, dans une maison, parce que les ascendants firent quelque chose de déplaisant pour la divinité. — Bref, tout ce que la pensée du : *hoc propter hoc*, peut imaginer, se rencontre dans les récits de la veillée, et les crédulités des bonnes femmes. On réédite, comme datant d'hier, à peine, des légendes qui ont des milliers d'années d'existence.

Je pourrais, sans grande difficulté, étendre cette liste d'aventures extraordinaires, destinées à montrer : que l'impiété, sous quelque forme qu'elle se manifeste, est punie plus ou moins sévèrement, toujours d'une manière remarquable, par la divinité outragée : mais ce serait sans grande utilité, car le fait est surabondamment prouvé, par les exemples que je viens de fournir. Il vaut donc mieux, je pense, essayer de catégoriser les faits cités, ce qui nous permettra de montrer plus facilement : que les légendes qui ont cours actuellement dans notre pays, remontent à des temps antérieurs, plus ou moins éloignés de nous.

II

LÉGENDES DES AUTRES PAYS ET DES AUTRES TEMPS

Ces légendes peuvent se classer de très diverses manières, car suivant le point de vue auquel on se place, elles prêtent à telle ou telle considération. Je ne chercherai pas, quelle est la classification la plus correcte, car les divisions et les subdivisions me paraissent être d'une importance assez minime, dans le cas présent ; je me bornerai à dire : que ces récits légendaires, tendent à prouver : qu'il peut être dangereux, soit de se laisser aller à l'impiété, tant sous la forme de l'orgueil, de la médisance, de la plaisanterie, de la colère, de l'envie, etc., etc., que sous celle du préjudice matériel porté, soit à la divinité, soit à son semblable.

PREMIÈRE CATÉGORIE. — *Punition de l'orgueil.* — L'orgueil déplaît à la divinité, telle est la donnée de cette première catégorie, affirmée par une infinité de légendes, se rapportant aux aventures les plus diverses. Nous avons cité : le fait des belles mains de la Magdeleine, nous pourrions en rapporter un grand nombre d'autres.

La Provence n'a pas, pour ceci, comme pour bien d'autres choses, le monopole de la donnée qui nous occupe, ici, j'en donnerai pour preuve, entre cent exemples, les légendes du saut de la pucelle, qui a cours en Auvergne, à propos de la Dent du Marais voisine de Murols, légende qui se retrouve semblable : en Savoie (le saut de la bellote), à Suze ; et à Rochefort, dans le Jura (le saut de la jeune fille).

Je ne perdrai pas mon temps, à rapporter toutes les légendes qui peuvent se rattacher à cette donnée, soit dans la littérature orale ou écrite des temps modernes et du moyen âge ; mais il entre dans mon cadre, de montrer : que l'idée fondamentale remonte à une haute antiquité ; la chose n'est pas difficile à prouver, en évoquant l'aventure, si connue, de Niobé.

Niobé était, on le sait, la fille de Tantale et la sœur de Pelops, elle épousa Amphion, qui avait bâti Thèbes, au son de la lyre; et elle eut douze enfants, d'après Homère; quatorze, si nous en croyons Apollodore; et, même, vingt, au dire d'Hésiode; quoi qu'il en soit, elle était très fière de sa progéniture, et se laissa aller, un jour, à mépriser Latone, qui n'avait eu que deux enfants : Apollon et Diane. Mais la déesse punit son orgueil, en chargeant ces divinités de percer les fils de Niobé, à coups de flèches. La malheureuse mère en fut si désolée, qu'elle fut changée en rocher, qui pleura, dès lors, à perpétuité.

DEUXIÈME CATÉGORIE. — *Punition de la désobéissance.* — La désobéissance aux ordres de la divinité, est punie, d'une manière plus ou moins rigoureuse, dans les légendes que les bonnes femmes racontent, de nos jours; nous devons ajouter : que nous trouvons les mêmes aventures, dans les siècles passés, depuis les plus voisins jusqu'aux plus reculés.

Et d'abord, pour ce qui est du repos du dimanche, les exemples de la punition divine sont nombreux, dans tous les livres de piété chrétienne, absolument comme ils l'étaient, dans les livres de religion des Juifs. Grégoire, de Tours, par exemple, en cite plus d'une vingtaine, aussi saisissants que possible. — C'est ainsi : qu'une femme, ayant voulu pétrir, pendant la nuit du samedi au dimanche, eût la main droite paralysée (GRÉG. de Tours, t. II. p. 353). Un paysan, ayant voulu travailler le dimanche, eût ses mains miraculeusement collées contre le bois de son outil (GRÉG., de Tours. t. II). Un serrurier, eût, dans les mêmes conditions, les mains fermées pendant quatre mois ; j'en passe nombre d'autres.

La punition de l'impie qui désobéit aux ordres de la divinité, est, quelquefois, relative à quelque chose de bien étrange. C'est ainsi, par exemple : qu'une religieuse, morte depuis un certain temps, fut ressuscitée par Grégoire de Tours, qui lui demanda : si elle était heureuse dans l'autre monde. La morte répondit : que son bonheur avait été limité, et qu'elle n'avait pas pu voir la face de Dieu, parce qu'une fois, elle s'était lavée le vendredi, ce qui était une désobéissance à la règle de son couvent (DULAURE. *Description des Villes de France.* AUVERGNE. t, v. p. 108).

Pour ce qui est de la désobéissance aux ordres de la divinité, exprimés de telle ou telle manière, les faits ne manquent pas, non plus ; et, pour ne pas donner une trop grande étendue à mon étude, je me bornerai à rapporter le suivant : La Vierge de Guadelupe, apparut, dans un buisson ardent, à un pâtre, et lui commanda d'aller demander à ses compatriotes de lui élever un oratoire. Le pâtre hésitant, de peur de ne pas être écouté, la vierge lui dit : ton fils va mourir, et pour prouver ta bonne foi, tu le ressusciteras. Malgré cela, le pâtre n'osa pas entreprendre d'accomplir la mission que la vierge lui confiait ; il en fut puni, aussitôt, parce qu'en tenant un bœuf, son bras se dessécha. Il se décida alors, et guérit de sa paralysie, tandis que les habitants de la contrée, frappés du prodige, donnèrent des offrandes nombreuses, pour l'érection du sanctuaire. Cette aven-

ture, que j'emprunte au *Dictionnaire des Pèlerinages*
de l'abbé Migne ; et, qui est racontée, comme se rattachant à la fin du moyen âge, n'est que la réédition,
pure et simple, de celle d'Attinius, dont parle Tite Live
(liv. II. ch. XXXVI) qui, ayant hésité à aller dire au
Sénat, ce que Jupiter lui avait commandé, perdit, tour à
tour, ses fils ; et fut atteint, lui-même, par une maladie
très douloureuse. Dans le cas présent, comme dans mille
autres, les hagiographes chrétiens se sont bornés à
copier, plus ou moins exactement, les auteurs sacrés ou
profanes de l'antiquité ; ils ont attribué aux saints chrétiens, ce qui a été, suivant les lieux et les temps, attribué
à Jupiter, Isis, Mahomet, Wishnou, etc., etc., etc.

Aujourd'hui, on ne songe plus guère, dans le monde
civilisé, à défendre au vulgaire l'accès de tel ou tel sanctuaire ; et, par conséquent, la donnée du danger qu'il y
a pour l'indiscret qui transgresse les ordres de la divinité, sous ce rapport, va en s'atténuant ; mais il n'y a
pas longtemps, encore, cette donnée était vivace, et se
rencontrait dans nombre d'endroits. Nous devons, d'ailleurs, ajouter : que chez les peuplades sauvages, ou
même seulement encore arriérées, on croit, aujourd'hui
encore, qu'il est terriblement dangereux de pénétrer
dans un lieu consacré, quand on ne doit pas le faire.
Dans toute l'Afrique tropicale, par exemple, celui qui
oserait entrer dans un bois sacré, ou approcher du lieu
où se font les initiations des féticheurs, courrait grand
risque de ne pas pouvoir dévoiler les secrets qu'il aurait
surpris, la mort l'empêchant de parler.

Quoiqu'il en soit, il n'y a pas bien longtemps encore,

on croyait que les imprudents qui essayaient de regarder les reliques de saint François, placées sous l'autel de la cathédrale d'Assise, en Italie, étaient frappés de cécité (LABAT et MISSON. *Voy. d'Italie*. t. I. p. 380). Notre-Dame-de-Lorette, avait le même pouvoir contre les impies, car les barbaresques, ayant voulu piller son sanctuaire, furent aveuglés, lorsqu'ils y pénétrèrent (MISSON. *Loc. cit.* p. 323).

Ces crédulités, n'étaient que des rééditions des dires de l'antiquité ; car nous savons : que les impies qui pénétraient dans le temple de Jupiter Lycéens, sur l'Olympe d'Arcadie, étaient frappés de mort (PAUSAN. liv. VIII).

Epytus, fils d'Hypotaus, roi d'Arcadie, ayant eu la témérité d'entrer dans le temple de Neptune, à Mantinée, où il était défendu aux hommes de pénétrer, fut aveuglé par une source d'eau qui lui jaillit au visage ; et mourut bientôt après (PAUSANIAS. liv. VIII. ch. V).

En Egypte, il était défendu, aussi, d'entrer dans certains sanctuaires. Un curieux ayant voulu transgresser cet ordre, vit d'affreux fantômes ; il en fut tellement effrayé, qu'il en mourut en sortant. — Pausanias (liv. X), raconte, d'ailleurs, la même chose, pour le temple de Thitorée, en Phocide.

Les soldats de Xercès, ayant voulu pénétrer dans le temple des dieux Cabires, où il était défendu d'entrer, quand on n'était pas initié, furent frappés de frénésie et se tuèrent (PAUSAN. liv. IX. ch. XXV). — Le même auteur, raconte, aussi, que : précédemment, les habitants de Naupalte, avaient été sévèrement punis, pour la même faute (PAUSAN).

Podanice, prêtresse de Minerve, ayant pénétré furtivement dans le temple de la déesse, pendant la nuit, fut pétrifiée, par la vue de la tête de Méduse (PAUSAN. liv. IX. ch. XXXIV).

Le temple de Salomon était aussi redoutable que ceux de la Grèce et de l'Egypte ; et, avant lui, l'arche des hébreux avait la même puissance, puisqu'un malheureux qui en approcha de trop près, dans un excellent sentiment, d'ailleurs, fut frappé de cécité, pour avoir transgressé l'ordre de Jéhovah, à ce sujet.

TROISIÈME CATÉGORIE. — *Punition de l'impie qui a manqué de respect à la divinité.* — Nous avons vu, par l'aventure du loustic qui se moqua de la barbe de saint Maur, combien les mauvaises plaisanteries sont sévèrement punies, dans l'arsenal des superstitions provençales ; nous trouvons une infinité d'exemples, aussi terrifiants pour les bonnes âmes, dans les récits légendaires d'un grand nombre de pays. Je me bornerai à rapporter les suivants :

Le mari impie de la bretonne. — On raconte : que le mari d'une bretonne qui allait à Notre-Dame de Trégurun, pour avoir du lait, demanda à la vierge d'en avoir, aussi, pour se moquer de la crédulité de sa femme ; il fut bien navré d'être exaucé ; et il fallut qu'il allât faire amende honorable, à la fontaine, pour guérir (*R. d. t.* 1880, p. 325).

Le charretier qui demande du lait. — Un charretier, passant près de la chapelle de Sainte-Marie-du-Chêne, dans la commune de Tregueux, en Bretagne, dit par moquerie : « Voilà donc la chapelle où les femmes vont demander du lait. — Que la vierge m'en donne, à moi. Aussitôt, l'impie eût ses mamelles pleines de lait ; et ce n'est, qu'en faisant un pèlerinage pour obtenir son pardon, qu'il se débarrassa de cette sécrétion (*R. d. l.* 1889. p. 163).

L'impie qui veut avoir du lait. — Un jeune homme de Langon, en Bretagne, s'étant amusé à aller à la chapelle de sainte Agathe, où les femmes vont demander du lait, vit ses seins grossir comme ceux d'une nourrice ; il fut obligé de faire amende honorable à la sainte, pour être débarrassé de cette infirmité (*R. d. l*, 1892. p. 89).

Pendant le moyen âge, les aventures de ce genre, étaient beaucoup plus fréquentes que dans les temps modernes ; et dans les légendes, des *Martyrologes Chrétiens*, des hagiographes de toutes les sectes religieuses, nous voyons toutes les variétés de punitions, être passées en revue. — C'est ainsi, par exemple, qu'un évêque Arien, ayant voulu nuire à la réputation de l'évêque Eugène, qui guérissait les aveugles, miraculeusement, décida un pauvre à simuler la cécité, afin de tromper le public, en s'écriant ; qu'il y voyait, lorsqu'il le toucherait ; mais il arriva : que lorsque cet évêque Arien toucha les yeux de ce malheureux, il fut réellement frappé de cécité ; de sorte que, dans sa douleur, il révéla la supercherie ; ce qui permit à Eugène, de faire un miracle, plus frappant encore (Grég. de Tours. t. i. p. 49).

Un religieux ayant plaisanté, à l'occasion de la main de saint Thomas d'Aquin, qu'on lui montrait dans un reliquaire, eut, aussitôt, la tête enflée comme un tonneau; et ne guérit qu'en faisant pénitence (*Martyr.* de *Simon Martin*, 7 mars). Deux impies, s'étant moqués de saint Fiacre, qu'ils appelèrent : le Saint des gueux, parce qu'une infinité de pauvres malades allaient en pèlerinage dans son église, furent aussitôt frappés de cécité (30 août).

Une femme, ayant voulu se moquer de saint Philippe, de Florence, perdit subitement la parole; et ne la recouvra qu'après s'être repentie (23 août).

Un écolier ayant voulu sauter, irrévérencieusement, sur le tombeau de saint Rigobert, resta boiteux, toute sa vie (4 janvier).

Un cavalier, s'étant moqué de saint Norbert, près de l'abbaye de Gibblon en Brabant, son cheval ne voulut plus avancer; il ne put continuer son voyage, qu'après avoir demandé pardon au saint (5 juin).

La mauvaise humeur qu'on manifeste contre la divinité, peut être punie très sévèrement; c'est ainsi : que pendant qu'on bâtissait la chapelle de N.-D. de Grâces, près d'Agen, un propriétaire se mit à maugréer contre la vierge, dont le sanctuaire allait gêner le coup d'œil dont il jouissait dans sa maison ; mais il devint, aussitôt, aveugle, en punition de sa mauvaise pensée.

Un jour que saint Lanfroy pêchait, une femme acariâtre et jalouse dit entre ses dents : « mais il va épuiser la rivière ». Le saint homme, mécontent, lui répondit : « En punition de la mauvaise parole, tu vas devenir chauve ; et toute postérité te ressemblera (5 juin).

Voici deux variantes qui se rattachent, bien évidemment, à la donnée fondamentale que nous étudions ; et, sur laquelle, une autre pensée : celle de démontrer la réalité des choses que la raison est, *a priori*, portée à révoquer en doute, dans les mystères du culte en vigueur, est venue se greffer : Un jour, que saint Grégoire, pape, donnait des reliques à des étrangers, un d'entre eux, eut des doutes sur leur authenticité ; mais, aussitôt, saint Grégoire ayant pris un couteau, piqua légèrement le linge qui entourait ces reliques ; et il en sortit du sang (12 mars).

Le même saint, donnant la communion à des femmes, en surprit une qui riait de ce qu'il venait d'affirmer, au sujet de la nature de l'eucharistie ; en replaçant le Saint-Ciboire sur l'autel, il se mit à prier, et, aussitôt, les hosties se changèrent en viande (12 mars).

Les divinités du paganisme, n'étaient pas moins chatouilleuses que les saints chrétiens, lorsqu'on se moquait d'elles ; elles savaient, aussi, faire sentir aux impies mal avisés, la puissance de leur colère. C'est ainsi : que Dalphidias, étant allé à Delphes, demanda à Apollon : s'il pourrait retrouver son cheval, or il n'avait pas de cheval ; l'oracle lui répondit : « Tu vas le retrouver, bientôt ; et même, tu mourras, en tombant de dessus lui. Dalphidias s'en alla en riant, mais bientôt après, il rencontra le roi Attale, son ennemi, qui le fit précipiter du haut d'un rocher, qu'on appelait : le Cheval, dans le pays (VAL. MAX t. 1er, p. 74).

Allade, roi des latins, ayant voulu contrefaire le bruit du tonnerre, fut foudroyé par Jupiter.

Amphion, fut condamné à séjourner dans les enfers,

pour s'être moqué de Latone et de ses enfants (PAUSAN. liv. 9, ch. v).

Philippe de Macédoine, ne respectant pas les serments qu'il faisait, au nom des dieux, fut condamné à mourir jeune (PAUSAN., liv. 8, ch. 7).

Théodeste de Cilénie, ayant voulu mêler à ses fables, des traits pris dans les livres divins, fut tout à coup privé de la vue, au dire de Josephe (*Nuits attiques d'Aulu*. GELLE, *trad. par* VERTEUIL., t. 1er, p. 92).

QUATRIÈME CATÉGORIE: *La punition de l'injure faite à la divinité.* — Nous avons vu précédemment, par les faits de: la jambe cassée du Christ, et du bras rompu de l'enfant Jésus, qu'en Provence on croit: que les impies qui se livrent à des sévices contre la divinité, sont sévèrement punis. La même croyance se retrouve dans un grand nombre de pays; elle était bien plus vivace, encore, dans les siècles passés, que dans le nôtre. C'est ainsi, par exemple, que dans les Ardennes, on raconte: qu'en 1793, un nommé Jacquemard, se complaisait à mettre le feu à diverses chapelles rurales; et que, quelques années après, étant à l'affût, dans une cabane de feuillage, le feu prit autour de lui et le carbonisa (MEYRAC, p. 56).

Sans aller chercher les milles faits que l'on rencontre dans les livres de piété, pour la donnée que nous étudions ici, qu'il me soit permis de rappeler : qu'un seigneur auvergnat, ayant voulu passer devant le sépulcre de saint Amable, de Clermont, sans le saluer ; son cheval ne voulut plus marcher, jusqu'à ce qu'il eut rempli son devoir, vis à vis du saint (1er novembre).

Un homme, ayant voulu tuer saint Ambroise, de Milan (7 décembre), son bras fut paralysé aussitôt; phénomène qui arriva pour saint Maixent (Grég. de Tours, t. 1er, p. 101); et pour saint Hospice, dans les environs de Nice (ALLIEZ, *Hist. de Lérins*).

Par ailleurs, saint Germain, d'Amiens, ayant à se plaindre du refus du gouverneur de Bayeux, auquel il demandait la délivrance de quelques prisonniers, frappa du pied le rempart de la ville, en s'en allant, et le fit tomber (2 mai).

Sainte Geneviève, n'ayant pu aller à la messe, parce que sa mère le lui défendait, pria avec ferveur Dieu, qui rendit cette mère aveugle pendant 20 mois, et la fit guérir par la sainte.

Par ailleurs, la légende raconte: que sainte Maxelande, fille d'Hulin, de Cambrai, étant pressée trop vivement par son fiancé, s'enfuit dans une église; mais l'impie, rendu furieux par sa résistance, lui plongea son glaive dans le sein, au moment où elle se prosternait au pied de l'hôtel. Il en fut puni aussitôt, car le sang de la victime lui sauta aux yeux et l'aveugla (13 novembre). La même aventure est rééditée à Cambray. Dans le Nord, une jeune fille qui s'était consacrée à N.-D. de Grâce, fut recherchée en mariage par un noble, du nom de Hartwin; et, comme elle refusait, il se mit en colère, la poursuivit et la frappa de son glaive; mais une goutte de sang de cette jeune fille, lui jaillit dans les yeux, et l'aveugla.

La colère de la divinité, se manifeste, non seulement, lorsqu'on l'injurie directement, mais encore lorsqu'on injurie ses ministres, ou qu'on viole ses temples. C'est ainsi; que le comte Raymond V, de Toulouse, ayant prié l'évêque de Cavaillon de l'attendre pour dire sa messe, et, n'ayant pas été obéi, lui lança un coup de pied ; il eut, aussitôt, la jambe paralysée, ce qui exigea son pèlerinage au tombeau de saint Véran (COURTET, *Diction. de Vaucluse*, p. 140). Le même fait, est raconté de la même manière, pour une aventure arrivée entre saint-Quirin et Mammolus (*Loc. cit.*); de sorte qu'il est bien possible, que, pas plus un cas que l'autre, ne soient réels. Quelque chose d'analogue, est rapporté dans une histoire de la ville d'Ébreuil (*Moulins, 1863*, abbé BOUDANT). Les moines Bénédictins, fuyant les francs, portaient les reliques de saint Léger et de saint Maixant ; ils demandèrent au roi Charles-le-Simple, un peu de terre pour y bâtir un monastère, mais le roi refusa brutalement ; et, même, donna un soufflet au prieur ; mais sa main fut aussitôt paralysée ; elle ne reprit sa force, que lorsqu'il eut fait largement droit à la demande des Bénédictins.

L'impie puni par saint Julien. — Deux jeunes gens, se prirent, un jour, de querelle et tirèrent l'épée. L'un d'eux, pour échapper à la mort, se précipita dans l'oratoire de saint Julien, et referma la porte sur lui, en invoquant le saint. L'autre, saisit cette porte pour l'ouvrir, mais il ressentit, aussitôt, de si terribles douleurs, qu'il fut obligé de tout lâcher (GRÉG., de Tours. t. II. p. 329).

La punition des violateurs du tombeau de saint Narcisse (an 1289). — « Un autre prodige, non moins miraculeux et notable, advint le huict du septième mois, en ceste sorte : Après que Géronde, eut esté prise par

Charles, quelques patentaires et soldats insolents atten-
tèrent assez irrévéremment de violer la sépulture de
saint Narcisse, personnage qui embrassa très constamment le martyre pour la foy. Car il avoit esté evesque
de Geronde, où son corps repose encore précieusement
gardé et véneré. Mais comme profanants ceste saincte
relique, ils voulurent commencer d'estendre leurs
sacrilèges mains sur l'urne sacrée qui la contenoit,
voicy sortir et deshonter une espaisse et bruyante
nuée de mouches à miel avec telle roideur, furie et
bourdonnement, qu'en cest instant tout le camp en
estant assailly et infecté, on cuyda estre defaict : tellement qu'après la mort enragée et douloureuse d'infinis
soldats qu'on voyait enfler comme boules et tanolés du
venin que portent les piquerons de ces petites dragon-
nes, tout le reste de l'armée fut contraint de prendre
la fuite et quitter ceste entreprise attentée contre le
saint (NOSTRADAMUS, 3e partie, p. 288).

Les Sarrasins, ayant pillé le couvent de saint Placide,
près de Messine, furent atteints par une tempête
furieuse qui les submergea (5 octobre).

Ici, comme d'habitude, nous nous trouvons, soit pour
les aventures des temps modernes, soit pour celles du
moyen âge, en présence de crédulités antiques, il ne
sera pas difficile de le prouver. A Rome, par exemple,
on racontait : que le consul Varron, étant édile, avait mis
en faction dans le temple de Jupiter, pendant une fête, un
jeune comédien efféminé; et que Junon, jalouse de cette
violation de ses droits d'épouse, fit battre Varron par les
carthaginois (an de Rome 533. VALÈRE. *Maxim.* l. t. p. 13).

Apule, jeune berger de Lavinie, s'étant permis d'insulter des nymphes, dans une grotte consacrée à Pan, fut frappé de mort, et métamorphosé en olivier sauvage.

Sylla, ayant offensé Minerve, en faisant tirer de force Aristion, réfugié près de son autel, fut frappé d'une maladie repoussante (PAUSAN, *Attique*, ch. 28).

Le censeur Appius, ayant fait vendre des Potitiens attachés au culte d'Hercule, mourut peu après; et perdit plus de trente personnes de sa famille, dans la même année (VAL. *Max.* t. r. p. 49).

En Grèce, diverses aventures tragiques n'eurent pas d'autre cause : que la colère de la divinité mécontente, si nous en croyons les historiens de l'antiquité. Et toutes les variantes que l'on entend raconter dans les temps modernes, se retrouvent dans le vieux monde hellénique. C'est ainsi, par exemple, que Salmonée, qui était violent et impie, ayant pris l'habitude d'invectiver Jupiter, dans ses moments de colère, fut frappé par la foudre de Jupiter irrité (DIODORE, de Sicile, liv. IV. § 68).

Après avoir tué le serpent Python, Apollon et Diane vinrent à Egialée, pour se faire purifier; mais, les habitants ne les ayant pas reçus avec la déférence qui leur était due, ils furent obligés de passer en Crète. Or, avant de partir, ils envoyèrent une épidémie de peste à Egialée (PAUSAN *Corinthe*. ch. VII).

Le même Apollon, ayant eu ses statues renversées par les perses, lors de la prise de Delos, frappa de cécité, l'impie qui en avait jeté une à la mer; et fit arriver de grands malheurs à Ménophane et à Mithridate (PAUSAN. liv. III. ch. XXIII).

Antiope, ayant manqué de respect à Bacchus, perdit la raison (PAUSAN, liv. x. ch. XXXII). Penthée, ayant profané les mystères de ce Dieu, fut puni terriblement (PAUSAN liv. IX. ch. V). Les macédoniens d'Alexandre, ayant violé le temple des dieux Cabires, à Thèbes, furent frappés de cécité. Tmolus, roi de Lydie, ayant poursuivi Acriphé, jusque dans le temple de Diane, pour lui faire violence, fut tué par un taureau furieux. Des patiniens ivres, ayant tué un prêtre de Bacchus, le dieu envoya une maladie épidémique sur cette ville (PAUSAN. liv. IX. ch. VIII).

Pendant le sac de Troie, Ajax ayant violé Cassandre, dans le temple de Minerve, la déesse dispersa la flotte des grecs, et la fit errer, longtemps, sur les mers (PAUSAN. AII. ch. XV.) Hippomène, ayant souillé le temple de Cybèle, en y violentant Atalante, mourut, ou fut changé en bête féroce. Philippe de Macédoine, ayant offensé les dieux, en brûlant leurs temples, fut battu par ses ennemis (DIOD. Sicile t. IV. p. 345). Attalus, ayant commis le même crime, à l'égard d'Esculape, eût son armée décimée par la dyssenterie; et perdit sa flotte, dans une tempête (DIOD. de Sicile. t. IV. p. 390).

Lorsque Pyrrhus, fut tué par une femme, au siège d'Argos, on dit : que c'était Cérès, qui avait dirigé le bras, pour punir l'impie, qui attaquait une ville placée sous sa protection (PAUSAN. Attique). Les phocéens ayant été impies vis-à-vis d'Apollon, furent terriblement punis, de diverses manières (PAUSAN. liv. x. Phocéens).

Diane, fit dévorer Actéon par ses chiens, pour le punir de son indiscrétion. Cérès, fit mourir de faim Eresichton, fils de Driops, qui avait détruit des forêts sacrées. Allyrothius, fils de Neptune, voulant faire de la peine à Minerve, résolut de couper les oliviers des environs d'Athènes; mais, au premier coup de hache qu'il donna, il se blessa mortellement. On dit la même chose, au sujet de Lycurgue, quand il voulut couper les vignes de la Grèce. Coanilius, ayant mis le feu à un bois consacré à Apollon, qui avait enlevé sa sœur Mélie, fut tué par le dieu (Pausan. liv. IX. ch. X). Psammathée, fille de Crotopus, roi d'Argos, ayant exposé dans les champs, un enfant qu'elle avait eu d'Apollon, le dieu s'en vengea, en faisant mourir tous les enfants de naissance de la contrée (Pausanias. Attique. ch. XLIII.)

On disait, qu'Orphée, avait été tué, d'un coup de foudre, pour avoir révélé les mystères sacrés à des profanes (Pausan. liv. IX. ch. XXX).

Daphnis, qui jouait admirablement de la flûte, fut aimé de Diane, qui lui accorda ses bonnes grâces, mais le prévint : que si, jamais, il lui était infidèle, il deviendrait aveugle. — Or, un jour, Daphnis jouant de la flûte devant la fille d'un roi, la charma; elle l'enivra; et, comme pendant son ivresse, il trahit ses promesses de fidélité à la déesse, il fut, incontinent, frappé de cécité (Diod. de Sicile. t. I. p. 357).

En Egypte, les mêmes crédulités avaient cours Hérodote (t. I. p. 193), raconte : que le pharaon Phéron, ayant lancé un javelot contre le Nil débordé, fut aussitôt puni de cécité. Disons, en passant, que c'est ce pharaon qui devait être guéri, en lavant ses yeux avec l'urine d'une femme restée toujours fidèle à son mari, et qui ne trouva cette guérison qu'avec les plus grandes difficultés. Cambyse, ayant tué le bœuf Apis, pour montrer aux égyptiens : que leur religion était absurde, se fit une blessure mortelle, avec le même sabre, en montant à cheval (HÉROD, liv. III, ch. v).

CINQUIÈME CATÉGORIE. — *La punition du vol commis au préjudice de la divinité.* — Les vols commis au préjudice de la divinité, atteignant, tout directement, la fortune de ses ministres, devaient être punis, très sévèrement, par la vindicte surnaturelle ; nous ne serons, donc pas étonnés de voir les exemples les plus variés de cette punition.

Pendant l'année 1789, une bande de paysans détruisit le couvent des Jérômistes, dans les Ardennes. L'un d'eux s'étant servi des pierres de ce couvent pour bâtir sa maison fit placer à sa porte la marche du seuil de la porte de la chapelle ; mais la première fois qu'il entra dans sa maison il glissa et se cassa la jambe. On raconte dans le pays, que lorsque la procession passait devant cette maison, la toiture tremblait et que le jour anniversaire du sacrilège toutes les vaches de la commune venaient beugler, lamentablement, devant cette maison maudite (*Meyrac*, p. 323).

Pendant la même révolution, un habitant les Ardennes déroba la statue de saint Mame, sous le prétexte de la soustraire aux injures des révolutionnaires ; mais il eut des apparitions si terrifiantes, pendant son sommeil, qu'il fut obligé d'aller replacer la statue dans sa chapelle.

Un bûcheron, voulait abattre un arbre dans lequel il y avait une niche contenant: la Vierge et l'Enfant-Jésus, en terre cuite. Au premier coup de hache, les deux têtes tombèrent par terre, et le bûcheron effrayé se hâta de les remettre en place ; elles se recollèrent, aussitôt, d'une façon si merveilleuse, qu'on ne put plus voir, désormais, la trace de la cassure.

Un homme, voulant faire tomber une statue de la vierge, pour la dérober, lui attacha une corde au cou ; il ne pût : que lui tordre un peu la tête ; tous les enfants qu'il eut avaient la tête tournée de la même manière (DESSAIX, *Lég. de la Haute-Savoie*, p. 70).

Dans le Berry, on raconte: qu'un paysan, ayant rompu, par vaillantise, le bras d'une statue qu'il voulait voler, fut, bientôt, tellement torturé de douleurs dans son propre bras, qu'il se décida: à aller faire amende honorable, au saint qu'il avait outragé.

Un turc ayant tiré sur la vierge, qu'il ne pouvait enlever, sa main se sécha aussitôt (SPON, t. II. p. 92).

Lorsque Marguerite de Liré, qui possédait le saint Suaire, alla en Savoie, pour voir son gendre, des voleurs la dévalisèrent ; mais lorsqu'ils voulurent toucher à la relique, leurs mains se couvrirent de sang, et furent frappées de paralysie (MILLIN, *loc. cit.*, t. Ier, p. 206).

Le jour de la fête de saint Polycarpe, à Riom, le diacre prit le Saint-Ciboire plein d'hosties consacrées ; mais, comme il avait, probablement, la conscience impure, le ciboire s'échappa de ses mains, et vola, seul, jusqu'à l'autel (G. DE T., t. II, p. 323).

Sur le mont Alverne, en Toscane, il y a un couvent de cordeliers, près duquel se trouve une grotte sacrée. La règle du couvent prescrivait aux religieux : d'aller prier, toutes les nuits, dans cette grotte ; or, une nuit, il faisait un tel ouragan que, d'un commun accord, ils s'exemptèrent de ce devoir ; le lendemain matin, ils virent, sur la neige, la trace de toutes les bêtes féroces des environs qui, voyant que les moines manquaient à leurs devoirs, étaient allées faire leurs dévotions, à leur place, dans la grotte (LABAT *Voy. d'Ital.*, t. VI, p. 228).

Pendant le moyen âge on croyait encore, plus que de notre temps, à ces aventures merveilleuses. Grégoire, de Tours (t. II, p. 320) raconte : qu'un soldat de Sigebert, ayant voulu détacher, avec sa lance, une colombe d'or, qui était sur le tombeau de saint Denis, pour la voler, tomba et se tua. Un officier breton, ayant enlevé un baudrier doré, mis comme *ex-voto*, sur la tombe de saint Nazaire, se brisa la tête contre le linteau de la porte, en sortant (GRÉGOIRE, de Tours, t. II, p. 318).

Le comte Eudes, ayant enlevé l'argent des moines d'Essonne, tomba malade ; il ne put guérir, qu'après la restitution. — Un pèlerin, ayant voulu dérober un morceau de la robe de J.-C., à Argenteuil, fut malade ; et mourut, d'après les uns ; ne put guérir, qu'après restitution, d'après les autres.

La punition de l'impie, se manifeste, parfois, sous une forme intéressante à signaler : la terre ou l'eau repousse le malfaiteur avec horreur.

Un moine de saint Berchaire, de Reims, ayant tué son supérieur, d'un coup de couteau, jeta son arme ensanglantée dans un étang; mais l'eau rejeta le couteau sur la terre (*Mart. rom.*, 16 octobre).

Deux frères, se disputant pour la propriété d'un lac, saint Grégoire, le thaumaturge, fit le signe de la croix, et le lac fut aussitôt desséché (*Martyr. romain* 17 novembre).

Les chrétiens d'Orient ont les mêmes crédulités que ceux d'Occident, touchant la punition des impies.

Dans les environs de la grotte de saint Élie, à Djouaré-kad, en Géorgie, les arbres sont sacrés, et la crédulité publique est persuadée que celui qui les couperait, serait aussitôt aveuglé.

Quelque nombreux que soient ces miracles de l'histoire moderne et du moyen âge, ils ne sont, soit comme nombre, soit comme variété, que peu de chose, relativement à ce qui était raconté dans l'antiquité, les histoires grecques, romaines, égyptiennes, syriennes, etc., etc., en sont pleines, peut-on dire ; et je n'ai que l'embarras du choix, pour en citer quelques-unes, entre mille.

Pyrrhus ayant enlevé une somme d'argent, au trésor du temple de Proserpine, fut atteint par une tempête qui fit échouer ses vaisseaux sur la plage voisine du temple de la déesse; et tout fut perdu, excepté la somme d'argent, qu'on retrouva, toute entière, et qu'on rendit à la déesse (VAL. MAX, t. Iᵉʳ, p. 16). Q. Pléminius, ayant pillé le même temple, fut mis en prison et mourut d'une maladie horrible (VAL. MAX, t. Iᵉʳ, p. 16). —

Fulvius Flaccus, ayant enlevé les marbres du temple de Junon Lacinienne, pour orner celui qu'il faisait bâtir, à Rome, devint fou, et mourut, d'une manière prématurée (VAL. MAX, t. 1er, p. 15).

Les bœufs de Lampetie. — Lampetie, fille du soleil, gardait, avec sa sœur Phœtuse, les troupeaux de son père, en Sicile. Ulysse, jeté par la tempête sur les côtes de cette île, avait grand faim ; aussi, fit-il tuer, par ses compagnons, quelques bœufs de ces troupeaux, pour les manger. Mais, voilà que, tout à coup, les peaux de ces bœufs, se mirent à marcher ; et les chairs, qui étaient à la broche, se mirent à mugir. Celles qui étaient déjà cuites, mugissaient aussi ; bref, ce fut un prodige si étrange, qu'Ulysse effrayé, s'embarqua, sans retard, et abandonna le festin qu'il avait préparé ; ce qui ne l'empêcha pas, de subir, de nouveau, une terrible tempête, dans laquelle, ceux de ses compagnons, qui avaient touché aux bœufs du soleil, furent noyés.

Les santons arabes ont autant de pouvoir que les saints chrétiens, pour punir les impies. C'est ainsi : que la chamelle de Sidi-Aïssa, ayant été volée par les gens du Demmed, le saint la réclama : mais les impies lui dirent : « Si tu es un saint, montre nous-le : en nous donnant une source, et nous te rendrons la chamelle. » Sidi-Aïssa déplaça un rocher ; et, aussitôt, une superbe source jaillit ; mais, les impies n'ayant pas voulu lui rendre la chamelle, il remit le rocher en place, et la source tarit (*Alg. trad.,* t. I, p. 70).

Le bey d'Alger, ayant voulu prélever la dîme sur les récoltes du marabout Sidi-Ali-Embareck, les chameaux, qui rapportaient le blé, mirent le feu, avec leur souffle, dans les greniers ; et il fallut, aussitôt, rendre le blé au saint homme (*Alg. trad.*, p. 113).

Un impie, ayant voulu couper le cèdre qui abritait la tombe de Sidi-Mahomet, marabout, des Amchouch, près Blidah, en Algérie, vit sortir du sang de l'arbre, au premier coup de hache qu'il donna ; et, comme il ne fut pas arrêté par ce prodige, au dernier coup de sa hache, l'arbre, en tombant, lui coupa les deux jambes ; d'autres impies, s'étant attaqués à cet arbre, s'abbatirent, soit un bras, soit une jambe, en croyant frapper le tronc sacré avec leur hache (TRUMELET, p. 47 et 48).

Un infidèle, ayant tiré sur un oiseau qui s'était perché sur un arbre consacré à Sidi-Rérib, dans le djebel Beni-Salah, perdit l'œil qui avait visé (TRUMELET, p. 270).

Le gouverneur de Blidah, ayant frappé Sidi-Krouïder de son bâton, eut aussitôt le bras paralysé (TRUMELET, p. 253).

Le sacrilège qui déroberait quelque chose au tombeau de Sidi-Ben-Hadjadjat, aurait aussitôt le bras desséché (TRUMELET, p. 179).

Les pèlerins musulmans qui se rendent à La Mecque, laissent leurs objets précieux en dépôt, près du tombeau d'Ezechiel, on ne dérobe jamais rien en cet endroit ; et la légende dit : qu'un impie ayant voulu y voler, fut frappé de cécité.

Comme toujours, l'antiquité nous fournit des exemples, remarquables, et non moins saisissants pour les crédules, de la donnée qui nous occupe.

Pendant le sac de Carthage, un soldat ayant voulu dérober la tunique d'or, qui recouvrait la statue d'Apollon, ses mains restèrent attachées à ses lambeaux (VAL. MAX, t. 1er, p. 15).

Pleminius, lieutenant de Scipion, ayant pillé le trésor de Proserpine, à Locres, mourut d'une manière lamentable (*Diod. de Sicile*, t. IV, p. 339).

Turullius, lieutenant d'Antoine, ayant fait couper le bois sacré d'Esculape, pour la construction de ses vaisseaux, fut vaincu, peu après, par César et tué dans le bois même (VAL. MAX, t. 1er, p. 14).

Des soldats romains, pillant le temple d'Apollon, à Sélemie, ouvrirent un caveau, qu'ils croyaient plein d'or ; et d'où il sortit des vapeurs pernicieuses, qui engendrèrent une terrible épidémie dans l'armée romaine.

Un homme, étant entré dans l'antre de Dictée, pour y dérober le miel des abeilles consacrées à Jupiter, fut foudroyé aussitôt.

Le fils de Crius d'Eubée, ayant voulu piller le temple d'Apollon, fut tué par le dieu (PAUSAN. liv. x. ch. VI).

Onomarque, chef des phocéens, ayant dérobé des richesses sacrées, fut jeté à la mer par ses propres soldats (PAUSAN. liv. x. ch. II).

Un soldat de Démétrius, étant entré dans l'antre de Trophonius, pour en dérober les richesses, fut tué incontinent (PAUSAN. liv. IX. ch. XXXIX).

Les impies qui dérobaient les poissons de l'étang consacré à Neptune, près d'Aïghiaï, en Laconie, étaient frappés de mort ou transformés en poissons (PAUSAN. *Lacon*).

Les scythes, ayant pillé le temple de Vénus, à Ascalon, furent frappés par une maladie contagieuse (HÉRODOTE. t. I. p. 65).

Ménophane, général de Mithridate, ayant pillé le temple de Délos, fut assailli par une tempête et se noya.

Archidame, ayant pillé le temple de Delphes, fut tué, peu après ; et son corps resta sans sépulture (PAUSAN. *Lacon*. t. II. p. 47.

Les Amazones, ayant voulu combattre Achille, prirent des matelots à leurs gages ; et, en abordant dans l'île de Pénée, elles leur commandèrent d'abattre les arbres sacrés, qui entouraient le temple. Mais, le fer des haches, au lieu d'entamer les arbres, se retourna vers les impies, et leur fendit la tête (PHILOTRASTE. *Heroii. in Achill. c. 20*).

Les corinthiens, ayant mis à mort les enfants de Médée, qui apportaient des présents empoisonnés à Glaucé, furent désolés par une épidémie. qui faisait mourir tous leurs enfants (PAUSAN. *Corinth*. chap. III).

Les soldats d'Alexandre, qui essayèrent de piller le temple de Cérès, lors de la prise de Milet, furent frappés de cécité (VAL. *Max*. t. I. p. 19).

Agathocle, ayant été chargé de construire un temple pour Minerve, déroba les plus belles pierres, pour bâtir sa maison, mais il fut frappé, peu après, par la foudre ; et mourut dans sa maison incendiée (DIOD., de Sicile. t. II, p. 95).

J'ai raconté, en parlant des bêtes dévotes, qu'un scélérat, ayant volé le trésor des Delphes ; et, l'ayant caché dans une caverne, fut dévoré par un loup, qui alla informer les habitants de la ville, de l'aventure, et leur permit de rentrer en possession de ce trésor (PAUSAN. liv. X. *Phocède*).

Pendant le sac de Délos, un soldat jeta la statue d'Apollon à la mer, il en fut puni d'aveuglement, ai-je dit, précédemment. Mais ce qui nous intéresse ici, c'est que : cette statue, fut portée miraculeusement, par la mer, jusqu'au rivage des Bœates, où elle fut recueillie pieusement, par les habitants (PAUSAN. liv. III. ch. XXIII).

Battus, roi des cyrénéens, fut un bon roi, mais ses successeurs s'écartèrent de son exemple ; et Arcésilaüs fut accablé de maux. Il envoya demander à l'oracle de Delphes, comment il pourrait guérir, et Apollon répondit : que ce serait, en revenant aux bonnes œuvres de Battus (DIOD. de Sicile. t. II. p. 103).

La légende juive, raconte : que lorsque le Pharaon voulut s'emparer de Sarah, femme d'Abraham, son bras fut paralysé.

La donnée de l'eau qui refuse de prêter son concours à l'impie, se rencontre dans l'antiquité, tant chez les grecs que chez les hébreux.

Le fleuve Hélicon, arrivé à un certain endroit de son cours, entrait sous terre, pour ressortir plus loin. La légende disait : que, jadis, son lit n'avait pas d'interruption, mais qu'un jour des femmes qui avaient tué Orphée, ayant voulu se purifier dans ses eaux, il s'était caché sous terre (PAUSAN. IX. ch. XXX).

Une femme, de Jéricho, qui avait tué ses enfants, voulut se baigner dans le Jourdain, mais l'eau du fleuve se retira devant elle (*C. d. t.*, t. II. p. 324).

20

SIXIÈME CATÉGORIE. — *L'impie effrayé par la divinité outragée.* — Pour mieux entraîner la conviction, dans les récits merveilleux qu'ils faisaient, des manifestations de la colère de la divinité, les conteurs de légende, ont épuisé toutes les variétés de l'extraordinaire; à côté de l'idée de l'impie, qui se blesse ou qui qui se tue lui-même, ou qui est tué, miraculeusement; devait se placer celle: où cet impie est effrayé, d'une manière surnaturelle.

Près de Dax, dans les Landes, on dit qu'en 1793, lorsque les révolutionnaires voulurent démolir l'autel de Notre - Dame - de - Buglose, ils entendirent: le bruit qu'Héliodore entendit, lorsqu'il voulut profaner le temple de Jérusalem.

A Lille, il y a une statue de la vierge qui effraya, ainsi, les ennemis, qui allaient entrer en ville, pour piller les églises et violenter les catholiques.

En Espagne, les sarrasins furent éloignés, de la même manière, de dix endroits différents, par: la Vierge, saint Jacques, saint Georges, etc., etc.

A Messines, en Belgique, on raconte: que trois jeunes paysannes, très pieuses, étaient sur le point d'être violées par des soldats; et qu'elles invoquèrent la Vierge. Aussitôt, la terre s'ouvrit sous les pas des impies, qui en furent si effrayés, qu'ils allèrent se faire ermites, au fond des bois.

En Italie, la même chose est arrivée, puisque sainte Claire chassa, en leur montrant le saint sacrement, les sarrasins qui allaient piller les églises d'Assise (12 août).

Les mêmes faits, se produisaient déjà dans les temps

antiques. Les bœufs de Lampétie dont les morceaux effrayèrent tant les compagnons d'Ulysse, en sont une preuve que j'ai déjà indiquée.

Au moment où les perses voulurent piller le temple de Delphes, ils furent effrayés par divers prodiges (HÉRODOTE. t. II. p. 291). — Même chose, lorsque les gaulois voulurent dévaliser ce sanctuaire.

Les perses qui voulurent dévaster le temple de Diane, près du mont Géranion, en Attique, furent effrayés, on le sait, en croyant entendre des bruits sinistres ; ils épuisèrent leurs flèches contre des rochers, et se livrèrent, ainsi, sans défense à la colère des Mégariens (PAUSAN. *Attique*).

Alexandre Zabbinas, ayant pillé le temple de Jupiter, fut poursuivi par des terreurs incessantes (DIOD. de Sicile. t. IV. p. 410).

Les soldats de Xerces, commandés par Mardonius, étant entrés dans le temple des dieux Cabires, furent frappés de frénésie ; et, se jetèrent dans la mer, ou se précipitèrent du haut des rochers (HÉRODOTE).

Lorsque les Amazones, virent que leurs matelots étaient tués par leur propre cognée, au moment où ils voulaient couper les arbres sacrés, elles coururent vers le temple, pour le détruire ; mais les chevaux, effrayés par la divinité, se cabrèrent et les écrasèrent ; en même temps, une tempête brisa leurs vaisseaux (PHILOSTRATE, *héroic, in Achill*, c. 20).

SEPTIÈME CATÉGORIE. — *L'impie qui ne peut profiter de sa mauvaise action.* — J'ai parlé précédemment: des poules du prieur de Saint-Mandrier, que des matelots imples furent obligés de rendre, par le fait d'un prodige qui montrait la colère du saint; des exemples pareils, sont innombrables, dans les contes de bonnes femmes de tous les pays, et de tous les temps.

Des voleurs, ayant dérobé du pain, à saint Etienne de Grandmont, en Auvergne, ne purent jamais parvenir à le couper, et furent obligés de le lui rendre (8 février).

Des impies ayant dérobé, soit un cheval à saint Odilon (janvier); soit des objets sacrés, dans le couvent de sainte Opportune, de Séez (22 avril); soit un bœuf au monastère de Saint-Lomer-de-Chartres (19 janvier); soit un cheval à saint Germain, d'Auxerre (31 juillet); soit un bœuf à saint Ermelain (23 mars); soit un cheval à saint Julien (Grég., de Tours, t. II, p. 379); soit des poules d'une dévote de saint Serge (Grég., de Tours, t. II, p. 325), marchèrent toute la nuit, ou pendant, même, plusieurs jours, sans pouvoir s'éloigner de l'endroit où ils avaient commis leur mauvaise action; et furent obligés d'abandonner leur butin, pour pouvoir s'en aller.

D'autres fois, le prodige se manifeste d'une manière différente : l'objet enlevé frauduleusement devient tellement lourd, que le voleur ne peut plus l'emporter. Millin rapporte un fait de ce genre, à propos du vol d'un ostensoir, en argent, fait à l'église d'Exilles, en Savoie, en 1453 (MILLIN, Voy. en Ital., t. Ier, p. 214).

Grégoire de Tours, raconte : que l'église de Narbonne, empêchant Alaric de voir, de la fenêtre de son palais, la plaine de Linière. Ce roi commanda d'abaisser la hauteur de la basilique; mais, peu après, il devint aveugle, et ne put jouir du coup d'œil qu'il avait désiré (Greg. de Tours, t. II, p. 323).

Les variantes suivantes, sont, aussi, à enregistrer : Un moine de saint Sulpice, de Bourges, ayant voulu jeter le froc aux orties, ne put jamais s'éloigner de son couvent (17 janvier).

Un père, qui courait après sa fille résolue à entrer au couvent de sainte Brigide, d'Écosse, fut immobilisé avec son cheval, par un signe de croix de la sainte (1er février).

Un lièvre, poursuivi par des chasseurs, étant venu se réfugier dans les plis de la robe de saint Marculphe, de Nanteuil, put s'échapper, parce qu'un signe de croix du saint, immobilisa les chasseurs et leurs chiens (1er mai).

Les santons arabes n'ont pas voulu rester en arrière, dans l'ordre d'idées qui nous occupe en ce moment.

Un voleur ayant dérobé un bœuf, ne put sortir de la vallée, parce que la montagne se plaçait toujours devant lui ; il ne put en finir, qu'en faisant hommage du bœuf à Sidi-el-Rérib ; et tomba mort aussitôt après (TRUMELET, p. 284).

Le fils de Sidi-Koûider s'étant embarqué sur un corsaire, malgré le désir de son père, fut assailli par un mauvais temps, qui ne cessa que lorsque le capitaine l'eut débarqué (TRUMELET, p. 259).

J'ai parlé, ailleurs, des sandales de Sidi-Ferruch (*Légendes de la Provence*), je pourrais en citer un grand nombre qui n'apporteraient aucune variante nouvelle à l'idée fondamentale.

Les mêmes contes se retrouvent dans les pays les plus divers. Au Japon, par exemple, des voleurs ayant dérobé un instrument de chasse, qu'un dévot avait consacré, dans une pagode, sous forme d'ex-voto, le trouvèrent, tout à coup, en traversant une rivière, si lourd, qu'ils furent obligés de le laisser tomber; et cet instrument, dont le nom est kama, pénétra si avant, dans le sol, qu'il donna naissance au gouffre le Kamagasull.

Dans les temps antiques, la donnée qui nous occupe, avait déjà été formulée, car Athénée nous raconte que des argiens, désireux de posséder la statue de Junon, de Samos, la firent dérober par des corsaires; mais le bateau des voleurs resta immobile, malgré leurs efforts; de sorte qu'ils furent obligés de débarquer la statue sur la plage, pour pouvoir s'en aller. — Bacchus, enlevé par des pirates, les punit d'une manière plus sévère encore.

HUITIÈME CATÉGORIE. — *Punition d'outre-tombe.* — Pour épuiser la gamme des variantes, dans le champ des récits merveilleux: de la punition infligée aux impies, par la divinité courroucée, il fallait avoir des aventures d'outre-tombe, ou bien: des punitions infligées aux descendants de ceux qui avaient commis la faute; les exemples ne manquent pas pour cette donnée.

Une fausse dévote, avare, avait fait enterrer son or avec elle; mais on entendit des cris de douleurs dans sa tombe, et l'évêque reconnut, en faisant ouvrir le cercueil, que l'or s'était fondu, et avait pénétré dans la bouche de la morte, avec une flamme sulfureuse (GREG. de Tours, t. II, p. 326).

Un homme, coupable de plusieurs forfaits, ayant voulu se faire ensevelir dans l'église de Saint-Vincent, de Toulouse, son corps fut projeté, à deux reprises différentes, hors du temple pendant la nuit (Greg., de Tours, t. II, p. 324).

La punition des fautes du père sur sa postérité, se rencontre dans mille aventures merveilleuses.

Denis, tyran de Syracuse, ayant pillé le temple de Proserpine, à Locres; et étant favorisé par un très beau temps, à son retour, disait en plaisantant, à ses amis : « Vous voyez que la déesse nous protège ». Il parut, en effet, ne pas être puni de ses forfaits, pendant sa vie, mais son fils expia les fautes du père (Val. Max., t. 1er, p. 17).

Lorsque la résurrection d'un mort est nécessaire à la restitution d'un bien mal acquis, ou à l'expiation d'une faute, elle s'accomplit, au dire des conteurs, qui ne sont pas embarrassés pour faire revenir les gens de l'autre monde, dans leurs aventures merveilleuses. — Une jeune fille, qui avait reçu un joyau de prix, en dépôt, étant morte, sans pouvoir le rendre, saint Spiridon, de Chypre, lui fit révéler le lieu où ce joyau était caché (14 décembre). Saint Donat, fit quelque chose d'analogue (7 août). Saint Stanislas de Cracovie, ayant acheté un morceau de terre à un homme, dont les héritiers lui contestèrent la propriété, fit ressusciter le mort, pour affirmer la réalité de la vente (7 mai).

Saint Donat, ressuscita un mort pour confondre un créancier qui réclamait, à tort, de l'argent à sa femme (7 août); saint Macaire en ressuscita un autre, pour éviter la condamnation d'un innocent (25 janvier).

Les anciens savaient ressusciter les morts, aussi bien sinon mieux, que les modernes. Apollonius de Thyane (*Trad.* CHASSANG. p. 124), touché de la douleur d'un jeune homme qui avait perdu sa fiancée, ressuscita la jeune fille.

NEUVIÈME CATÉGORIE. — *Métamorphose infligée comme punition.* — Une des plus curieuses formes de la punition de l'impie, est celle de sa métamorphose en bête, en pierre, etc., etc. Pour ne pas donner trop de longueur à cette étude, je me bornerai à citer les exemples suivants :

J'ai dit ailleurs : que les provençaux racontent que les juifs ne mangent pas de porc, parce que Jésus-Christ changea en animal de cette espèce, un mauvais plaisant qui s'était caché dans un pétrin, et qui contrefaisait le cri du cochon.

Les kabyles d'Algérie, disent : que les tortues sont des tailleurs, qui avaient l'habitude de dérober du drap à ceux qui leur commandaient des vêtements. Un jour, ils volèrent, ainsi, un saint homme, qui appela sur eux la vengeance divine. Les tailleurs infidèles, furent changés en tortues ; et la couleur des divers morceaux de drap qu'ils avaient dérobés, se trouva reproduite sur leurs écailles (TRUMELET. p. 59).

Les arabes disent : que les chacals, sont des cordonniers qui avaient vendu de mauvaise marchandise, pour tromper un saint homme ; et qui furent changés, ainsi, par l'influence de la prière.

Les kabyles de l'Algérie disent : que les singes sont des marabouts, qui étaient irreligieux, et qui gaspillèrent l'argent qu'on leur avait confié, pour faire des aumônes (TRUMELET. p. 59).

Les juifs d'Aïla changés en singe. — Le Coran raconte : que les juifs d'Aïla furent changés en singes, parce qu'ils avaient transgressé les ordres de Dieu, touchant le Sabbat (TRUMELET. p. 48).

Les armuriers changés en porcs-épics. — Les armuriers du roi David, ayant inventé la cotte de maille, préférable à la cuirasse, le grand roi leur donna une récompense, en leur faisant jurer de garder le secret sur leur invention ; ils le promirent en disant : « Que notre poil soit changé en flèches, si nous nous parjurons. » Oubliant leur serment, ils divulguèrent le secret, et furent changés en porcs-épics.

Dans l'antiquité grecque et romaine, cette donnée était couramment formulée. On n'a qu'à jeter les yeux sur les *Métamorphoses,* d'Ovide, l'*Odyssée.* Les *Mythologies* grecque, romaine. Les récits: des égyptiens, des babyloniens etc., etc., en fourmillent aussi.

DIXIÈME CATÉGORIE. — *Mort de l'Impie.* — Une forme très saisissante de la punition de l'impie, est, naturellement, sa mort. Aussi se rencontre-t-elle souvent.

Un breton, monta sur l'autel d'une église, pour dérober une pierre précieuse de la couronne de la Vierge. Mais, la statue remua, et le fit tomber si cruellement, qu'il en mourut (DE BARANTE, *Ducs de Bourgogne.* t. 1. p. 320).

Les faux témoins, étaient frappés de mort, sur la tombe de saint Pancrace (*Mart. Rom.* 12 mai).

On allait jurer sur le tombeau de saint Félix, près de Hol; et les parjures y étaient cruellement punis, par la vengeance divine (*Mart. Rom.* 14 janvier).

Les boukariens, racontent: que les ennemis de Jésus (IsaÏ) ayant voulu le tuer, envoyèrent un assassin dans la chambre où il se trouvait; mais cet assassin ne le trouva pas; comme ce malfaiteur s'attardait, dans la maison, un second entra; et, croyant voir Jésus, le tua; un troisième vint tuer le second, etc., etc., tous y passèrent, parceque Jésus leur avait donné son apparence, et qu'ils furent, ainsi, punis de leur pensée criminelle, par leurs complices eux-mêmes (CONTANT D'ORVILLE. t. II. p. 176).

Chez les musulmans, la donnée qui nous occupe, ne fait pas défaut. Sidi-Abdelkader, qui vivait près de la porte Babazoun, à Alger, vit venir une femme qui lui dit: « Mon fils est malade, si tu le guéris je ferai brûler une lampe dans ta koubba ». L'enfant guérit. La mère oublia son vœu; et, un jour, le santon, le lui reprocha. Au lieu de s'incliner, cette femme nia avoir fait un pareil vœu, et en rentrant, elle trouva son fils mort (*Alg. trad.* t. I. p. 128).

Dans le Djebel-bou-Khalil, il y a une grotte, où se refugièrent les compagnons du prophète, lorsqu'ils furent défaits par les romains. Ces saintes gens, ont pris la forme du moufflon, pour échapper aux infidèles. — Un impie, enragé chasseur, ayant voulu tuer un de ces moufflons, fut grièvement blessé par son fusil, dont la balle vint le frapper en pleine poitrine, au lieu d'atteindre le moufflon (*Alg. trad.* t. I. p. 66).

On retrouve cette crédulité dans l'Inde. Pietro della Valle (t. VI. p. 299) dit: avoir entendu raconter, par les indiens, qu'un éléphant ayant, un jour, mangé une feuille d'un arbre consacré à une divinité locale, fut aussitôt frappé de mort, en punition de son sacrilège.

Quant aux faits de l'antiquité, ils sont nombreux et variés. Les athéniens, voulurent ravir aux Eginètes, des statues, qu'ils prétendaient leur appartenir, parce qu'elles avaient été faites, avec des troncs d'olivier, pris sur leur territoire. Mais, au moment où ils allaient les emporter, ces statues se mirent à genoux, pour les prier de ne pas leur faire violence ; et, comme ils ne tenaient pas compte de ces supplications surnaturelles, la foudre gronda, aveugla les ravisseurs, et les rendit tellement furieux, qu'ils s'entretuèrent (DE GUASCO p. 175). .

Mitius, ayant été tué dans une sédition populaire, sa statue de bronze, qui avait été érigée sur une place, se renversa, spontanément, sur le meurtrier, et le tua (PLUTARQUE. *Punition des Maléfices*, Trad. BATOLAUD. t. III. p. 16).

Dans le temple de Corinthe, il y avait une statue de Palémon, devant laquelle on venait faire des serments solennels; la légende affirmait: que les parjures étaient punis de mort (PAUSAN. t. I. p. 272).

Acteïus, de Palysie, dans l'île de Rhodes, avait, avec cinq de ses compagnons, le pouvoir de faire surgir des orages, qui détruisaient les récoltes. Jupiter le foudroya, ainsi que ses complices, et les changea en écueils.

Quelques macédoniens d'Alexandre, ayant voulu

entrer dans le temple de Thèbes, furent tués par le feu du ciel (PAUSAN. *Beot.* 25).

Diodore dit (liv. II. MACROB. *Sat.* v. ch. XIX) : que près d'un temple de Sicile, il y avait les lacs Delti dont l'eau était bouillante, et avait la propriété : de faire mourir les parjures. Diod (liv. 31. ch. II), dit la même chose, pour un temple de Bythinie.

En Arcadie, un faux serment, fait au nom du Styx, entraînait la mort. A Corinthe, la grotte de Palémon, faisait, comme sa statue, dont je viens de parler, mourir les parjures.

Les hébreux, racontaient (*Rois.* liv. III. ch. XX) : que Benadad, roi de Syrie, envahit la Palestine, avec une armée beaucoup plus forte que celle du peuple de Dieu ; mais il fut vaincu, par l'intervention de la puissance divine ; et il arriva, même, qu'après la défaite, vingt-sept milles de ses soldats, poussés par la vengeance céleste, allèrent se masser sous les murailles d'Aplice, que l'Eternel fit tomber sur eux, pour les exterminer tous.

III

ORIGINE DE LA DONNÉE

Je n'en finirais pas, si je voulais passsr en revue toutes les variétés de prodiges, qui sont fournies par la crédulité publique, pour montrer : que la divinité sait punir l'impiété, sous quelque forme qu'elle se manifeste ; mais, mon travail ne gagnerait rien à une plus longue énumération. Mieux vaut, en effet, essayer de déterminer l'idée primitive, qui a donné naissance à tous ces contes bleus, que de multiplier, outre mesure, les aventures invraisemblables, dont nous venons de fournir des échantillons.

Nous nous trouvons, bien évidemment, en présence des efforts accomplis par les féticheurs, pour démontrer l'excellence et la puissance de leur fétiche ; des inventions des clergés antiques, pour faire tenir le culte en honneur, en frappant l'esprit des fidèles d'admiration ou de crainte, suivant le cas. On peut, en effet, penser, avec assurance, que lorsque les féticheurs eurent commencé à prendre prépondérance, dans les premières agglomérations humaines, ils ne manquèrent pas d'expliquer, par l'intervention de la divinité, certains phénomènes physiques, certains évènements dus au hasard, certaines illusions des sens, etc., etc., qui frappaient l'esprit de leurs crédules compatriotes. Une fois lancés dans cette voie, ils devaient bientôt arriver à leur montrer des exemples saisissants, de récompense de la piété et de punition de l'impiété. Ce filon était trop productif, pour que des gens aussi avisés, ne l'exploitassent pas avec soin ; et la crédulité des masses constituait un capital, dont ils surent, habilement, tirer des intérêts considérables.

Avec le temps, et à mesure que les agrégations des féticheurs se furent créées, c'est-à-dire que les clergés primitifs se furent constitués, les phénomènes physiques qui pouvaient faire croire à l'intervention de l'amour ou de la colère de la divinité, furent mieux observés, les œuvres du hasard furent mieux utilisées; et, surtout, furent remplacées par des manœuvres habiles. De sorte que : les faits matériels, qui étaient considérés : comme la preuve de cet amour ou de cette colère de la divinité, furent, non seulement, plus nombreux, mais, encore, infiniment plus saisissants.

Dans le chapitre où je parlerai des sorciers, je m'occuperai assez longuement des divers procédés employés pour faire les prodiges, les miracles. — Dans l'étude que je ferai, à la fin de cet ouvrage, sur l'évolution de l'idée du surnaturel, j'entrerai, aussi, dans assez de détails, touchant les moyens employés par les thaumaturges, pour pouvoir ne pas insister davantage sur ce point, en ce moment. D'ailleurs, il suffit de montrer au lecteur l'horizon d'un mot, pour qu'il se rende un compte, suffisamment exact, de l'origine et des perfectionnements de la donnée.

Les divers clergés qui se sont succédés, à travers les âges, conservèrent dans leur arsenal, ces légendes sensationnelles, qui montraient : la satisfaction ou la colère de la divinité, récompensant la piété ou punissant l'impiété, parceque ces légendes avaient toujours un vif intérêt pour leurs dévots crédules ; ils se les sont transmises ou empruntées, sans en changer, le plus souvent, le moindre détail ; ou bien, en les transformant, suivant les besoins de leur perpétuation.. Chez les peuples à imagination calme, ces évènements présentaient un évènement relativement simple. Chez ceux, dont l'imagination plus vive, se complaisait aux choses extrêmes, et

excessives, elles se sont brodées de détails sensation-
nels, pour faire vibrer davantage la fibre émotive des
crédules du pays.

C'est à cette transmission, à travers les siècles, et
d'un clergé à un autre, que nous devons, de rencontrer
les mêmes aventures, dans les mythologies et les hagiographies des pays les plus divers. C'est pour cette
raison, aussi, que nous voyons attribuer, aux bords du
Nil et du Tibre, ce qui avait été raconté, pour les bords
de l'Euphrate ou du Gange. On prête, en certaines
contrées, à un mage ou à un pharaon, ce qui est attribué
ailleurs, à un saint chrétien, un santon musulman, un
fakir boudhique, etc., etc.

IV

CONCLUSION

Il me serait facile d'écrire de nombreuses pages,
pour appuyer cette affirmation, par des preuves irrécusables ; pour faire des comparaisons et des confronta-
tions, ne pouvant laisser place à aucun doute. Mais la
chose serait superflue pour la démonstration de l'exactitude de ma thèse ; tandis qu'elle pourrait être considérée comme : un réquisitoire, contre telle ou telle
croyance. Aussi, ne m'y laisserai-je pas aller; d'autant
que le lecteur, dégagé des préoccupations qui pourraient obscurcir son jugement, a déjà constaté, par la
simple énumération des légendes qui précèdent, leur

origine fétichique, et leur transmission, à travers les divers groupes de féticheurs. Depuis l'antiquité la plus reculée, jusqu'à nos jours, ces féticheurs se sont complus à faire intervenir, à chaque instant, le surnaturel, pour frapper l'esprit des dévots et pour conserver, sur les crédules, la prépondérance qui assure les besoins de leur existence. C'est à cela, que nous devons l'interminable série des prodiges les plus divers, les plus saisissants et les plus invraisemblables, que l'on rencontre dans tous les pays, comme à toutes les époques de l'histoire du monde.

CHAPITRE IX

Les Pierres et les Rochers

I

FAITS DE LA PROVENCE

On rencontre, en Provence, un certain nombre de pierres et de rochers, qui méritent d'arrêter l'attention de ceux qui étudient les survivances et les superstitions populaires, parce qu'ils sont, pour la plupart, des vestiges du culte fétichique des montagnes, de la terre mère ou des forces de la nature ; cultes qui ont été en honneur dans le pays, à une époque plus ou moins éloignée de nous.

Comme d'habitude, je rapporterai, en premier lieu, quelques-unes des légendes recueillies dans diverses localités de la région. En second lieu, je comparerai sommairement ces pierres et ces rochers, avec leurs analogues des autres contrées. Ensuite, j'essaierai de classer les diverses pierres à légende. Enfin, remontant dans le passé, j'essaierai de déterminer : la signification primitive de ces vestiges d'un autre âge.

21

Le Palet de Samson — La ligne du chemin de fer de Marseille à Nice, décrit, peu après avoir dépassé Toulon, une grande courbe de 15 à 20 kilomètres, pour suivre la plaine qui va de La Garde à Cuers. Pendant le trajet de Toulon à Solliès-Pont, elle semble tourner autour de la montagne de Coudon, qui dresse majestueusement, les formes sculpturales d'un gigantesque plan incliné, se terminant brusquement par de magnifiques falaises.

Tandis que le voyageur aperçoit, à sa gauche, pendant près d'une heure, cette montagne de Coudon, dominant constamment la plaine, il voit défiler, successivement, à sa droite, des collines gracieuses : la Colle-Noire, le Paradis, Fenouillet, le Mont-Redon, la chaîne des Maurettes, qui modifient, à chaque instant, le fond du paysage, éclairé par le charmant soleil de Provence.

Ce paysage curieux, ne pouvait manquer d'exercer l'imagination des provençaux. Ici, on parle d'une *baoume* (grotte) des Fées ; là, d'un carrefour des *masques* (sorciers) ; plus loin, on raconte les exploits d'un géant.

Il faudrait un volume pour rapporter tous ces vestiges de croyances passées. Au village de La Garde, dont l'antique château-fort fut ruiné en 1707, on raconte, comme un fait historique, la légende de Romulus et de Thrasybule de Milet : « Des assiégés, à bout de provisions, jetant des vivres aux assiégeants, afin de leur faire croire que la forteresse ne manquait de rien ». Entre le Paradis et Fenouillet, en allant vers Hyères, on raconte, dans une histoire locale, à propos du quartier de la Croix de Fer, une reproduction de la légende de la mort accidentelle de la nymphe Pitys, que se disputèrent : Borée et Zéphyre.

En vingt endroits de la plaine et des montagnes environnantes, on rencontre des restes d'habitats celtiques, des monuments mégalithiques, qui ont aussi leur légende.

Parmi ces traditions, nous choisirons la légende du *Palet de Samson*. Il est temps de recueillir ce conte populaire, car on vient de détruire la pierre à laquelle était attachée la légende ; et, dans quelques années, la tradition aura certainement disparu du souvenir des conteurs populaires.

Pour fixer les idées, au sujet de cette légende du Palet de Samson, commençons par tracer les grandes lignes du paysage qui lui sert de cadre : d'un côté, dans l'ouest de la plaine, qui va de La Garde à Cuers, il y a la montagne de Coudon qui, vue de Solliès et surtout des collines de la chaîne des Maurettes, se présente comme une gigantesque falaise, émergeant de la plaine. De l'autre côté de cette plaine, c'est-à-dire dans l'Est, il y a une succession de collines dont les sommets vont en s'élevant, depuis le côteau voisin de la Monache, 115 mètres, jusqu'à la cime de l'Antiquay, 270 mètres.

A 4 kilomètres dans l'est de Solliès-Pont, et à 8 kilomètres dans le N.-E. de Coudon, se trouve un côteau boisé de pins et de chênes à liège, appelé : le Ruscas (de *rusque*, liège), dont le sommet a environ 200 mètres de hauteur. A deux kilomètres au nord du Ruscas, une colline de 123 mètres de hauteur, dans le quartier de : la Bugole ou de l'Abattoir, empiète un peu sur la plaine ; tandis qu'à la même distance, au sud, la colline Regnaoude, de même hauteur, empiète sur cette plaine, aux environs des quartiers de Berthier et de Beaulieu.

A mi-côte de la colline du Ruscas, dont le sol est formé de bancs de grès rose ou rouge, fortement inclinés de l'Est à l'Ouest, se trouvait, il y a dix ans encore, avant qu'on ne l'eût brisée pour avoir des pierres à bâtir, une large dalle fruste, de grès, de forme ronde et aplatie, de six à huit mètres de diamètre, et d'un mètre environ d'épaisseur. On l'appelait : le Palet de Samson. Cette dalle, qui avait, en effet, la forme d'un palet, portait à l'Est, sur le sol même ; à l'Ouest, sur un cube de pierre d'un mètre cinquante de diamètre ; elle avait tout à fait l'aspect d'un demi dolmen.

Ce palet de Samson, était-il un jeu spontané de la nature, ou bien : était-il un monument mégalithique, élevé par la main des hommes, et appartenant à la série des dolmens, allées couvertes, cromlechs, qu'on voit dans les environs, et notamment sur l'autre versant de la colline, auprès du couvent de Maubelle ? C'est ce que je ne puis déterminer. Toujours est-il, qu'il abritait un espace assez étendu, où les bergers et les chasseurs de la région, trouvaient un refuge contre la pluie ou le soleil, aux heures du repos. Quoi qu'il en soit, voici la légende de ce palet de Samson.

Un jour, Samson se promenait avec Pèse-Montagne, un géant de ses amis. Chacun des deux, parlait de sa force corporelle, et avait envie de montrer à l'autre, qu'il était le plus fort.

Samson, qui, malgré le surnom de : *dérabo fort-goulo* (arrache serpolet), que quelques mauvais plaisants de la contrée lui avaient donné, avait la prétention d'être, non seulement plus fort, mais, encore, plus adroit que Pèse-Montagne :

— « Tiens ! nous allons jouer au palet ! » dit-il.

— « Volontiers ! » répondit l'autre géant,

Voilà donc que tous deux, s'étant placés à mi-côte du quartier du Ruscas, ramassèrent une pierre suffisamment plate pour servir de palet, et suffisamment légère, pour être lancée facilement.

— « Où mettons-nous le *tor* ? » — c'est-à-dire l'endroit vers lequel les joueurs lancent leur palet, pour savoir qui jouera le premier — dit Samson.

— « Tirons contre Coudon, dit Pèse-Montagne, ce sera le plus commode ».

— « Zou ! ça va ! » répondit Samson, et il lança son palet vers la falaise de Coudon, qu'il atteignit très bien, quoique la montagne fût à huit kilomètres de là.

Pèse-Montagne, lança le sien ensuite, mais il n'approcha pas suffisamment. D'aucuns disent : que, tandis que le palet de Samson effrita un morceau de Coudon, le palet de Pèse-Montagne, alla tomber trop à gauche, et constitua la pierre ronde, qu'on a vue si longtemps, sur le bord de la route, entre le village de La Valette et celui de La Farlède.

D'une enjambée, les deux géants traversèrent la plaine, et constatèrent la position respective des deux palets. Aucune contestation n'était possible. Samson eut donc le privilège de lancer le *tibi*, c'est-à-dire le petit but, dont le joueur cherche ensuite à approcher, avec son palet. Il le lança de Coudon, sur la colline du Ruscas; puis il lança son palet, avec une telle précision, qu'il le fit tomber sur le *tibi*; de telle sorte que ce palet le recouvrit en partie.

La partie était gagnée, car il n'était pas possible de pointer plus juste; il était désormais inutile de continuer à jouer.

Pèse-Montagne, ne fut pas content, comme on le comprend bien; il lui en coûtait beaucoup de reconnaître la supériorité de Samson. Aussi, ne pouvant contester l'adresse de son partner, il voulut lui donner un échantillon de sa force.

Pour cela, il laissa la pierre ronde au point, où tant de générations l'ont vue, pendant des siècles, au pied de Coudon; et, prenant à pleines mains, deux collines de la chaîne des Maures, comme on aurait fait de deux oranges, il les éleva, à bras tendus, jusqu'au nez de Samson, ébahi; puis, les déposa, au nord et au sud, du Ruscas, où elles sont restées, sous la forme: des mamelons de l'Abattoir et de la Régnaoude.

Voilà donc, pour ceux qui croyaient aux géants et aux sorciers, l'origine de ce jeu de la nature, ou de ce monument mégalithique, qu'on appelait: le palet de Samson. Cette explication a suffi à la crédulité populaire, pendant une longue suite de siècles; je n'oserais dire, qu'elle paraît, aujourd'hui, suffisante à chacun.

Comme tout a une fin, en ce monde, la légende du palet de Samson est sur le point de tomber dans l'oubli. Il y a vingt ans, déjà, que la pierre ronde, gênant les ponts et chaussées, sur la route nationale de La Valette à La Farlède, a été brisée en mille pièces, et a servi à charger la chaussée du voisinage. Il y a dix ans, le palet de Samson a eu le même sort, pour fournir des pierres aux constructeurs du casino d'Hyères. Et, maintenant que les vestiges matériels de la gigantesque partie de palet, entre Samson et Pèse-Montagne, ont disparu, la légende en serait bientôt perdue, si les traditionnistes n'avaient le soin de la consigner par écrit.

La pierre de Baumes. — Près du village de Baumes, dans le Vaucluse, il y a une petite chapelle appelée : Notre - Dame - d'Aubune, que la légende affirme avoir été bâtie par Charlemagne ou Charles Martel, en souvenir d'une victoire sur les sarrasins. Sur la crête de la montagne qui domine cette chapelle, se trouve un rocher qu'on appelle : la *Pierre du Diable*. Il paraît, que Satan, furieux de voir l'église s'élever, voulut l'écraser sous cette pierre ; mais, Notre-Dame l'arrêta, juste au moment où elle allait tomber (COURTET. *Diction. Géogr. de Vaucluse*. 1857. p. 79).

La maison des fées. — Près de Cabasse, il y a une éminence, sur laquelle se trouvent : des rochers curieux, des ruines d'habitations, des grottes naturelles ou creusées de main d'homme, en un mot un endroit qui paraît avoir servi d'habitation ou de refuge à quelques habitants, dans les temps plus ou moins éloignés. La crédulité populaire rapporte à cette localité, des légendes saisissantes pour l'esprit des timorés; elle l'a décoré du nom de : maison des fées.

Le pont des fées. — A Châteauvert, dans le département du Var, près de Cotignac, il y a un pont naturel, sous lequel passe l'Argens, et qu'on appelle : le pont des fées.

Le pied de saint Martin. — Dans les environs du village d'Ollioules, près de Toulon ; et, près des fameuses gorges d'Ollioules, qui sont un phénomène géologique extrêmement remarquable ; au quartier dit : la Kakoya, de *Kakos*, noir, il y a, sur un rocher, une empreinte trapézoïde ou rectangulaire à angles arrondis, d'environ soixante centimètres de longueur, sur vingt de large et cinq à huit de profondeur. Cette empreinte, a eu la bonne fortune de frapper vivement l'esprit des gens de la contrée ; on l'appelle *le pied de saint Martin.*

Cette empreinte, n'a, cependant, rien de bien extraordinaire ; et on en trouverait, j'en suis certain, cent analogues, sur les rochers des montagnes voisines. Les bonnes gens croient, néanmoins, qu'elle est le vestige d'une lutte gigantesque, entre saint Martin et le Diable. Voici, d'ailleurs, les termes de cette légende, que j'ai recueillis, sur les lieux mêmes.

Dans le temps passé, le Diable était le souverain maître du pays qui environne les gorges d'Ollioules ; et il tenait les habitants de la contrée sous sa détestable domination ; il faisait commettre à ces pauvres gens, hommes, femmes et enfants, les crimes les plus abominables, pendant leur vie ; et se complaisait ensuite, après leur mort, à les torturer éternellement dans l'enfer, en punition des fautes accomplies par eux, à son instigation.

Saint Martin, qui eût connaissance de cette triste situation, forma le projet : d'arracher les pauvres âmes de nos ancêtres des griffes du Démon. Après avoir jeûné et prié, il vint en Provence, où on trouve, de nos jours encore, tant de traces mémorables de son passage béni.

Donc, un jour, saint Martin était parti à pied du Beausset, à l'intention de venir à Ollioules ; il arriva à l'entrée des fameuses Gorges, que tout le monde connaît ; et où, on le sait, le chemin, qui suit le cours du petit torrent la Rêpe, est encaissé entre deux gigantesques murailles de rochers, parsemées de précipices.

Or, au moment où il arrivait, tout modestement à pied, et tout couvert de poussière, car la journée était chaude et le voyage fatigant, devant le premier *baou* des gorges, il vit le diable, qui y était assis nonchalamment dessus, une jambe de ci, l'autre de là, faisant comme un pont gigantesque au dessus du chemin, entre les deux falaises. Quand saint Martin se fut suffisamment avancé, le Diable lui dit d'un ton goguenard : « Té ! grand saint Martin, que venez-vous donc faire dans notre pays, par ce temps, où il vaut mieux rester couché à l'ombre, que marcher au soleil ? — Hé ! répondit saint Martin, tu sais bien pourquoi je viens. — Je viens pour tirer de tes griffes maudites, les âmes de ces pauvres gens que tu tortures pendant la vie, et que tu brûles, éternellement, après leur mort.

Le Diable se mit à ricaner, il lui répondit des impertinences, mais saint Martin, sans se laisser émouvoir continua à manifester sa ferme volonté. La discussion fut longue, le saint homme employa, en vain, toute son éloquence, sans parvenir à convaincre le diable; et comme, cependant, il fallait en finir cette fois, comme dans toutes les choses, le Diable voulant se débarrasser de saint Martin, par un tour de sa façon, quitta son siège improvisé; et s'en vint se placer à côté de lui, comme un compagnon de voyage, pour faire route jusqu'à Evenos, que saint Martin voulait atteindre.

Ils y arrivèrent, par le chemin rapide et rocailleux qui monte en serpentant le long de la montagne, sur laquelle est bâtie, comme un nid d'aigle, la vieille ville forte d'Ebro.

Saint Martin paraissait harassé par la fatigue et la chaleur, tandis que le Diable était frais et dispos comme de coutume.

Lorsqu'ils eurent atteint le point culminant, le saint s'assit sur le rocher qui surplombe les Gorges; et il eût, on le comprend, un moment d'émotion indicible, en voyant l'admirable panorama qui se déroulait sous ses yeux. Il était là, au centre d'un cirque merveilleux, ayant la mer et les dentelures de la côte, depuis les Embiers jusqu'à Bandol comme horizon. La montagne de Notre-Dame-de-la-Garde, en face; celle de Six-Fours à mi-chemin. Et, soit du côté de la rade de Toulon, soit du côté du golfe de Saint-Nazaire, des groupes de petites collines couvertes d'oliviers et de riches terrains de culture. Dans ces pays, en effet, la vigne et tous les produits de la terre poussent comme à plaisir, abrités du vent du Nord, par le grand rideau de montagnes à travers lequel les Gorges d'Ollioules serpentent, comme une gigantesque déchirure de rochers.

Que d'âmes humaines à délivrer de la tyrannie du démon, dans ces splendides vallées, de Toulon à Saint-Nazaire ! Saint Martin, poussé par la charité, résolut de faire tout au monde pour réussir ; quant au Diable, dans sa haine, contre le genre humain, il frémit à la pensée, que si riche possession pouvait lui être disputée.

A ce moment, saint Martin regardait à ses pieds, les affreux précipices des Gorges d'Ollioules, qui font comme un gouffre béant au-dessous d'Evenos. Le Diable croyant, que cette vue donnait le vertige au saint ; et, le voyant déprimé par la fatigue, la chaleur et l'émotion lui dit : « Tenez, grand saint Martin, vous voudriez régner sur ce pays à ma place ? Eh bien ! si vous voulez, nous allons jouer la possession, à un jeu du pays, aux trois sauts. — Zou ! ça va ! répartit saint Martin : celui qui sautera le mieux, et sans tomber, restera le maître ici ; l'autre sera obligé de s'incliner, désormais, devant son autorité ! Il savait bien, le saint homme, que tout faible et tout fatigué qu'il fût, il triompherait de l'esprit malin, en se recommandant à Dieu.

— Où sauterons-nous ? dit-il au diable.

— Ma foi ! ici-même, lui répondit celui-ci.

Voyez-vous cette montagne qui est en face : la Ripelle, de l'autre côté des Gorges ! — Oui ! — Eh ! bien ! ce sera le but du premier saut.

Une fois à la Ripelle, nous traverserons encore les

Gorges ; car la hauteur d'Espeirégul, où est la tour du vieux télégraphe aérien, sera le but du second saut.

Enfin, d'Espeirégui, il faudra encore sauter par dessus les Gorges, une troisième fois, pour atteindre la hauteur de la Kakoye.

Le diable, croyait être bien fin, proposant ces buts. En faisant sauter trois fois saint Martin, au-dessus des Gorges, par des sauts de : douze à quinze cents mètres d'envergure, il espérait que le vertige aidant un peu, le pied lui trébucherait ; et qu'il s'en irait rouler dans le fond de la vallée. Quant à lui, il avait fait si souvent ces gigantesques sauts, que c'était un jeu d'enfants.

Saint Martin, s'essuya le front qui dégouttait encore de sueur, il serra sa ceinture autour des reins, il s'assura sur ses jarrets, serra les coudes, ferma les poings, recula un peu pour mieux prendre son élan, et, d'un bond, il partit comme une flèche : d'Evenos à la Ripelle, à travers les Gorges. De la Ripelle, il atteignit d'un second saut le quartier d'Espeirégui. Enfin, il franchit, une troisième fois, la vallée, comme un boulet de canon, pour venir toucher à la Kakoye, au-dessus du cimetière. Son élan avait été tel, que son pied, en tombant, s'imprima dans le rocher, en y faisant une dépression de plus de quinze centimètres de profondeur.

On peut voir, aujourd'hui encore, cette empreinte, qui nous donne la mesure précise du pied du grand saint Martin : plus de soixante centimètres de longueur sur vingt de large.

— « Bien sauté ! fit le diable en souriant », je ne vous croyais pas si fort, grand saint Martin, mais vous allez voir qu'on peut faire mieux. En effet, par la force de sa magie, il se trouve tout-à-coup transporté au château du Broussan ; et de là, bondit jusqu'au sommet du Gros-Cerveau, d'un saut de quatre kilomètres de longueur.

Du Grand-Cerveau, il sauta au Cap-Gros sur le *Baou de Quatre-Ooure*, c'est-à-dire, franchit un espace de plus de cinq kilomètres, au travers de la coupure des Gorges d'Ollioules. Enfin, reprenant son élan, il part du Cap-Gros, par un effort diabolique, ne rêvant pas moins, que d'aller sauter jusqu'à Six-Fours, c'est-à-dire à quelque chose comme : sept kilomètres, plus loin.

La partie allait être gagnée par le Démon, d'une manière écrasante pour le pauvre grand saint Martin. Mais, l'esprit malin avait compté sans son hôte. Le rusé saint, voyant que tout allait être perdu pour lui, fit un signe de croix ; et, levant les yeux au ciel, dit à Dieu : « Seigneur, secourez-moi ».

Cette fois, comme toujours, le signe miraculeux atteignit son but admirablement ; le Diable tournoya et tomba lourdement sur le sol, la tête la première. Or, comme il était justement au-dessus des Gorges d'Ollioules, il se cogna le front, s'arracha les ongles, et se meurtrit tout le corps, en dégringolant du haut de la falaise au bas, entraînant, dans sa chûte, d'énormes blocs de rochers, qui vinrent lui retomber dessus.

Saint Martin, avait donc gagné partie, puisqu'il avait fait ses trois sauts, tout modestes qu'ils fussent, comparativement à ceux du diable, correctement et sans trébucher. Le Diable, se releva tout contusionné, et surtout

tout penaud de sa mésaventure; il se hâta de se soustraire à la risée de saint Martin, et de toute la population,
accourue, pour voir la lutte gigantesque ; il la méritait
bien, après pareille déconfiture de son outrecuidance.

Voilà, comment les habitants d'Ollioules et des environs, depuis Toulon jusqu'à Saint-Nazaire, furent déli-
vrés du joug du Démon, par le grand saint Martin.

Le palet de saint Ferréol. — Dans la commune de
Lorgues, petite ville du département du Var, sur le
bord de la route qui va : de Draguignan à Brignolles, et
au voisinage de l'embranchement qui mène au Thoronet, il y a un quartier rural appelé : le quartier du
Palet. En cet endroit, près de la source de : *Font-
Sainte*, est une éminence, où l'on rencontre de nombreux débris gallo-romains et même celto-lygiens.

Ce quartier du Palet a, dans l'esprit du vulgaire, une
certaine réputation de surnaturel, qui frise : autant, le
respect craintif, que la répulsion superstitieuse. On
sent, à cet indice, comme au nom de : Font-Sainte, donné
à la source voisine, qu'il a dû jouer un certain rôle dans
la religiosité de nos ancêtres.

De l'éminence dont je viens de parler, l'œil peut
apercevoir diverses hauteurs plus ou moins éloignées ;
entre autres, à une vingtaine de kilomètres, au sud-
ouest, la cime de Notre-Dame des Anges, surmontée de
son oratoire ; au nord-ouest, à une vingtaine de kilomètres aussi, est la chapelle de Saint-Joseph de Cotignac, sur le versant de la montagne du Bessillon.
Enfin, à l'Ouest, à une dizaine de kilomètres, se trouve
le village de Cabasse, près duquel sont des rochers,

des ruines et des grottes qu'on appelle : *la maison des fées*.

Cette maison des fées, étant prise comme centre, Cotignac est à 16 kilomètres, Notre-Dame des Anges à 18 et le quartier du Palet, à 10 kilomètres, seulement. Disons, avant d'aller plus loin, que ce quartier doit son nom à une pierre qui a disparu, aujourd'hui, parce qu'elle a été fragmentée en petits cailloux pour charger la route du Thoronet ; mais, dont les paysans de notre génération se souviennent encore, car elle avait sa légende ; et, même, était l'objet d'une crainte superstitieuse. J'en donnerai pour preuve, ce fait : que lorsqu'on construisait la route du Thoronet, les ouvriers, employèrent, d'abord, toutes les pierres du voisinage, sans vouloir toucher au Palet de saint Ferréol ; il fallut, même, que l'entrepreneur eût recours à des étrangers, pour lui porter les premiers coups de masse.

Cette pierre, obscurément ovale, avait deux et trois mètres de diamètre, et près d'un mètre d'épaisseur ; elle avait été apportée, par la main des hommes, et présentait, à un endroit de sa surface, près de la tranche d'un côté, une seule dépression, assez profonde, de l'autre, quatre trous régulièrement disposés, l'un près de l'autre. Avec une suffisante dose d'imagination, on pouvait croire : que ces dépressions étaient la trace laissée par une main gigantesque.

Voici la légende qui se rattachait à ce Palet de saint Ferréol : Un jour, Notre-Dame des Anges, saint Joseph de Cotignac, et saint Ferréol de Lorgues, voulurent jouer au bouchon. Il était convenu : que celui qui gagnerait la partie, aurait la prééminence sur les deux autres, dans l'esprit des dévots de la région. L'enjeu, était placé sur la maison des fées de Cabasse. Chacun avait envie, naturellement, de gagner la partie ; et il faut dire : que, si Notre-Dame et saint Joseph, étaient dans des conditions d'égales chances de succès, saint Ferréol était le plus favorisé des trois ; car, il était plus près du but, que ses adversaires.

Non content de cette heureuse condition, saint Ferréol voulut assurer, davantage, sa réussite, par une manœuvre qui, sans être absolument délictueuse, frisait, quelque peu, la tricherie, néanmoins. Au lieu de lancer son palet de pied ferme, comme on le fait d'habitude au jeu de palet, quand on *pointe*, il fit les trois pas, tolérés, chez les joueurs de boules, quand ils *tirent*. Mais, jouant avec d'aussi respectables compagnons. pareille manœuvre ne pouvait réussir: Aussi, lorsqu'il fut à son troisième pas, il heurta sa jambe contre un arbre, trébucha, et laissa tomber son palet. Il le serrait si fort dans sa main, en ce moment, que ses doigts y restèrent imprimés.

L'empreinte de la tête de saint Arnoux. — Dans mon livre sur les « Réminiscences populaires de la Provence », p. 300, j'ai parlé de la grotte, où l'on va, en pèlerinage, en juillet et en août, et de cette empreinte: de la tête de saint Arnoux, sur la pierre dure ; je n'en dirai, donc qu'un mot sommaire, ici : Saint Arnoux, était un homme ordinaire. Etant parti en voyage, un jour, il fut obligé de revenir à la maison, dans la nuit ; et trouva deux têtes sur l'oreiller conjugal. Il tua ces personnes, croyant punir des coupables, alors que c'étaient : son père et sa mère, venus depuis son départ; et auxquels, la femme de saint Arnoux, avait cédé son lit.

Lorsqu'il sut la terrible réalité, le malheureux parricide, s'en alla devant lui, jusqu'à la grotte qui porte son nom ; et, il y fit une si longue et si austère pénitence, que son crâne eût le temps d'user la pierre qui lui servait d'oreiller.

Le pied du cheval des pèlerins de la Sainte-Baume. — A peu de distance des Gorges d'Ollioules, sur le faîte de la montagne de la Sainte-Baume, se trouve une autre empreinte, qui a, aussi, sa légende curieuse. J'en ai dit un mot, à l'occasion du pèlerinage de la Sainte-Baume ; et, je n'ai, par conséquent, besoin de la rappeler ici, que par quelques indications sommaires.

Dans le courant du quatorzième siècle, deux pèlerins italiens, des marchands florentins, dit la légende, firent vœu de venir, en pèlerinage, à la Sainte-Baume. Débarqués à Toulon, ils se mettent, sans retard, en route, traversent les Gorges d'Ollioules, atteignent le Beausset ; et attaquent la montagne de la Sainte-Baume, par le côté méridional.

La nuit les surprit en chemin, et ils arrivèrent au sommet de la montagne, dans l'obscurité la plus profonde. Comme ils ignoraient totalement la topographie des lieux, ils se figuraient, qu'ils n'avaient qu'à continuer leur marche ; et, que le revers septentrional, était en pente douce comme celui du sud, alors qu'il est constitué, par une gigantesque dénivellation, de trois cents mètres de falaise.

22

Ils marchaient donc, fatalement, à la mort, mais sainte Magdeleine veillait sur eux. Aussi, les chevaux s'arrêtèrent sur le bord du précipice, sans qu'aucune violence des cavaliers, put les faire avancer d'un pas. Après avoir épuisé les coups d'éperon et de cravache, nos pèlerins prirent le parti de descendre de cheval, et d'attendre le jour, en cet endroit. Au jour levant, ils s'aperçurent qu'ils étaient devant le Saint-Pilon, sur le bord même de la falaise; et que les chevaux avaient été miraculeusement arrêtés, par une puissance surnaturelle, qui leur avait sauvé la vie.

On comprend que leur reconnaissance fut grande, leur *ex-voto* magnifique; et les pèlerins, d'aujourd'hui, peuvent, encore, voir près de la chapelle du Saint-Pilon, la trace des sabots des chevaux qui est restée, miraculeusement imprimée, dans la roche, pour perpétuer matériellement le souvenir de ce miracle.

Variante de cette légende. — La légende des deux voyageurs, miraculeusement sauvés de la mort, à la Sainte-Baume, est racontée, parfois, avec une autre variante. Au lieu de deux florentins, c'est deux anglais; au lieu d'être arrêtés sur la falaise, ils se précipitent, sans le savoir, dans l'abîme; et, ayant le temps de recommander leur âme à la sainte, ils n'éprouvèrent aucun mal, dans cette terrible chûte.

La Caïsso Brunado. — Près de Saint-Vallier, dans les Alpes-Maritimes, est une pierre tabulaire, qui porte ce nom; la légende dit : que Charlemagne et Rolland, se trouvant à Castellaras de la Touïré, eurent l'idée de jouer au bouchon. Rolland lança son palet qui est: Roc-

baron. Charlemagne lança le sien qui était : la Caïssobrunado qui vint tomber à l'endroit, où on le voit, encore — Ce palet porte l'empreinte de ses doigts. —
Rocbaron et Caïssobrunado sont distants : de trois kilomètres, l'un de l'autre (SÉBILLOT, p. 304).

L'Estron de Dzupiter. — Près de Carpentras, il y a
un rocher qui domine le panorama, sur le bord du Rhône,
et qu'on appelle : l'Estron de Dzupiter (SÉBILLOT, p. 305).

Les Palets de Samson. — Près du château d'Esclans,
aux environs de Draguignan, on voit deux énormes
pierres, rondes comme des meules de moulin ; et on dit :
que Samson les lançait du haut de la montagne de
Rouet, sur la rive opposée de la rivière l'Endre, dis-
tante d'un kilomètre environ (SÉBILLOT. *Gargantua,* p. 302).

La Peaume de Rolland. — Dans le Var, on voit un
gros rocher, de forme arrondie, posé en équilibre sur
un autre. On dit que : c'est la peaume, que Rolland
déposa en cet endroit, un jour qu'il jouait avec son
ami Ollivier (SÉBILLOT, *Gargantua.* p. 302).

La Pelotte de Rolland. — Près de Vence, sur le chemin de Coursegoules, non loin de Saint-Barnabé, on
voit la pelotte de Rolland : c'est un énorme bloc, de
forme ronde. Il l'a laissé là, un jour qu'il jouait à la balle
avec Gargantua.

Le Pied de Samson.— Un jour, Samson, qui était sur
la montagne de Rouet, près de Draguignan, voulut
passer sur la montagne de Saint-Romain ; et il laissa, en
sautant, l'empreinte de son pied sur la roche (SÉBIL-
LOT, p. 303).

Les Pieds de Rolland. — Près du village de Saint-Martin-des-Pallières, dans le Var, on voit, sur le sommet de trois collines, des empreintes qui ont l'air d'être des traces de pieds humains gigantesques, laissées sur le rocher, comme sur une pâte molle. On appelle ces empreinte, les pieds de Rolland ; et la légende raconte : que le héros a fait, en cet endroit, des sauts fantastiques, dont il a laissé les vestiges matériels.

Le Pied du Bœuf. — Près de la ville de Brignoles, dans le Var, il y a un quartier rural appelé : Le Pied-de-Bœuf, et qui doit son nom, à une empreinte, que la légende dit avoir été faite, par un bœuf, sur la pierre. Auprès du pied de bœuf, se trouve une autre empreinte, plus petite, qu'on appelle : le Pied de Veau.

La Butte de Saint-Cassien. — Dans les environs de Cannes, au milieu de la plaine de Laval, s'élève un monticule conique, très régulier, qu'on appelle : Saint-Cassien ou Arluc ; et qui porte un bois, et une chapelle, très vénérés par la piété locale. La tradition raconte : que les soldats romains, commandés par un chef nommé Cassius, se trouvant menacés, par Othon, d'être refoulés jusqu'à la mer, se mirent à construire une véritable montagne, pour leur servir de retranchement ; et qu'ils durent, à ce travail extraordinaire, de ne pas être exterminés. Ce serait, en souvenir de ce fait, que le monticule se serait appelé : le mont Cassius, d'abord ; le mont Cassien, ensuite. Une tradition semblable, attribue l'érection du monticule, aux moines de Lérins qui avaient voulu se créer, ainsi, une position inexpugnable contre les sarrazins et qu'ils lui donnèrent le nom de : Mont-Cassien, parce qu'ils bâtirent sur son sommet, une chapelle, en l'honneur du saint, un des patrons du monastère de Lérins.

La vérité, si l'on en croit M. de Villeneuve-Flayosc, dans sa description minéralogique et géologique du Var, c'est : qu'on se trouve en présence d'une butte de poudingue tertiaire, de ciment naturel tufeux ; et, non en face d'un apport artificiel. Il est probable, que pour des raisons défensives ou religieuses, les habitants du pays, ont, à un certain moment, travaillé à donner à cette butte une forme régulière ; et que c'est le souvenir de ce labeur qui nous a été transmis, enjolivé, par la tradition.

La Moutte de Saint-Tropez. — Près de Saint-Tropez, il y a un tertre, élevé par la main des hommes, qui a donné le nom de La Moutte, au quartier rural avoisinant.

La Chaussée de Marius. — L'étang de Berre est traversé, dans sa partie du S.-E., par une chaussée qui s'appelle : le Jaï ou le Caïon ; et qui n'a pas moins de trois kilomètres et demi de longueur. La tradition raconte : que cette chaussée fut construite par l'armée de Marius, dans le courant d'une seule nuit, au moment ou les Teutons traversèrent le Rhône. Pour mener ce travail à bonne fin, en quelques heures, Marius avait fait prendre, à chacun de ses soldats, dit la légende, un sac de terre ; et, chacun venant le vider, à son tour, à l'endroit prescrit, la multitude fit cette chaussée, d'une manière qui parut tenir du prodige, par sa rapidité.

Les Pierres de La Crau d'Arles. — Entre Rognac et

Arles, il y a, on le sait, une vaste plaine dite La Crau-d'Arles, dont le sol pierreux a préoccupé plus d'un géologue, de nos jours. Dans l'antiquité, ces pierres avaient déjà frappé l'esprit des habitants de la contrée, qui les rattachèrent à une légende, devenue célèbre, connue de tout le monde, aujourd'hui : Hercule, dans son voyage héroïque à travers le monde, rencontra, en cet endroit, deux géants : Albion et Bergion, selon les uns ; Albion et Ligur, selon les autres ; il allait être vaincu par eux, lorsque Jupiter fit éclater un orage terrible, pendant lequel une pluie de pierres tua les géants. Les cailloux que nous voyons dans la plaine de La Crau seraient, d'après cette légende, les vestiges de la pluie miraculeuse.

La Pierre de Bauduen. — A Bauduen, près de Draguignan, il y a, derrière l'église du village, un rocher dont une partie forme un plan incliné sur lequel, le jour de la fête patronale du lieu, les jeunes filles qui veulent se marier, vont faire l'*escourencho*, c'est-à-dire, vont glisser sur leur derrière. Le nombre de fillettes qui se sont livrées à cet exercice, depuis un temps immémorial est si grand, que la surface de la pierre est admirablement polie.

La Meule de Saint-Ours. — Près du village de Saint-Ours, dans les Basses-Alpes, se trouve une pierre qu'on appelle : La Meule-de-Saint-Ours ; et sur laquelle, les jeunes filles qui veulent se marier vont glisser, à un moment donné de l'année, comme à Bauduen. Dans les deux localités, non seulement les jeunes filles se livrent à cette pratique mais, encore, les femmes qui veulent avoir des enfants les imitent.

La Pierre des épousées. — Dans mon livre sur les réminiscences populaires de la Provence, j'ai parlé de cette pierre du village de Fours, dans les Basses-Alpes, où, le jour du mariage, le chef de la famille conduit la jeune femme et la fait asseoir dans une position déterminée pour recevoir l'accolade et un anneau, de chacun de ses nouveaux parents.

||

FAITS DES AUTRES PAYS

La Provence n'a pas le monopole des pierres à légendes. Le lecteur sait parfaitement qu'ou rencontre ces pierres dans toutes les parties du monde. Bien plus, que dans certaines contrées il y a, à leur sujet, des variétés de légendes qui n'existent pas dans notre pays, ou au moins que je n'y ai pas découvertes, jusqu'ici. Quoi qu'il en soit, si on veut les étudier à un point de vue synthétique, on constate: qu'elles peuvent se ranger en huit catégories :

Les pierres frustes ou les rochers, que la crédulité publique dit: avoir été placés, à l'endroit où on les voit, par un être surnaturel ou gigantesque.

La seconde catégorie, porte sur: des pierres ou des rochers, qui ont une empreinte, plus ou moins merveilleuse, sur un point de leur étendue.

La troisième est composée : de pierres qui sont, de

nos jours, encore, ou qui étaient naguère, l'objet de cérémonies pieuses ou superstitieuses (pierres percées, etc., etc.).

Dans la quatrième, il est question : de pierres ou de rochers, qui écrasent des géants, des impies, ou des criminels ; explication enfantine de certains phénomènes géologiques, qui avaient frappé nos ancêtres.

La cinquième comprend : des pierres, dont l'apparence extérieure a donné naissance à l'idée de la pétrification d'hommes, d'animaux, ou de choses.

La sixième a pour sujets : des pierres, que la crédulité publique, considéra : comme étant tombées du firmament. Cette crédulité, se rattache, très probablement, à l'impression produite, chez les premiers hommes, par la chûte des aérolithes.

La septième porte sur : la propriété, attribuée à des pierrres, de se mouvoir, sous l'influence de certaines circonstances : explication enfantine des pierres branlantes, par des individus qui ne connaissaient pas leur véritable origine.

Dans la huitième, nous trouvons : les amoncellements de pierres ou de terre, faits par la main des hommes, où les dispositions géologiques qui, par leur apparence, ont fait croire à nos ancêtres des premiers âges : que des êtres gigantesques avaient déplacé ces masses, parfois énormes ; comme, eux-mêmes, déplaçaient des cailloux, de plus ou moins grand volume.

J'ai eu, primitivement, le désir de colliger tous les faits de pierres à légende qui venaient à ma connaissance, pour les énumérer dans cette étude. Mais, ces

faits ont été bientôt si nombreux, que leur indication
eut rempli, assurément, plusieurs volumes; en effet, j'ai
atteint le chiffre de trois mille, très rapidement; et j'ai
la persuation, que j'aurais dépassé celui de: six mille, en
quelques mois. Dans ces conditions, j'ai renoncé à faire
une collection, quelque peu étendue; et je me suis
borné à ne retenir, çà et là, que quelques exemples, au
hasard de la plume, pour appuyer mes propositions.

1re CATÉGORIE : *Rochers ou pierres frustes, attribués
à l'intervention d'êtres gigantesques.* — L'idée: que la
pierre à légende se rattache à un géant, se rencontre
dans une infinité d'endroits. En Provence, c'est souvent
Samson, saint Ferréol, saint Martin, Rolland, qui ont
apporté le bloc mégalythique ; dans le Forez, le Per-
che, la Sarthe, la Creuse, la Bretagne, l'Anjou, etc.,
etc., c'est Gargantua ou sa femme ; dans les Pyrénées
c'est Rolland ; en Picardie, en Flandre, c'est Baudoin,
bras de fer, ou Brunehaut; dans les Ardennes, c'est le
cheval Bayard, etc., etc. Dieu, le Diable, un saint, une
sainte, un géant innommé, une fée, un génie, voire
même : un nain, sont indiqués ; quelquefois, c'est à la
fois : un saint ou un démon ; sans compter que la
légende est plus ou moins compliquée et que la pierre
est l'objet de superstitions, très diverses, par ailleurs.

Pour ajouter à l'étrangeté de l'aventure, la légende
fait, souvent, apporter la pierre d'une manière invraisemblable : le géant, le saint, etc., etc., l'avait dans la
poche, sur la tête, sur le dos, dans le soulier, dans le
tablier : les pierres de Yallan et de Hoberie (Calvados),
la hottée de Gargantua à Roberval (Oise); le menhir de

Doing (Somme), les pierres de la fée (Puy-de-Dôme) etc., etc., sont dans ce cas.

D'autres fois, la pierre a été un objet à usage : le fuseau, la quenouille, la pierre à affiler la faux, etc., etc.

Dans quelques cas, c'est : la chaise, l'enclume, la cabane, l'oratoire, le tombeau, etc., etc.

Dans nombre de cas, la donnée d'une lutte : entre deux géants, entre Dieu et le Diable, ou, entre un saint et un démon, se rattache à ces pierres légendaires ; ou bien, encore, ces pierres, présentent-elles une menace, à l'égard des habitants du voisinage.

Parfois, aussi, la pierre porte un nom, sans avoir une légende proprement dite ; ou bien, est-ce une légende fruste, une superstition vague qui s'y rattache C'est ainsi, qu'on rencontre, çà et là : des pierres et des rochers de Rolland, de saint Michel, de saint Martin, de la Magdeleine, etc., etc., que l'on connaît : des tables, des bénitiers, des lits, des chaises, sans qu'on sache, d'une manière précise, à quel héros ces objets se rapportent. Il en est, près desquelles on dit : qu'il n'est pas bon de passer, à telle heure de la nuit, ou à tel jour de l'année ; soit qu'on ajoute : qu'un animal fantastique, un démon, un revenant, un monstre, s'y trouve ; soit qu'on ne fournisse aucune raison bien positive.

A Pont-Mangis, dans les Ardennes, on dit : que le village doit son nom à une pierre gigantesque, que Mangis, fils du duc d'Aigremont et cousin des quatre fils Aymon, plaça, en guise de pont, sur la Meuse, pour y faire passer les troupes de ses parents. On dit : que cette pierre existait encore au commencement de ce siècle; et qu'on y voyait les empreintes des pieds des soldats.

Dans quelques cas, le nom est devenu incompréhensible pour le vulgaire. C'est ainsi, par exemple, qu'à saint Viaud, dans la Loire-Inférieure, il y a un rocher qu'on appelle: la pierre Cantin, sans que j'aie pu savoir ce que ce nom signifiait.

L'idée d'une fissure, d'une fente, d'une séparation violente, due au bras de l'être surnaturel qui est évoqué, est née, naturellement, de la forme que présente le rocher légendaire. C'est ainsi, que dans le Calvados, se trouve, sur le rocher dit: de Saint-Quentin, une fissure d'une trentaine de mètres de hauteur. La légende raconte: que le Diable, furieux d'avoir été dupé, dans un marché qu'il venait de conclure, frappa le rocher d'un violent coup de fouet, et le fendit, ainsi, en deux. A Potigny, dans le même département, il y a une autre brèche du diable.

Au lieu du diable, c'est un géant qui est mis en scène quelquefois. Dans le département des Hautes-Pyrénées, près du Cirque de Gavarnie, se trouve entre les rochers une taille de deux cents mètres de hauteur. On appelle cette brèche: le coup de sabre de Rolland, parce que la légende raconte, qu'elle fut faite par le géant, pendant qu'il combattait ses ennemis, avant de succomber sous le nombre.

La forme de la roche visée par la superstition, a réveillé l'idée du pavé des géants, comme à Brignon et à Cessac, dans la Haute-Loire. — Du mur, comme à Monsalvy et à Junhac, dans le Cantal. — Du pont, comme à Châteauvert, dans le Var. — Du château, comme dans les Vosges. En Alsace, en Lorraine, dans la Forêt-Noire, où on rencontre, en vingt endroits, la légende suivante : La fille du géant, étant toute enfant, se promenait, un jour, dans la campagne ; elle ramassa un laboureur avec ses bœufs, qu'elle mit dans son mouchoir, pour s'amuser avec eux, en guise de jouet. Quand elle arriva à la maison, le père fut très fâché de cela, et lui ordonna d'aller remettre tout l'attelage en place « car, lui dit-il, si ces petites gens ne travaillaient pas pour nous, nous mourrions de faim ».

L'idée du fauteuil se trouve dans beaucoup de cas. C'est ainsi que dans la vallée de la Semoy, il y a : les ruines d'un château, bâti sur un rocher, qu'on appelle : la chaise de la fileuse, parce qu'on voyait, jadis, à cet endroit, pendant la nuit, une dame blanche qui passait son temps à filer ; et qui, de temps en temps, poussait avec son pied, quelque pierre qui tombait dans la rivière.

Nous voyons reparaître ici : l'idée de Gargantua. Ainsi, entre la petite ville de Baume-les-Dames et le village d'Hyèvre, dans le département du Doubs, se trouvent des rochers qu'on appelle : le fauteuil de Gargantua. La légende dit : que le géant passant par là, eût soif. Il assécha, d'un coup, la rivière pour se désaltérer ; et ensuite, s'assit sur les rochers qui étaient juste de taille à lui servir de siège.

La même donnée se rencontre en Normandie, car près de Rouen, sur les bords de la Seine, non loin de Duclair, se trouve une roche très élevée, qu'on appelle : la chaise de Gargantua, parceque le géant s'y asseyait.

D'ailleurs, près de Tancarville, il y a un autre rocher appelé : pierre Gante, *pierre géante*, sur laquelle Gargantua s'assit, un jour, pour se laver les pieds dans la Seine.

Ailleurs, c'est le roi qui est visé. Dans la commune de Viscontat, en Auvergne, il y a un rocher remarquable qu'on appelle : la chaise du roi (BIELAWSKI. p. 335).

Le Diable fait, assez souvent, les frais de la légende. C'est ainsi, par exemple, qu'à Marnésia, dans le Jura, il y a un rocher qu'on appelle : la chaise du Diable.

A côté de la chaise, devait se placer, naturellement, la donnée de la table du géant. C'est ce qui se voit dans les Vosges, où une des principales sommités du ballon de Servance porte ce nom. La légende raconte : que le géant du pays, était assis devant la montagne de Tem, comme devant une table ; et elle ajoute : qu'une goutte d'eau, étant tombée de sa bouche, pendant qu'il buvait, constitua l'étang qui est près du hameau de Reulaxer, et qu'on appelle : la Goutte du Géant.

Très fréquemment, l'idée d'une chaire, d'où l'être légendaire prêchait, se rencontre aussi. C'est ainsi que dans le département de la Mayenne, il y a sur la rive gauche du ruisseau le Vicoin, une niche taillée dans le roc. On l'appelle : la Chaire de saint Berthéon ; cette chaire est placée sur un escarpement de rocher, à près de cent mètres du sol. — A Chaudefonds, dans le département de Maine-et-Loire, il y a, sur les bords du Layon, une pierre appelée : la Chaire de saint Maurille, parce qu'il est dit par la légende : que c'est là, que le saint évangélisa le pays. — Dans la montagne noire du département du Tarn, il y a, au hameau de la Roque, près de Castres, un rocher qu'on appelle : la Chaire de saint Dominique. — A Saint-Mary-le-Cros, dans le Cantal, il y a un rocher qu'on appelle : la Chaire de saint Mary, et où l'on va en pèlerinage pieux. La crédulité publique, lui prête, la guérison des maux de reins. — Entre Toul et Karnay, il y a une roche qu'on appelle : *la chaire*, et à laquelle se rattache, la légende d'une lutte de prédication, entre un saint et le Diable.

Enfin, l'idée du lit, est si naturelle, qu'elle devait se présenter à l'esprit des conteurs de légendes ; c'est pour cela, que dans la grotte, dite : de la Grande-Baume, dans le département du Doubs, on trouve une stalagmite, représentant grossièrement un lit garni de rideaux, et que les habitants du pays appellent : le lit de saint Croustellier, croyant que le saint y couchait, pendant sa vie érémitique.

Disons, en passant, que près de La Mecque, il y a la colline d'Arafat, qui a près d'elle, à quatre cents mètres environ, deux mamelons placés d'une manière assez symétrique. La légende assure : qu'Ève avait la tête appuyée sur cette colline ; et que lorsque Adam s'approcha d'elle, pour la première fois, elle forma les deux mamelons précités, avec ses pieds.

Enfin, je signalerai une variété dont je ne connais qu'une manifestation, c'est celle qui a cours pour une pierre levée voisine de Pontivy, qui fut plantée toute petite, dit la légende ; et qui a augmenté de volume, comme poussent les arbres, avec le temps.

Si, en France, on rencontre un grand nombre de pierres à légende, il faut convenir qu'elles sont plus nombreuses, encore, dans une infinité de pays. — En Suisse, en Allemagne, en Italie, etc., etc., on en voit dans un grand nombre de localités. Souvent les légendes qui s'y rattachent, sont plus extraordinaires ou plus précises, que celles de nos pays. L'Asie, l'Afrique, l'Amérique, et même l'Océanie, n'ont rien à envier à l'Europe, sous ce rapport. Qu'on aille au Nord ou au Midi, dans les pays de plaine ou de montagne, on rencontre, à peu près partout, des pierres ou des rochers à légende ; et bien plus, très souvent, les légendes ou les superstitions qui s'y rattachent, présentent des liens de parenté, une identité, même, parfois, extrêmement remarquables.

La donnée de cette première catégorie de pierres, remonte à la plus haute antiquité, car Pausanias racontait déjà (*Corinthe*), que dans l'île d'Egine, près du tombeau d'Eacus, on voyait une grosse pierre, qu'on appelait : le tombeau de Pélée. La légende disait : que Pélée et Télamon, jouant au palet, avec cet énorme caillou, Pélée avait eu le malheur de tuer son frère, Phocus, en l'envoyant maladroitement.

Près de Trœzène, il y avait la roche de Thésée, sous laquelle, le père du héros avait caché ses armes et sa chaussure, pour voir : si son fils aurait la force de la soulever (PAUSAN. liv. II. ch. XXXII). Cette légende a été attribuée à plusieurs autres hommes célèbres de l'antiquité ; elle a passé, même, dans les contes populaires de nos jours.

A Pitho, au pied du Mont-Parnasse, on voyait la

pierre que Rhéa avait fait avaler à Saturne, lors de la naissance de Jupiter (PAUSAN. liv. x). Près de Thèbes, en Béotie, on voyait la pierre de Bon-Conseil, que Minerve avait lancée à la tête d'Hercule (PAUSAN. liv. IX. ch. II), pour le détourner de l'idée de tuer Amphitryon.

Autour du tombeau d'Amphion (PAUSAN. liv. IX), il y avait des pierres levées, qui avaient été attirées par la douceur des chants du héros. La chaise de Cérès, en Laconie. Le trône de Pélops, en Élide. Le siège d'Oreste (PAUSAN. liv. II. ch. XXXI). La chaise de Manto, en Béotie. Le tombeau de Tydée, près de Thèbes. Le trône de Géryon, en Attique. La pierre d'Apollon, près de Mégare, qui rendait des sons harmonieux, sont des exemples qui ne laissent aucun doute.

Ajoutons, qu'en Italie, en Germanie, en Scythie, on rencontrait des légendes pareilles. La pierre de Jacob, nous montre qu'elles avaient cours, aussi, chez les hébreux, et dans les pays des sémites.

DEUXIÈME CATÉGORIE : *Empreintes merveilleuses sur les pierres.* — Les empreintes merveilleuses, que la crédulité publique montre sur les pierres, varient de forme et d'aspect, dans de grandes limites. Tantôt, c'est la main ; tantôt le pied ; tantôt une partie quelconque du corps ; tantôt, même, c'est la trace d'un objet à l'usage de l'être légendaire, qu'elles représentent. Nous allons en fournir quelques exemples.

Sur une pierre de la porte du château d'Argouges, en Normandie, on voyait une empreinte assez informe, que la crédulité publique considérait, comme la trace de la main de la fée, qui avait été, jadis, la femme du seigneur du lieu. La légende racontait : que ce seigneur, chassait, un jour, dans la forêt, quand il rencontra une douzaine de jeunes femmes, plus jolies les unes que les autres, et chevauchant sur des haquenées blanches ; il devint éperdûment amoureux de celle qui semblait être la reine du groupe ; et lui offrit de l'épouser ; elle accepta, mais à la condition, que : jamais, il ne prononcerait le mot « mort » devant elle.

Le ménage fut très heureux, de beaux enfants vinrent en resserrer les liens, quand un jour la fée s'étant attardée à sa toilette, pendant que son mari l'attendait ; l'infortuné seigneur lui dit, sans y songer : « *Belle dame, seriez bonne à aller chercher la mort, car vous êtes bien longue en vos besognes* ». Le pacte était rompu, la fée disparut à l'instant même, en poussant un cri de désespoir ; et en frappant, de dépit, le mur, qui conserva l'empreinte de sa main.

Dans l'Amérique centrale, on rencontre des rochers remarquables. La légende raconte : qu'ils furent placés ainsi, par Quetzalcoalt, pour faire une aire de jeu de paume. Sur ces rochers, il y a des crevasses qui ne seraient autre chose : que la trace laissée par le doigt du géant, pour servir de marque à l'endroit qu'il ne fallait pas dépasser, un jour qu'il jouait avec ses amis.

A Thaluepaulta, dans la même contrée, il y a une pierre, que les anciens habitants vénéraient, parce que la légende racontait : que Quetzalcoalt, y avait un jour enfoncé sa main, comme dans une pâte molle.

Quelquefois, c'est le pied, qui a laissé sa trace, plus ou moins informe, sur la pierre ; et, ici encore, nous pouvous citer les exemples les plus divers, suivant les contrées. Ainsi, dans la vallée du Rhône, près de Valence, on voit les ruines du château du Crussol. Ce château fut bâti, d'après la légende, par un géant, qui passait, d'une enjambée, d'un côté à l'autre de la vallée du Rhône ; et qui a laissé sur un rocher de la rive la trace de son pied.

La même donnée se retrouve, exactement, sur la montagne de Stafenberg, près de Zorg, dans les environs de Braunschsweig ; il y a là des ruines d'un château fort ; et, sur le roc, on voit une empreinte qui est, dit la légende, celle du pied de la fille du géant, qui aimait à venir s'asseoir, jadis, à cette place. Il paraît que, de temps en temps, on voit, encore, cette jeune géante apparaître en cet endroit.

Souvent, l'empreinte est attribuée à un saint ; et, naturellement, c'est le saint en faveur dans le pays qui est le héros de la légende.

Sur le mont Dol, en Bretagne, on voit l'empreinte que laissa l'archange Michel, lorsque, d'un bond, il s'élança, du mont Dol sur le mont Saint-Michel. A Toulouse, c'est saint Sernin. Aux environs de Therlemont, dans les Ardennes, c'est saint Remacle. A Rome, c'est saint Vincent (27 octobre). En Norwège, c'est saint Olaf. A Reims, c'est saint Rémy. Flodoard, raconte : que ce saint était, un jour, en prières, lorsqu'on vint lui annoncer que toute la ville était en feu. Furieux de l'accident, il frappa du pied, en disant : « Satan, je te reconnais-là ». — La trace de son pied resta, désormais, imprimée dans la pierre.

Près de Noyon, on voit une pierre, sur laquelle est : l'empreinte du pied de saint Médard. — Un jour, deux frères étaient sur le point d'en venir aux mains, à l'occasion de la limite de leur part d'héritage, lorsque saint Médard, pour les mettre d'accord, frappa du pied sur cette pierre, en lui disant : « Voilà la borne » et cette borne porta, dès lors, le signe indélébile du saint homme.

Dans l'église de Saint-Jacques-Secoue-Chevaux, à Rome, on voit : la pierre, sur laquelle Jésus-Christ fut circoncis, et qui a gardé l'empreinte d'un de ses talons (MISSON. t. II. p. 149).

Dans certaines localités de l'Inde, on voit des empreintes, que les uns rapportent à Wichnou ou à Bouddha, les autres à Mahomet, d'autres à saint Thomas.

A Baume, près Chambois, on voit sur une roche, deux empreintes, qu'on dit appartenir à deux pieds humains. L'une, est celle du pied de saint Martial, l'autre, est celle laissée par la reine des fées, qui frappa le sol, avec humeur, le jour où elle résolut de tarir les sources de la contrée, et que le saint l'en empêcha.

Le pied de Jésus-Christ, devait naturellement se rencontrer, en maints endroits. Aussi, se trouve-t-il, non seulement sur la montagne des oliviers où l'on constate qu'il avait la face tournée vers le Nord, au moment de son ascension (DELLA VALLE. t. II. p. 77). — Ajoutons, qu'on raconte : que les turcs ont dérobé l'empreinte du pied droit ; et on assure que c'est elle qui figure, à Constantinople, sous le nom « d'Empreinte du pied de Mahomet ». — Mais, encore, voit-on, aussi, la trace du pied de

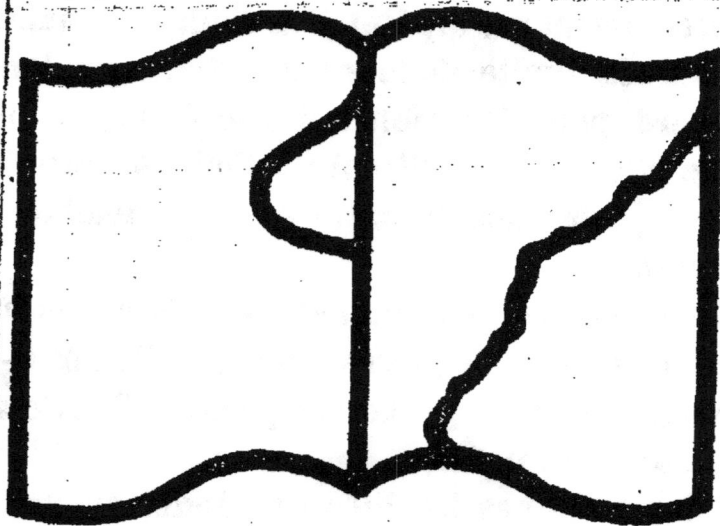

Texte détérioré — reliure défectueuse

NF Z 43-120-11

Jésus-Christ dans le torrent du Cédron (DELLA VALLE. t. II, p. 44). On en rencontre aussi une sur la voie Appienne, à Rome ; et une autre, dans l'église de sainte Radegonde, à Poitiers.

La Vierge n'a laissé, à ma connaissance, la mesure de son pied que dans une église d'Espagne.

En revanche, Mahomet, l'a laissée en maints endroits. C'est ainsi, qu'il y a, dans le Trésor du vieux sérail, à Constantinople, des reliques du Prophète, que le sultan va solennellement visiter toutes les années, le jour de la Mi-Ramadan.

Une de ces reliques, consiste, en : une pierre calcaire, sur laquelle est l'empreinte du pied de Mahomet, imprimée, surnaturellement, quand il monta à cheval, pour s'enfuir : le premier jour de l'Hégyre, d'après les uns ; ou bien, le jour où il monta au Ciel, d'après les autres. — J'ai dit, que les mauvaises langues affirment, que : c'est le pied droit de Jésus-Christ, dérobé par les turcs, au jardin des Oliviers. — Dans la mosquée d'Omar, à Jérusalem ; à Gour ; à Benarès ; à Callach ; à Narraïpang, dans l'Inde, on en signale aussi.

Dans l'Inde, à côté du pied de Mahomet, et de celui de saint Thomas, il y a, dans le défilé d'Hardwor, que le Gange a formé, à travers les monts Swalik, l'empreinte du pied de : Wishnou, de Siva ou de Mahomet, sur un rocher. — A Gayal, dans l'Indoustan, à 80 kilomètres au sud de Patna, se trouve sur un rocher, l'empreinte du pied de Wishnou. M. Chaboseau (*Tradition* octobre 1889), nous apprend : que cette empreinte a été attribuée à : Vichnou, Siva, Mhma, Bouddha, etc., etc., par les divers sectateurs des nombreuses religions qui ont été en honneur dans le pays. A Ceylan, on voit la trace du pied de Bouddha (SYMES. *Relation d'un ambas. à Ava*. Note de la page 55). A Thieng-Maï, dans le royaume de Siam, il y a une autre empreinte du pied de Bouddha.

A Miaiday, en Birmanie, on voit, dans une pagode, une table de pierre sur laquelle, il y a l'empreinte du pied de Gaoutama.

Par contre, nous devons signaler que dans la province d'Ajaca, de l'Amérique Centrale, les premiers européens virent, sur le sommet du mont Cempoaltépæ, des empreintes informes, que les toltèques considéraient, comme la trace des pieds du dieu Vixepecocha, lorsqu'il monta au ciel ; et qu'à Iza, dans le Cundina-Marca, au nord du Pérou, on montre la trace du pied de Botchica, qui fut un dieu solaire et qui monta au Ciel, dit la légende, après une retraite de cinq cents années.

Dans le pays des cafres Bechuanas, il y a une caverne, dans laquelle se trouvent des empreintes fossiles, que la crédulité populaire dit être : la trace des pas des premiers hommes, et des premiers animaux, qui ont peuplé la terre.

Que le lecteur nous permette d'ajouter : qu'Hérodote (liv. IV. §2. t. I. p. 378), nous apprend, que de son temps, déjà, on connaissait les empreintes extraordinaires. « Mais, indépendamment de ces fleuves et de ces vastes plaines, on y montre encore une chose digne d'admiration, c'est l'empreinte du pied d'Hercule, sur un roc, près du Tryas. Cette empreinte ressemble à celle d'un pied d'homme, mais elle a deux coudées de longueur ».

Après avoir parlé des empreintes séparées, soit des mains soit des pieds, il faut citer un cas où celles des mains et des pieds se trouvent réunies. Sur la Chaire du Diable de Jublains, dans la Mayenne, il y avait la trace du corps, des mains et des pieds du diable. Cette pierre a été détruite en 1812, pour la construction d'une maison au bourg de Hambert. Voici la description de cette chaire donnée par M. Dugué, du Mans : « L'un des monuments les plus intéressants que j'ai vus dans le Maine, est la Chaire du Diable. En allant du bourg de Hambert à celui de Jublains, le chemin passe sur la croupe nord du tertre de la Saulaxe. A 20 mètres environ, au sud du chemin, peu au dessus du sommet oriental du tertre, se trouvait la chaire du Diable, autel druidique, composé de gros blocs de granit, posés de côté, ils supportaient une table de granit d'environ cinq mètres de longueur, quatre mètres de largeur, inclinée vers l'Est. Cette table brute était gravée dans son milieu. Pour vous rendre la gravure d'une manière plus sensible, je vais supposer que la pierre étant dans l'état de mollesse d'une brique fabriquée depuis quatre jours, un homme d'au moins deux mètres de haut, fortement musclé, armé de griffes à l'extrémité de tous les doigts des pieds et des mains, complètement nu, soit venu avant sa cuisson, s'asseoir sur le milieu de cette pierre et ait profité de son inclinaison pour s'en servir comme d'un fauteuil ; que par son pied il soit entré d'un décimètre dans la pierre, qu'en sortant il ait laissé son empreinte moulée, qu'ensuite la pierre se soit durcie et ait conservé l'empreinte. On y voit les plantes des pieds, les griffes au bout des doigts, les jambes, les mollets, les cuisses, les deux fesses, le dos jusqu'à la naissance des omoplates très prononcées, les deux bras écartés, les mains ouvertes. Le tout était assez grossièrement fait (DUQUÉ. de Maux. *Mém. de la Soc. des Antiq.* t. VIII).

Les genoux ont laissé, aussi, leur empreinte, dans quelques cas. Sur un rocher du mont Cassin, en Italie, on voit une cavité qu'on dit être : la trace du genou de saint Benoît, lorsqu'il demandait à Dieu de renverser l'idole d'Apollon. A Assise, dans les anciens états romains, il y a dans la cathédrale, la trace des genoux d'un ange, qui, étant déguisé en pèlerin, prit saint François dans ses bras, lorsqu'il naquit, dans un étable.

Par ailleurs, la légende raconte : que lorsque saint Martin vint dans les Ardennes, on lui dit d'aller chercher à Charleville, des bouteilles et des noix ; il obéit ; en revenant, il fut assailli par un orage terrible qui renversa son attelage. Les bouteilles furent brisées, et formèrent le sable que l'on voit sur les bords de la Meuse. Quant aux noix, elles constituèrent les bois de noyers, qui sont si abondants dans le pays. Or, pendant que l'orage grondait, saint Martin se mit à genoux sur une pierre, où il a prié pendant sept années ; et qui a conservé l'empreinte de ses genoux, et de ses coudes, tandis que ses larmes creusaient une cinquième cavité (MEYRAC p. 348). Sur une dalle de la voie Appienne, à Rome, on voit la trace des genoux de saint Pierre.

Diverses parties du corps sont signalées, dans les empreintes merveilleuses que montre la superstition. A Cenery, près d'Alençon, on voit dans l'église, à gauche de l'autel, un bloc de granit, qui paraît être le vestige d'un menhir. Cette pièce s'appelle : le lit de saint Cenery. On y montre, la trace du crâne du saint, imprimée sur la pierre. Les pèlerins grattent cette pierre, avec leur couteau, parce que la poussière, ainsi recueillie, guérit les coliques. Dans le département de l'Orne, à Gauffern, il y a un grand menhir, sur le côté duquel, on voit, avec un peu de bonne volonté, la trace des épaules et de la tête de ceux qui apportèrent là cette pierre énorme.

Dans les Basses-Pyrénées, il y a une grotte du nom de Bidarray, qui est un but de pèlerinage pieux. Dans cette grotte, on voit, avec une grande bonne volonté, une forme humaine, incrustée dans le roc, c'est l'empreinte du saint.

Après les traces laissées par les hommes, viennent celles que laissèrent les animaux.

A Braux, dans les Ardennes, on voit, sur le seuil de l'église, deux empreintes, qu'on assure être : celles des fers d'un cheval. On raconte, que, pendant les guerres de religion, un huguenot voulut faire manger à son cheval, l'avoine, sur l'autel ; et que, la bête se cabrant pour ne pas entrer dans l'église, a laissé cette empreinte, tandis que le cavalier tombait et se tuait.

Dans les Ardennes on voit, aussi, une roche sur laquelle il y a des empreintes qu'on dit être : celles du cheval Bayard des quatre fils Aymon. On affirme que, tous les sept ans, sur le coup de minuit, on revoit le cheval à cette place. Ces empreintes merveilleuses, ont pour complément, les pointes et la table de Mangis, qui est un dolmen ruiné.

Près du bourg de Dampierre il y a deux groupes de rochers, entre lesquels coule la rivière de Cautacha. Voici ce que rapporte la légende, à leur sujet : Un jour, Rolland franchit la distance qui sépare les deux rochers en l'honneur du bon Dieu. Une seconde fois, il tenta l'aventure en l'honneur de la sainte Vierge, et réussit encore. Enfin, une troisième fois, il voulut faire le même saut, en l'honneur de sa dame, mais lui et son cheval tombèrent dans le précipice. La trace des pieds du cheval existe, encore, sur les rochers. Dans la vallée de la Lesse, sur un rocher près du village de Dinant, on voit, aussi, une empreinte du pied du cheval des Quatre fils Aymon (MEYRAC. p. 331).

Sur les bords de la Semoy, il y a une grosse pierre, qui porte l'empreinte d'un pied de cheval. On raconte : qu'un seigneur, du nom de Thibault, étant poursuivi par des ennemis; fit faire à son cheval, un bond si prodigieux, que le pied de la bête s'imprima dans la pierre. Par ailleurs, on dit, en Bretagne, que lorsque Grallon, roi d'Is, échappa miraculeusement à la submersion de sa ville, son cheval, en touchant le rocher de Garrec, laissa son empreinte, à l'endroit où l'eau s'arrêtait.

A Palalda, dans les Pyrénées-Orientales, il y a, sur la porte de l'église, des fers à cheval de toutes dimensions cloués çà et là. On dit, qu'ils recouvrent les traces laissées par les ruades du cheval de saint Martin.

Sur le col de Nino, en Corse, on voit, sur le rocher, des empreintes rouges, laissées par le cheval du diable, le jour où l'esprit malin, eût la témérité d'aller lutter contre saint Martin (MEYRAC. 331).

Près de Drivstnen, en Norwège, il y a un rocher taillé à pic, qui surplombe une plaine. On dit : que saint Olaf, poursuivi par des ennemis, lança son cheval du haut de la falaise, dans la vallée ; et l'empreinte du sabot de la bête resta marquée dans le roc.

Enfin, dans l'Inde, dans le défilé des roches de marbre, où coule la Nerbuddale, il y a : la trace colossale, de l'éléphant qui portait Sudra.

Lorsque le dieu Hanoumân, bondit, pardessus l'abîme où coule la Nerbuddale, dans l'Inde, pour aller à la conquête du pays des Dravidas, il laissa aussi l'empreinte de son pied sur le roc ; et son armée de singes l'imita.

Il est une autre variété d'empreintes, que nous devons signaler, ce sont celles qui résultent : d'un coup, donné par l'être légendaire, à l'aide d'un instrument. Telle est l'empreinte de la cravache de Salomon, celle du trident de Siva, etc., etc.

Il y a au Caire, une mosquée en ruines, dans laquelle j'ai vu, en 1868, une colonne portant une empreinte blanchâtre. Avec un peu de bonne volonté, on peut y lire ces deux mots : Sultan Soleïman, écrits en caractères arabes. Notre cicerone nous racontait : que cette colonne provenait du temple de Jérusalem. Un jour, disait-il, le roi Salomon, que les arabes appellent : le sultan Soleïman, visitait les travaux ; il trouva que cette colonne était mal placée. L'architecte, prétendait qu'il n'était pas possible de la déplacer ; mais, Salomon, en colère, la frappa d'un coup de cravache ; elle fut incontinent transportée à l'endroit désigné par le roi ; et garda, désormais, l'empreinte du sultan Soleïman, pour rappeler l'événement.

Siva, ouvrit dans la montagne de Machados (Goudwana-Inde), d'énormes fissures, d'un coup de trident, pour y ensevelir les serpents qui désolaient le pays.

La donnée qui nous occupe ici, était déjà connue dans les temps antiques. On sait, en effet, que dans les environs de Mégare, près du mont Géranien, on voyait une roche criblée d'une infinité de trous. La légende disait : que c'étaient les traces des flèches des perses, lorsqu'ils tirèrent sur elle, dans leur terreur panique, suscitée par Diane (PAUSAN. *Attiq.* t. i. p. 258).

Les anciens indiens, croyaient que sur les rochers de la colline, où résidaient les brachmanes, on voyait les empreintes des pieds fourchus des satyres, lorsque Bacchus avait essayé de les asservir (APOLLONIUS, de Thyane. *Trad. de Chassang*).

Quelquefois, les empreintes rappellent, encore, des choses plus invraisemblables, si c'est possible. Les larmes de Quetzalcoalt, sont de ce nombre.

Les Toltèques de l'Amérique centrale et du Mexique, vénéraient une divinité solaire, du nom de : Quetzalcoalt qui, au moment de monter au Ciel, après avoir gouverné les hommes, s'arrêta sur un rocher, et médita sur l'avenir de son peuple. Cet avenir lui parut si triste, qu'il se mit à pleurer ; et, lorsqu'il s'en alla, ses larmes et ses mains avaient laissé leurs traces sur la pierre.

La donnée de la chaire, de la chaise, du fauteuil, du lit, etc., etc., se rencontre dans maintes circonstances. Près de la chaire de Jublains, dont nous avons parlé précédemment, il y a une autre chaire : celle du Diable. C'est un menhir de 2 mètres de largeur sur 3 mètres et demi de hauteur, ayant, à son sommet, la forme d'un fauteuil cintré, avec deux dépressions sur le siège.

A Aren, dans le canton de Mayenne, du département du même nom, près des étangs, on voit aussi une chaire du Diable.

Sur le chemin de Bade à Gernsbach, il y a une chaire du Diable, où l'on voit des empreintes, comme celles de la chaire de Jublains. La légende raconte : que, lorsque les prêtres chrétiens commencèrent à évangéliser la population, le Diable vint prêcher, mais un ange dévoila sa supercherie; et le diable furieux sauta, d'un bond, sur la roche d'Eberstein, qui est de l'autre côté de la vallée ; il y a laissé la trace de son pied.

Derrière la chapelle de saint Gildas, dans la commune de Penvenan (Côtes-du-Nord), on voit, dans le rocher, l'empreinte grossière d'un corps humain, qu'on appelle : le lit du saint.

Dans la petite république de Saint-Marin, on montre une niche qui servait de lit au saint, pendant sa vie. La crédulité publique montre, même, la trace de sa tête, imprimée dans la pierre.

TROISIÈME CATÉGORIE : *Pierres qui font l'objet de cérémonies pieuses ou de superstitions.* — Malgré la ténacité vigilante, avec laquelle la religion en vigueur actuellement poursuit ces pierres depuis plus d'un millier d'années, on rencontre, de nos jours encore, des pierres qui sont l'objet de pratiques pieuses ou superstitieuses, indiquant à l'observateur : qu'il est en présence, d'un vestige d'adoration et de culte.

Dulaure (*Des Cultes*, etc., etc., p. 270), nous apprend : qu'au commencement du siècle actuel, ce culte des pierres subsistait, encore, d'une manière très remarquable, dans quelques localités du midi de la France, sur les rives du Lot, par exemple, les paysans oignaient d'huile et couronnaient de fleurs certaines pierres sacrées : il fallut que l'évêque de Cahors les fît détruire, pour que la coutume disparut.

Dans nombre d'autres provinces, des pratiques de ce genre ou comparables, quoique différentes, s'accomplissent, encore, en ce moment ; elles affirment l'exactitude de ma proposition. Dans un endroit, c'est une vague cérémonie dont l'apparence superstitieuse a plus ou moins disparu : et qui se fait, sans que ceux qui l'accomplissent sachent bien en vertu de quel mobile ils agissent, si ce n'est la force de l'habitude.

Dans d'autres, la crédulité locale prétend : que cette pratique est utile, pour la santé ou la richesse, accroît les chances du mariage, assure la fécondité du ménage.

Dans d'autres encore, le culte officiel est venu la détourner à son profit ; et c'est, tel ou tel saint du paradis chrétien, que les fidèles croient honorer, alors qu'ils ne font, en réalité, qu'accomplir un rite fétichique.

Pour citer quelques exemples, destinés à fixer les idées, à ce sujet, je dirai : qu'entre autres faits, on voit à Meneac, dans le Morbihan, l'empreinte des pieds de la

Vierge, imprimés sur une roche, où l'on va mettre les pieds des enfants, en retard pour la marche (MAHÉ, *Morbihan*, p. 444).

Près de Livernon, il y a une pierre sur laquelle ceux qui veulent guérir ou être préservés de la fièvre vont déposer, en cachette, des fleurs.

A Verdun, sur le Doubs, les jeunes mariés vont, au sortir de l'église, accompagnés de toute la noce, pratiquer une véritable libation sur la pierre d'Appétit (D. MONNIER, *Tradit. Comp.* p. 591).

Le même auteur (*Loc. cit.*), nous apprend : qu'une cérémonie de même nature, se faisait, il n'y a pas longtemps encore, le lendemain des noces, dans certains villages de l'ancien Soissonnais.

En Bretagne, il y a un grand nombre de pierres des épousées, où les jeunes mariés vont danser, sauter, faire diverses cérémonies, plus ou moins burlesques, au moment ou après le mariage. Quelques unes de ces pierres ont une réputation célèbre.

Dans une infinité de pays d'Europe, d'Asie, d'Afrique, d'Amérique, d'Océanie même, il y a des pierres, auxquelles, la superstition locale rend des hommages, qui montrent que : dans les temps passés, elles ont été l'objet d'un véritable culte. Comme j'aurai à parler en détail de ces vestiges des pratiques antiques, lorsque je m'occuperai : des diverses formes du culte des forces de la nature, je puis ne pas insister davantage sur leur compte, en ce moment ; d'autant, que les exemples que je viens de fournir, sont déjà suffisants pour montrer, qu'en réalité, un certain nombre de pierres ont été considérées, jadis, comme le symbole d'une puissance surnaturelle.

Nous devons ranger, dans cette catégorie, les pierres percées que l'on voit dans certains monuments mégalithiques. Il se rattache à toutes : une idée de guérison des maladies ; de renforcement de la constitution, ou de la santé ; une préservation du mal, qui est très intéressante à constater. Cette idée, me paraît dépendre de la même pensée que celle, dont nous nous sommes occupés, du passage des individus à travers les troncs d'arbres dans le but de les guérir (chapitre onzième du t. 1er). Quoi qu'il en soit, disons, qu'à Dourgue, dans le Tarn, près de la chapelle Saint-Ferréol, il y a des rochers percés, dans lesquels passent les paralytiques et les boiteux, pour se guérir. Dans le caveau de l'église de Kimperlé, il y a une pierre verticale, percée d'un trou, dans lequel passent ceux qui ont mal de tête. Dans l'église de Saint-Denis de la Chartre, du vieux Paris, on voyait : la pierre du martyre, du saint, qui était percée, et qui guérissait certaines maladies (DULAURE, t. I. p. 75).

A Nexon, dans la Haute-Vienne, on fait de même, pour une pierre qui n'a pas de nom spécial.

Même chose à dire pour la pierre d'Aron, près de Vesoul, dans la Haute-Saône. Il y a plusieurs pierres semblables dans le Morbihan, et on y fait passer les hommes et les bestiaux, dans le but de les guérir, ou de fortifier leur santé.

Ajoutons, enfin, que dans la lande de Saint-Siméon, et à celle de Ronfit, dans le département de l'Orne, il y a un dolmen, avec une pierre percée. On les appelle : la « Pierre à la Demoiselle ». On y passe les malades, pour les guérir. On dit, dans ce pays : que ces pierres sont hantées la nuit par un fantôme. Près du village de Larcuste, dans le canton de Plaudren, en Morbihan, il y a une pierre, dont les trous ont été creusés par des poulpiquets et qui a le don de guérir certaines maladies.

On voit des pierres percées dans une infinité d'endroits : en Asie, en Afrique, en Amérique. Qu'il me suffise de dire : que sur le mont Sinaï, on en voit une qui a été percée par l'ange qui empêcha Elie de monter jusqu'au sommet (DELLA VALLE, t. I. p. 378), pour montrer : que dans l'antiquité, on connaissait déjà la donnée de cette catégorie.

QUATRIÈME CATÉGORIE : *Pierres, rochers ou montagnes qui écrasent des géants, des impies et des criminels.* — Dans cette catégorie, se rangent, en général, des écroulements de pierres ou de portions de montagnes, qui paraissent avoir été en relation avec des volcans, des tremblements de terre ou le travail souterrain des eaux. Je citerai, pour type de ces légendes qui se rattachent à ces phénomènes géologiques, l'aventure du géant du Dessoubre, des environs de Besançon.

En effet, dans la vallée de Dessoubre, dans le département du Doubs (D. MONIER. p. 539), on dit que le géant du pays dormait un jour dans sa grotte, lorsqu'un prêtre vint et d'un signe de croix fit tomber un rocher énorme, qui depuis le retient prisonnier. Le géant s'agite pour sortir, ce qui est la cause de certains tremblements de terre ; et sa sueur a produit la source de la petite rivière le Dessoubre.

Cette donnée, se rencontre dans les pays les plus divers. C'est ainsi, par exemple, que les persans parlent : de Feridoun et Biourasf. Au sud de la mer Caspienne, se trouve le grand pâté montagneux de Demavend, qui a : 5,620 mètres d'altitude, dans ses sommets les plus élevés, toujours couverts de neige, et de nature volcanique. Les persans racontent : que le roi Feridoun, entreprit, un jour, de combattre le géant Biourasf, qui ravageait le pays ; il le vainquit, après une lutte mémorable. Pour le mettre, désormais, dans l'impossibilité de faire du mal, il l'ensevelit sous le Demavend. Mais, malgré le poids de cette énorme masse, Biourasf ne fut pas écrasé ; aussi, cherche-t-il, depuis ce temps, à s'échapper, sans avoir pu encore y réussir. Les tremblements de terre, sont le résultat de ses efforts pour sortir de sa prison. La fumée qui sort du sommet de la montagne, est l'haleine de Biourasf, le feu du cratère est l'éclair de ses yeux ; et une source sulfureuse qui coule sur les flancs d'un contre-fort, est l'urine du géant (BOULLANGIER. *Voyage à Merv.* p. 102).

Les éthiopiens écrasés à la Mecque. — Les musulmans disent : que les éthiopiens étant venus mettre le siège devant la Mecque, allaient être vainqueurs, lorsqu'à la prière des prêtres musulmans, Dieu fit tomber sur eux une pluie de pierres, qui les écrasa (BRUCE. *Voy. aux Sources du Nil.* édit. in-8° t. II. p. 446 et 447). — (SALVERTE t. I. p, 94).

La mort de Basile. — L'hérésiarque Basile, chef des

Bogomiles, retournant, un soir, de chez l'empereur Comnène, dans son couvent, fut assailli par une pluie de pierres, tombées du ciel (*Hist. de l'Emp. Comnène*, par ANNE COMNÈNE. liv. XV. ch. IX). — (SALV. p. 95). — Cette manifestation de la colère divine, décida l'Empereur Comnène à le faire mourir.

Dans la mythologie de l'Inde et du Japon, il est parlé d'êtres gigantesques : hommes ou bêtes, qui sont sous des rochers des montagnes, ou la terre, elle-même, toute entière.

Ce n'est pas d'aujourd'hui, on le sait, que cette légende : d'un géant écrasé sous une montagne, a été formulée. Les auteurs de l'antiquité ont raconté : que, lorsque Hercule passa en Italie, avec les bœufs de Geryon, Cacus lui en vola un, en le tirant par la queue, pour le faire entrer dans son antre, sans que la trace de ses pas put le trahir ; mais, que le bœuf s'étant mis à beugler, lorsqu'il comprit que le troupeau s'en allait définitivement, Hercule découvrit la supercherie, reprit son bien ; et enferma Cacus dans son antre, en roulant un énorme rocher devant l'ouverture.

Dans l'*Histoire Sainte*, nous voyons : que Dieu écrasa, sous une grêle de pierres, les ennemis des Israélites, à la prière de Josué, dans le pays de Gabaon ; absolument, comme Jupiter écrasa Albion et Bergion, dans la plaine de la Crau d'Arles.

Josephe (*Ant. Judaïe* liv. IV. chap. V), explique, d'une manière naturelle, la fameuse pluie de pierres qui accabla les ennemis dans la bataille de Gabaon : Ces pierres que la légende dit tombées du ciel, venaient des frondes des Hébreux (SALV. 58).

Nous savons, aussi, que les mythologues racontaient : que lors de la guerre des géants contre l'Olympe, un d'eux, fut enseveli sous la montagne l'Etna, qui remue quand il s'agite ; et dont la colère, se traduit par l'éruption du cratère. Nombre d'autres géants furent, à cette époque, écrasés par des montagnes.

Neptune, luttant contre le géant Polybote, détacha une roche de l'île de Cos, et l'écrasa, en constituant le promontoire qu'on voit aujourd'hui sur cette île (PAUSAN. *Attique*).

CINQUIÈME CATÉGORIE : *Pétrification.* — Les rochers, les pierres, les montagnes que la crédulité publique considère : comme étant la pétrification d'hommes, de femmes, d'animaux ou d'objets inanimés, sont vraiment innombrables ; et se rencontrent dans tous les pays. Je n'ai pas la prétention d'en citer la millième partie, ici ; cependant, on verra par les exemples que je vais fournir, qu'il serait facile d'en accumuler un grand nombre.

A Donzères, dans la Drôme, il y a des pierres appelées les Donzelles ; la légende disait : que c'était la pétrification des jeunes filles, qui avaient commis une faute.

A Moras, dans l'Isère, il y a, au bord d'un petit lac, une pierre, qui passe pour être : une femme pétrifiée.

Près de Pergueven, dans la commune de Saint-Gildas, un menhir, appelé : la Moche de Beurre, passe pour être : la provision de beurre d'un géant, qui a été pétrifiée.

A la Chevrotière, dans la Loire-Inférieure, il y a un

peulven, qu'on dit être : la pétrification de la femme de Romain.

Les paysans du Morbihan disent : que saint Cornely, apôtre de la Bretagne, était, un jour, poursuivi par l'armée des païens, qui voulait le tuer ; et, qu'à bout de résistance, il s'arma de son goupillon. Or, en bénissant ses ennemis, il les pétrifia, ce qui a donné naissance aux fameuses allées de Carnac.

Dans le département de la Manche, il y a un menhir à Cosqueville, et deux autres à Saint-Pierre-Eglise. La légende locale les appelle : le mariage des trois princesses.

A Fontenay, dans le département de Saône-et-Loire, il y a deux rochers, d'une quinzaine de mètres de hauteur, et assez voisins l'un de l'autre. La légende affirme : que c'était un ménage malfaisant.

Dans la rivière d'Ain, il y a trois pointes de roches, qu'on appelle : les « trois damettes », et que la légende considère, comme la pétrification des trois filles d'Olopherne.

Sur le mont Saint-Sauveur, près de Poligny, dans le Jura, se trouve une pierre qui vire. La légende dit : que cette pierre, était jadis, un homme qui voulut violenter une fille ; la pauvre enfant, recommandant son âme à Dieu, au moment où elle allait succomber, le malfaiteur fut changé en pierre ; il n'a obtenu, comme adoucissement à sa peine, que la permission de changer de position, une fois tous les cent ans. Il est à noter, que jusqu'au commencement du siècle, les femmes allaient, en pèlerinage, l'embrasser sur les deux joues, le jour de la fête du saint du pays, ce qui est, assurément, un vestige du culte de la Terre-Mère. — A Condes, dans le Jura, il y a une pierre, de plus de dix mètres de hauteur, que la légende locale appelle : la Dame, la Dame à Nicolas, etc., etc., et qu'elle dit, être : la pétrification d'une femme.

Dans les environs de Pontarlier, dans le département du Doubs, il y a trois rochers remarquables, qu'on appelle : les Dames d'Entreportes. La légende dit : que c'étaient trois jeunes filles, qui laissèrent mourir d'amour leurs galants, par froide coquetterie, et qui ont été punies de pétrification. A Villers, dans le Doubs, il y a, sur les bords du lac de Chaillezon, des pierres curieuses, telles que : la tête de Calvin, le moine, la vierge, etc., etc. Certaines légendes de pétrification d'individus s'y rattachent.

A Laifour, dans les Ardennes, sur les bords de la Meuse, il y a d'énormes pierres qu'on appelle : les Dames de la Meuse. La légende dit : que ce sont les trois jeunes filles du seigneur de Hierges, qui se conduisirent mal, pendant que leurs maris étaient à la Croisade ; et qui furent pétrifiées, par la colère de Dieu, le jour de la prise de Jérusalem (MEYRAC. p. 342). On croyait, jadis, dans la vallée de la Meuse, que, lorsqu'on allait placer, le soir, dans les anfractuosités de ces rochers, du chanvre ou du lin, on le trouvait, le lendemain, bien filé par les sorciers (MEYRAC. *Traditions des Ardennes*, p. 27).

Les mêmes légendes au sujet des pierres et des rochers, se rencontrent en Allemagne. J'en donnerai

pour preuve, entre cent exemples, que les frères Grimm
racontent : que, jadis, une puissante reine des géants,
appelée la Dame Hutt, habitait dans un château voisin
d'Inspruck, dans le Tyrol. Un jour, son fils qui était
tout jeune, voulut couper une branche de pin, pour
aller à cheval dessus, mais il glissa, et tomba dans la
boue qui lui salit la figure et les habits. Sa mère, voulant l'approprier, sans retard, prit un pain frais ; et, avec
la mie, lui essuya la figure et les habits ; mais, aussitôt,
Dieu fâché d'un tel sacrilège, fit naître un orage, qui
bouleversa le pays et le transforma en un désert.
Quant à la Dame Hutt, elle fut changée en pierre. —
Dans la vallée de l'Egger, en Bohême, il y a une
caverne, où sont des stalactites et des stalagmites
curieuses. La légende prétend, que ce sont des nains
pétrifiés par un magicien, au moment où ils allaient à
la noce. Au dessus de Marren, dans l'Oberland Bernois,
on voit deux rochers appelés : les Hirlein (les petits
pâtres). La légende dit : que ce sont deux enfants pétrifiés ; et la source qui sort à leur pied, est considérée
comme leurs larmes.

Dans les pays septentrionaux, nous trouvons encore
les mêmes crédulités. Sur les bords de la Baltique, il y
a un rocher qu'on appelle : le mœsklint, ou rocher de la
jeune fille. La légende dit : que c'est une fée pétrifiée ;
et qu'on peut, en bien regardant, distinguer encore sa
robe blanche, sa couronne et son sceptre.

Entre Indrack et Lambath (CLARK. t. II. p. 44), il y a
un rocher, qui fut : un navire pétrifié à cause de l'impiété de son équipage.

La croyance à la pétrification d'individus, qui se conduisaient mal, ou qui ont commis une faute, existe chez les musulmans; qui disent, d'après une légende des habitants de la Mecque : qu'Halla, fille de Saba, avait été changée en pierre, à cause de son impiété. Dans les environs de Nadir (Haute-Égypte), il y a une partie du désert qu'on appelle le « Fleuve sans Eau » et, où, la légende montre : des hommes et des rivières pétrifiés, par une puissance surnaturelle.

Nous pouvons ajouter, que les anciennes populations du Pérou, croyaient, comme les habitants de l'ancien monde, à la pétrification de certains individus. Les caraïbes de Saint-Domingue, disaient : que les hommes s'étant échappés d'une grotte, dans laquelle Dieu les tenait enfermés, leurs gardiens furent pétrifiés. — Dans les environs de Cusco, au Pérou, il y a des pierres remarquables, auxquelles se rattache la légende suivante : Un jour, quatre frères et quatre sœurs, sortirent de la grotte de Paeri Tambo. L'aîné, gravit la montagne et prit possession du pays, en plaçant une pierre aux quatre points cardinaux. Ses frères, jaloux de lui, complotèrent de lui nuire ; et le plus jeune, qui était le plus rusé de tous, résolut de se débarrasser de ses trois aînés, du même coup, pour rester seul souverain du pays. Pour cela, il décida le frère aîné à entrer dans une grande caverne, dont il boucha l'entrée à l'aide d'un mur. Ce frère aîné, très pieux, fut changé en rocher de forme humaine. Ensuite, pendant que le second frère était à la recherche de son aîné, le rusé compère le précipita dans un abîme, où il fut changé, aussi, en pierre. Enfin, s'étant ligué avec un enchanteur, il changea directement son troisième frère en pierre. Resté seul, ainsi, il épousa ses quatre sœurs. Les pierres qui représentaient les trois frères, étaient très vénérées des anciens péruviens. Au Pérou, il y a, aussi, une montagne sur laquelle il y a trois rochers, qu'on appelait « la mère et les deux fils ».

Dans l'île de Viti-Levou, en Océanie, on voit trois pierres, que les habitants primitifs disaient être: le mari et ses deux femmes, ce qui nous prouve, que la crédulité dont nous parlons, se retrouve dans les pays les plus éloignés du nôtre.

Dans le moyen âge, on croyait, bien plus encore que de nos jours, à ces pétrifications d'individus ou de choses. Grégoire de Tours (t. II. p. 370) raconte : qu'un pauvre demanda en vain l'aumône à des matelots, et, pour se venger, il se mit à prier Dieu qu'il changeât en pierres tout ce qui était sur leur navire. Dieu l'exauça, et, c'est dès lors, qu'on a vu des olives et des dattes pétrifiées. Il prétend les avoir vues !

Mais, c'est dans l'antiquité, que nous trouvons les exemples les plus variés ; et qu'il y avait, certainement, le plus grand nombre de ces légendes, rapportant l'origine de pierres ou de rochers, à la pétrification des individus. Les métamorphoses d'Ovide, sont pleines de faits de ce genre. Je ne citerai que les suivants.

A l'embouchure du fleuve Acheloüs, il y a cinq petites îles qui étaient jadis des nymphes. Ces échinades, ayant fait un sacrifice de dix taureaux, oublièrent d'inviter le Dieu Acheloüs qui les noya, dans sa colère. Le dieu Neptune, pris de pitié, les changea en pierres.

Une des échinades, dont nous venons de parler, était, dit la légende, Périmelle, fille d'Hyppodamus. Cette jeune fille, ayant été séduite par Acheloüs, son père la noya ; le Dieu, attristé, la changea en île.

Sur le mont Sipyle, en Attique, un rocher curieux était considéré comme : Niobé, pétrifiée par la colère de Latone (PAUSAN. *Attique*, chap. 21). Les anciens grecs, affirmaient, aussi, qu'Alcmène avait été changée en pierre (PAUSAN. liv. IX et XVI).

Sur le mont Ida, il y avait deux pierres, que les anciens grecs considéraient, comme la pétrification du ménage Olène et Lothé.

Lothé, était si heureuse, disaient-ils, qu'elle affirma, un jour, qu'elle préférait son sort à celui des déesses. Elle fut pétrifiée, en punition de son blasphème. Son mari, désolé, obtint la faveur de partager le sort de sa femme.

Dans la vieille Grèce, la légende disait que Nersé, fille de Cecrops, étant, un jour, avec Mercure fut dérangée par sa sœur Aglaure, qui était jalouse d'elle. Le dieu, furieux, la changea en pierre.

Citons, au courant de la plume, d'après Ovide : Battus changé en pierre (liv. ii). — Les compagnes d'Ino et de Melicerte, changées en rocher. — Atlas, changé en montagne (liv. iv). — Polydecte, pétrifié par Persée, pour avoir poursuivi Danaé de sa passion, jusque dans le temple du héros. — Le doigt d'Oreste (PAUSAN. liv. viii. ch. 34). Phinée et ses compagnes, métamorphosées en rochers (liv. v). Les propetides, changées en rochers (liv. x). Scylla et Charybde, ayant le même sort (liv. xiv). Les habitants de Seriphe, pétrifiés par la vue de la tête de Méduse, que leur montra Persée (STRABON. liv. x). Lychas, changé en rocher, lorsque Hercule, furieux d'avoir revêtu la robe de Nessus, le jeta à l'eau, près d'Eubée. Teucer, changé en pierre, par Junon, après s'être pendu, par désespoir amoureux.

Il nous suffit de rappeler : que la femme de Loth fut changée en rocher, ou en statue de sel, après avoir désobéi aux ordres du Seigneur, pour que le lecteur se souvienne : que les hébreux avaient les mêmes crédulités.

Dans quelques circonstances, ce sont des animaux qui ont été pétrifiés. A Gérardmer, dans les Vosges, il y a des blocs erratiques, appelés : les Moutons de Gérardmer, que la légende considère, comme des moutons pétrifiés.

Dans le clocher de l'église de Francheval, on voit les vestiges de deux loups en pierre ; la légende raconte : que c'est, deux diables, qui furent pétrifiés, par le curé, qui les surprit, un matin, dans l'église (MEYRAC. p. 342). Sur la lande de Guerchmen, près Bains, en Bretagne, il y a un menhir, qu'on appelle : la Roche Aboyante ; il n'est autre chose : qu'un chien que saint Convoyon pétrifia, un jour, qu'il fut ennuyé d'être poursuivi par ses aboiements (MEYRAC. p. 342). On voit en Corse, des rochers qu'on appelle : les Bœufs de Saint-Martin. On dit : qu'un païen s'obstinant à labourer, avec douze bœufs, un jour de dimanche, saint Martin pétrifia son attelage (CHANAL. *Voyage en Corse*).

Dans l'antiquité, les mêmes crédulités existaient. C'est ainsi, par exemple, qu'il y avait en Grèce, deux blocs de marbre qui représentaient grossièrement : un renard poursuivi par un chien. La légende disait : que le renard, était celui que Thémis avait envoyé dans le pays, pour se venger de la mort du Sphinx ; et que le chien était Lélape, donné par Procris à Céphale, pour chasser cette bête vengeresse. Les dieux, pour avoir la paix, avaient pétrifié les deux animaux (PAUSAN. liv. IX). Ovide, nous parle, aussi, dans son livre XI de deux serpents changés en pierre. Près du temple Lébénéen, dans l'île de Crète, il y avait un rocher, qui avait la figure d'un lion, et qui était : d'après la légende, la pétrification d'un des lions du char de Rhéa (APOLLONIUS, de Thyane. *Trad.* de CHASSANG. p. 173). Entre la Locride et la Phocide, on vit, longtemps, le loup qui avait dévoré le troupeau de Pélée, et qui avait été pétrifié.

Parfois, ce sont des objets divers qui sont changés en pierre. Citons, entre mille cas, la quenouille de la fée du hameau de Thiora, près de Chavannes, dans le département de l'Ain, sur les bords de la rivière de Suran. Il se trouve là, un menhir, qu'on appelle : la Quenouille de la Fée. Il y en avait un autre, semblable, à une dizaine de mètres de là, mais il a été détruit en 1808. Les bonnes femmes du pays racontent : que cette pierrre est la quenouille, pétrifiée, d'une fée gigantesque qui, en passant par là, la tira de sa ceinture et la planta à terre.

Dans les Pyrénées, il y a, au sujet du Pic de Maladetta, une légende qui se rapproche de celle de Sodome, de Philémon et Beaucis, des lacs de Bras, de Besse, de

Sainte-Anne-d'Evenos, etc., etc.; et, dans laquelle, le pic, ne serait que la pétrification d'un village puni, par Dieu, de ses crimes.

Près de Corfou, il y a un rocher, qui ressemble, de loin, à une barque à la voile. Les anciens grecs disaient: que c'était la barque d'Ulysse, pétrifiée par Neptune (*Odyssée* livre XIII. *Traduction* DACIER. p. 208). Des barques pétrifiées, de ce genre, se trouvent en cent endroits divers. — A Arzew, près d'Oran, en Algérie, en Patagonie, en Californie, etc., etc.

Nous citerons, aussi, les pains de Dortmund. Un boulanger de Dortmund, en Westphalie, ayant voulu vendre son pain trop cher, en temps de disette, le vit se changer en pierre. En Westphalie, par un temps de disette, une femme riche ayant refusé un peu de pain à un pauvre chargé d'enfants, eût sa farine changée en pierres.

Dans les environs de Dantzig, un moine passait, avec sa besace pleine de pains. Une pauvre femme, qui avait un enfant au sein, lui en demanda un, mais le moine lui répondit : « Je ne porte pas du pain dans ma besace, ce sont des pierres. » Or, lorsque le moine arriva au couvent, il constata: qu'au lieu de pains, il avait, en réalité, apporté des pierres à ses compagnons.

Dans les environs du mont Carmel, on trouve des pierres arrondies ; ce sont, au dire de la légende, des melons, qu'un jardinier impie cultivait ; et qu'Elisée changea en pierres, parce que le propriétaire lui en refusa un, avec lequel il voulait se désaltérer.

SIXIÈME CATÉGORIE : *Pierres tombées du firmament.*

— Les pierres tombées du ciel, qui ont frappé l'imagination de nos ancêtres, sont nombreuses. C'est ainsi, par exemple, que dans la mosquée de La Mecque, il y a la fameuse pierre noire, qui a été donnée, par Dieu à Adam, comme gage de son alliance. Dieu la reprit à Adam, lorsqu'il le chassa du Paradis terrestre ; mais il la donna à Abraham, plus tard, en lui ordonnant: d'aller la placer dans l'endroit où s'élèverait la mosquée de La Mecque.

Il y avait en Grèce des pierres qu'on appelait : Jupiter Honorios, et sur lesquelles on faisait des serments solennels. La légende affirmait, qu'elles étaient tombées du ciel. La pierre que les romains allèrent chercher à Pessinunte, et qui était le symbole de la Mère Idéenne, était tombée du ciel. d'après la légende. A Chypre, une pierre de ce genre, représentait la Vénus de Paphos.

L'impression que les aérolithes ont produit sur les hommes primitifs, est, certainement, la cause: que, dans certains cas, ils ont considéré, comme d'origine sidérale, des pierres qui provenaient, assurément, d'une autre source: celle, de La Crau d'Arles, par exemple, sont dans ce cas.

Cette donnée: de la pluie de pierres, se rencontre dans un grand nombre de chapitres de Tite-Live. En voici une, entre cent. Après la défaite des sabins, rien ne manquait à la gloire et à la puissance de Rome, et de son roi Tullus. Quand on vint annoncer au roi et au Sénat, qu'une pluie de pierres était tombée sur le mont Albin. On avait peine à y croire, et on envoya vérifier le prodige. Sous les yeux des envoyés, des pierres tombèrent du ciel, aussi serrées, qu'une grêle épaisse que le vent pousse vers la terre (TITE-LIVE t. I. liv. I. § 31. p. 45).

Dans le chapitre X, verset n° 11 du livre de Josué, dans la Bible, nous trouvons l'indication d'une pluie de pierres, qui rappelle le combat d'Hercule, dans la plaine de La Crau d'Arles. « Et comme ils s'enfuyaient devant Israël et qu'ils étaient à la descente de Bethoron, l'Éternel jeta des cieux des grosses pierres jusqu'à Hagaka et ils en moururent ; il y en eût plus de ceux qui moururent de la grêle de pierres que de ceux que les enfants d'Israël tuèrent avec l'épée ».

C'est à ces sources, que les conteurs de légendes du moyen âge recoururent, probablement, quand, comme Grégoire, de Tours, ils nous ont parlé de certains prodiges. Childebert et Theudebert, levèrent une armée contre Chlothachaire, en l'an 537, mais la reine Chrotehcilde demanda à Dieu le triomphe de Chlothachaire, sur la tombe de saint Martin ; et, le jour où les deux princes impies voulurent livrer bataille, un orage terrible éclata, amenant une pluie de pierres, qui dispersa leur armée, et blessa leurs soldats, tandis qu'il ne tomba pas une seule goutte d'eau, sur les soldats de Chlothachaire (GRÉGOIRE, de Tours. t. I. p. 138).

Depuis le commencement du moyen âge, le diable a envoyé, ainsi, des pierres sur les individus, qui lui enlevaient les âmes qu'il convoitait. C'est ainsi : qu'on voit, à l'église de sainte Sabine, de Rome, la pierre que le Diable fit tomber du ciel, sur saint Dominique. La même pierre, se rencontre, aussi, dans la chapelle des Trois Mages, à Cologne, où elle a fait un trou dans la voûte

(Misson. *Voy. d'Italie*. t. I. p. 47 et t. II. p. 144). L'évènement serait arrivé dans la nuit du 30 octobre 1404. D'après une inscription relevée par ce voyageur.

Septième Catégorie : *Pierres qui remuent et qui marchent*. — Les pierres qui ont été posées en équilibre, de manière à pouvoir remuer, sous la moindre pression, étaient, naturellement, propres à frapper vivement l'esprit des peuplades ignorantes. Aussi, les féticheurs antéhistoriques ont (soin d'en établir, en divers endroits, où l'on peut, aujourd'hui encore, constater leur mobilité. C'est ainsi, par exemple, qu'à Gelles, près de Clermont-Ferrand, il y a une pierre branlante, qui fût, dit-on, apportée là, par la Vierge, qui la tenait dans son tablier; et qui la plaça, en équilibre, sur une pente, où il semble qu'elle va glisser.

A Vertolaye, en Auvergne, il y a une autre pierre branlante, où les mères mènent leurs enfants, afin qu'ils grandissent en bonne santé (Bielawski. p. 235).

L'imagination populaire devait broder quelque chose de merveilleux, sur le fait: de la mobilité de ces grosses pierres branlantes. Aussi, ne se contente-t-elle pas d'indiquer, qu'elles ont été apportées, là, par des êtres gigantesques; elle affirme, qu'elles remuent seules, dans certaines circonstances. A Pontivy, par exemple, les maris vont les consulter, sur la vertu de leurs femmes; et elles remuent, ou non, suivant le cas.

A Coindé-sur-Laison, en Normandie, une pierre branlante quitte, toutes les nuits, au premier coup de minuit, sa place, pour aller boire dans une fontaine, placée à une cinquantaine de mètres d'elle.

Près du hameau de Mallemains, dans la commune du Borgouet, en Normandie, la pierre ne change de place, que pendant la nuit de Noël. — Le propriétaire du champ, où elle se trouve, voulut, un jour, la déplacer, mais un attelage de trois cents chevaux, fut nécessaire; et, le lendemain matin, on constata, qu'elle était revenue prendre sa place, pendant la nuit.

Près de Falaise, il y a une pierre qui tourne au premier chant du coq.

A la Martinière, près de Caudebec; à Gouvin, près de Falaise; à Teurthéville-Hague; à Saint-Pierre-Eglise; à Cosqueville; à Montaigu-la-Brisette; et dans nombre d'autres endroits, il y a des pierres qui tournent, au moment de la messe de minuit.

A Saint-Léger, dans l'Yonne, il y a la même crédulité; et j'aurais des centaines d'exemples analogues à citer, pour une infinité d'autres pays.

Près de Pontivy, il y a un peulvan qui va boire dans le Blavet, au moment de la messe de minuit; et qui laisse un trésor à découvert, pendant ce temps.

Terminons ce qui touche aux pierres qui remuent, de nos jours en Europe, en disant qu'en Allemagne, près du château de Reimstein, dans le Hartz, il y a une caverne, dans laquelle on voit une quantité de petites pierres rondes, qui jonchent le sol; il faut bien se garder de les prendre; car, lorsqu'on les emporte, elles s'en retournent, pendant la nuit, à leur place primitive.

On rencontre des pierres branlantes dans les contrées les plus diverses, non seulement en Europe, mais encore en Asie, en Afrique et en Amérique. Ici, c'est Dieu; plus loin, c'est le Diable ; parfois, c'est un saint, ou bien un géant qui a placé la pierre, en cet endroit.

Au Pérou, on voit des pierres branlantes qui doivent leur existence à Quetzalcoath.

Réné Caillé a vu, au village de Népal, en Sénégambie, une pierre fétiche, qui fait trois fois le tour de l'enceinte, quand les ennemis doivent venir l'attaquer.

Dans l'antiquité, la donnée des pierres branlantes était connue ; et avait déjà donné lieu à des récits, plus ou moins extraordinaires. Strabon (liv. 3), nous apprend qu'au cap Saint-Vincent, appelé jadis le « promontoire sacré », parce qu'il était le point le plus occidental de l'Europe, il y avait des pierres, que les pèlerins faisaient tourner, dans un sentiment de piété. Pausanias a fait évidemment allusion à ces déplacements merveilleux, en disant (*Arcadie*) : que près le temple de Cérès, il y avait deux pierres, qui étaient absolument adhérentes, l'une à l'autre, en temps ordinaire, et qui s'écartaient spontanément, au moment de la cérémonie des grands mystères, pour laisser voir : le règlement écrit des rites de la fête ; puis, se rapprochaient après la célébration de ces mystères.

HUITIÈME CATÉGORIE : *Amoncellements de pierres merveilleuses.* — Dans cette catégorie, se rangent des variétés assez grandes. C'est ainsi que, tantôt la légende a pour sujet des amoncellements naturels ; d'autrefois des tumuli ou autres constructions humaines ; et, suivant les cas, elle prend un tour plus ou moins extraordinaire, dans le champ de l'invraisemblable. Près de Pont-Audemer, par exemple, il y a, un tumulus qu'on appelle « la butte qui s'ouvre » et, où l'on entend des bruits harmonieux, la veille de la fête de saint Jean-Baptiste, à minuit (CANAL. *Essai sur l'arrond. de Pont-Audemer.* t. II. p. 271).

A Fontenay-la-Marmion, se trouvent deux tumuli, un appelé : la Hogue, l'autre : la Hoguette. La légende prétend, que dans cet endroit, les romains livrèrent une grande bataille, dans laquelle leur général fut tué. Or, pour que son corps ne devint pas la proie des ennemis, chaque soldat apporta des pierres, plein son casque, et les jeta sur la fosse, ce qui fit bientôt un tumulus très élevé.

A Arthésé, dans le département de la Sarthe, il y a des tombelles, que la crédulité publique, disait être : le résultat du décrottage des sabots de Gargantua.

A Brunchamel, dans les Ardennes, il y a un tumulus qu'on appelle « la Butte du Diable ». Satan, avait fait marché avec un entrepreneur de route ; et, comme il travaillait avec ardeur, la bretelle de sa hotte se rompit, une nuit, et les pierres qui en tombèrent firent cette butte (MEZRAC, p. 338).

Près du village de Montgon (Ardennes), il y a un autre tumulus, appellé : la Hotte du Diable. Satan avait promis d'élever une colline, pendant la nuit; et une des bretelles de sa hotte ayant cassé, sa hottée tomba par terre et forma le tumulus (MEYRAC. p. 338).

Près du village de Saint-Pierre, sur la presqu'île de Quiberon, il y a un tumulus qui a, aussi, sa légende. Le fils d'une pauvre veuve, partit, un jour, à la mer en disant à sa mère qu'il allait chercher fortune. Chaque jour, la pauvre mère venait sur la plage, pour voir si son fils ne revenait pas. Or, un jour, elle rencontra une vieille mendiante, à laquelle elle fit l'aumône, quoiqu'elle fut très pauvre, elle-même. La vieille lui demanda, ce qu'elle venait faire, en cet endroit ; et, quand elle l'eût appris, elle lui dit : « Mettons quelques pierres l'une au-dessus de l'autre, vous verrez plus loin, ainsi ».

Les deux femmes se mirent donc à amonceler les cailloux, les uns au-dessus des autres ; et, tout-à-coup, la mère vit, au loin, la voile du bateau de son fils ; elle se tourna vers la mendiante pour lui faire partager sa joie, mais celle-ci, était transformée en magnifique fée, qui lui dit : « Voilà comment les bonnes œuvres sont récompensées : vous serez heureuse et riche, désormais. » Et c'est en effet, ce qui arriva, car le jeune homme avait fait fortune, pendant son voyage.

Près de Saint-Noit, en Morbihan, il y a un monticule élevé, dit la légende, par les poulpiquets ; et, quand on a perdu quelque chose, il suffit d'aller prier ces poulpiquets de rapporter l'objet perdu.

Quelquefois, il s'agit de véritables montagnes qui sont attribuées à une intervention surnaturelle ou humaine.

Le géant Cormélian ou Cormoran éleva, dit la légende, le mont Saint-Michel, en prenant une poignée de terre dans le voisinage. Dans l'île de Rugen, il y a des tumuli, qui proviennent du tablier d'une géante.

En Finlande, il y a des montagnes, que la légende prétend avoir été élevées par les filles du géant Kalewa : *le mauvais principe*, avec des pierres qu'elles portaient dans leur tablier. Une de ces filles ramassa, un jour, un paysan avec ses bœufs, pour s'en amuser; elle le montra à sa mère qui lui dit : « Hélas! ma fille, ce sont ces petites gens qui nous chassent de chez nous ». Près de Cambridge, en Angleterre, il y a deux tumuli qu'on dit être : les tombeaux des géants Gog et Magog (CLARKE. *Voy. en Russie*. t. i. p. 50).

Le R. P. Boscowith dit, dans son *Journal des Voyages de Constantinople en Pologne*, 1762, qu'il vit : un énorme tumulus, qu'on appelle la montagne d'Amurat, et dont l'origine est surnaturelle, d'après la légende (CLARKE. t. ii. p. 275). — Près de Kertel, il y a un tumulus appelé : Altyn-Obo, qui renferme un trésor, gardé par une jeune fille, qu'on entend pleurer, toutes les nuits (CLARKE. t. ii. p. 269).

Sur la route de Nazareth à Cana, il y a une colline, qu'on dit être : le tombeau de Jonas.

Entre la Tunisie et la Tripolitaine, il y a deux collines remarquables, qui semblent placées là, pour marquer la frontière. Elles ont une légende qui remonte à la plus haute antiquité. Je la rapporterai d'après Salluste *Guerre de Jugurtha* (t. xxix). « Mais puisque les affaires de Leptis nous ont conduit dans ces contrées, peut-être ne sera-t-il pas déplacé de rapporter, ici, l'admirable, le merveilleux trait de deux carthaginois, dont le souvenir nous a été rappelé par le lieu même. Au temps où les carthaginois donnaient des lois à presque toute l'Afrique, les cyrénéens étaient aussi puissants et opulents. Or, entre les deux états se développait une plaine sablonneuse d'aspect partout uniforme : pas un fleuve, pas une montagne qui pût servir à distinguer leurs

frontières respectives ; et de là une guerre longue et
sanglante. Déjà de part et d'autre, des armées, des flot-
tes avaient été battues et dispersées, déjà les deux
peuples s'étaient cruellement maltraités et il était à
craindre que bientôt vaincus et vainqueurs également
épuisés ne fussent attaqués par quelque nouvel
ennemi. On convint donc à la faveur d'une trève, que
les délégués partiraient de chaque ville à un jour déterminé et que le lieu où ils se rencontreraient servirait
de commune limite aux deux territoires. Carthage
envoya deux frères nommés Philènes, qui firent route
avec une grande célérité ; les délégués de Cyrène
allèrent plus lentement. Fut-ce défaut d'activité de
leur part ou par accident, je l'ignore ; là comme en
pleine mer, il n'est pas rare qu'on soit retenu par quelque ouragan : lorsqu'on effet, dans ces plaines tout unies
et dépourvues de végétation le vent vient à souffler et
à soulever le sable du sol, ce sable, emporté en vio-
lents tourbillons remplit le visage et les yeux du voyageur, l'empêche de voir devant lui et retarde ainsi sa
marche.

Quoi qu'il en soit, quand les cyrénéens s'aperçoivent
qu'ils ont été devancés, craignant d'être punis au retour
pour un retard si funeste aux intérêts de la patrie, ils
accusent les carthaginois d'être partis de chez eux
avant l'heure convenue ; ils ne veulent rien entendre ;
tout leur semble préférable à la honte de se retirer
vaincus. De leur côté, les carthaginois ne demandent
qu'une chose, l'égalité des conditions nouvelles
quelles qu'elles soient. Alors les grecs leur donnent le

choix ou de se laisser enterrer vifs à l'endroit qu'ils réclament comme frontière de leur empire ou de laisser leurs adversaires à cette même condition s'avancer aussi loin qu'ils le voudront. La proposition fut acceptée des Philènes qui firent à leur patrie le sacrifice de leur personne et de leur vie et furent enterrés vifs. Les carthaginois consacrèrent en ce lieu des autels aux deux frères et leur décernèrent d'autres honneurs encore au sein de leur ville (SALLUSTE. *Guerre de Jugurtha*. Traduction de M. Camille ROUSSET. *Bibliothèque de l'Armée française*. HACHETTE 1879 p. 90). Les habitants de Cumes, en Asie mineure, avaient exactement la même légende; et faisaient, à ce sujet, la fête de Prophtasie (DIOD., de Sicile. liv. XV. ch. XVIII).

Près de la ville de Panopée, en Phocide, il y avait un tertre, que la légende disait être: le tombeau de Tithyus (PAUSAN. liv. X. ch. IV). Pausanias nous donne, dans son livre, au moins une dizaine d'indications analogues: le tombeau d'Icare, par exemple (liv. IX. ch. XI). Le tombeau du géant, dans le Bosphore.

A ce sujet, rappelons que Clarke (*Voy. en Russie*. t. I. p. 56) dit: que les bonnes gens d'aujourd'hui répètent, au sujet de ce tumulus, ce qu'en disait Homère, il y a deux mille ans. Même chose, pour celui de Beïcos (*Loc. cit.*).

Darius, roi des perses, marchant contre les Scythes, ordonna à ses soldats de mettre une pierre, en passant dans un endroit déterminé; et il en résulta un énorme, monceau de pierres (HÉRODOTE. t. I. p. 382).

Pendant que Sabacos, roi d'Ethiopie, occupait

l'Égypte, le pharaon Anysis avait été obligé de se cacher dans les marais du Delta. Ses sujets lui apportaient des vivres, en cachette, et il leur avait recommandé d'apporter, aussi, une poignée de cendres. Or, au bout de cinquante ans, lorsqu'il put remonter sur le trône, cette cendre avait fait une île, élevée au-dessus du Nil (HÉRODOTE, t. I, p. 215).

La même pensée, se retrouve pour la dune de Makana, près de Saint-Louis, au Sénégal. Un marabout, qui allait convertir des infidèles, fut arrêté par un marigot profond. Mais, il ordonna à chacun de ses soldats, de remplir son bonnet de sable, et de le verser devant lui, au moment d'arriver au marigot. Or, non seulement le marais fut comblé, mais encore, il s'éleva une butte à cet endroit, tant le nombre des soldats était grand; ou bien, tant la protection du prophète était évidente.

III

ORIGINE DE LA CRÉOULITÉ

Avec les indications que je viens de fournir, nous avons des éléments suffisants, je crois, pour pouvoir jeter, efficacement, un coup d'œil d'ensemble sur cette question des pierres, des rochers et des monuments mégalythiques à légende. Nous sommes, évidemment, là, en présence d'un vestige du culte primitif des montagnes, qui, avec le temps, a subi maintes et maintes transformations, sans cesser de faire partie de l'arsenal mythique et rituel des diverses peuplades qui se sont succédées, dans les contrées les plus variées du globe.

Tout d'abord, le lecteur admettra, je pense, comme moi, que les traditions, les superstitions, les fables et les légendes de nos jours, ne sont que la continuation de celles qui étaient en vogue dans l'antiquité.

Cette constatation nous autorise à penser, d'une manière assurée : que, dans les temps les plus reculés, la pétrolâtrie, et disons, pour généraliser : le culte des montagnes, a tenu une grande place dans l'esprit de nos premiers parents.

En effet, il ne faut pas réfléchir bien longtemps, pour acquérir la conviction, que ces pierres, ces rochers, ces monuments, sont un vestige du culte fétichique, une des premières manifestations de la religiosité humaine.

L'homme primitif adora, comme je l'ai dit déjà tant de fois, les pierres, les rochers, les montagnes, les grottes, comme d'ailleurs les arbres, les plantes, l'eau, les météores, le firmament, etc., etc., dans son désir incessant, et, toujours inassouvi, de se créer des protecteurs, contre ce qui pouvait lui nuire.

Comme l'a fait très bien observer M. Girard de Rialle, cette pétrolâtrie est probablement antérieure au culte de la nature ; il est possible, probable même, que les pierres aient d'abord été des fétiches ; et, que ce soit dans une époque ultérieure, que d'autres pensées : celle des forces de la nature, entre autres, soient venues s'enter sur la donnée primitive.

Quoi qu'il en soit, dans son adoration fétichique, cet

homme primitif se laissa aller à des variétés du culte. D'une part, il considéra la montagne, elle-même, et dans son ensemble, ou bien telle partie : piton, sommet, rocher, etc., etc., de la montagne, comme la divinité ; d'autre part, il emprunta à cette montagne des pierres qu'il apporta près de son lieu d'habitation. Ajoutons, qu'à un moment donné, la chûte d'un aérolite, la forme spéciale d'une pierre, frappèrent assez son imagination, pour venir augmenter le nombre et les subdivisions de ses fétiches.

Pour ce qui est de la montagne, ou de la partie de montagne adorée, elle fut d'abord considérée, comme : la divinité elle-même, puis comme le symbole de cette divinité, puis comme son autel ou son sanctuaire. Et, certains pèlerinages que nous voyons aujourd'hui, sont des vestiges de leur culte primitif ; de même que certaines légendes de géants, se rattachent ainsi aux idées qui avaient cours à leur sujet, dans le temps jadis.

Pour ce qui est des pierres fétiches trouvées dans la plaine, ou apportées par la main des hommes, plus ou moins loin de l'endroit où elles étaient, nous voyons: ou bien des légendes de géants, ou bien certaines pratiques superstitieuses actuelles, être, bien évidemment, le vestige d'anciennes croyances, ou d'anciens rites du culte qui s'accomplissait en leur honneur.

L'idée du géant, qui intervient dans ces légendes, ayant cours au sujet de certaines pierres, de certains rochers ou de certains monuments mégalythiques, a quelque chose d'assez étrange, pour arrêter un instant l'esprit du curieux. Ces géants, sont très divers, suivant les pays et les peuplades. En Provence, c'est Samson, saint Martin, saint Ferdol, Rolland, sainte Magdeleine, qui sont le plus souvent en cause. Dans d'autres pays, c'est : Gargantua, Rolland, la Vierge, une fée, le diable, etc., etc. Mahomet est invoqué par les musulmans ; Bouddha, Gaoutama, par les bouddhistes. Tel ou tel héros, était mis en scène par les païens de l'antiquité. En un mot : qu'il s'agisse de notre époque ou des temps passés, c'est toujours : l'idée d'un bon ou d'un mauvais esprit puissant, qui est en cause.

Précisément à cause de son ancienneté extrême, ce culte des pierres a été l'objet de modifications si nombreuses et si variées, qu'il est à peine reconnaissable, au premier coup d'œil, de nos jours ; mais, en y regardant de près, et en y réfléchissant avec soin, on constate qu'il est encore possible, assez souvent, de le démêler, au milieu de mille détails, dont les transformations successives, ont obscurci sa pensée initiale.

En réalité, n'est-ce pas au culte fétichique des montagnes que nous devons rapporter le fond, non seulement de diverses légendes superstitieuses, etc., etc., vis-à-vis de certaines pierres, certains rochers. etc., etc., mais encore de cent cérémonies, et de bien des pratiques pieuses ou mondaines qui persistent de nos jours, avec plus ou moins d'intensité, sur certaines montagnes ou dans certains quartiers ruraux ? Les pèlerinages de Notre-Dame de La Garde, à Marseille ; de la Sainte-Baume ; de N.-D. de Sicié, des Anges ; de vingt analogues que je pourrais citer pour la Provence ; et de mille qui se font dans une infinité de pays les plus

divers, ne se rattachent pas à une autre pensée primitive. La donnée originelle a disparu, sous les adjonctions nombreuses qui sont venues se stratifier sur elle,
avec le temps ; c'est ainsi que le culte de la force fécondante de la nature de la terre mère, celui de l'astrola-
tion, puis de telle ou telle divinité du paganisme ; enfin
de tel saint ou telle sainte de la religion chrétienne ou
de tel santon musulman, ont, tour-à-tour, dominé dans
l'esprit des pèlerins. Mais néanmoins, en y regardant
de près, c'est toujours le culte des montagnes, qui a été
l'inspirateur initial ; et, parfois, il n'est pas impossible
d'en retrouver des vestiges appréciables. D'autre part,
aussi, on arrive à penser, par l'examen des choses, que
lorsque la transformation anthropomorphique de la
divinité s'accomplit, quelques-unes des pierres, frustes
jusque là, qui en avaient été le symbole, furent taillées
de manière à représenter la forme humaine ; et nous
comprenons sans peine, comment, à travers les âges, et
suivant le degré de civilisation des peuplades, on a pu
constater une gamme continue, commençant à la pierre
brute pour aller jusqu'à la statue de Phidias.

Pour ne pas donner à mon étude actuelle une trop
grande longueur, je laisserai de côté, en ce moment, ces
pèlerinages qui méritent qu'on s'en occupe à part. Je
me bornerai à montrer l'exactitude de la proposition
que je viens de formuler, à savoir : que les pierres à
légendes et les monuments en pierre ou en maçonnerie,
dont j'ai parlé précédemment, sont un vestige du culte
féchitique des montagnes. Et, je chercherai a déterminer : par le fait de quelles dégradations, l'idée initiale

s'est obscurcie, pour en arriver au point que nous constatons, aujourd'hui, dans les pierres à légendes.

Le culte fétichique des montagnes, dont nous voulons parler ici, a quelque chose de si extraordinaire, *a priori*, pour ceux qui ne songent pas aux conditions dans lesquelles il s'est produit jadis, qu'il est nécessaire de rappeler les raisons qui lui ont donné naissance, aux les premiers âges de l'humanité. Faute de cette précaution, je courrais le risque de laisser une très grande obscurité dans mon argumentation. Cette question a été traitée avec un tel soin, et je puis ajouter : avec un tel succès, par Dulaure (*Des cultes qui ont précédé l'idolâtrie*. Paris 1805), que je vais lui faire de nombreux emprunts ; et je renvoie, dès à présent, le lecteur à ce travail remarquable, pour le compléter de tout ce que je ne dirai pas ici, ne pouvant consacrer, comme lui, un volume entier à cette étude.

En y réfléchissant un peu, on comprend bien vite que le culte fétichique des montagnes a dû occuper une grande place dans l'idée religieuse de certaines peuplades. Celles par exemple, dont l'horizon était borné par des masses géologiques imposantes ; et, par conséquent, dont l'existence dépendait plus ou moins de ces montagnes, devaient, naturellement, songer à elles, dans leur préoccupation touchant la divinité.

Les montagnes s'élèvent à perte de vue vers le firmament ; leur cime est souvent cachée par les nuages ; c'est sur cette cime, que paraissent souvent naître les orages, pour ceux qui habitent les vallées ; c'est de là que les éclairs, le tonnerre, semblent souvent partir.

Toutes ces conditions étaient bien de nature à les faire considérer, comme étant, en relations directes avec le ciel, qui a été si généralement considéré par l'homme comme le domaine de la divinité.

Des flancs des montagnes naissent, souvent, les fontaines, les rivières, les torrents, toutes choses qui peuvent rendre tant de services ou causer tant de désagréments à l'homme. L'eau, ne le désaltère-t-elle pas, quand il a soif; ne fait-elle pas vivre des animaux et des plantes utiles à sa nourriture, dans son rôle fécondant; ne détruit-elle pas les récoltes; ne menace-t-elle pas les existences dans ses débordements torrentieux ? Ces montagnes, par leur inaccessibilité ou bien par la difficulté qu'avait l'homme à les traverser, étaient : ou bien, une gêne considérable pour les relations affectueuses; ou bien une sauvegarde efficace contre les agressions hostiles.

Même, lorsque ces montagnes n'étaient pas très élevées, elles étaient utiles, comme observatoires, du sommet desquels on pouvait surveiller l'horizon, c'est-à-dire l'arrivée des ennemis. Enfin, il n'est pas jusqu'au cratère de certains sommets montagneux : le Vésuve, l'Etna, et tant d'autres qui frappait l'esprit des populations fréquemment effrayées par les éruptions volcaniques.

Par ailleurs, les grottes que les flancs des montagnes récèlent, et dont quelques-unes servaient : de retraite contre les attaques du dehors, et de garantie agréable contre les intempéries des saisons; tandis que d'autres émettaient, parfois, des sources froides ou thermales, des vapeurs sulfureuses ou carboniques, étaient bien faites pour frapper l'imagination des ignorants. En un mot, mille conditions, venaient s'ajouter les unes aux autres, pour prêter aux montagnes : les attributs de puissance qui les distinguaient des choses d'alentour.

Donc, on le voit : ces montagnes étaient un objet de reconnaissance ou de colère, de joie ou de frayeur, de tranquillité ou de crainte; elles avaient toutes les qualités requises pour jouer un rôle de divinité dans l'esprit humain, et nous ne sommes pas étonnés d'apprendre, qu'elles furent vénérées, sous ce rapport, dans une infinité d'endroits.

Pour appuyer cette assertion, et en prouver l'exactitude, nous n'avons qu'à rappeler : que dans le moment présent, encore, ou au moins dans les siècles voisins du nôtre, on a pu constater des traces de ce culte des montagnes, non encore modifié, par des adjonctions du genre de celles, qui l'ont obscurci, dans la plupart des contrées civilisées. La montagne que les Russes appellent Karaval-Naïa-Gora (montagne de la Garde) parce qu'elle est située sur la frontière du pays des Kirguiss, était, il n'y a pas bien longtemps, l'objet du culte des Tartares, qui l'appellent *chang-pchang*. Pallas nous apprend, aussi : que les kalmoucks adoraient la montagne Moo-bogo ; et les Tongouses, celles de Onteni-Sinu et de Sokouda, situées entre la Mongolie et la Chine. Les Ostiaks, ont encore, de nos jours, la plus grande vénération pour les montagnes de leur pays. Il y a quelques siècles à peine, les Lapons pratiquaient, aussi, le culte des montagnes et des rochers, avec une grande ferveur. Joseph Acerbi, dans son voyage au cap Nord (t. III, p. 260 et suiv.), nous apprend : que certaines montagnes de la Laponie, s'appelaient *Passa work* (lieu saint), et étaient des sanctuaires, où se faisaient des sacrifices. Quelques-unes de ces montagnes, étaient le but de pèlerinages, dans lesquels on portait des offrandes, qu'on y déposait pieusement.

Pour accumuler des preuves touchant l'exactitude de mon assertion, j'ajouterai que la montagne de *Chaumoularie*, qui est le pic le plus élevé du Thibet, est un sanctuaire vénéré, ou les Indous viennent en pèlerinage, pour en adorer le sommet couvert de neige. Les montagnes de Pvi-Peu, les Soumounang de Mouttara ou Mat'hura, sont aussi l'objet de la piété des habitants. C'est sur cette dernière, que Chrisna serait descendu du ciel (SAMUEL TURNER *Relat. de l'ambass. angl.* au Thibet, t. Ier). Le mont Soumounnang, situé entre le Boutan et le Thibet est, aujourd'hui encore, l'objet du culte local très vénéré (SAMUEL TURNER, *Ambassade au Thibet*, t. Ier, p. 295). Les habitants de l'île de Ceylan, adorent la montagne Outéralie. (*Voy. au Japon* de TUMBERG, t. IV., p. 221). Dans l'affection que les japonais de nos jours, ont pour leur montagne de Fukshiama, on n'a pas de peine à démêler la trace d'un culte religieux. Rochefort, dans son histoire des Antilles, nous apprend : que les apalaches de la Floride, adoraient une montagne, appelée Olaüni. Layer, nous apprend qu'en Nigritie, quelques grandes montagnes étaient adorées comme des fétiches, à une époque voisine de nous, puisqu'il a eu l'occasion d'en constater le culte.

Il est infiniment probable, qu'à l'heure actuelle, cette superstition n'a pas disparu dans ce pays.

Si de nos jours, nous retrouvons encore des traces de ce vieux culte fétichique des montagnes; *a fortiori*, devons-nous en constater de plus nombreuses et de plus intenses, en remontant vers le passé. Et, en effet, il suffit de jeter les yeux sur les croyances de nos ancêtres et des divers peuples, dont l'histoire est plus ou moins bien venue jusqu'à nous, pour voir: que les montagnes étaient jadis vénérées, très notablement plus que de nos jours. Les Gaulois du temps de la conquête romaine, et même du temps de César, vénéraient certains sommets des Cevennes et des Alpes; le Saint-Gothard, entre autres, était pour eux, le sanctuaire d'une divinité redoutable. Au temps de Grégoire de Tours, la superstition prêtait à de nombreux pics, une importance religieuse incontestable; le mont Pilat, le mont Helanus, sont signalés comme le séjour des puissances, avec lesquelles l'homme devait très humblement compter.

De leur côté, les Ibères avaient un culte pour maints pitons des Pyrénées; culte, dont les traces ont dépassé le moyen âge, et sont venues jusqu'à nous, sous la forme de légendes et de superstitions, plus ou moins défigurées par le temps.

En Italie, les premiers habitants honoraient, aussi, d'un culte maints sommets de l'Apennin. Le Capitole, fut un dieu, à son heure, comme nous le dit Justin. Et nombre de divinités, étaient considérées aux temps de la République, et même de l'Empire, comme ayant leur domicile sur ces hauteurs, depuis la Sicile jusqu'aux frontières des pays barbares du N. et du N.-E. de la Péninsule.

Dans la vieille Grèce, ces traces ne faisaient pas défaut, non plus. Il suffit de se souvenir de la grande réputation qu'eurent, au temps de la mythologie hellénique, le mont Ida de l'île de Crète ; l'Atabyris, de l'île de Rhodes ; l'Olympe du Taygète, et cent autres, pour en être convaincu.

Dans l'Asie-Mineure, les monts Ida, Pessinunte, Dydyme, Berecynthe, sont là, aussi, pour nous montrer : que le culte des montagnes y était pratiqué avec dévotion. Rhéa, dont les mythologues firent, dans la suite des temps, la femme de Saturne, était primitivement une simple montagne, située près de Lampsaque, sur la rive gauche des Dardanelles.

Les Gètes, qui habitaient la portion montagneuse de la Hongrie actuelle, avaient une montagne qu'ils appelaient : sainte ; et où était un sanctuaire vénéré, dans lequel habitait le grand prêtre de leur religion.

Les Thraces, qui occupaient la Turquie d'Europe actuelle, avaient aussi leur montagne sainte, si profondément révérée, que Philippe de Macédoine, la conquit, pour affirmer sa supériorité militaire sur eux.

· En un mot, si nous passions en revue tous les pays de l'ancien monde, nous trouverions, partout, mille preuves des plus éclatantes, pour nous convaincre : que le culte des montagnes, a été aussi étendu que révéré, dans le passé de l'espèce humaine.

· Cette idée, que les premiers hommes purent adorer

26

une montagne, comme une divinité, paraît, de prime abord, si étrange, que nous avons, aujourd'hui, de la peine à la comprendre. Rien n'est plus vrai cependant ; mais il faut se souvenir, pour cela : de l'état d'esprit de ces premiers hommes, tout à fait à l'aurore du raisonnement, alors que *l'animisme* prenait naissance dans leur esprit, si je puis m'exprimer ainsi. A cette époque initiale, si reculée, de l'humanité, les montagnes étaient la divinité, parce que l'intelligence humaine n'était pas encore assez subtile, pour faire les distinctions qu'elle imagina plus tard. C'était, alors, la masse elle-même qui représentait la puissance, la force, l'individualité, qu'on me passe le mot, de la divinité.

Avec le temps, le progrès de la raison humaine ne permit plus de prêter à la montagne, elle-même, une divinité, parceque l'idée de la divinité avait subi l'influence de ce qu'on appelle : l'anthropomorphisme. Et, alors, elle ne fut plus, que le sanctuaire, où résidait cette divinité. C'est là, qu'on allait adorer le dieu, lui demander des faveurs, lui élever des autels pour lui faire des sacrifices. Du premier rang, la montagne passa au second ; au lieu de rester le maître lui-même, elle devint la maison du maître ; au lieu d'être le dieu, elle ne fut plus que son symbole. Les pierres qu'on allait lui emprunter ne furent plus : que l'autel de la divinité, au lieu d'être la divinité elle-même ; et, tout en restant entourées du respect des dévots, ces montagnes descendirent dans l'échelle de l'importance.

Les montagnes, devinrent, donc, l'habitation des dieux, de dieux qu'elles avaient été primitivement; et

plusieurs d'entre elles, prirent, pour cette raison, le nom
d'Olympe. C'est ainsi, qu'on peut expliquer le nombre
considérable des Olympes que nous connaissons, dans
les divers pays de l'ancien monde : En Arcadie, en
Laconie, en Épire, en Thessalie, à Chypre, entre la
Russie et Bythinie, sur les frontières de Cilicie, en
Élide, entre la Haute-Égypte et l'Arabie, dans la mer
Rouge, etc., etc., on a signalé des monts Olympe.

Le port de Nice, s'appelait jadis le port de Lympia ; et
on sait qu'il se trouve, entre la montagne du Château et
celle de Montboron ; la première, ayant, par sa forme et
sa position, tous les caractères d'un lieu de dévotion
antique, on peut penser : que c'était un Olympe local.
Nous trouverions cent exemples pour un, qui viendraient, au besoin, prouver l'exactitude de cette
manière de voir, si c'était nécessaire.

Dans nos pays, les Olympes n'ont pas fait défaut, non
plus ; il y en a un, dans l'ancienne province de Cham-
pagne ; la montagne de la Sainte-Baume est appelée
encore de ce nom dans les cartes de d'Anville. Ne
peut-on pas penser, que le mot : Liban, n'est qu'une transformation du mot primitif Olympe ; et nous savons, que
le Liban et l'Anti-Liban, sont deux montagnes ayant eu
un caractère sacré. Sans compter, qu'ils séparaient la
Palestine, de la Coelé, Syrie et de la Phénicie.

Enfin, ajoutons : que de ce nom d'Olympe, paraît avoir
dérivé celui de : Limbes, qui signifie : l'extrémité, le bord,
particularité qui nous corrobore dans la pensée, que les
montagnes étaient la frontière, séparant deux peuplades,
dans une infinité d'endroits, au temps passé. Cela a une

importance notable pour nous, en ce moment, car nous verrons plus loin, que ces frontières devaient jouer un rôle considérable dans la vie des premiers hommes.

Nous savons, que dans les crédulités païennes, l'Olympe, était considéré comme le séjour des dieux. C'est une preuve, que nous pouvons invoquer encore, pour appuyer l'idée du culte des montagnes ; mais nous ferons remarquer, surtout, que le mot Olympe, était synonyme de Paradis, pour les anciens grecs et romains ; or que les montagnes qui portent le nom de Paradis, sont encore très nombreuses de nos jours ; rien qu'en Provence nous en connaissons bien une dizaine.

D'autre part, l'idée de la divinité tenait une grande place dans l'esprit des premiers hommes, mais ne la dominait pas toute entière, cependant ; car, si elle le préoccupait beaucoup, aux heures de la méditation et du repos, les exigences matérielles de la vie lui prenaient, en revanche beaucoup de temps, et venaient, à chaque instant, le rappeler aux réalités de l'existence. Aussi, les montagnes durent, de bonne heure, éveiller une autre pensée que celle du séjour des dieux. Je veux parler, de celle de la sécurité matérielle. Nous avons la preuve de cette transition, dans un travail de l'abbé Mignot (*Mém. Acad. inscript.* t. XXXIV. p. 253), qui fait remarquer : l'analogie qu'il y a, entre les mots ; *gébal, gébel*, qui signifient montagne, en arabe, et *cybèle* déesse de la terre. Or, par ailleurs, *gabal* signifie en phénicien : bornes, limites ; nous voyons bien dans ces diverses significations d'un même mot, les relations qui existèrent, de bonne heure, entre la pensée de la divinité, et celle de da limite, de la frontière, de la borne, qu'éveillaient quelques montagnes, chez les premiers peuples.

Cette pensée de la frontière, se révèle, encore, par le nom de: mont Cassius, qu'ont porté plusieurs montagnes des pays grecs, syriens, égyptiens. Il y avait, en effet, un mont Cassius entre la Basse-Egypte et la Palestine; un autre à la frontière septentrionale de la Syrie; un autre dans l'île de Corcyre, et sur cette montagne se trouve le temple célèbre de Jupiter. Or, le mot: *kass* ou *gaz*, signifie, en phénicien, borne, frontière, extrémité; et celui de *gaz* ou de *gatz*, en vieux scythe ou vieux germain, avait la même signification. Ajoutons, dans le même ordre d'idées, que quelques peuplades donnèrent à leurs montagnes le nom de: Garde; et nous savons, aussi, que nombre de montagnes s'appellent la Garde, dans une infinité de pays. Depuis la Provence, où j'en connais au moins une douzaine (Marseille, Toulon, Antibes), jusqu'au pays des kirguiss (PALLAS, t. II, p. 2), des tongousses, en passant soit par l'Espagne et l'Afrique septentrionale, soit par l'Italie, le nord de l'Europe; ou bien, la Grèce et la Turquie.

Cette notion: de la frontière, de la borne, de la limite, qu'éveillaient les montagnes chez les premiers hommes, a eu une place considérable dans la question qui nous occupe ici. Nous avons besoin d'en tenir compte, dans cette étude des superstitions et des survivances, car elle peut nous donner l'explication de mille détails qui seraient absolument incompréhensibles, pour nous, sans cela; aussi, suis-je obligé de m'en occuper un instant, en détail.

Si nous remontons, par la pensée, aux premiers temps de la Société humaine, nous voyons : que les peuplades étaient d'abord : assez peu nombreuses réduites seulement, à quelques familles provenant de la même origine. Ces peuplades vivaient dans un endroit choisi, ou imposé par le hasard ou les nécessités de la vie ; redoutant, autant, les éléments, les bêtes sauvages, que les autres peuplades humaines, avec lesquelles elles étaient perpétuellement à l'état d'hostilité. A cette époque, les relations internationales se réduisaient à la chasse à l'homme.

Dans ces conditions, les limites du pays de chaque peuplade, avaient leur très grande importance; en deçà, on vivait relativement tranquille ; au delà, on était chez l'ennemi. Or, par un sentiment de prudence personnelle qui se comprend facilement, chacun restant volontiers aussi près que possible de son centre d'habitation, les frontières étaient généralement très désertes. César (*Commentaires de la Guerre des Gaules*. Liv. VI)., nous montre : que les germains de son temps, avaient encore les vieilles idées, au sujet des frontières. « Ces peuples se font un très grand honneur de voir leur pays borné par de vastes déserts. C'est pour eux une marque de courage et un témoignage de la terreur qu'ils inspirent aux nations limitrophes, que de les tenir, ainsi, fort éloignées d'eux. D'ailleurs, ces larges frontières les mettent en sûreté et à l'abri d'une incursion subite ».

Pomponius Mela nous apprend: que les germains faisaient souvent la guerre à leurs voisins, non pas pour agrandir leur propre territoire, mais pour dépeupler les pays qui touchaient à leurs frontières, dans la pensée de vivre tranquilles. Cette vieille coutume s'est perpétuée, jusqu'à nos jours, dans les pays arriérés.

Chardin, dans son voyage en Perse (t. IV. p. 4), nous apprend : que dans le courant du siècle dernier, la Perse était séparée de ses voisins par de larges frontières. « Cet espace qu'on met trois ou quatre jours à franchir, dit-il, est inhabité, quoique le terrain en soit le meilleur du monde, en plusieurs endroits. Mais, les persans regardent comme une marque de vraie grandeur, de laisser, ainsi, des pays abandonnés entre les grands empires ; ce qui empêche les contestations pour les limites ; et forme, entre eux, comme un mur de séparation » La muraille de Chine n'est-elle pas, d'ailleurs, une preuve de l'exactitude de cette proposition.

Lorsque la Société fut un peu plus avancée, ce sentiment d'hostilité entre étrangers voisins persistant, d'âge en âge, on arriva, naturellement, à convenir, entre peuplades limitrophes : que cette portion de terrain serait, d'un commun accord, considérée, comme la ligne de démarcation, entre les possessions réciproques. Autour de chaque peuplade, se trouva, ainsi peu à peu, constituée, une zône frontière généralement inhabitée. Au début, ces marches ou frontières étaient incultes et désertes ; tenter de les envahir était une déclaration de guerre. Aussi, dans le désir de vivre en paix, les populations les regardèrent, bientôt, comme des zônes sacrées, qui furent, d'un commun accord, placées sous la protection des sentiments de religiosité communs à tous les hommes. Chacun avait, de son côté, intérêt à ce que la frontière fut respectée ; et, en ces temps d'animisme et de fétichisme, la religiosité tenant une très grande place dans l'esprit des populations, on eût l'idée d'entourer ces frontières d'un respect religieux, plus capable que tout autre sentiment, de les faire respecter.

Or, dans ces conditions, on comprend que l'idée d'accroître la sanctification de la frontière, en y plaçant des pierres provenant de la montagne sacrée ; et, par conséquent sacrées elles-mêmes, devait venir de bonne heure à l'esprit des gens. Disons, en passant, que cette affirmation est corrobée par le fait : que les monuments mégalythiques, sont souvent formés de pierres qu'on ne trouve pas dans le voisinage, et qui proviennent de plus ou moins loin de l'endroit où ils sont érigés.

Voilà donc, bien établie, la pensée pieuse qui donnait aux indices de la frontière, un caractère de témoignage sacré, qui commandait le respect. Il allait bientôt arriver, par le fait de cette loi absolue : de la perpétuelle transformation de la signification des symboles, que divers détails viendraient se surajouter à l'idée primitive, pour la modifier, plus tard, plus ou moins ; mais néanmoins la pensée initiale est bien clairement spécifiée, pour le moment.

Quand on étudie l'évolution de l'idée religieuse chez les hommes de l'antiquité, on voit : que de l'animisme, précéda le fétichisme. L'idée de posséder la divinité ou de l'intéresser à ses intérêts était si naturelle, qu'elle ne devait pas tarder à se produire. La montagne étant une divinité, telle portion de son étendue ou de sa teneur, était indiquée pour devenir un fétiche. C'est à cette raison, qu'il faut rattacher à l'origine du respect, de la vénération et des légendes que nous constatons, dans l'histoire du culte des montagnes, à travers les âges. Tel caillou, tel rocher, pris sur les flancs ou le sommet de cette montagne, et transporté plus ou moins loin, venait donner au lieu où il était placé, un caractère sacré, lui octroyait, tout ou partie, des attributs de la montagne ; et était considéré comme possédant, tout ou partie, du pouvoir de cette montagne. Par le fait des idées que nous évoquons ici, il devait arriver, en passant de l'homme isolé, à l'homme en collectivité, que : puisque telle montagne voisine d'une peuplade, était divinisée, et entourée de respect de tous les habitants de la contrée ; puisque telle partie d'elle-même, était le symbole de la divinité, il était logique d'en prendre une parcelle, pour avoir la chose sainte plus près de soi, ou bien dans tel ou tel endroit, où l'on pensait qu'elle serait utile pour le bonheur privé d'un individu, ou la sécurité générale de l'agglomération humaine.

En étendant la même pensée aux choses de la politique, on comprend sans peine que : lorsqu'une montagne assurait la sécurité des habitants d'une vallée, par l'obstacle qu'elle opposait à l'invasion des ennemis, la pensée d'emprunter à cette montagne, un certain nombre de pierres, qu'on allait placer aux endroits de la plaine par où devaient venir ces ennemis, ne devait pas tarder à se faire jour. La nature des lieux, le chiffre de la population, les moyens

de travail du moment, etc., etc., ont fait : que, dans tel
endroit, ce fut une pierre volumineuse qui fut plantée
ou couchée sur le sol ; dans tel autre, ce fut un amoncellement de pierres moins volumineuses, depuis deux
ou trois jusqu'à l'infini. Plus loin, ce fut seulement de
la terre qui fut empruntée à la montagne. Et, nous
voyons, ainsi, apparaître toutes les formes des monuments mégalythiques : depuis la simple pierre placée par
terre, sans autre apprêt ; le menhir, c'est-à-dire la
pierre fiche ; jusqu'au galgal, ou le castellet de la Provence ; puis à la colonne et au pilon en maçonnerie.
Mais, le fait important à retenir, c'est que : minime ou
grandiose, le monument mégalythique avait un caractère sacré, en un mot, commandait le respect.

Comme c'est aux frontières que se rencontrent les
peuplades ennemies, dans les invasions et la défense
de la Patrie, c'est là que mouraient souvent les guerriers qui, dans toutes les agglomérations humaines, ont
toujours été les hommes les plus respectés et les plus
marquants. Aussi, c'est là qu'on leur dressait des monuments, pour perpétuer leur mémoire ; c'est là, aussi,
qu'on laissa la trace des victoires, des grands événements, qui touchaient à la sécurité et à l'histoire du
pays environnant.

Par ailleurs, nous devons ajouter, aussi : que dans les
cas, rares d'abord, plus fréquents ensuite, où des hommes de provenances diverses se rencontrèrent, non pour
se tuer, mais pour faire des échanges, et accroître ainsi
leur bien-être, en se débarrassant de leur superflu qu'ils
échangeaient contre des objets dont ils manquaient, ce

fut naturellement sur la frontière qu'ils se donnèrent rendez-vous. La chose est si vraie, que le lieu où se fait le commerce, s'appelle : le Marché, qui dérive des mots *marc, marg, merk*, etc., etc., qui ont signifié primitivement: frontière, dans divers idiomes.

Or, ici, encore, la pensée de la religiosité devait intervenir, chez les premiers hommes, dans leur désir : de rendre leur rencontre moins dangereuse ; de diminuer les chances de tromperie, de vol, de violences entre marchands. Il était tout naturel, dès lors, de placer ces frontières, où se faisaient les échanges, sous la protection morale de la divinité, et des choses sacrées.

On comprend, sans peine, en songeant à ces diverses conditions: que les frontières devaient bientôt prendre, dans l'esprit humain, une place importante pour la religion. Et c'est ce qui arriva, en effet: de là, le respect que l'on eût pour les *thot, les hermès, les mercures*, qui, après avoir été, seulement, l'indication matérielle de ces frontières, en devinrent la divinité.

Ce qui touche à l'évolution de l'idée religieuse chez l'homme, a un tel intérêt pour nous, dans le cas où nous sommes placés ici, que nous allons nous arrêter un instant sur cette évolution, pour ce qui regarde les frontières. On verra, en effet, par ces détails: comment, par des extensions et des dérivations pour ainsi dire insensibles, de l'idée primitive, l'esprit humain s'est trouvé lancé dans telle ou telle spéculation, produisant les résultats les plus inattendus, et aboutissant aux conséquences les plus étranges, quelquefois.

Les grecs appelaient les frontières : *erémos* ; les

barbares, scythes, celtes, gaulois, etc., etc., les appelaient, avons nous dit, *merc*, *marc*, *merg*, *marg*, etc., etc. Ces noms sont particulièrement intéressants pour nous, car ils nous montrent: la liaison étroite qu'il y a entre : *eremos* et *hermes*, *therme*, d'une part ; la parenté qui lie *merc* à *mercure*. En d'autres termes, ils nous montrent: la transition entre l'objet matériel de la délimitation, et la divinité de cette délimitation.

La frontière s'appelait *eremos* chez les vieux grecs, venons-nous de dire ; et la pierre qui l'indiquait, tout naturellement, dans un grand nombre de cas, porta le même nom. L'idée religieuse venant s'enter là-dessus, l'*hermes* fut une pierre sacrée ; et à mesure que la divinité subit l'anthropomorphisme *hermès* ou *therme*, suivant que la première lettre était prononcée plus ou moins durement (1) devint une divinité. Le dévot peignit ou sculpta grossièrement une tête sur cette pierre, pour la désigner à sa piété, d'une manière plus précise. Et nous avons là le premier type des statues antiques d'Hermes, de Terme, de Mercure, qui étaient sans bras et sans jambes, qui, en d'autres termes, étaient constituées par

---

(1) Entre *hermès* et *terme*, il n'y a qu'une simple différence de prononciation : faible ou forte, de la lettre initiale ; et il s'agit bien évidemment du même symbole. Les grecs, plus harmonieux dans leur phonation, se plaisaient à la lettre H, tandis que les romains, plus gutturaux dans leur langue dure, prononçaient T. D'ailleurs, l'histoire légendaire des romains racontait : que le dieu Terme avait été apporté par Numa ; et nous savons que ce roi-prêtre avait des attaches étroites avec la Grèce.

dès pierres levées peu ou point dégrossies, portant à peine la trace de la transformation anthropomorphique.

Avec le temps, le mot *hermès*, devint un radical, signifiant : la divinité, immobile d'abord, puis tout simplement : la divinité. Et, par le fait des tendances diverses, cette idée de : *hermès* ou *thermes*, se fondant avec une autre, arriva à constituer des subdivisions, qui, elles-mêmes, s'éloignèrent plus ou moins, quelquefois, absolument même, de l'idée primitive. C'est ainsi, par exemple, que dans les pays qui s'étaient placés sous la protection de la divinité Athénée (Minerve), la statue pieuse, constituée par la borne, prit les caractères des deux ; et l'on eût, ainsi, une divinité nouvelle appelée : Hermathénée. — Par le fait du même raisonnement, on eût des Hermacles, c'est-à-dire : la réunion d'Hermès et d'Hercule ; des Hermamithrées, formés par l'assemblage d'Hermes et de Mithra, etc., etc.

Et, pour donner une preuve entre mille, des résultats inattendus, auxquels on arrive, quand on étudie les transformations de l'idée religieuse, nous dirons : que lorsque la pensée du culte des forces de la nature prit corps, dans l'esprit de certaines peuplades, se symbolisant par le *phallus*, *l'hermès* primitif, s'enrichit du nouvel attribut, qui, même, prit des proportions prépondérantes, dans la statue qui délimitait les champs. Puis, plus tard, l'idée de la force féminine, prenant, à son tour, une importance notable, le symbole : *cteis*, fut ajouté au précédent. On arriva, ainsi, à la création de l'Hermaphrodite, réunion *d'hermes* et *d'aphrodite* (virilité et féminité).

Si nous étudions, maintenant, les particularités qui se rattachent à Mercure, nous arrivons à constater : qu'il s'agit de la même divinité que la précédente. D'abord, nous voyons la liaison intime qu'il y a entre ce nom et celui de *merg, mere, marc, mere*. D'autre part, nous savons que son premier symbole fut une pierre fruste ; de son côté, la légende disait : que Mercure était fils de Jupiter et de Maïa. Or, envisagé à certains égards Jupiter est l'air, Maïa la terre. Donc, Mercure était fils du ciel et de la terre, ce qui est une allégorie cherchant : ou bien, à rappeler l'origine aérolithyque de certains bétyles ; ou bien, rappelant : que la pierre divine provenait d'une montagne, c'est-à-dire de l'endroit élevé, où, pour les habitants de la plaine, le ciel semble s'unir à la terre.

Sous le rapport du symbole initial de la divinité, Mercure fut comme Hermès et Terme : d'abord une pierre fruste ; plus tard, une pierre n'ayant, d'un être humain, que la tête ; et manquant de bras et de jambes. Or, la légende qui se glisse partout, ne disait-elle pas : que Mercure, s'étant endormi sur le mont Cylène, des bergers lui avaient coupé les jambes et les bras, pour le tuer, sans y parvenir ; et que Terme n'avait ni bras ni jambes, parce que : de sa nature, il répugnait à toute translation, et même à tout mouvement.

Les attributs de Mercure sont extrêmement nombreux et extrêmement divergents, *a priori*; mais, en y réfléchissant un peu, on s'aperçoit bientôt qu'ils viennent se grouper, d'une manière très remarquable, pour nous dévoiler la pensée initiale, et ses dérivations,

capricieuses, comme l'esprit humain qui les a imaginées.

Nous avons parlé tantôt de son origine : fils de Jupiter et de Maïa, du ciel et de la terre ; ajoutons, qu'il
naquit sur le mont Cylène, c'est-à-dire sur une montagne qui séparait l'Arcadie de l'Achaïe, provinces
habitées par deux peuplades, ayant peu de relations
ensemble, aux temps primitifs.

Aussitôt après sa naissance, Mercure fut baigné par
les nymphes, dans les eaux de la triple fontaine de Tri-
crène, qui lui fut consacrée, désormais. Or, nous savons
que cette fontaine était : la séparation entre le pays des
phénéates et celui des stympales (PAUSAN. *Arcadie*.
ch. XVI).

Mercure, avait pour attributs : un coq et un chien, c'est-
à-dire les symboles de la vigilance et de la surveillance. C'est qu'en effet, à une époque où la force primait
le droit, sans aucun contrepoids, le plus souvent ; surveiller, jour et nuit, les abords de l'habitation et les
alentours de la région dans laquelle on vivait, était
une nécessité de premier ordre.

Mercure, était le dieu de l'éloquence, des négociants,
des marchands, des voleurs et des amoureux, dit la
Mythologie. Ces caractères concordent, en effet, avec
ce qu'on attendait de lui. Les marchés étant sur les frontières, comme nous l'avons dit tantôt, c'est là que se
rendaient ceux qui avaient à faire des négociations politiques ou commerciales. — Dans ces négociations, il y
avait des dupes et des fripons, comme toujours. Dans
ces marchés, les garçons et les filles étaient attirés par

la curiosité et la coquetterie ; sans compter, que les amoureux dépensent force éloquence auprès des filles, pour arriver à s'en faire aimer.

La *Mythologie*, nous dit: que Mercure inventa la lyre, plusieurs jeux sacrés, institua plusieurs cérémonies religieuses. Or, dans les marchés où on se réunissait, à certaines époques déterminées, pour faire du commerce, pour y traiter les affaires politiques, en un mot ; où les étrangers convergeaient, à un moment donné, les parasites de toute nature affluaient, comme on le voit encore, de nos jours. Les bateleurs, les filles de joie, les chanteurs, les musiciens, les charlatans n'avaient garde de laisser échapper une si bonne aubaine ; et les jeux, comme les cérémonies religieuses, tenaient une trop grande place dans l'esprit humain, pour n'avoir pas là, une occasion fertile à exploiter.

Mercure, a été l'inventeur des lettres, des langues, de l'astronomie, etc.. etc., était le dieu des voyageurs, nous dit la *Mythologie*. L'allusion ne saurait être plus transparente, car sur les frontières, où se rencontraient des individus de provenances diverses, il fallait d'abord se comprendre pour échanger des idées, avant d'échanger les objets matériels ; et, pour apprécier les propositions qui étaient faites, de part et d'autre, par les négociateurs, il fallait posséder une langue commune.

Par ailleurs, pour arriver, à travers bois et champs, jusqu'au marché, il fallait avoir des points de repère ; et du fait : que la borne sacrée indiquait la limite entre telle et telle propriété individuelle ou collective, elle servait de guide au voyageur, qui allait, de l'une à l'autre, pour arriver au but. Nous voyons, sans peine, la liaison qui dut s'établir, de bonne heure, entre la divinité et son symbole matériel.

Enfin, ajoutons que la fable raconte : que Mercure était chargé de conduire les âmes des morts aux enfers ; nous avons vu, tantôt, que les sépultures furent, de très bonne heure, placées sur les frontières. Or nous savons, aussi que, dans l'origine, la sépulture fut indiquée aux survivants, par des pierres qui servaient, en même temps : de défense contre les entreprises des bêtes sauvages, cherchant à dévorer le cadavre.

Avec le temps, une de ces pierres fut érigée sur les autres, se transforma en *hermès*, porta des signes tracés par la main humaine, prit un caractère sacré ; de sorte que nous voyons, la relation étroite entre : Mercure et les morts, se trouver, ainsi établie, sans grand effort de la pensée.

Sans insister plus longuement sur ces détails, nous voyons, bien clairement, les relations étroites qui existent entre : l'idée de la borne, de la limite, de la frontière, et celle du *toth*, de l'*hermes*, du *terme*, de Mercure ; nous comprenons, même implicitement, tout ce que l'esprit humain a pu tirer de déductions, d'analogies, de légendes, d'allégories, de superstitions, en songeant aux divers rapprochements qui pouvaient se faire : entre les divers termes de la donnée initiale, entre les divers détails de la question.

Avec le temps, et suivant les pays, la donnée du surnaturel s'est modifiée chez les peuples ; il en est résulté, les diverses religions qui ont eu cours, ou qui

sont encore en vigueur en ce moment. A chaque changement de culte, de nouveaux noms sont venus s'impo-
ser, mais les attributs de la divinité sont restés les
mêmes, ou à peu près. Grâce à cela, on a pu voir attribuer à telle déité, à tel héros, à tel prophète, à tel saint,
à tel sage, etc., etc., ce qui avait, jadis, été attribué à
telle autre émanation du surnaturel perpétuellement
adoré. Cette proposition, dont on voit, sans peine, la
rigoureuse exactitude, me permet de ne pas entrer dans
des détails plus étendus ; elle fait comprendre, pourquoi,
suivant les lieux et les époques, ce sont les puissances
de telle ou telle mythologie, les divinités de telle ou
telle religion, qui ont été évoquées par ces pierres à
légendes.

En définitive, chaque peuplade a réagi à sa façon, suivant les idées prédominantes du pays et du moment.
Chacune, a manifesté son étonnement, à sa manière, en
présence de ces monuments mégalythiques naturels ou
artificiels, si étranges, qui sont, le plus souvent, constitués par des masses, dont le volume énorme a confondu
l'esprit des hommes qui les rencontraient. Ces hommes,
dont la force corporelle était si minime, en face de
l'effort qu'il avait fallu produire pour édifier ces monuments, ont pensé, à l'époque animiste, c'est-à-dire alors
qu'ils croyaient : que tout était animé autour d'eux, ont
pensé dis-je, qu'il n'y avait que des êtres gigantesques,
qui fussent : assez forts, assez puissants pour pouvoir
remuer, avec leurs mains, de pareils blocs, apportés
souvent de très loin. L'idée des géants est si naturelle,
quand on y réfléchit un peu, pour donner une explication

enfantine de ces monuments, qu'on comprend, très bien, qu'elle soit éclose dans le cerveau des hommes primitifs. Or, une fois lancés dans cette voie, ces hommes ont appliqué l'idée : d'êtres surnaturels, non seulement à ces monuments, mais encore aux rochers et aux montagnes dont l'aspect les avait frappés.

Dans le palet de Samson, il me semble reconnaître : une allusion à la trace profonde que les phéniciens ont laissée dans la Provence, aux temps anté-historiques. Sans doute, il y a quatre ou cinq mille ans déjà, le relief si remarquable du Coudon, avait frappé l'esprit des habitants de la contrée ; la présence de la pierre ronde, et de cette table de grès, dont nous avons parlé, ne leur avait pas échappé. Quoi qu'il en soit, cette légende du Palet de Samson, toute curieuse qu'elle soit, me paraît être l'expression la plus simple, relativement à l'idée de l'intervention des puissances surnaturelles ; peut-être peut-on voir, dans la mise en scène de cette montagne, l'indication : d'une lutte entre deux peuples ou deux idées religieuses différentes ; mais, l'allusion est si vague, qu'il nous suffit de la signaler, sans pouvoir en tirer une conclusion ferme. Aussi, nous nous en tenons à ce que nous avons dit d'abord : un phénomène géologique naturel, expliqué, d'une manière enfantine, par des intelligences qui en étaient frappées vivement. On peut penser, avec une quasi certitude, que ces jeux de la nature tenaient une place dans leurs croyances, et leurs superstitions ; c'est-à-dire, avaient déjà une légende dans laquelle : le géant portait un autre nom. Mais l'empreinte, laissée par les phéniciens dans l'esprit des habitants de la Celto-Lygie, fut si profonde, que le nom de Samson (*Chems*) a fait oublier tel autre ; comme plus tard, un nouveau nom, tiré des idées du paganisme ou du catholicisme romain, s'est substitué, çà et là, au souvenir laissé par les phéniciens ou les phocéens.

A côté du Palet de Samson, mais constituant, cependant, une catégorie à part, nous devons placer le palet de saint Ferréol, qui est, comme la transition, entre l'idée pure et simple du jeu de deux géants, et celle de la trace matérielle, laissée par la puissance surnaturelle, sur la pierre à légende. Ce palet de saint Ferréol est, si je ne me trompe — et je ne crois pas me tromper — l'adaptation, quelque peu forcée, à l'idée chrétienne, d'une légende bien antérieure à l'ère actuelle. En effet, le rôle que jouent : Notre-Dame-des-Anges, celle de Cotignac, saint Ferréol, lui-même, est assez en contradiction, on en conviendra, avec l'idée : de paix, d'amour et de discipline, qui régit le paradis chrétien. Voilà des saints qui jouent, dans une partie intéressée, le monopole ou, au moins, la prépondérance de la piété des fidèles, à leur profit ? Voilà un d'entre eux, qui, à l'encontre de la sainteté qui lui est attribuée, triche au jeu pour gagner la partie, au détriment de ses partners ? On conviendra que ce sont là, des sentiments assez païens, pour jurer, quelque peu, avec les noms que la crédulité publique a mis en scène, ici. Dans le Palet de saint Ferréol, nous voyons poindre l'empreinte surnaturelle, à son minimum d'intensité. Nous voyons cette empreinte, accusée d'une manière beaucoup plus précise, dans la trace du pied de saint Martin, dans celle du cheval des pèlerins et celle de la tête de saint Arnoux. Pour ce qui est de l'empreinte du pied du cheval, nous pouvons, je crois, n'y voir qu'une adjonction, une floriture, qu'on me passe le mot, à la grande légende de la Magdeleine, si importante en Provence. Quant à l'empreinte de la tête de saint Arnoux, dans une grotte où se trouve une fontaine, on n'a, vraiment, aucune peine, à y voir encore : une adaptation à l'idée chrétienne, d'une donnée qui remonte au temps du culte des grottes, des fontaines, etc., c'est-à-dire : à la période du culte des forces génératrices de la nature. Le nom de saint Martin, appliqué à la pierre d'Ollioules, me paraît indiquer : que nous sommes en présence d'un de ces vestiges d'une croyance antique, ayant tenu une place importante dans l'esprit de nos ancêtres, du temps anté-historique ; croyance modifiée, dans la spécification de ses acteurs, par l'idée chrétienne, mais remontant à une antiquité très reculée.

Je n'ai pas besoin d'entrer dans de longs développements, pour souligner tout ce que ce nom de saint Martin rappelle à notre esprit. En effet, Martin n'est que la francisation d'un mot phénicien : *marth ina* (notre marth), et ce mot marth, était en phénicien le féminin de mar (Seigneur), par conséquent signifiait : notre Dame, notre maîtresse. Dans ces conditions, nous nous trouvons, encore ici : devant une adaptation à l'idée chrétienne, d'une donnée qui remonte au temps où les phéniciens vinrent dans le pays. Or, comme je le disais tantôt, n'est-on pas autorisé à penser que cette donnée remonte plus haut encore, qu'elle fut adaptée, jadis, à l'idée phénicienne, pour une raison analogue à celle qui a transformé : *marth ina*, en Saint-Martin ?

De leur côté, les pierres de la Crau-d'Arles et l'éboulement du rocher de la Sainte-Baume, sont : l'explication donnée, par des imaginations enfantines, d'un phénomène géologique qu'elles ne comprenaient pas ; elles nous présentent les deux variétés d'adaptation que nous avons signalées tantôt : la donnée phénicienne et la donnée chrétienne.

Dans la butte de Saint-Cassien, près de Cannes, ou dans la chaussée de Marius, de l'étang de Berre, il n'est pas difficile de voir : l'explication enfantine d'un travail collectif, accompli par des peuplades entières, dans un but et à une époque, que les habitants ultérieurs du pays ignoraient.

Je crois, donc, que nous sommes en présence, une fois de plus, d'une de ces transformations, comme on en voit à chaque instant, et dans chaque pays. On a rajeuni la vieille légende, à un moment donné ; on a prêté au riche, lorsque l'ancien culte prépondérant a perdu son rang dans la hiérarchie de la dévotion locale. Dans ces conditions, on peut penser : que saint Ferréol a hérité du rôle que peut-être Hercule, peut-être Samson, peut-être tel autre nom légendaire, avait joué jadis dans l'esprit de nos premiers parents. On le voit, en réalité, le proverbe latin, *Trahit sua quemque voluptas*, est de mise ici, comme en mille endroits. Le même fait, est traduit d'une manière différente par les divers individus, selon l'idée principale qui les domine. Cette raison nous explique pourquoi, en Provence, l'idée

d'Hercule, à la Crau; de Samson, à Solliès; de saint Ferréol, à Lorgues; de saint Martin, dans dix endroits, a
prédominé, à certaine époque, comme celui de sainte
Magdeleine, de la Vierge, dans un autre; comme certains
saints, divers géants, dans diverses contrées et à d'autres
moments.

Si cette hypothèse est admise, on peut penser: que
dans les provinces du nord de la France, où les hommes
à vigoureux appétit, sont plus fréquents que dans le
Midi, le type de Gargantua, le géant qui mangeait
d'une manière prodigieuse, a frappé d'avantage l'esprit.
Dans le même ordre d'idées, nous comprenons pourquoi:
en Auvergne, il est si volontiers parlé des fées, vestiges
vivaces des croyances primitives de la contrée; et pourquoi, aussi, dans maintes localités, l'idée de la Vierge,
de la Magdeleine, d'un saint ou, au contraire, du diable,
est venue s'enchâsser dans la légende.

De nos jours, les jeunes filles qui veulent se marier bientôt, et les jeunes femmes qui veulent avoir des enfants,
vont faire une prière sur le rocher de la sainte pénitence de la Sainte-Baume, qui joue le rôle que jouaient
la colonne ou le pilier, dans les temples de Cybèle; le
pin de l'antre de la Sybille; les stupas ou les dragons
des temples de l'Inde antique; les pylones des temples
égyptiens, etc. Cette pratique n'est, en somme, qu'une
variante de celle de Bauduen, près de Draguignan, et de
Saint-Ours, dans les Basses-Alpes, où les jeunes filles
vont glisser, pour avoir un mari; et où les jeunes femmes espèrent se rendre fécondes (GIRARD DE RIALLE.
p. 29).

Dans le Jura, il y a une pierre sacrée autour de laquelle les jeunes filles et les jeunes gens qui veulent se marier, vont danser en rond (GIRARD DE RIALLE). *Myth. Comp.* p. 29). Dans une infinité d'autres pays, il y a des cérémonies, plus transparentes encore, qui se rattachent assurément au même ordre d'idées. La coutume de passer les enfants, les adultes ou les animaux à travers les pierres percées, de les faire passer sur une pierre, sur un autel, dans un quartier rural, etc., etc., appartient au même ordre d'idées.

Les jeunes filles de la Provence emportent, une pierre de la montagne de la Sainte-Baume, pour en orner la grotte de sainte Magdeleine, ou celle de la Dame de la Salette ou de Lourdes, qu'elles ont dans leur oratoire privé. C'est une coutume qu'on peut rapprocher de celle des jeunes filles de Normandie, qui cherchent avec soin sur les plages, des pierres d'une forme particulière qu'elles appellent : *pierres de bonheur*, et qu'elles portent sur elles, soit pour échapper aux dangers, soit pour trouver un mari (SCHOBERL. *Excurs. in Normandy*. t. I. p. 254).

Or, cette pratique remonte à la plus haute antiquité, si nous nous en rapportons à Plutarque (*Traité des Fleurs dans ses œuvres morales.* Trad. de BETOLAUD. t. v, p. 155), qui nous fournit les exemples suivants : Il y a sur le mont Tmolus, une pierre assez semblable à la pierre ponce, mais qu'il est difficile de trouver, parce qu'elle change de couleur quatre fois par jour. Elle n'est aperçue que par les jeunes filles qui n'ont pas encore atteint l'âge de discernement. Si celles qui sont nubiles la trouvent, elle les garantit des outrages qu'on voudrait leur faire (PLUTARQUE). — Sur le mont Sypyle, on trouve une pierre semblable à un cylindre. Lorsque des enfants pieux la rencontrent, ils vont la porter dans le temple de la mère des dieux ; et dès lors, ils ne commettent aucune impiété (PLUT.) Sur le mont Berecynthe, il y avait une pierre appelée « muchera », qui ressemblait beaucoup au fer ; elle rendait furieux ceux qui la trouvaient pendant qu'on célébrait les mystères de Cybèle (PLUT.). Sur les monts Hémus et Rodophe, se trouvent des pierres qu'on appelle : Philadelphes. Elles ont la couleur de la plume du corbeau et une apparence humaine, lorsqu'elles sont séparées les unes des autres ; si on prononce leur nom, elles se détachent et viennent se réunir ensemble (PLUT.) Près du fleuve Inachus, on trouve une pierre qui noircit les mains de ceux qui portent un faux témoignage (PLUT. t. v. p. 177),

Nous savons, aussi, que le mont Liban avait la réputation de fournir des pierres qui rendaient des oracles ; et que nombre d'autres localités avaient le même privilège.

En Provence, les montagnes sacrées et les pierres vénérées, ont, depuis longtemps, été surmontées d'un oratoire ou d'une croix ; de sorte que la piété publique s'adresse à un symbole anthropomorphisé, au lieu d'adorer la pierre brute ; mais cependant cette pierre, ce rocher, cette montagne furent primitivement l'objet du culte. La preuve, c'est qu'en maints pays on trouve encore la crédulité, à un état assez primitif, pour permettre d'apprécier sa signification réelle. Les pierres, les autels, les statues que l'on va toucher, en cent pays divers, pour guérir, se marier, avoir de bonnes récoltes, appartiennent, évidemment, au même ordre d'idées.

Les hindous de nos jours, adorent encore Shashki, patronne des enfants, sous la forme d'une pierre brute, grosse comme une tête d'adulte. — Les orangs dangos de l'île de Sambava, font des offrandes à certaines pierres qui sont pour eux le symbole de la divinité. Les bakadoras et les betadoras ont, dans leur habitation, une pierre qui est le symbole du dieu Buta; et à laquelle ils font des offrandes, pour que le dieu les garantisse des âmes des morts qui voudraient venir leur nuire. Les khonds, de l'Inde, adorent des pierres levées, placées sous un citronnier planté au milieu du village.

Dans l'antiquité, ce culte des pierres était extrêmement répandu, on le sait. A Thespies, Cupidon était représenté par une pierre informe (PAUS. Liv. IX. ch. 27). Près de la ville de Pharès, en Achaïe, il y avait des pierres auxquelles les habitants rendaient des honneurs divins (PAUSANIAS, *Achaïe*. t. III. p. 214).

Il y avait à Hyette, en Béotie, un temple d'Hercule, dont le simulacre était une pierre brute; et où les malades étaient guéris, lorsqu'ils allaient y faire leurs dévotions (PAUSAN. liv. IX. *Béotie*. t. IV. p. 76). A Alpenus, il y avait une pierre consacrée à Neptune, qui avait la même propriété. Les grecs de Béotie, conservaient très respectueusement des pierres qu'ils disaient: être tombées du ciel (PAUSAN. liv. IX. ch. XXXVIII).

Ces pierres remontaient, dans la vieille Grèce comme

ailleurs, aux temps les plus reculés. Pausanias (liv. II.
XXXIX) disait déjà : qu'à Babé, dans la province de
Corinthe, il y avait de grosses pierres entassées à
dessein, par des gens dont on n'avait aucune connaissance, de son temps.

Quant à ce qui est du rôle des pierres dans les rites et
les pratiques funéraires, le sujet est si vaste et si universellement connu, qu'il nous suffit de le signaler, sans
que nous ayons besoin de l'étudier plus longuement.
Depuis la simple pierre tumulaire, jusqu'au tumulus le
plus considérable, la pyramide la plus gigantesque ou
le tombeau le plus monumental, il y a toutes les grada-
tions de l'idée, et toutes manifestations de la religiosité,
à travers les âges.

J'arrêterai ici cette étude, bien longue, sur le culte
des pierres, des rochers et des montagnes ; et n'ajouterai
pour finir que ces simples propositions : Quand on
étudie cette partie des superstitions et des survivances
des provençaux, on voit : qu'avec le temps et sous la
double influence ; d'une part, de l'oubli des premières
significations des symboles de telle ou telle pensée qui
avait présidé au culte fétichique, c'est-à-dire au respect que les hommes avaient pour les montagnes.

D'autre part, des variations incessantes de la manière
d'expliquer ce qui frappait les yeux, c'est-à-dire la
valeur et la signification de ces symboles. Sous cette
double influence, dis-je, il arriva : que les montagnes,
les parties de montagnes, les pierres restées à leur
lieu d'origine, ou bien transportées plus ou moins
loin ; et, laissées à l'état brut ou transformées en

monuments mégalythiques, furent considérées d'une manière différente suivant les peuplades et les pays. Ici, ce fut l'idée de l'autel qui prévalut, et la pierre fut l'origine d'un temple, petit ou grand, qui a été placée successivement sous l'invocation de telle divinité chthonique ou phallique, païenne, chrétienne, etc., etc. Là, ce fut l'idée de la tombe d'un individu respecté, qui frappa davantage l'esprit ; et ce fut alors, un sanctuaire où se trouvèrent des reliques.

En quelques endroits, l'idée de la démarcation prédomina ; et la pierre resta avec sa signification de témoignage.

Plus loin, ce fut la pensée de l'effort accompli pour remuer certains blocs de pierre qui frappa le plus l'imagination ; et cette pensée, seule, ou bien greffée sur le vague souvenir de quelque lutte violente qui s'était déroulée dans la contrée, a donné naissance à l'interprétation de géants, de puissances surnaturelles, etc.. etc. Quelques resssemblances grossières, qui avaient été saisies par des observateurs ignorants et crédules, devaient conduire à l'idée : de la pétrification d'un individu ou d'un animal.

Bref, lorsque la signification primitive des premières manifestations de la religiosité a été oubliée ; l'esprit des générations ultérieures, et encore profondément ignorantes, s'est trouvé en présence de ces objets naturels ou de ces produits du travail des ancêtres, a été excité comme une imagination en délire. Dans ces conditions, il s'est laissé aller à toutes les divagations les plus imprévues, comme les plus fantastiques, pour expliquer des choses qu'il ne savait pas.

La religion du moment s'est appropriée tout ce qu'elle a pu, touchant ces monuments mégalythiques, comme pour tout. Les superstitions des temps passés ont conservé, çà et là, tout ce qu'elles ont eu la bonne fortune de disputer à la religion officielle. Et par dessus tout cela, la crédulité enfantine des hommes, a affublé quelques-unes de ces pierres, de ces rochers, de ces montagnes, d'attributs, de pouvoirs, de significations, qui après avoir fait trembler nos ancêtres, dans les siècles antérieurs, font seulement sourire, aujourd'hui, celui qui ne partage pas la foi naïve des *bonnes gens de son époque.*

IV

CONCLUSIONS

Disons, pour finir : que le culte des pierres est, comme le lecteur a pu le voir dans le cours de ce chapitre, un des plus anciens que nous connaissions ; il remonte aux temps des linéaments initiaux de l'évolution de la civilisation. C'est probablement les pierres et les rochers remarquables qui ont donné naissance, chez nos ancêtres les plus reculés, aux légendes qui expliquaient l'inconnu par l'intervention du surnaturel.

L'homme, perpétuellement obsédé par l'idée de

l'inconnu : touchant son origine ; touchant les lois de la nature qu'il rencontre à chaque pas dans son existence ; et, enfin, touchant l'avenir, soit pendant cette vie, soit après la mort, a cherché, dès la première heure, où pouvait bien résider la divinité. Il a cru, aux premiers âges des sociétés, trouver : soit cette divinité elle-même, soit, au moins, son sanctuaire, dans ces pierres ou ces rochers. — D'autres fois, c'est dans les arbres, les fontaines, les forces de la nature, les astres, etc., etc., qu'il a espéré la rencontrer. Quoi qu'il en soit, dans ces conditions, la pétrolatrie a été une des premières formes de la religion. Aussi, c'est pour cela que cette pétrolatrie a subi de très nombreuses transformations à travers les âges. Et c'est pour cette raison que les légendes et les crédulités qui s'y rattachent présentent la plus grande comme la plus confuse diversité.

CHAPITRE DIXIÈME

Les Statues qui remuent, parlent, etc.

I

CRÉDULITÉS DE LA PROVENCE

Pendant mon enfance, j'ai entendu raconter, maintes fois, par les commères qui devisaient, au cours de la veillée, sur les aventures surnaturelles : qu'à tel moment, telle statue de saint ou de sainte avait parlé, remué, versé du sang ; que tel animal, ou bien même, tel objet inanimé : avait parlé ou manifesté, d'une manière saisissante, son opinion sur des actes acccomplis par les humains. Selon mon habitude, je vais rapporter quelques-uns de ces faits, pour fixer les idées, et servir de base à mon étude.

La statue du saint qui remue. — J'ai connu une fille, dévote, et quelque peu sur le retour qui, ayant été demandée en mariage, fut, un moment, très irrésolue ; car, d'un côté, elle n'aurait pas voulu coiffer éternellement sainte Catherine ; et, d'autre part, elle craignait de changer une vie très agréable, exempte de soucis, contre une existence plus ou moins tourmentée. Pour sortir de cet embarras, elle pria beaucoup, et résolut de s'adresser à la sainte Vierge, pour laquelle elle avait toujours eu une dévotion spéciale.

Or, un jour, étant en prières pour la centième fois, devant la statue; et ayant répété sa demande : « Dois-je me marier ? » elle vit la tête de la Madone remuer de droite à gauche, c'est-à-dire lui répondre « non. » Cette indication lui suffit ; elle ne se maria pas ; et elle resta persuadée, jusqu'à la fin de sa vie, que la statue, consultée par elle, avait remué.

Ce que j'ai entendu attribuer à la Vierge, a été rapporté à saint Joseph, à l'Enfant-Jésus, et à vingt autres saints ou saintes; de même que le signe négatif ou affirmatif, a été fait, selon le cas, avec les yeux, la tête, la main, etc., etc. En somme, il y a cent variantes de l'aventure dont le fond est le même.

Les prodiges de 1793. — On parle, en Provence, de prodiges, aussi nombreux que variés, survenus en 1793, pendant les mouvements révolutionnaires. J'ai indiqué ailleurs : le bras cassé de la statue qui est dans la cathédrale de Toulon ; le cheval qui tua son cavalier sur la porte de cette église. Dans cent endroits de la Provence, on raconte : que telle statue projetée à terre a saigné, parlé, remué ; que telle bête a parlé, a manifesté du respect pour les choses de la religion que les hommes profanent ; que tel oratoire a été éclairé d'une lueur surnaturelle, pendant la nuit ; en un mot que tel ou tel signe éclatant de la puissance divine s'est produit.

Les prodiges de 1840. — En 1840, au moment où la question d'Orient était très tendue ; et qu'on se demandait si l'escadre française n'allait pas avoir à combattre les anglais, dans le Levant, l'émotion des familles maritimes fut très grande à Toulon. On y raconta : que la Vierge de la montagne de Sicié avait pleuré ; que les plaies d'un Christ avaient saigné ; qu'un crieur de nuit avait vu, à deux reprises, sur le péristyle de l'église Saint-François de la place Saint-Jean, un fantôme portant un sabre et un pain noir, et lui disant : « guerre ou famine. »

Le prodige de 1850 à Toulon. — En autres faits surnaturels, je citerai encore ici, le prodige survenu à Toulon, en 1850 : « La population entière allait le soir, lorsque la lune était sur l'horizon, regarder, avec une curiosité inquiète, une image noire de la croix, qu'on disait apparaître sur la porte de l'église Saint-Louis. J'y allai, comme les autres ; mais je dois avouer : que je n'y ai jamais rien vu de bien précis. Maintes explications ont été données, pour ce phénomène observé à l'église Saint-Louis ; celle qui paraît avoir été la vraie, c'est que l'ombre d'un tuyau de cheminée était reflétée sur la porte de l'église.

La Vierge qui pleura à l'approche du choléra. — En 1836 ou 1837, j'étais encore tout petit enfant ; on parlait devant moi, de l'épidémie du choléra qui avait régné en 1835, et avait fait des ravages dans le pays, quand une bonne femme affirma : qu'elle avait vu, de ses propres yeux, une statue de la Vierge pleurer à chaudes larmes, quelques jours avant l'arrivée du fléau. Per-

sonne, autour de moi, ne révoqua en doute cette assertion, que, dans ma candeur enfantine, j'acceptai, aussi,
comme monnaie courante.

Le Crucifix d'Aix. — Dans l'église des Capucins, à
Aix, on montrait, pendant le siècle dernier, un crucifix
en bois, qui reçut, en 1580, un boulet de canon sur le
bras gauche, pendant que la ville était assiégée par le
duc d'Epernon. Le bras n'en fut que noirci et comme
contusionné, tandis que le boulet fut brisé (DULAURE.
Description des ci-devant villes, etc., etc. Paris. 1793.
t. I. p. 69).

La joue de la statue de saint Cyprien. — Au temps
où les processions de la Fête-Dieu se faisaient, à Toulon,
avec toute la pompe et la solennité des anciens jours,
c'est-à-dire, alors que tous les saints de la Ville
étaient exhibés dans le cortège, une grande foule de
bonnes femmes se pressait sur la place dite à l'Huile,
près de la Poissonnerie, pour voir passer, en cet endroit,
la statue de saint Cyprien, évêque de Toulon.

Il y avait, et il y a encore, j'en suis certain, de nos
jours, dans le monde populaire, la croyance très ferme:
qu'au moment, où la statue de saint Cyprien passait sur
cette place, une de ses joues se colorait très vivement
en rouge, pendant un temps assez long. Celui qui
aurait voulu contester la chose, aurait eu fort à faire,
pour faire partager son opinion.

Voici ce que disait la légende, au sujet de cette coloration momentanée de la joue de la statue. Saint Cyprien,
était un saint évêque, qui aimait son troupeau de
fidèles, de la manière la plus charitable ; et qui pas-

sait sa vie à faire le bien. Néanmoins, il n'avait pas seulement que des amis, dans Toulon; et il eût l'occasion de le constater, tristement, une fois. En effet, c'était un jour de procession, le vénérable évêque portait le Saint-Sacrement, lorsque, passant devant son évêché, qui était à l'endroit où se trouve, actuellement: *la place à l'Huile*, une femme qui lui voulait du mal, parcequ'il avait reproché à sa fille: d'être dissipée et mondaine, s'approcha de lui, et lui donna, devant tout le monde agenouillé sur le passage du Saint-Sacrement, un violent soufflet.

Le saint évêque, comprenant que, dans la mission qu'il remplissait, en ce moment, il ne devait pas s'arrêter aux faiblesses et aux passions humaines, ne broncha pas; et, seule, sa joue rougit, sous l'impression de la main sacrilège, qui venait de la frapper.

Depuis cette époque, toutes les fois qu'à la procession de la Fête-Dieu, la statue de saint Cyprien, portée par les fidèles, arrive sur la place à l'Huile, juste à l'endroit où le saint évêque reçut un soufflet, la joue rougit, d'une manière intense; elle reste rouge, pendant tout le temps que cette statue met à traverser la place.

Pendant ma jeunesse, c'est-à-dire vers le milieu du dix-neuvième siècle, il y avait, chaque année, lors de la procession de la Fête-Dieu, bon nombre de curieux, qui allaient, de préférence, voir passer cette procession sur la dite place à l'Huile, pour constater le phénomène. Et, si quelques hommes incrédules disaient: n'avoir pas vu rougir la joue du saint, maintes bonnes femmes étaient persuadées: avoir constaté, bien réellement, la

coloration surnaturelle, dont nous parlons. Quelques-
unes, même, disaient avoir, très clairement distingué,
la trace des cinq doigts de la main sacrilège appliquée,
il y a onze ou douze cents ans, sur la joue du patron de
Toulon.

Il y a, dans Toulon, une autre variante de la légende,
qui consiste à rattacher l'événement du soufflet, à la rue
Saint-Cyprien, et non à la place à l'Huile ; mais comme
il est avéré : qu'au temps de saint Cyprien, le périmètre
de Toulon s'arrêtait, de ce côté, au cours Lafayette
actuel ; et comme la rue Saint-Cyprien est très en dehors
de ce cours ; il faudrait admettre, pour y prêter foi,
que c'est hors de la Ville et, par conséquent, dans une
autre circonstance de la procession, qu'eût lieu, la coupable agression, dont saint Cyprien fut la victime.

Saint Louis de Brignoles. — Il y a une légende
assez analogue, dans une ville, voisine de Toulon : à
Brignoles. C'est celle de la statue de saint Louis, qui sourit au moment où on l'introduit dans la maison où le
saint est né ; et qui, au contraire, pleure quand elle res-
sort de cette maison, le jour de la fête du pays, pendant
la procession.

*La liquéfaction du sang de Jésus-Christ, ou de
sainte Magdeleine.* — Jusqu'à la révolution de 1789,
on voyait, dans l'église de Saint-Maximin, le jour de la
fête de sainte Magdeleine, le sang de Jésus-Christ,
d'après les uns ; de sainte Magdeleine d'après les autres,
contenu dans une sainte ampoule, se liquéfier, comme
celui de divers saints et saintes d'Italie, notamment
celui de saint Janvier, à Naples.

Le reproche fait par la barrique. — Un dimanche matin, un paysan des environs d'Hyères, se leva, de très bonne heure, pour laver des futailles, dans lesquelles il voulait mettre du vin.

C'était un jour de grande fête, personne ne travaillait; mais lui n'était pas religieux, et depuis longtemps il avait pris la coutume de faire ce qui lui plaisait, sans avoir égard aux fêtes ou d.manches.

Il se mit donc à l'ouvrage; mais voilà, que tout-à-coup, une des futailles se met à s'agiter, sans cause apparente. Notre paysan la regarda, d'un air étonné, mais sans effroi, parce qu'en sa qualité d'esprit fort il ne croyait pas aux choses surnaturelles.

Tout-à-coup la futaille, en continuant à s'agiter toute seule, lui dit : » *Sies ben matinier per travaillar lou dimenche.* » (Tu es bien matinal pour travailler le dimanche). On comprend que notre paysan passa, de l'étonnement à l'effroi; il se hâta de sortir en courant de son cellier sans, finir ce qu'il avait commencé ; et, il prit : un si gros trouble, qu'il en fut longtemps malade.

Les prodiges de la Toussaint. — La fête de Toussaint, qui précède de quelques heures, à peine, celle des morts, inspire, en Provence, des sentiments de terreur superstitieuse, dont il n'est pas difficile de trouver des traces, dans les récits légendaires du pays. Beaucoup de gens croient, en effet, que ce jour là, des prodiges effrayants se produisent, pour rappeler aux impies: que les morts exigent le recueillement et la prière des vivants.

Dans mon livre sur les *Réminiscences Populaires de*

la Provence (p. 285). J'ai rapporté es faits d'un chasseur des environs de Grasse, qui rencontra un lièvre fantastique; et celui d'un habitant de Solliès-Toucas, qui essaye en vain de tirer une grive surnaturelle. J'ai entendu raconter cette aventure dans vingt villages différents : à la Ciotat, à Hyères, au Luc, à Brignoles, etc., etc., soit avec des détails tellement semblables, qu'on ne peut se refuser à croire que c'est le même récit ; soit avec des enjolivements qui modifient le cadre, sans altérer en rien le fond de la légende.

Le prodige de la Toussaint est présenté, parfois, de la manière suivante : « Une blanchisseuse des environs de Toulon, *n'avait pas de religion*, et ne se faisait pas scrupule de laver du linge pendant la fête de la Toussaint, ainsi que pendant la semaine des morts. Or, il arriva, une fois, qu'au moment où elle versa de l'eau bouillante sur son cuvier à lessive, elle vit couler du sang. Elle voulut, néanmoins, continuer son travail ; mais ce sang vint en si grande abondance, qu'elle se prit de peur et mourut subitement ».

Dans quelques cas, la lessive, faite pendant la Toussaint, n'a pas produit de sang, mais la blanchisseuse est tombée malade, et est morte peu à près, ce qui revient au même. Quelquefois, c'est un parent de la blanchisseuse qui a succombé ; ou bien encore c'est le propriétaire du linge ; en un mot, laver le linge à cette époque, porte malheur.

Dans la population maritime, le prodige de la Toussaint est présenté avec des détails qui touchent au métier : un pêcheur qui préférait le gain à la piété, voulut aller tendre son filet, pendant que ses collègues chômaient pieusement ; mais voilà, que pendant la nuit, le temps devint mauvais, il fut obligé de tirer à la hâte son filet, dans lequel il ne trouva: ni poissons, ni mollusques, mais seulement une tête de mort, dont les yeux jetaient des flammes, et dont les dents grinçaient d'une manière terrifiante. La légende fait, même, parler cette tête de mort, quelquefois.

Comme en Provence il y a toujours la note gaie, égrillarde ou sceptique, à côté de la note pieuse, je dois signaler, que lorsque les bonnes femmes racontent des aventures surnaturelles, les loustics brodent volontiers des histoires plaisantes sur ce thème.

Une Vierge a-t-elle pleuré ? On l'explique en disant: que le curé malin avait placé, dans les yeux de la statue, une branche de vigne, fraîchement taillée.

Une statue a-t-elle parlé ? C'est le bedeau ou l'enfant de chœur, qui s'est amusé, aux dépens de la crédule dévote.

En un mot, le fait est expliqué ou travesti, de manière à faire rire l'auditoire ; et à donner du prodige une explication aussi naturelle que prosaïque.

Voici deux des aventures plaisantes que l'on entend souvent raconter en Provence, sur le thème: de la statue qui a parlé :

Le cierge du capitaine marin. — Dans le chapitre deuxième (Voir ci-dessus, p. 82), j'ai rapporté l'aventure plaisante du capitaine marin, qui crut entendre l'Enfant-Jésus lui faire un reproche ; et qui lui répondit quelque chose de très irrévérencieux. Je n'ai pas besoin de la répéter ici : il me suffit de la rappeler au souvenir du lecteur.

Saint Pierre et saint Crépin. — Les loustics racontent, parfois, pendant les veillées de Provence, l'aventure plaisante que voici : Il y avait, une fois, une vieille dévote qui était très riche, très crédule ; et, aussi, un peu simple d'esprit ; elle passait, chaque jour, de longues heures à l'église, priant tantôt dans une chapelle, tantôt dans une autre ; dans l'une d'elles, il y avait un beau saint Crépin, avec une superbe robe rouge et bleue, qui attirait ses regards ; la dévote allait souvent se prosterner à ses pieds.

A force de prier saint Crépin et de le regarder, elle finit par croire qu'il était son protecteur ; et elle prit l'habitude de lui parler. D'abord ce fut un simple « Bonjour, saint Crépin ! » Puis, peu à peu, elle s'enhardit à l'entretenir de ses affaires.

Mais voilà qu'un jour, le saint répondit à sa parole ; elle considéra le fait comme un grand miracle, et noua des relations de longues causeries avec le bienheureux. Disons, sans plus tarder, que la statue n'était, naturellement, pour rien dans le prodige ; le sacristain, qui était un madré compère, s'étant aperçu de la crédulité de la dévote, s'était mis en tête de l'abuser, dans le but de tirer quelque chose de sa naïveté.

Un jour, saint Crépin dit à son adoratrice : « Ma fille, je veux vous donner un témoignage de grande affection, méritée par votre dévotion pour moi, j'irai dîner, demain soir, chez vous ».

La vieille fille, faillit mourir de joie à cette nouvelle ;

elle rentra aussitôt chez elle, mit tout « sens dessus dessous », comme on dit vulgairement, pour se préparer à recevoir dignement le grand saint Crépin. Elle fit préparer, pour l'heure convenue, un succulent dîner, harcelant sa domestique pendant toute la journée : pour que la soupe fût excellente ; de peur que le rôti ne fût trop cuit ; les beignets pas assez, etc.

Le moment du dîner étant arrivé, c'est-à-dire la nuit étant close, le sacristain vint frapper à la porte ; il s'était vêtu en saint Crépin, et la dévote ne s'aperçut pas de la supercherie. Je laisse à penser la bombance que fit le pendard ; il mangea comme deux, but comme quatre ; puis, il donna sa bénédiction à la vieille fille, et s'en alla.

Huit jours après, le prétendu saint s'invita encore : il prit ainsi l'habitude de se faire traiter plantureusement, de temps en temps. La dévote ne se possédait pas de joie ; mais la servante n'était pas contente, d'autant qu'elle s'était aperçue de la tromperie ; et, qu'elle était ennuyée du surcroît de travail que le sacristain lui imposait, ainsi, tout gratuitement. Elle raconta, donc, l'affaire au neveu de la vieille fille, qui comprit : que tout ce manège n'était que le commencement d'un plan, dont le but était : de le fruster de l'héritage qu'il attendait. Or, comme il n'était pas d'humeur à supporter pareille tentative, il dit à la servante : « La première fois que saint Crépin devra venir dîner avec ma tante, prévenez-moi. » La cuisinière promit de n'y pas manquer.

Ce qui fut dit fut fait. Ce soir là, saint Crépin s'apprêtait à dîner plus copieusement, encore, que de coutume, et il était béatement en train de recevoir l'adoration de la vieille crédule, quand on entendit frapper à la porte. « Qui est là » ? dit la domestique. « C'est saint Pierre qui vient visiter votre maîtresse », lui fut-il répondu : « ouvrez-moi ».

La porte est ouverte aussitôt, la dévote voit entrer saint Pierre, avec une belle robe bleue, et un trousseau de clefs pendu à la ceinture.

On juge de l'émotion de la dévote, qui croyait avoir le bonheur de recevoir la visite de deux grands saints du Paradis, à la fois.

Saint Pierre lui dit : « Ma fille, je sais que vous êtes une âme pieuse, aussi me suis-je promis de venir vous faire visite, et m'asseoir à votre table, pour honorer votre dîner de ma présence. » Puis, se tournant vers le sacristain, il ajouta : « Tiens ! saint Crépin ; vous êtes ici ; qu'êtes-vous donc venu faire ? »

Saint Crépin interdit, essaya de bégayer une explication de sa présence ; mais saint Pierre continua : « Pourquoi avez-vous quitté le Paradis, sans ma permission ? Vous vous êtes exposé à en être mis à la porte, désormais ? »

L'autre, balbutia, mais saint Pierre élevant le ton, se mit à lui faire des reproches de plus en plus vifs ; peu à peu, la colère l'enflamma ; et enfin, sortant un nerf de bœuf de sous sa robe, il administra à saint Crépin la plus vigoureuse volée qu'on puisse imaginer. Quand il l'eût, ainsi, rossé d'importance, il ouvrit la porte et lui dit : « Rentrez, maintenant, au Paradis ; et si jamais vous sortez de nouveau sans ma permission, je vous promets le double de la correction que vous venez de recevoir. »

Saint Crépin partit, sans demander son reste. Alors, le neveu éclatant de rire, dépouilla sa robe de saint et dit à la vieille dévote : « Allons, ma bonne tante, mettons-nous à table. Quoique, je ne sois pas plus saint Pierre, que ce maudit sacristain n'est saint Crépin, je vous promets : que je mangerai votre dîner, d'aussi bon appétit que lui ».

II

CRÉDULITÉS DES AUTRES PAYS

Les prodiges dont nous venons de parler, ne sont pas spéciaux à la Provence. Nous allons voir : qu'on les retrouve dans une infinité de pays ; mais pour pouvoir en parler, sans mettre en parallèle des faits divergents, il me faut les classer en catégories distinctes. C'est ainsi : que nous devons parler, séparément, des statues qui remuent, des saints qui viennent aider leurs dévots contre les ennemis, des statues qui suent, saignent, pleurent, parlent, etc., etc.

Les statues qui remuent. — On cite un très grand nombre d'exemples de statues qui ont remué, dans certaines circonstances plus ou moins importantes.

Sans avoir la prétention de les connaître toutes, je citerai les suivantes, au courant de la plume, en soulignant : qu'il serait facile de décupler, de centupler, même, cette liste, si je feuilletais quelques ouvrages d'hagiographie, ou quelques relations des crédulités de tel ou tel pays.

La veille de la fête de Saint-Yves, de Vérité, à minuit sonnant, la statue du saint étendait le bras, pour bénir l'assistance (E. RENAN. *Revue des Deux Mondes*. 1876, p. 245).

Pendant les sièges de Saint-Malo et Lamballe, la Vierge baissa la main ; pour indiquer l'endroit, où les Anglais faisaient une mine (*R. d. t.* t. II. p. 21).

En 1202, les Anglais qui assiégeaient Poitiers, séduisirent un clerc, qui devait leur livrer une porte de la ville. Pour avoir les clefs de cette porte, ce clerc éveille, un matin, de très bonne heure, son maître, qui était maire de la ville, en lui demandant ces clefs, sous prétexte de laisser passer un officier, qui allait vers le roi Philippe. Le maire cherche ses clefs, qu'il avait placées sous son oreiller ; et, ne les trouvant pas, se lève précipitamment, assemble les bourgeois en armes, croyant à une trahison accomplie. Il commence par aller faire ses dévotions à Notre-Dame, dans les mains de laquelle, il trouva les clefs. La Vierge, était venue, miraculeusement, s'en emparer, pour que le clerc ne les livrât pas aux Anglais (DULAURE. t. IV. *Poitou*. p, 127).

Gauthier, évêque de Poitiers, se fit enterrer tenant dans la main un acte d'appel qu'il avait formé contre son archevêque en 1306. Quelques années après, le pape Clément V, passant à Poitiers, et voulant lire cet acte, fit ouvrir le tombeau ; il ordonna à son archidiacre

de prendre le papier ; mais le mort le retint, si fortement, qu'il ne put parvenir à le lui arracher. Quand cet
archidiacre vint informer le pape de ce prodige, celui-
ci ordonna au mort de lâcher le papier, ce qui fut fait ;
l'archidiacre le fit passer au Saint-Père, mais comme il
voulait sortir du caveau, il fut retenu par le mort, qui
ne lui rendit sa liberté, que lorsque le pape lui eût fait
rendre son écrit (DULAURE. *Poitou.* t. IV, p. 111).

Sainte Radegonde, qui avait été mariée avant d'entrer
en religion, portait deux anneaux dits : alliances, au
doigt. Lorsqu'en 1412, le duc de Berry, régent de
France, fit ouvrir son tombeau, il lui prit l'anneau que
le roi Clotaire avait donné à la sainte, en l'épousant ; le
cadavre le laissa faire ; mais lorsqu'il voulut toucher à
l'anneau de religieuse, le cadavre retira aussitôt sa
main.

Pendant qu'on construisait la cathédrale de Paris,
vers 1170, un jeune homme mit au doigt d'une statue
de la Vierge, l'anneau que lui avait donné sa fiancée ;
elle plia aussitôt son doigt, et on ne put plus le lui retirer (Bibl. JACOB. *Curiosités du vieux Paris.* p. 53).

La statue de sainte Agnès, se baissa pour prendre
l'anneau qu'un prêtre lui présentait, par ordre du pape.
Une autre fois, elle prit, des mains d'un prêtre chargé
de sa garde, un anneau qu'il lui présentait (*Lég. Dorée.*
t. I. p. 97).

Quand on retira du Tibre le cadavre du pape Formose, que son successeur y avait fait jeter, une statue
s'inclina et le salua (STENDALL. *Prom. dans Rome.*
t. II. p. 243).

Dans l'église du château de Gênes, en Italie, il y a un crucifix qui remua la tête, pour appuyer l'affirmation d'une jeune fille, qui portait plainte contre son séducteur (MISSON. t. III. p. 44).

A Lucques, il y a un Enfant-Jésus qui passa du bras droit au bras gauche de sa mère, pour éviter un coup que lui portait un soldat, furieux d'avoir perdu son argent au jeu (MISSON. t. II. p. 324).

A Rome, on voit un Christ qui tourna la tête pour regarder le corps de saint Honoré, d'Amiens, déposé près de lui (*Martyr. Rom.* 16 Mai).

A Naples, on voit un Christ qui baissa la tête, pour éviter un boulet de canon, lors du bombardement de l'an 1429 (MISSON. t. II. p. 34).

Dans le champ de Haro, près de Cadix, il y a un ermitage dédié à saint Antoine, dans lequel on voit : une statue qui est sortie maintes fois de sa niche, pour aller guérir des malades qui l'imploraient, soit dans l'hôpital, soit dans une maison (LABAT. *Voy. d'Esp.* t. I. p. 214).

Saint Hermann, de Steinfeld, étant enfant, offrit une pomme à une image de l'Enfant-Jésus qui, s'animant soudain, tendit la main pour la recevoir (*R. d. t.* 1886. p. 158).

La statue de saint Georges, de Scyros, se jetait sur ceux qui n'avaient pas tenu leurs promesses; et les accablait de coups, jusqu'à ce qu'ils eussent accompli leurs vœux (COUTANT D'ORVILLE. t. VI. p. 295).

Les santons arabes, ont la même puissance de mouvement que les saints chrétiens. Seulement, comme dans la religion islamique, les idoles sont absolument proscrites ; ce n'est pas l'image du saint, mais un objet quelconque, lui ayant appartenu, ou se trouvant placé dans le voisinage, qui a exécuté le mouvement.

Lorsque Sidi-Mahomed, qui vivait saintement sur le territoire de la tribu des Aniohach, près de Blidah, en Algérie, fut enterré, le cèdre sous lequel il avait souvent prié, s'inclina pendant trois fois sur la fosse, pour lui dire adieu (TRUMELET. p. 45).

Dans l'Inde, le Cambodge, l'Annam, la Cochinchine, etc., etc., en un mot, dans tout l'Extrême-Orient, on connaît des exemples de mouvements exécutés par les statues saintes.

Les indiens, consultent des statues pour savoir : s'ils peuvent faire certaines choses ; ils assurent que ces statues leur font connaître leur sentiment, par un mouvement (*Recueil d'Obs. cur.* t. II. p. 31).

Le roi Héo, qui lavait la statue de Bouddha, lui ordonnait de lever le bras ou la jambe ; et elle lui obéissait. Un jour, il oublia de lui dire de remettre le bras en place ; et celui-ci resta levé (LANDES. *Contes Annamites.* N° 60).

Statues qui combattent contre les infidèles. — Les statues qui viennent au secours de leurs invocateurs menacés par des ennemis, se rencontrent dans une infinité de pays.

A Lille, Notre-Dame de la Herse est célébrée, parce qu'elle quitta sa niche, pour repousser les ennemis près d'entrer dans la ville.

A Avesne, on voit une vierge qui est venue prêter

son concours aux défenseurs de la place, un jour que les ennemis tentaient de l'enlever d'assaut.

A Archidona, en Andalousie, saint Jacques vint se mêler aux soldats chrétiens, pour combattre les sarrasins; il apporta, dans ses bras, une vierge miraculeuse, pour orner une église qui avait été transformée en mosquée par les infidèles. A Compostelle, saint Jacques n'hésita pas à venir, couvert d'une armure de guerrier, combattre les sarrasins, pour les mettre en fuite.

Dans nombre de pays, on assure que saint Michel est venu, en personne, armé de son épée flamboyante, pour mettre les ennemis en fuite.

Saint Martin, a, comme saint Michel, fait des prouesses remarquables, dans un certain nombre de pays.

Saint Casimir, vint se mêler aux soldats polonais, pour vaincre les moscovites; ce qui n'a pas empêché la Russie de vaincre la Pologne, plus tard.

Saint Jean-Capistran, vint se mêler à un combat que les Hongrois livraient aux turcs; il tuait les ennemis avec des flèches miraculeuses, qui partaient du ciel, à sa prière (*Martyr Rom*, 24 octobre).

A Beauvais, sainte Andragène, vint sur les remparts, un jour que les Anglais tentaient de prendre la ville d'assaut; et les mit en fuite.

Statues qui suent. — On cite çà et là, dans les pays les plus divers, un certain nombre de faits de statues ayant sué, au moment où tel grave événement se préparait ou s'accomplissait. Je me bornerai à rapporter les exemples suivants.

En 1758, lorsque les Anglais firent une descente sur

les côtes de Bretagne, une statue de la Vierge se mit à suer, sur la route de Lamballe (SEBILLOT. *Traditions*, t. I, p. 369).

La statue de Notre-Dame-des-Places, dans le canton de Dun, se mit à suer en 1664 (DUVAL, *Esquisses Marchoises*, p. 46).

Lorsqu'un pape devait mourir, ou que Rome était menacée de quelque malheur, la statue de Gerbert, à Saint-Jean-de-Latran, se mettait à suer (LECANU. *Hist. de Satan*. p. 319).

A Pistoïa, on voit une statue de la Vierge qui a sué sang et eau, dit la légende, pendant qu'on saccageait la ville, il y a plus de mille ans (MISSON. t. III. p. 217).

Le jour où l'île de Chypre fut prise par les turcs, les reliques de saint Nicolas de Tolentino, suèrent sang et eau, dit le *Martyrologe* (10 septembre) et LABAT (t. IV. p. 101).

Le prodige dont nous parlons, ne fait pas défaut chez les Arabes ; et si la proscription des idoles, dans la religion islamique, ne permet pas de dire que telle ou telle image a sué, en revanche, le mur de telle koubba, la pierre de tel tombeau, etc., etc., se sont mis à suer, dans telle ou telle circonstance mémorable.

Les religions de l'Extrême-Orient ne sont pas restées en arrière, sous le rapport de la sueur. On voit, dans l'Inde, cent idoles diverses qui ont sué dans les moments mémorables ; à Ceylan, au Siam, au Cambodge, etc., etc., les mêmes affirmations sont entendues.

En Annam, un santon en bronze noir, sue à grosses gouttes, le jour où le roi vient le saluer (LANDES, *Contes Annamites* N° 11).

Les images qui pleurent. — Les images saintes qui ont pleuré, sont innombrables, tant elles sont nombreuses ; il y a peu de pays qui en manquent. Je me bornerai à citer les exemples suivants :

Lorsque Michel-le-Bègue monta sur le trône, une vierge pleura, en l'an 820. L'empereur la fit briser, et montra les tuyaux de plomb qui portaient les larmes aux paupières (*Eutych. ann.* t. II, p. 448).

A Rome, il y a une chapelle appelée *Santa-Maria-del-Pianto*, qui a été élevée à cause d'une statue qui était remarquable par ses pleurs (MISSON. t. II. p. 145).

Au moment où Rome allait être prise par les barbares, la vierge de l'église du Saint-Esprit versa de tels torrents de larmes, que tous les moines du couvent réunis, ne purent parvenir à lui essuyer efficacement les yeux (MISSON. t. II. p. 146).

Lorsque les français envahirent l'Italie, pendant les guerres de la Révolution de 1789, un grand nombre de statues : du Christ, de la Vierge et des saints, pleurèrent à chaudes larmes.

Lorsque Pierre-le-Grand entreprit les réformes qui devaient transformer l'empire russe, une image de la Vierge se mit à pleurer abondamment, parce que, disait-on, elle désapprouvait ces réformes.

Les manifestations des statues chrétiennes ont, parfois, pour mobile des sentiments de passions humaines, peu édifiantes. C'est ainsi par exemple, qu'on dit : qu'à Cléry, dans le Loiret, une vieille statue de la Vierge, qui attirait nombre de dévots, ayant paru : trop grossièrement faite, au curé, fut remplacée par une plus moderne, et reléguée dans un coin obscur de l'église ; mais elle se mit à pleurer, crier et se fâcher si fort, qu'il fallut la remettre à la bonne place.

Les Arabes n'ont pas de statues qui pleurent parce qu'ils n'ont pas d'images dans leurs sanctuaires ; mais c'est seulement à cause de cela ; car nous avons vu qu'ils possèdent des pierres et des murailles qui suent.

Toutes les religions de l'Inde, de la Chine, du Japon, etc., etc., ont leurs idoles capables de pleurer. On raconte : qu'un roi de Tanjaour, dans l'Inde, fut, un jour, informé, par les Bramines, qu'une statue du temple de Manarcovil pleurait, parce qu'il n'avait pas pour elle tout le respect qui lui était dû. Le roi en fut très ému, et alla adorer la statue, à laquelle il fit les plus riches cadeaux. Mais, un de ses confidents le prévint ; qu'il était l'objet d'une supercherie ; et, ayant obtenu de faire la preuve de son assertion, lui montra que la statue avait, dans l'intérieur de la tête, une masse de coton pleine d'eau, qui produisait ainsi des larmes, au gré des prêtres (*Recueil.* t. II, p. 24).

Secrétions d'huile, d'eau, etc., etc. — Dans un grand nombre de localités, on parle de secrétions merveilleuses faites par des statues, des pierres, des tombeaux, etc., etc. Grégoire de Tours, en signale plusieurs ; j'en fournirais facilement une centaine, si je voulais rapporter tous les prodiges que racontent les livres de piété. Qu'il me suffise d'en dire, seulement, quelques-unes.

Grégoire de Tours (*Miracl.* liv. I. ch. v) affirme : que, dans un monastère de Poitiers, une lampe allumée devant un morceau *de la vraie croix*, s'éleva au-dessus de son niveau, pendant plus d'une heure ; et se répandit au-dessous, en quantité égale à son contenu ; la rapidité de l'ascension croissait, dit-il, en raison de l'incrédulité que témoignait un spectateur.

Dans le bourg d'Ananie, près de Damas, il y a un portrait de la Vierge, peint par saint Luc, qui secrète une huile miraculeuse (COUTANT D'ORVILLE. t. III. p. 184).

Quatre portraits de saint Luc : Rome, Venise, Alexandrie, Ananie, suintent aussi.

Saint Grégoire, de Tours, dit : qu'il découlait, du tombeau de saint Étienne, en Achaïe, une huile miraculeuse qui, étant en relation directe avec l'abondance future des récoltes, prophétisait la fertilité de l'année à venir (*Mart.*, 30 novembre).

Dans les premiers siècles du christianisme, Mérios remplissait de vin blanc trois verres transparents, au moment de commencer sa prière ; et, à la fin de son invocation, un d'eux contenait une liqueur rouge-sang ; un autre, un liquide pourpre ; la troisième, une liqueur bleue de ciel (*Saint Epiphanes contre Hœres*. lib. 1).

Les images qui saignent. — Les images qui ont saigné, dans certaines circonstances plus ou moins mémorables, sont nombreuses. Je me contenterai de signaler les suivantes, entre mille.

A Paris, la Vierge de la rue aux Ours, était célèbre, dans le courant du siècle dernier, parce qu'elle avait saigné, sous les coups d'un impie qui l'avait frappée.

Dans la chapelle de la famille de Monaco, à Naples.

(MISSON. t. II. p. 35), il y a un Christ, qui a saigné, sous le coup d'un impie.

Une statue de Jésus-Christ, frappée par un juif, se mit à saigner (*Légende Dorée*. t. II. p. 125).

A Saint-Laurent des Franciscains, de Rome, on voit un Christ, qui a saigné, sous le coup d'un attentat (MISSON. t. II. p. 33).

A Messine, on voit un Christ, dont la blessure faite par un impie, saigna (LABAT. t. V. p. 211).

A Sainte-Marie de la Paix et à Sainte-Marie in Valli-cella, à Rome, on voit deux Christ, qui ont saigné, un jour qu'un impie les frappa (MISSON, t. II. p. 145).

A Cambron, en Belgique, il y a une Vierge, dont la plaie, faite par un impie, a saigné.

A Moscou, il y a une Vierge célèbre parce qu'elle a saigné, le jour où un impie osa la frapper.

Les anciens Athéniens furent étonnés de ne pas voir saigner leurs idoles, quand saint Diétrich les renversa (TYLOR. t. II. p. 221).

Les arabes, les turcs, tous les peuples soumis à l'Islam, connaissent des légendes dans lesquelles : le sang a jailli d'un arbre ou d'une pierre qu'un impie a osé frapper.

Dans les religions de l'Inde, nous avons aussi des exemples de ces hémorrhagies constatées chez des idoles.

Le fameux temple de Jagrenat, dans l'Inde, a été bâti, en souvenir d'un prodige qui arriva : un gros morceau de bois informe fut jeté sur la plage, par la mer. Un habitant du lieu, crut que c'était un tronc sans valeur, et voulut le débiter en fragments ; mais, au premier coup de hache qu'il donna, il vit sortir du sang, ce qui lui fit crier au miracle. On pensa, alors, que c'était une divinité, envoyée miraculeusement dans le pays ; on la façonna en idole, et on lui bâtit un superbe sanctuaire (*Recueil d'Obs. cur.*, etc., etc. t. IV. p. 124).

Liquéfaction du sang. — Le fameux miracle de la liquéfaction du sang, qui a frappé d'une sainte admiration les provençaux des siècles passés, quand ils allaient faire leurs dévotions aux reliques de sainte Magdeleine, se produit dans un grand nombre d'endroits.

Thierry, d'Alsace, revenant de Terre Sainte, donna à l'abbaye de Saint-Basile, à Bruges, une fiole du sang de Jésus-Christ, qui se liquéfia tous les vendredis, depuis la pointe du jour jusqu'à trois heures de l'après-midi, de l'an 1148 à l'an 1310 (GROSLEY. *Obs. sur l'Italie*. t. III. p. 267).

A Charroux, près de Curay, dans le Poitou, il y avait une abbaye de bénédictins, qui conservait un morceau de chair de Jésus-Christ, restée rouge et saignante depuis la mort du Rédempteur. Cette chair était, disait-on : la portioncule ; ce qui faisait qu'il y avait : six portioncules dans le monde chrétien : Saint-Jean-de-Latran à Rome, Anvers, Hildesheim, le Puy, Coulomb, près Nogent-le-Roy.

La légende racontait, que les moines de Charroux avaient confié cette relique au comte d'Angoulême, pour la sauver de la fureur des Normands ; et que ce comte, ne voulant plus la leur rendre, fut puni, ainsi que les habitants d'Angoulême, d'une affreuse maladie appelée : la fringalle, jusqu'à ce qu'elle eût été rendue à ses légitimes possesseurs (DULAURE. *Poitou*. t. IV. p. 89).

Le 3 mai, on fait à Billom, en Auvergne, la procession du précieux sang. Un prêtre qui porte la relique, montre, à chaque instant, que ce sang est liquide (DULAURE. t. v. p. 429).

On disait : que le contenu de la sainte Ampoule de Reims, diminuait lorsque le roi de France était malade.

A Naples, la liquéfaction du sang de saint Janvier tient une place considérable dans les cérémonies religieuses du populaire. On se souvient, encore, de l'aventure mémorable du général Championnet, qui, apprenant que le miracle ne se faisait pas, fit dire à l'évêque de Naples : que si, dans une heure, il ne s'était pas accompli régulièrement, sa vie et celle de ses vicaires seraient en danger. Sous le coup de cette menace, le sang se liquéfia, sans retard ; et une insurrection fut évitée.

Le sang de Saint-Jean-Baptiste, se liquéfie, aussi, à Naples, dans certaines circonstances ; et quoiqu'elle soit moins importante que la liquéfaction du sang de saint Janvier, elle ne manque pas de frapper l'esprit de nombreux dévots.

Le sang de saint Etienne, se liquéfie aussi ; et, sans avoir la réputation de celui de saint Janvier, le prodige frappe d'admiration les fidèles qui vont assister annuellement à sa répétition.

Le sang de saint Pantaléon, devient liquide, dans les mêmes conditions.

On possède, en Irlande, du sang de saint Patrice, qui se liquéfie, à certains moments, pour la plus grande édification de ses dévots.

Saint Wit partage avec saint Janvier, sainte Magdeleine, et nombre d'autres saints, le pouvoir de faire liquéfier son sang, à certains moments de l'année.

Les moines de Saint-Amand, en Flandre, conservent le sang de leurs confrères martyrisés au neuvième siècle, par les normands. Ce sang se liquéfie, tous les ans, à la troisième fête de la Pentecôte (GROSLEY, t. III. p. 267).

Au lieu du sang de Jésus-Christ, c'est du lait de la Vierge, qu'on voit se liquéfier, miraculeusement, à certains moments. A Naples, on voit ce lait merveilleux, chez les Pères Minimes (GROSLEY. t. III. p. 265) et dans l'église de Saint-Louis du Palais (MISSON. t. II. p. 34).

Les statues qui parlent. — Le nombre des statues qui ont parlé est vraiment considérable. Je suis certain que si on consultait, avec soin, tous les écrits pieux qui on trait à ce prodige, on compterait les faits: de paroles, de chants, de cris, etc., etc., qu'on attribue à ces statues, par plusieurs milliers.

Je me contenterai de citer, ici, les quelques rares exemples suivants :

Dans la chapelle Saint-Thomas, à Naples, il y a un crucifix qui dit à ce saint : *Bene scripsisti Thomas* (LABAT. *Voy. d'Italie.* t. v. p. 365).

Dans l'église des Bénédictins de Rome, il y a un crucifix qui s'entretint, à deux reprises, avec le pape Pie V (MISSON. t. II, p. 34).

A Bologne, on voit un Christ qui a parlé.

A Florence, on montre un Christ qui parla à saint Philippe Reinzi (LABAT. t. VII. p. 382).

Dans l'église des Carmes de Bologne, un Christ adressa la parole à saint André des Ursins (MISSON. t. II. p. 341).

A Assise, un crucifix adressa la parole à saint François du même nom.

A Gênes, un Christ parla à sainte Brigitte, dans l'église de Saint-Gérome (MISSON. t. III. p. 44).

Dans l'église de Notre-Dame de *Castello*, à Gênes, un Christ a parlé (LABAT. t. II. p. 70).

A Rome, un Christ parla à saint Pierre et à saint Paul, pendant qu'on les flagellait, pour soutenir leur courage (MISSON. t. II, p. 146).

A Rome, un Christ adressa la parole à sainte Brigitte (MISSON. t. II. p. 145).

Lorsque saint Alexis fut mort, une statue parla et dit de faire entrer son corps dans l'église (*Légende Dorée*. t. I. p. 15).

En Angleterre, saint Dunstan, appelé devant l'assemblée des seigneurs par les prêtres débauchés, contre lesquels il avait sévi, était sur le point de fléchir, lorsqu'un Christ, qui était dans la salle, lui cria de ne pas pardonner aux coupables (*Martyr. Romain* de SIMON MARTIN. 19 Mai).

A Milan, la Vierge encouragea saint Pierre de Vérone, qui priait devant sa statue (*Martyrologe Romain*. 29 avril).

Misson (t. II. p. 35), cite deux cas, où la Vierge parla, dans une église de Rome.

A Naples, une Sainte-Vierge a parlé (MISSON t. II. page 35).

A Spire, en Bavière, on voit une statue de la Vierge qui a parlé.

Dans une ville d'Asie Mineure, la Vierge dit, un jour, au portier d'une église : d'ouvrir la porte du sanctuaire, pour permettre à saint Alexis d'Edesse, de venir l'adorer.

A Cracovie, au moment où les turcs allaient s'emparer de la ville, la Vierge appela saint Hyacinthe, et lui dit de l'emporter. Comme le saint lui faisait observer : qu'elle était trop lourde, elle lui promit d'être plus légère ; et elle tint sa promesse.

A Ajaccio, une image de la Vierge se mit à crier, pour arrêter une rixe.

Dans un grand nombre de pays, on cite le cas d'une statue de la Vierge, arrêtant des malfaiteurs, par ses reproches.

Dans l'église Saint-Cosme et Saint-Damien, à Rome, on montre une Vierge qui interpella, un jour, très aigrement, saint Grégoire qui passait devant elle, sans la saluer (MISSON. t. II. p. 145).

Chez les Arabes, les santons ne sont pas toujours muets.

A Madagascar, une statue répondait quand on lui adressait la parole (TYLOR. t. II. p. 221).

Dans l'Inde et tout le Grand Continent Asiatique, les faits de statues qui ont parlé, sont, peut-être, aussi communs, que dans la vieille Europe.

Un roi de Ceylan, ayant été impie vis-à-vis d'une idole, la vit, un jour, le menacer des yeux, de la voix et du geste ; aussi cessa-t-il de la mépriser (COUTANT D'ORVILLE t. II. p. 249).

Dans le courant du dix-huitième siècle, des poupées ou des têtes en substances diverses qu'on appelait Androïdes, parlaient et répondaient aux questions qui leur étaient posées.

Albert le Grand, qui vivait au treizième siècle, possédait une tête en poterie, qui avait la curieuse propriété de répondre aux questions qui lui étaient posées (*Elias Schedius de diis Germanis*. p. 572).

Le pape Sylvestre II, allemand de naissance (GERBERT) qui, vivant, occupa le siège de Rome, de 999 à 1003, possédait une tête en airain, qui parlait d'une manière distincte.

Chez les scandinaves, divers thaumaturges possédaient des têtes de mort qui avaient, disaient-ils, le pouvoir de parler ; et qui les conseillaient, dans les actes importants de leur existence.

Nouveaux-nés qui parlent. — Ce prodige est extrêmement commun dans les livres d'hagiographie ou d'histoire religieuse, d'une infinité de pays d'Europe, d'Asie, ou d'Amérique.

Saint Thomas de Paphlagonie, parla, au moment de son baptême, pour la grande édification des fidèles (*Martyr. Rom.* 17 août).

Saint Maure, d'Ecosse, parla, aussi, très distinctement, au moment où ses parents lui firent donner le baptême (13 juillet).

A Rome, un enfant de naissance empêcha saint Marc et saint Mucian de renier leur foi, en leur criant : « Ne sacrifiez pas aux idoles » (3 juillet).

Un enfant à la mamelle, reprocha à un païen : le meurtre de saint Simplicien (29 juillet).

Un enfant de naissance, certifia que saint Brice de Tours n'était pas son père (13 novembre. GRÉGOIRE, de Tours. t. I, p. 43).

Un enfant de naissance, certifia : qu'un prêtre n'avait pas séduit une fille (28 octobre).

Sainte Brigide, fit convaincre de mensonge, une méchante femme, par un enfant de naissance (1er février).

Dans l'*Histoire Religieuse du Mont Saint-Michel*, il y a la légende d'un enfant de trois mois, qui parla d'une manière tout-à-fait surnaturelle.

Saint Roch, de Montpellier, ne tétait jamais ni le mercredi, ni le vendredi pendant qu'il était à la mamelle ; et, comme sa mère s'en inquiétait, il la rassura, un jour, par des paroles édifiantes (16 août).

Il y a même plus fort : nombre d'enfants ont parlé avant de naître ; et ont ainsi prononcé des paroles mémorables, pendant qu'ils étaient encore dans le sein de leur mère.

Saint Furcy, de Péronne, parla pendant qu'il était dans le sein de sa mère, pour proclamer les vertus chrétiennes (16 janvier).

Bêtes qui parlent. — Quant aux bêtes de toutes les espèces, qui parlent, la liste en est longue dans les ouvrages de piété chrétienne. Saint Hubert et saint

Eustache, furent convertis, on le sait, par des cerfs, qui leur reprochèrent leur impiété.

Dans un grand nombre de pays, on n'ose travailler, chasser ou s'amuser bruyamment, à certains jours de fête. Dans le Dauphiné, les Hautes-Alpes, le Forez, le Jura, on croit : que le jour de la Noël, des Rois, de la Toussaint, etc., etc., les chasseurs rencontrent des bêtes fantastiques qui leur parlent ; ou la chasse du roi Hérode qui leur adresse la parole (PILOT. du Dauphiné. p. 171).

Les pêcheurs de Dieppe croient, que s'ils allaient pêcher le soir de la Toussaint, ils seraient accompagnés par des revenants, qui leur parleraient, pour leur annoncer leur mort prochaine ; et ils trouveraient des os, au lieu de poissons, dans leurs filets.

Un paysan ivre, s'étant endormi dans son étable pendant la nuit de Noël, entendit des bœufs parler. L'un dit à l'autre au moment de minuit : « Que ferons-nous demain » ; celui-ci lui répondit : « Nous porterons le maître au cimetière. » Le paysan irrité prit une hâche pour tuer ses bœufs, mais dans son ivresse il se blessa mortellement (MAHÉ. *Morb*, p. 231).

III

CRÉDULITÉS DE L'ANTIQUITÉ

Les prodiges, que les bonnes femmes de nos jours se plaisent à raconter, ne sont, en somme, que des rééditions d'aventures merveilleuses, consignées par les hagiographes chrétiens ; et ceux-ci, n'ont fait qu'attribuer à leurs saints, des contes de l'antiquité, qui avaient cours, plusieurs centaines, d'années, et même plus, avant la naissance du christianisme. Le fait est si vrai, que dans nombre de cas, on attribue, dans l'église catholique, à un saint, à Jésus-Christ, à la Vierge, des miracles, absolument semblables à ceux que firent : Hercule, Diane, Apollon, Jupiter, etc., etc. On peut donner cent preuves, pour une, de l'exactitude de cette assertion. Il faut même ajouter : que les anciens mythologues, racontaient des légendes, dont le thème a été délaissé par les hagiographes modernes. Je citerai, entre autres exemples, celui de la Vénus de Praxitèle, qui fut l'objet d'un attentat sacrilège, de la part d'un jeune homme, et dont le marbre garda, miraculeusement, la trace indélébile de l'outrage ; tandis que l'impie était tué, d'une manière surnaturelle (LUCIEN. *Œuvres complètes*. Trad. de TALBOT. Edit. HACHETTE de 1857. t. i p. 544).

Citons quelques-unes des légendes de l'antiquité pour appuyer ma proposition.

Statues qui remuent -- Au moment où l'empereur Maurice et ses enfants furent assassinés, un habitant d'Alexandrie, vit des statues s'agiter et crier : qu'on tuait l'Empereur.

A Antium, dans le pays des volsques, une statue de la fortune répondait par signes, aux demandes que lui adressaient les dévots.

Le jour du combat de Pharsale, la statue de la Victoire, qui était dans le temple de Minerve, en Elide, tourna, spontanément, sur elle-même.

Lucien, raconte qu'il vit, dans le temple de Hierapolis, en Syrie, la statue d'Apollon s'élever jusqu'à la voûte, et se mouvoir comme si elle avait été animée.

Lorsque la fille de Servius entra dans le temple de la Fortune, après le meurtre de son père, la statue de la Fortune se voila. Lors de l'inauguration de son temple, la statue de la Fortune ouvrit la bouche, pour exprimer son contentement (PRELLER, p. 379).

La statue de Hiéron, de Syracuse, tomba spontanément, le jour de sa mort (DE GUASCO, p. 176).

La statue d'Apollon, tressaillait au moment de rendre ses oracles (TYLOR, t. II, p. 223.)

La mort d'Hierce de Sparte, à la bataille de Leuctres fut annoncée par la chute des yeux de sa statue (DE GUASCO, p. 17).

Les Messéniens étant assiégés, Minerve les prévint de leur chute prochaine, par des prodiges ; elle laissa tomber le bouclier de sa statue ; elle fit aller des béliers à l'autel du sacrifice, d'eux-mêmes, et le heurter de leurs cornes : enfin, elle suggéra des rêves effrayants à Aristodème, qui les commandait (MISSON, t. II, p. 203).

La statue d'Esculape, répondait par signes, aux demandes que lui adressaient ses dévots, dans plusieurs pays, pour la guérison de leurs maladies.

Lorsqu'Alexandre envoya des ambassadeurs pour demander à Jupiter-Ammon, s'il était son père, le Dieu, dit Strabon, répondit affirmativement : en fronçant les sourcils.

Philippide d'Athènes, passant près du mont Parthenion,

vit apparaître le dieu Pan, qui l'appela à haute voix, et lui ordonna de demander, aux Athéniens ; pourquoi ils ne lui rendaient aucun culte (HÉRODOTE. t. II. p. 127).

Lucien (déesse syrienne. Trad. PIERRON. t. II. p. 415) dit, que dans le temple de Hiéropolis, il y avait des statues qui remuaient, suaient, parlaient, etc., etc.

Il y avait, dans l'antiquité, une infinité d'idoles, qui : pleuraient, en brandissant les armes, pour prouver leur puissance surnaturelle (TYLOR. t. II. p. 253).

Chez les scandinaves, les germains, etc., etc., en un mot, chez les peuples barbares qui habitaient le nord et l'est de l'Europe, dans l'antiquité, les mêmes crédulités avaient cours.

Un guerrier, voulant faire violence à une prêtresse de Freya, la statue s'anima pour l'en empêcher ; mais le guerrier fendit le crâne de l'idole, et le démon qui l'occupait fut obligé de s'enfuir (WATHER SCOTT. *Démon*. t. I. p. 143).

Ceux qui voulaient consulter l'oracle, dans la grotte de Trophonius, s'approchaient de l'ouverture, qui paraissait, *a priori*, trop petite pour permettre le passage d'un homme. C'est à peine, s'ils pouvaient d'abord y introduire leurs pieds ; mais peu à peu, on eût dit que la pierre cédait sous la pression ; et le corps, tout entier, pénétrait dans la grotte ; l'orifice reprenait, aussitôt après, ses dimensions exiguës (GRAVIER. *Mém. sur les Oracles anciens.* p. 149).

Homère, raconte : que Vulcain avait construit, pour l'usage des dieux de l'Olympe, des trépieds qui se mouvaient seuls, et se dirigeaient vers la table, sans le concours d'aucun aide, lorsque ces dieux désiraient prendre leurs repas (*Iliad.* liv. xviii).

Chez les peuples orientaux de l'antiquité, on constatait les mêmes prodiges que chez les grecs et les romains. On peut même dire : que chez ces peuples, ces crédulités existaient, longtemps avant la création de Rome et d'Athènes.

Apollonius de Thyane, dit : avoir vu des trépieds, semblables à ceux dont parle Homère, chez les sages de l'Inde.

Philostrate ajoute que, lorsque les sages de l'Inde conduisirent Apollonius de Thyane, vers le temple de leur Dieu, ils se formèrent en groupe, frappant le sol en cadence avec leur bâton ; et que, peu à peu, le sol se mit à remuer, de telle sorte, qu'ils étaient soulevés à une hauteur de deux pas au-dessus de la terre.

Êtres surnaturels qui combattent. — L'intervention d'êtres surnaturels, venant combattre en faveur des individus qui se sont placés sous leur protection, se retrouve dans l'histoire romaine. *Dion Cassius* raconte gravement : que, lors du tremblement de terre d'Antioche, un homme d'une taille gigantesque, et d'une origine divine, garantit Marc-Aurèle de tout accident. Hérodien, affirme : que le dieu Bélis ou Apollon, combattit en personne, pour défendre la ville d'Aquilée.

Les Grecs, ont enregistré un grand nombre de prodiges de ce genre. Neptune combattit avec les arcadiens, contre les lacédémoniens. (Paus. liv. viii. t. iii. p. 287). A Marathon, un être surnaturel, ayant pour arme un soc de charrue, vint combattre contre les perses (Pausanias).

30

Remarquons qu'un fait très analogue, se trouve dans la Bible (*Juges*. chap. 3).

Hercule, Castor et Pollux, Diane, Mars et dix autres dieux sont venus, à diverses reprises, aider leurs dévots contre des étrangers, c'est-à-dire des impies, soit en conservant leur forme propre, soit en prenant l'apparence d'hommes, ou de bêtes plus ou moins étranges, comme au combat de Salamine, alors qu'un dragon, qu'un oracle déclara être le fantôme de Cenchréus, se mit de la partie (PAUSAN. *Attique*. t. I. p. 217).

Statues qui pleurent. — L'année où P. Cornélius Cethègus et M. Bébius Tamphilus, furent nommés consuls, une statue de Junon Sospita, versa des larmes; et, peu après, une cruelle épidémie survint à Rome (TITE-LIVE. liv. 4, § 19). Apollon, pleura, dans la citadelle de Cannes, pendant trois jours et trois nuits, au moment de la guerre contre les macédémoniens (TITE-LIVE. liv. XXXXIII. § 13).

Au lieu d'une manifestation de tristesse, on a signalé, au contraire, une explosion de joie. Sous le règne de Caligula, une statue de Jupiter, qui était à Olympie, se mit, un jour, à rire, mais à rire si bruyamment, au moment où l'on s'apprêtait à l'emporter à Rome, que les ouvriers, effrayés, se sauvèrent, et n'osèrent plus continuer leur ouvrage (MISSON. *Voy. d'Italie.* t. II. p. 35).

Statues qui suent. — Au moment où Annibal envahit l'Italie, on vit la statue de Mars, qui était sur la voie Appienne, se couvrir de sueur (TITE-LIVE. liv. XXII, § I). Celle de Neptune, fit la même chose (TITE-LIVE, § I).

Les romains, ont connu la donnée de la statue qui suait sang et eau, car on raconta: que ce prodige était arrivé, à plusieurs statues de dieux, pendant les guerres du triumvirat (MISSON. t. II. p. 35).

Au moment où Alexandre se préparait à envahir la Perse, une statue en bois, d'Orphée, placée dans un bois, près de la ville de Libethra, se mit à suer abondamment. Le roi de Macédoine en fut très préoccupé; mais Aristande lui dit: que c'était un signe favorable, et qu'il signifiait: que les poètes et les chantres auraient à suer pour chanter ses exploits (DION., de Sic. De Guasco. p. 176).

Lorsque César se disposa à combattre Pompée, les statues de Rome suèrent sang et eau.

Au début de l'expédition d'Alexandre, une statue sua (ARRIEN. liv. I. ch. III).

Au moment de la guerre contre Antiochus, la statue d'Apollon, à Cannes, se mit à suer abondamment (FLORUS. liv. I. ch. VIII).

La statue d'Hercule, sua abondamment (CICÉRON. Des Divinations. liv. I. ch. XXXI).

Virgile raconte: que lorsque César fut tué, plusieurs statues de dieux se mirent à suer.

Lorsqu'Alexandre assiégea Thèbes, les statues de la ville se mirent à suer abondamment (DION. liv. XVII).

Dans la *Pharsale*, de Lucain, il est indiqué: que les statues, les lares pleurèrent, suèrent, etc., etc., au moment de la guerre civile (*Trad. Marmontel. t. I. p. 33*).

Les secrétions merveilleuses. — Nous n'en finirions

pas, si nous voulions énumérer tous les faits de secrétions merveilleuses qui ont été enregistrés par les
auteurs de l'antiquité. Bornons-nous donc à signaler
les suivantes, pour montrer qu'elles étaient connues,
bien avant l'origine du christianisme.

La statue de Diane d'Ephèse, exhalait une huile aro-
matique, qui avait des vertus miraculeuses.

Pline (*Hist. Nat.* liv. ii. ch. 103), raconte : qu'on
voyait, dans l'île d'Andros, une fontaine qui fournis-
sait du vin au lieu d'eau, pendant sept jours de la fête
de Bacchus.

Lorsque l'empereur Auguste rentra à Rome, après la
guerre de Sicile, une fontaine publique versa de
l'huile, au lieu d'eau, pendant toute la journée de la fête
de Bacchus qui fut célébrée (Paul Orose. liv. xviii.
ch. xviii et xx).

Athénenée (liv. i. ch. xxx), nous apprend que, dans
une ville d'Elide, on fermait, en grande cérémonie,
trois urnes vides devant le public ; et que quand on les
ouvrait, on les trouvait pleines de vin.

Nous pouvons rapprocher de ces crédulités, celles de
la transformation de l'eau d'une rivière, d'un lac ou
d'une fontaine, en sang ; et qui sont, assurément, des
réminiscences de ce que l'on disait jadis ; que le jour
de la fête d'Adonis, l'eau du fleuve voisin de Byblos, en
Phénicie, se changeait en sang (*Lucien. déesse
syrienne*) ; que Moïse avait changé l'eau du Nil
en sang, pour montrer sa puissance au roi Pharaon
(*Exode*).

Je citerai, enfin, le fait de Xercès qui, quoiqu'il

soit quelque peu différent, puisqu'au lieu d'une secrétion, ce fut une absorption merveilleuse, appartient à la même catégorie de prodiges. Lorsque Xercès fit ouvrir le tombeau de Bélus, il trouva le corps de ce roi placé dans un cercueil de glaces, entièrement rempli d'huile. Une inscription placée sur le cercueil disait : « celui qui ouvrira ce tombeau sera atteint par les plus grands malheurs, s'il ne remplit pas mon cercueil d'huile ». Xercès très superstitieux, ordonna, aussitôt, de verser de l'huile pour le remplir ; mais quelle que fut la quantité qu'on y mit, jamais on ne put arriver à élever le niveau de l'huile dans ce sarcophage (AÉLIEN. *Variarum. Hist.* liv. XIII. ch. IIII).

Les statues qui saignaient, dans les circonstances dangereuses pour la République, étaient nombreuses dans l'ancienne Rome.

Au moment où Fabius Maximus fut nommé dictateur, plusieurs idoles saignèrent (TITE-LIVE. liv. 23, § 31).

Lorsqu'après la bataille de Cannes, Annibal marcha contre Rome, on vit : plusieurs statues suer du sang, dans le pays des Sabins (*Ce Guasco*. p. 176).

Par extension, des objets de piété et même des objets ordinaires, saignèrent dans l'ancienne Rome, au moment d'évènements importants.

Pendant la guerre d'Annibal, on vit, dans le territoire de Cappennes, près du bois de Féronie, quatre statues suer du sang, pendant un jour et une nuit (TITE-LIVE. liv. 27, § 4).

Statues et autres qui parlent. — Dans une infinité de lieux réputés saints, on entendait, dans l'antiquité, des bruits insolites qui frappaient d'une sainte terreur le vulgaire d'ivotieux; et le disposaient à subir respectueusement, l'influence du clergé qui le dirigeait à son gré.

Nous avons vu, précédemment: que lorsqu'on tua l'empereur Maurice, des statues remuèrent et crièrent. Vesta avait déjà ordonné à M. Cédécius, d'annoncer aux magistrats l'arrivée prochaine des Gaulois (TITE-LIVE. liv. v. § 32). La statue de la Fortune parla, pour rassurer les mères de famille, au moment où Coriolan marchait sur Rome (VAL. MAX. t. I. p. 65).

Les grecs, possédaient les mêmes données, car nous savons que Philippide d'Athènes, passant près du mont Parthénon, vit apparaître le dieu Pan, qui l'appela à haute voix, et lui ordonna d'aller demander aux athéniens: pourquoi ils négligeaient de lui rendre un culte (HÉRODOTE. t. II. p. 127).

Pindare raconte: que les murs du temple de Delphes étaient ornés de *vierges d'or*, c'est-à-dire de statues métalliques, à forme humaine, qui possédaient une voix merveilleuse (PAUSAN. *Phocède*. ch. v) et qui chantaient d'une manière surprenante.

Polycrite (*Noël Dict. de la Fable*), fut dévoré par un monstre qui ne laissa de lui que la tête. Or, cette tête inanimée eût, dès lors, le pouvoir de rendre des oracles.

Dans les anciens temps de la Grèce, la tête parlante d'Orphée, avait une telle réputation, que ses oracles rendirent Apollon jaloux.

Au moment où Darius, fils d'Hystaspe, monta sur le

trône, le jour de son couronnement, la foule prosternée autour de lui, fut émue par un formidable coup de tonnerre, qui indiquait, aux crédules : que le nouveau roi avait la puissance.

Philostrate (*Vita Appoll.* liv. IV. ch. IV), raconte : qu'à Lesbos, Cyrus consulta la tête d'Orphée, qui lui prédit : qu'il perdrait la vie, d'une manière tragique, dans son expédition contre les scythes.

Plutarque (*Des Fleuves et des Montagnes*) raconte : qu'on trouvait dans le Pactole, des pierres merveilleuses qui avaient la propriété de produire un bruit éclatant de trompette, lorsque les voleurs voulaient dérober le trésor qu'on confiait à leur garde.

Les juifs avaient des têtes de mort et des idoles faites de diverses substances qu'ils appelaient des *Théraphim* » et qui, parfois, avaient la propriété de prononcer des paroles

Pline (*Hist. Nat.* liv. XXXVI. chap. XIII), nous apprend de son côté, que le labyrinthe d'Egypte, renfermait divers édifices, construits de telle sorte que, lorsqu'on ouvrait certaines portes, on entendait le bruit du tonnerre. Le vulgaire y voyait la preuve évidente de la puissance divine, tandis qu'en réalité le phénomène n'était que : la manifestation d'une ingénieuse machine, inventée par le clergé du lieu.

En Egypte, la statue colossale d'Osymandias rendait des sons ; et, même, prononçait des paroles, lorsque le soleil venait l'éclairer. Strabon raconte : qu'il entendit bien quelque chose, mais que les bruits de la foule l'empêchèrent de bien constater le prodige (t. 17).

La statue de Memnon, élevée sur les bords du Nil par Aménophis, rendait aussi des sons harmonieux, tous les matins lorsque les rayons du soleil la frappaient (STRABON).

Nouveaux-nés qui parlent. — Les nouveaux-nés qui parlèrent comme des adultes; et qui, même, dirent des choses extrêmement remarquables, étaient nombreux dans l'histoire légendaire de la vieille Rome.

Pendant qu'Asdrubal obtenait du succès contre Rome, et qu'on était disposé à se laisser aller au découragement, un enfant de six mois s'écria, en plein marché aux herbes : « Triomphe ! » pour donner du courage à ses concitoyens.

Une autre fois, en l'an 538, on était inquiet; et, un enfant du même âge cria : « Victoire ! » dans le marché aux bœufs (VAL. *Max.* t. I. p, 30).

Bêtes qui parlent. — Les bêtes qui ont parlé, dans l'ancienne Rome, sont vraiment innombrables.

Pendant la dictature de Fabius Maximus, un bœuf parla, en Sicile (TITE-LIVE. t. II. p. 373).

Sous le consulat de Volumnius, ce fut une génisse (VAL. *Max.* t. I. p. 30). Lorsque les Gaulois approchèrent de Rome, ce fut une vache (TITE-LIVE. t. I. p. 178). Pendant la guerre de Macédoine, le même fait survint à Ananie (TITE-LIVE. t. IV. p 807). Et je pourrais, sans peine, en trouver cent autres exemples, dans Tite-Live; car, dans chacun de ses chapitres, il enregistre nombre de prodiges. Qu'il me suffise de dire : que, quelques jours avant la mort de César, un laboureur qui pressait ses bœufs au travail, en entendit un lui dire : « Les

hommes manqueront aux moissons, avant que la moisson ne manque aux hommes ».

Ajoutons, qu'à diverses reprises, et notamment pendant les guerres puniques, des bœufs, des vaches, etc.,
etc., dirent d'une manière très intelligible : « Rome,
prends garde à toi » (TITE-LIVE. t. III. p. 502. — VAL.
MAX. t. I, p. 30).

Ces diverses indications ressemblent étrangement, à
l'aventure moderne de « guerre ou famine » dont j'ai
parlé précédemment.

Ce n'est pas seulement des animaux domestiques,
mais encore les animaux sauvages les plus divers, qui
ont parlé, dans l'histoire légendaire de l'ancienne Rome.
Une corneille prédit à Domitien, sa mort prochaine
(MISSON. *Voy. d'Italie*. t. II. p. 95).

Nous trouvons, aussi, dans l'histoire légendaire de la
vieille Rome, la donnée de l'enfant qui parle dans le
sein de sa mère. Pendant la dictature de Fabius Maximus,
on entendit les cris de « triomphe » poussés par des
fœtus (TITE-LIVE. t. II, p. 373).

Les animaux ont, maintes fois, parlé dans les pays les
plus divers de l'antiquité. Non seulement les Romains
en connaissaient mille exemples, comme nous venons
de le voir ; mais bien avant eux, les Grecs en avaient
enregistré un grand nombre.

Chez les peuples de la vieille Asie, les mêmes crédulités existaient ; et, pour ne parler que des hébreux,
nous dirons : que dans l'écriture, nous en trouvons
plus d'un ; celui de l'ânesse de Balaam, en particulier,
est connu de tout le monde.

Sang liquéfié. — Le miracle du sang liquéfié, qui a une si grande importance chez les napolitains de nos jours, et qui se rencontre encore dans nombre d'autres pays, remonte à la plus haute antiquité ; car nous trouvons dans une satire d'Horace, que ce prodige se voyait à Naples, avant la naissance de Jésus-Christ..... *Ignatia lymphis, iratis extructa dedit, risusque jocasque dum flamma sine, thura liquiscere limine sacro persuadere cupit* (HORAT. liv. I. Sat. III).

IV

ORIGINE DE LA CRÉDULITÉ

Je pourrais, sans grand effort d'érudition, augmenter considérablement ma liste de citations d'aventures prodigieuses signalées : soit pendant les temps actuels, soit pendant le moyen âge, soit pendant l'antiquité.

Mais ce serait, je crois, un travail inutile. Il vaut mieux rechercher : quelle pensée fondamentale a dominé l'émission de ces faits, attribués à l'intervention du surnaturel, dans les événements de notre vie humaine. Or, si je ne me trompe, nous sommes, encore, en présence d'un vestige du fétichisme. qui a tenu une si grande place dans l'esprit des premiers hommes, au début de la civilisation.

Le jour où l'homme a eu la notion : du fétiche, du talisman, de l'agent matériel, en un mot, qui avait un pouvoir surnaturel ; et qui, pour cette raison, était capable de le garantir contre le malheur, la souffrance ou la mort. Il a été implicitement disposé à lui prêter : la faculté de faire des prodiges. Et, par ailleurs, le féticheur, dans le but de vanter sa marchandise, a cherché, naturellement, à développer cette pensée, et à la graver, plus fortement encore, dans l'esprit des crédules dévots.

Toutefois, cette pensée serait restée vague et imparfaite, si des faits matériels n'étaient venus frapper l'imagination humaine, et lui donner un corps plus rigoureusement déterminé. Or, l'ignorance de certaines lois physiques, les illusions des sens, c'est-à-dire les interprétations fausses des phénomènes réels, se sont chargées de fournir ces faits matériels. Tel fait d'hygrométricité ou de différence de chaleur spécifique, qui a fait paraître, dans un moment donné, un corps comme mouillé ou humide, alors que l'ignorant se figurait qu'il devait être sec. Tel fait de la pesanteur, ou telle vibration du sol, qui a donné un mouvement à un corps, paraissant devoir, logiquement, rester immobile ; tel jeu de l'écho, qui a répercuté ou accru un bruit qu'on ne s'attendait pas à percevoir, ont servi de base primitive. Base extrêmement minime, en elle-même, mais suffisante, pour servir de substruction à un gigantesque échafaudage de merveilleux, grâce aux deux forces réunies : le désir de trouver apporté par le féticheur, et le plaisir d'être abusé fourni par le crédule.

Une fois lancé dans cette voie, l'esprit humain, se complaisant dans l'improbable, l'impossible et l'extraordinaire, pour étayer son goût pour le surnaturel, a atteint des limites vraiment remarquables ; les choses les plus contraires, à ce que la raison et la logique montrent, ont trouvé une créance absolue ; et ont, pendant un nombre considérable de siècles, été acceptées, sans contrôle, comme parfaitement certaines, par les masses populaires. Chaque religion a exploité successivement le riche filon de la crédulité humaine, pour se fonder et se perpétuer.

Toutes ont, à leur tour, utilisé ce qui avait servi à leurs devancières, en lui faisant subir, au besoin, telle ou telle modification ; en y apportant telle ou telle adjonction ; et, suivant que le courant des tendances de la peuplade se dirigeait dans tel ou tel sens, les aventures surnaturelles ont pris telle ou telle allure.

Ici, comme toujours, de ce mélange de peuples dont les contrées les plus diverses ont été le théâtre, est résulté le mélange le plus étrange des diverses variantes primitives de l'idée fondamentale. C'est ainsi, qu'on est arrivé à trouver dans une même localité, se coudoyant, sinon s'amalgamant d'une manière très intime, des données qui proviennent, assurément, des sources ethnographiques les plus différentes; et qui se sont perpétuées, pendant une durée de siècles plus ou moins étendue.

Les faits que j'ai cités au commencement de ce chapitre sont très différents les uns des autres ; et ne peuvent être examinés en bloc ; aussi, allons-nous parler successivement :

Des statues ou autres objets inanimés, qui remuent.

Des statues, des enfants de naissance, des bêtes ou objets inanimés qui parlent.

Des statues et autres qui suent ou qui pleurent.

Des statues et autres qui saignent.

De la liquéfaction du sang.

Des statues qui combattent.

Quand on veut étudier la crédulité qui nous occupe ici, il faut d'abord partager ces faits en deux catégories très différentes : 1° les cas, où il n'y a eu rien de réel, c'est-à-dire : où tout a siégé dans l'imagination d'un individu malade ou disposé à l'illusion ; 2° les cas, où il y a eu, au contraire, quelque chose de matériel, ayant donné lieu à la légende.

Les cas où l'imagination des individus a fait tous les frais de l'aventure, sont plus nombreux qu'on n'est porté à le penser *a priori*. Que de gens surexcités : soit par une maladie cérébrale ; soit par l'usage de substances médicamenteuses, d'aliments de difficile digestion ou de boissons inébriantes ; soit par la tension de l'esprit et l'ardeur de l'imagination, ont cru fermement voir et entendre des choses extraordinaires, assister aux mouvements, aux actes les plus compliqués et les plus précis ; alors qu'en réalité, ils avaient été seulement le jouet d'illusions sensorielles, provenant de leur cerveau seul.

Ces cas ne doivent pas m'occuper ici ; je les cite pour mémoire seulement ; j'aurai à m'en occuper dans les chapitres qui parleront des fantômes et des apparitions. Je dois, néanmoins, ajouter en ce moment : que dans nombre de circonstances, ils se sont mêlés, confondus, surajoutés à d'autres faits, dont ils ont centuplé l'importance, la complexité ou la précision.

Mais, cependant, les illusions des individus n'ont pas toujours une origine subjective ; nombre de fois, leurs sens n'ont enregistré que des faits extérieurs et réels, augmentés, modifiés, transformés ou non par l'émotion, la peur, la surexcitation cérébrale, l'état morbide, etc., etc. C'est de ces derniers dont je vais m'occuper en ce moment.

Les statues qui remuent. — On comprend facilement que l'homme qui vit, pour la première fois, un objet, habituellement immobile, remuer et s'agiter d'une manière insolite, paraissant ne pas obéir aux lois de la pesanteur et de la statique, dut en être très étonné. Dans la disposition d'esprit où l'on se trouvait au commencement de l'humanité, cet homme l'attribua volontiers à une influence surnaturelle. Plus tard, lorsque ces mouvements furent accomplis par des statues ; ou même de simples pierres qu'il considérait déjà comme les simulacres de la divinité, il fut davantage porté à penser que cette divinité gisait réellement dans leur substance. Ajoutons à cela, que, dans leur naïveté, les premiers hommes qui étaient, comme on le sait, profondément pénétrés des idées animistes, étaient d'autant plus facilement victimes de leurs illusions sensorielles. Ajoutons, que l'hallucination était d'autant plus facile à naître dans leur cerveau, que précisément leur animisme leur faisait prêter âme, volontés et passions à tous les êtres, et tous les objets qui les entouraient,

C'étaient là, on le comprend, les motifs capables de pousser les féticheurs, en quête des moyens capables d'augmenter leur influence, à inventer des procédés pour produire ces mouvements anormaux. Aussi, de très bonne heure, les employèrent-ils dans leurs boniments.

Nous pouvons donc penser, d'après les indications que nous fournissent les auteurs de l'antiquité ; d'après leurs fables même, comme d'après ce que l'on a constaté de nos jours dans les ruines d'anciens temples, celui d'Eleusis à Mégare, ceux de la vieille Egypte, etc., etc. ; nous pouvons donc penser dis-je : que les prêtres des religions anciennes savaient frapper l'esprit de leurs dévots, par des mouvements du sol et des parois des temples, par des agitations de leurs statues, etc., etc. Et il nous faut ajouter : que, combinant ces effets de la mécanique avec ceux de l'optique, de l'acoustique, etc., etc. ; sans compter la préparation morale et intellectuelle qu'ils faisaient subir au vulgaire qui invoquait la divinité, il en résultait : que la somme de réalités de ces mouvements matériels, était sans doute décuplée, centuplée. même, par l'imagination illusionnée.

Nous ne nous rendons pas, aujourd'hui, un compte suffisant, je crois, des *trucs* qui avaient cours dans les clergés antiques, pour frapper l'esprit du vulgaire pieux; cela tient à ce que nous sommes trop portés à sourire, en présence des tours de passe-passe que font les bateleurs dont nous connaissons les ficelles, qu'on me passe le mot. Mais il est facile, cependant, de comprendre : que, lorsque ces ficelles n'étaient pas tombées dans le domaine public ; lorsqu'elles étaient le monopole et le secret de quelques rares ministres du culte, les phénomènes d'apparence anormale, qui étaient produits en présence de dévots crédules et émotionnés, produisaient l'effet que cherchaient les intéressés.

Les statues qui combattent. — Nous avons, dans l'histoire ancienne, des faits qui nous expliquent très bien l'origine de la donnée qui nous occupe actuellement. Que dans un combat, certains guerriers n'aient pas reconnu un camarade qui avait fait prouesse près d'eux ; qu'ils aient, même, remporté la victoire, d'une manière inespérée ; et on comprend que les féticheurs avaient beau jeu pour dire : que la divinité était intervenue en faveur de ses dévots.

Une fois lancée, l'idée fit facilement son chemin ; puis, se transformant, se modifiant, s'amplifiant suivant les temps et les pays, elle a pris des formes variées : Ici, c'est Mars, Bellone, Minerve, Jupiter, Neptune, Castor et Pollux, etc., etc. ; là, c'est saint Martin, saint Jacques, etc., etc., c'est-à-dire des christianisations de héros. Puis, étendant l'idée, on a fait intervenir dans les combats, les statues les plus inoffensives, habituellement : une statue de la Vierge, d'une sainte, par exemple.

Les statues qui suent. — Il n'est pas bien difficile de donner l'explication de certains faits, qui ont passé pour miraculeux : de statues ayant sué dans des circonstances mémorables. La connaissance de certains procédés hydrostatiques, des propriétés hygrométriques de certaines substances, ont fait tous les frais, très simples, de ces aventures merveilleuses.

Certains marbres, certains enduits de maçonnerie, ont la faculté de condenser la vapeur d'eau de l'atmosphère. Or, on comprend, sans peine, que les féticheurs, qui avaient la connaissance de cette propriété, à l'époque où elle n'était pas répandue dans le vulgaire, aient combiné les choses de telle sorte : qu'à un moment donné, des statues, des murailles de templ. . . etc., etc., aient paru suer.

Les statues qui pleurent. — Les statues qui pleurent, ne frappent plus guère d'effroi les dévots d'aujourd'hui ; mais elles ont fortement émotionné bien des populations, avant qu'on eût montré l'artifice qu'employaient les féticheurs désireux d'exercer une action vive sur les naïfs.

Nous avons dit précédemment : qu'à Saint-Pétersbourg, une image de la Vierge, peinte sur bois, se mit à pleurer abondamment, lorsque Pierre-le-Grand entreprit les réformes qui devaient transformer l'Empire russe. Mais, le tsar montra aux dévots effrayés, qu'un réservoir rempli d'huile avait été placé dans ce tableau ; de telle sorte, que lorsque la flamme des cierges allumés autour de l'image échauffait le bois, cette huile filtrait à travers de petits trous percés dans l'angle des yeux, et simulait de véritables larmes.

C'est par ce moyen, et d'autres analogues, jusque et y compris la vigne taillée, dont on parle dans les histoires facétieuses, que ces pleurs ont été obtenus, depuis l'antiquité jusqu'à nos jours ; et, comme la mèche a été cent fois éventée, les féticheurs des peuplades primitives ont seuls persisté à employer ce moyen d'émouvoir les masses. Dans les populations plus avancées, c'est-à-dire un peu moins crédules, force leur a été, de recourir à d'autres procédés, pour agir sur l'esprit des dévots.

Les secrétions merveilleuses. — Ce que je viens de dire des statues qui pleurent, me permet de ne pas insister bien longuement sur les secrétions merveilleuses dont il est fait mention dans nombre d'histoires édifiantes de l'antiquité du moyen âge et même des temps modernes.

J'ajouterai cependant que : grâce à des procédés inconnus du vulgaire, certaines fontaines avaient la curieuse propriété de laisser couler du vin, de l'hydromel, du lait, etc., etc., à divers moments de l'année, dans quelques temples ou lieux saints ; quand la chose a été jugée nécessaire.

Les images qui saignent. — Pour ceux qui avaient imaginé de faire pleurer ou suer une statue, rien n'était facile : comme de la faire saigner ; car, de bonne heure, certains observateurs avaient constaté : qu'une liqueur, d'abord incolore, pouvait prendre telle ou telle coloration sous l'influence de certaines substances qu'on lui faisait dissoudre.

Nous avons parlé précédemment du professeur Beyrus de Brunswick, dont l'habit devint rouge pendant un repas, comme il l'avait annoncé. Vogel a expliqué (*Journ. de pharm.* Févr. 1818) d'une manière très simple, le prodige. En effet, dit-il, en trempant une étoffe dans du suc de betterave mêlé à de l'eau de chaux, on voit : cette étoffe devenir rouge, après quelques heures d'exposition à l'air sec.

La liquéfaction du sang. — La liquéfaction du sang contenu dans un reliquaire, a constitué, depuis l'antiquité, un prodige extrêmement émotionnant pour certains dévots. Nous savons que, jusqu'en 1793, les provençaux allaient, en grande dévotion, à Saint-Maximin, pour la voir. Aujourd'hui encore, il a le don de préoccuper très vivement le bas peuple de Naples. Cette liquéfaction d'un prétendu sang, n'a cependant rien de surnaturel.

Euzèbe Selverte (*Loc. cit.* p. 332) l'explique de la manière suivante, qui est bien simple, comme on va le voir : en rougissant de l'éther sulfurique avec de l'orcanette ; et, en ajoutant de la stéarine jusqu'à solidification, on obtient une substance qui reste figée jusqu'à : plus de dix degrés ; qui fond et bouillonne à vingt degrés, c'est-à-dire rien qu'avec : la chaleur de la main. Dans ces conditions, on comprend très bien, que la relique, tenue habituellement dans un endroit frais, paraît être du sang figé ; tandis que lorsqu'on élève la température du milieu ambiant, la liquéfaction et le bouillonnement se produisent à volonté. Il suffit de tenir le reliquaire dans la main, un instant, d'augmenter le nombre des bougies qui sont dans les environs, ou bien encore de placer ce reliquaire un peu plus près des cierges allumés autour de lui, pour que le miracle se produise.

D'ailleurs, l'aventure dont le général Championnet a été le héros, prouve, qu'en réalité, cette liquéfaction du sang n'est qu'une supercherie. Vingt autres fois, l'autorité militaire a décidé du succès d'un prodige, qui semblait ne pas devoir s'accomplir régulièrement, en menaçant de mort ou de prison ceux qui étaient chargés de le faire produire par la divinité.

Des statues et autres qui parlent. — Certains bruits, très naturels du reste, depuis celui du tonnerre, du vent, de l'air, de l'eau, répercutés par l'écho étaient, on le comprend, des sujets d'étonnement, et souvent de terreur pour les premiers hommes. Or, dans le but d'émouvoir les dévots, et de frapper leur esprit d'une manière suffisante pour les mettre à la disposition de leur exploitation, les féticheurs des cultes les plus anciens songèrent, certainement, de bonne heure, à trouver le moyen de produire des bruits analogues, dont le vulgaire ne connaîtrait pas l'origine; et par conséquent qu'il croirait dépendre de l'intervention du surnaturel, d'après leur affirmation.

C'est ainsi, qu'on vit, dans des circonstances mémorables, un coup de tonnerre survenir au milieu d'un temps serein; qu'on entendit des bruits, des voix, etc., etc., aux moments où l'on était autorisé à compter que le silence régnerait, etc., etc. Tous ces bruits que le vulgaire, effrayé, rapportait à une influence surnaturelle, n'étaient, en réalité, que l'œuvre d'habiles charlatans.

Les lois de l'acoustique font, que dans certaines circonstances, le son peut être réfléchi de telle manière, qu'il semble venir d'un endroit où il ne se produit pas, en réalité. Cette particularité, habilement exploitée, était de nature à servir très puissamment les projets de ceux qui voulaient abuser les ignorants. Aussi, par des dispositions habiles des lieux, il fut possible de placer un initié auprès d'une statue, de telle sorte : que, lorsque cet initié prenait la parole, le public pouvait croire, que c'était la statue, elle-même, qui parlait.

Ce moyen d'action a certainement été mis en œuvre par les prêtres assyriens, égyptiens, hébreux, etc., car on voit dans les ruines de plusieurs temples, des couloirs, qui ont été évidemment construits, dans le but : de permettre à un individu d'approcher d'une statue sans être vu.

Une fois lancés dans cette voie, les féticheurs durent perfectionner leurs procédés ; et comme la parole humaine était de nature à indiquer, plus clairement que tout autre bruit, la volonté de la divinité, ils se mirent en quête des moyens capables de produire cette illusion. Ici, encore, les lois de l'acoustique pouvaient transmettre la voix à des distances et dans des directions telles, que les dévots étaient facilement abusés. Les fameux androïdes, les têtes de mort qui parlaient, etc., etc., n'étaient, en réalité, que des machines construites d'après certaines lois de l'acoustique.

Comme avec le temps, ce moyen fut plus ou moins éventé, d'autres procédés furent employés. C'est ainsi, par exemple, qu'une des premières solutions qui dut venir à l'esprit des féticheurs dans ces conditions, fut l'emploi de la ventriloquie. En dissimulant, ainsi, le timbre de sa voix, un habile compère pouvait faire croire qu'un enfant nouveau-né, un fœtus, un animal, un objet inanimé même, parlait. C'était, on le voit, un puissant

moyen d'action qui ne manqua certainement pas d'être
employé, sur une vaste échelle dans l'antiquité; car il
est assez facile à employer et assez efficace pour être
transmis d'âge en âge, depuis les temps les plus reculés, jusqu'à l'époque actuelle.

Quoi qu'il en soit, nous pouvons terminer ce qui a trait
aux paroles prononcées par des statues, des têtes de mort,
des animaux, des objets inanimés, en disant: que ces
paroles qui ont fait l'admiration et l'effroi de tant de
gens dans les siècles passés, ne sont plus aujour-
d'hui que des amusements vulgaires, parce que tout
le monde sait: que le prétendu surnaturel n'est, en
somme, que le résultat des lois de l'acoustique.

V

CONCLUSIONS

Je viens de passer en revue une longue série de
prodiges qui ont eu le don de frapper très vivement
l'esprit des naïfs, depuis un temps immémorial; et qui,
pendant de longs siècles, ont été .considérés comme
une preuve évidente de l'intervention directe de la
divinité, alors qu'ils n'étaient, en réalité, que des phénomènes très naturels, exploités par des faiseurs de
tours de *passe-passe*, pour me servir du terme vulgaire.

A mesure qu'un procédé était tombé dans le domaine

du vulgaire, les féticheurs en employaient un autre
plus compliqué ; et, ainsi de suite, ils ont parcouru une
longue gamme qui, avec le temps, n'a plus servi, aussi
sûrement qu'avant, d'épouvantail pour les populations.
Nombre de ces procédés qui terrorisèrent au début,
font sourire seulement aujourd'hui, grâce à quelques
observateurs qui ont découvert l'habileté du prestidi-
gitateur, au lieu de trembler devant les manifestations
du prétendu surnaturel.

Aussi, de chute en chute, ces prodiges ont considérablement diminué d'importance ; et on peut dire,
pour terminer ce long chapitre : qu'ils ont commencé
dans les sanctuaires pour finir dans les baraques de
la foire ; qu'ils ont d'abord été produits par la divinité,
puis sont tombés, peu à peu, dans les attributions des
bateleurs.

Il n'y a que le vulgaire aveugle, qui soit resté
immuable dans sa crédulité ; car, qu'il serve de jouet
au féticheur ou qu'il devienne la proie de l'histrion, ce
vulgaire a été de tous les temps, et dans tous les
pays, également abusé, par les habiles.

Tout ce que le vulgaire ne comprend pas est rapporté
par lui à l'intervention de la divinité ; il voit le surnaturel, comme d'ailleurs le prodige, le miracle dans
tous les évènements, dans toutes les occurrences
bonnes ou mauvaises dont il a à se féliciter ou à se
plaindre. Dans les choses les plus importantes comme
les plus insignifiantes il ne peut s'empêcher de voir le
surnaturel au lieu des lois naturelles les plus simples.

Lorsque par hasard l'erreur dont il a été le jouet

veut lui être prouvée par les faits les plus clairs et les plus concluants ? Il ferme obstinément les yeux ou les oreilles de peur d'être désillusionné. Et lorsque le truc des féticheurs qui l'a abusé ou fait trembler est percé à jour, qu'il tombe dans le domaine public et devient un simple tour de prestidigitation ou un boniment de charlatan, la leçon reste stérile pour l'expérience de ce pauvre vulgaire qui se laisse abuser par celui-ci, aussi facilement qu'il l'avait été par celui-là.

CHAPITRE ONZIÈME

L'échange à la muette

I

FAITS DE LA PROVENCE

Dans la commune de Six-Fours, près de Toulon, commune qui est constituée par plus de quatre-vingts hameaux séparés; et dont les habitants ont vécu, longtemps, sans avoir beaucoup de relations avec ceux des communes voisines. — Parce que disait-on, étant d'origine étrangère à la Provence, et jouissant d'une santé plus vigoureuse, d'une taille plus avantageuse, ils ne voulaient pas dégénérer par des mésalliances. Il y a eu jusqu'au milieu du siècle actuel ; et, je ne suis pas certain qu'elle n'existe pas, encore, une coutume bien curieuse, qui mérite de nous arrêter un instant.

Lorsqu'une jeune fille est en âge de se marier, et qu'elle a envie de se fiancer à un jeune homme, elle pétrit : de la fleur de farine, des œufs et du sucre, de manière à faire une appétissante *fougasso* ou *poumpo taillado*, c'est-à-dire le gâteau qu'on sert sur toutes les

tables provençales aux grandes fêtes de l'année. Elle
met, naturellement, à cette confection, toutes les ressources de son habileté culinaire. Puis, lorsque la poumpo
est cuite à point, elle va la déposer, en compagnie d'une
bouteille de vin cuit, dans une niche qui a été pratiquée,
de toute ancienneté, dans le mur extérieur de sa maison,
et qui est fermée par une porte dépourvue de serrure.

Le gâteau et la bouteille de vin cuit sont déposés dans
cette armoire, avec le plus grand secret ; la jeune fille
a soin de se cacher de tout le monde pour cette opération. Mais, cependant, comme par hasard, tous les
jeunes gens à marier le savent ; et de mémoire
d'amoureux, on ne se souvient pas qu'une pompo
taillado, déposée le soir, n'ait pas disparu pendant la
première nuit.

C'est, naturellement, un soupirant de la fillette qui
l'a prise ; et il laisse, en revanche, dans la niche, le
foulard qu'il porte d'habitude, noué sur les épaules,
pendant les jours de fêtes.

Le matin, avant que les parents et les voisins ne
soient levés, la jeune fille vient visiter la niche. Si
c'est le foulard désiré qu'elle y trouve, elle le prend, et
s'en pare, le dimanche suivant. Si, au contraire, c'est le
foulard d'un intrus, qui a été déposé, elle le laisse, et le
godelureau dédaigné, le reprend, en silence, en se
cachant de tout le monde.

Lorsque la jeune fille paraît, le dimanche, avec
le foulard de son amoureux, noué nonchalamment
sur les épaules, chacun sait ce que cela signifie :
Les jeunes gens se sont promis ; et les fiançailles

sont désormais officielles. Les parents n'ont qu'à donner leur approbation, car ils savent que s'ils la refusaient, la jeune fille ne se marierait avec aucun autre; elle préférerait coiffer Sainte-Catherine, que de manquer à sa promesse.

Dans beaucoup d'autres villages de la Provence, on rencontre des coutumes assez voisines de celle que je viens de citer pour Six-Fours; et qui peuvent être considérées comme des variantes de l'échange à la muette. C'est ainsi, par exemple, que lorsqu'un jeune paysan veut déclarer son amour à une fillette, il s'approche d'elle, le dimanche, au moment où elle est parée du foulard aux couleurs voyantes, qu'elle a l'habitude de jeter négligemment sur ses épaules ce jour-là. La jeune fille proteste, naturellement; et, au lieu de le lui rendre, le jeune homme lui donne le sien. Si elle l'accepte, cela veut dire : qu'elle consent à agréer ses vœux; tandis, au contraire, qu'elle ne fait pas bon accueil au foulard du jeune homme, si elle n'est pas disposée à être sa promise.

Dans le chapitre ou je m'occupe du mariage et de la progéniture (p. 175), j'ai rapporté la coutume des amoureux du Beausset, près Toulon : Dans ce village, lorsqu'un jeune homme veut déclarer son amour à une jeune fille, il va s'asseoir dans son voisinage, un jour de dimanche, et lui envoie de petites pierres sur son tablier. Si la jeune fille est d'humeur favorable, elle sourit et renvoie, coup pour coup, des pierres semblables sur le jeune homme; tandis qu'elle se lève, en ayant l'air de mauvaise humeur, et va s'asseoir plus loin, si elle veut signifier : qu'elle ne se soucie pas des vœux de l'amoureux.

Je pourrais évoquer, aussi, pour l'échange à la muette, la cérémonie de Valensolle, où les jeunes gens vont choisir la jeune fille : au juger du cotillon, si je puis m'exprimer ainsi. J'ai parlé de cette cérémonie à la page 170. Le lecteur verra, s'il croit pouvoir la rattacher à la pensée qui nous occupe ici.

Terminons ce qui a trait à la coutume dont nous nous occupons, en signalant : que dans les Basses-Alpes, dans le Dauphiné, et dans nombre de provinces de la France, lorsqu'une jeune fille veut éconduire un amoureux, elle enlève un tison du feu, et le dresse au fond de la cheminée ; ou bien, elle met, ou fait mettre par une amie, une poignée d'avoine dans la poche du jeune homme ; ce qui signifie clairement : que ses hommages sont repoussés. Dans ces cas, ce n'est pas tout à fait l'échange à la muette qui se passe ; c'est seulement la moitié de l'opération ; mais en réalité, comme elle se rattache à la même pensée, elle est de mise ici.

II

FAITS DES AUTRES PAYS

La curieuse coutume que je viens de rapporter pour la commune de Six-Fours, près Toulon ; et que l'abbé Garel dans ses « annales » a indiquée (p. 117) se rencontre sous des formes différentes, mais paraissant néanmoins émaner de la même pensée, dans divers pays.

Dans les Hautes-Alpes, l'Isère, la Drôme, etc., etc., lorsqu'un jeune homme veut faire savoir à une jeune fille qu'il a un sentiment tendre pour elle, il lui dérobe assez ostensiblement, comme nous avons dit, tantôt, que cela se fait en Provence, un objet ; le plus souvent c'est un mouchoir, un foulard, un ruban. La jeune fille réclame, naturellement, son bien ; et si elle accepte un autre objet que le jeune homme se hâte de lui offrir, elle lui fait savoir, ainsi : qu'elle accepte ses hommages ; tandis que si elle lui réclame avec obstination celui qui lui a été enlevé, elle lui signifie : qu'elle ne se soucie pas de son amour.

En Espagne, surtout dans les provinces méridionales, on rencontre une coutume qui se rattache à l'échange à la muette qui nous occupe ici. Les femmes, ont l'habitude de porter des fleurs fraîches dans les cheveux ; et lorsqu'un jeune homme veut témoigner de sa flamme à une jeune fille, il porte ostensiblement une fleur à la boutonnière ou à la bouche, pendant quelques instants, puis la lance, à la dérobée, sur le balcon, la terrasse ou la fenêtre de celle à laquelle elle est destinée. La jeune fille dédaigne-t-elle cet hommage, la fleur est rejetée dans la rue. Au contraire, l'agrée-t-elle, elle place cette fleur dans ses cheveux, et se montre à son balcon ou à sa fenêtre, pour qu'on la voie, ainsi parée.

Quelquefois il y a, en Espagne, échange de foulard, dans des conditions analogues. Le jeune homme lance, en passant, le foulard qu'il a l'habitude de porter, noué lâchement sur ses épaules, les jours de fête; il reçoit, en cas d'acceptation de ses vœux, le foulard de la jeune fille, qui est lancé, de telle sorte, qu'il tombe auprès de lui, au moment où il passe devant l'habitation de celle qu'il aime.

Dans l'Italie méridionale et en Sicile, les mêmes coutumes se rencontrent; seulement, comme dans ces contrées les femmes ont de plus fréquents contacts avec les hommes qu'en Espagne, où les habitudes maures ont laissé des vestiges sous le rapport de la séparation des sexes, l'échange du foulard se fait plus généralement, comme en Provence; le jeune homme fait mine de le dérober, et donne le sien, en échange.

En Algérie, où malgré l'habitude de la polygamie, et du mariage avec des filles qu'on ne connaît pas de vue; ou, au moins, qu'on est censé ne pas connaître, il y a place pour les amoureux. Le langage des fleurs y a un cours fréquent, et sert à l'échange à la muette. Un amoureux veut-il faire savoir à une fille ou femme, cloîtrée par les parents ou le mari, qu'il brûle pour elle, — il prend une fleur de grenadier, d'un rouge bien vif, bien épanouie; et trouve moyen de la lancer aux pieds de celle qu'il aime. Cet amour est-il dédaigné, la fleur est rejetée, aussitôt, par la jeune fille ou femme; tandis au contraire, que si l'hommage est agréé, une rose, ou telle autre fleur symbolique, vient tomber, ce jour là ou le lendemain, aux pieds du jeune soupirant, au moment où il passe devant la demeure de celle qu'il désire.

J'ai trouvé un exemple de cet échange à la muette, sur la côte occidentale d'Afrique ; et comme il appartient à une peuplade encore très sauvage, l'allégorie n'existe pas, la réalité brutale en fait le canevas, le voici :

De 1852 à 1854, pendant une campagne que je fis sur la côte occidentale d'Afrique à bord de la frégate à vapeur l'*Eldorado* ; lorsque nous étions au Gabon, dont la rive gauche du fleuve, était à l'état à peu près encore entièrement sauvage, nous faisions l'échange à la muette avec les fillettes des villages « Petit-Denis ». Voici comment la chose se passait. On descendait à terre, le matin dès la première heure, un fusil sur l'épaule, un carnier rempli de victuailles et de divers objets, passé en bandoulière ; se proposant de passer une journée agréable dans les admirables forêts des environs.

Sur la plage, on rencontrait, généralement, des groupes de jeunes négresses aux formes sculpturales, et entièrement nues, ou à peine couvertes d'un petit pagne ceint autour de leurs reins. — Dans ce pays, la femme n'est épouse que lorsqu'elle est mère, de sorte que les jeunes filles jouissent de la plus grande liberté. Ce que nous appelons : la pudeur, est absolument ignoré d'elles.

Nous entrions dans les grands bois, en suivant le premier sentier qui se présentait; et, quelques minutes après, chacun était isolé. — Or, bientôt, une jeune négresse se rencontrait, comme par hasard, sur les pas du chasseur ; on échangeait un regard, un sourire parfois ; et, si l'impression était également favorable des deux côtés, on s'arrêtait.

Seulement, comme nous ne savions parler que le français, et que la négresse ne connaissait que la langue n'poungoué, la conversation était impossible. On y suppléait de la manière suivante : le jeune homme tirait de son carnier, successivement des feuilles de tabac, un peu de sucre, une petite fiole d'eau-de-vie, un biscuit d'équipage, un petit morceau d'indienne, etc., etc. — La jeune fille regardait cette exhibition d'un œil indifférent en apparence, tant que le prix offert ne lui paraissait pas à la hauteur de la valeur de ses charmes ; lorsqu'enfin, elle était satisfaite de l'offre, elle s'emparait des objets ; et le marché conclu était aussitôt ratifié.

Ce n'est pas seulement pour la question de l'amour, que cet échange à la muette se fait, à la côte occidentale d'Afrique. Le commerce proprement dit, ne s'accomplit pas autrement dans certains pays, et dans quelques circonstances. C'est ainsi, que pendant cette campagne de l'*Eldorado*, lorsque nous avions besoin de nous ravitailler en vivres frais, sur la côte d'or ou d'ivoire, nous approchions de terre. Aussitôt, de nombreuses pirogues arrivaient le long du bord. Les indigènes déposaient sur le pont du navire, des volailles, des chevreaux, des bananes, des oranges, des choux palmistes, etc., etc., et s'accroupissaient à côté de leurs marchandises. Les cuisiniers s'approchaient, déposaient devant les victuailles des feuilles de tabac, de l'eau-de-vie, des bouteilles vides, — objet très recherché dans ce pays, où l'on se rase la barbe et les cheveux avec des tessons de verre, — de l'étoffe dite de Guinée, de la poudre même ; et, lorsque les objets offerts étaient du goût du vendeur, il s'en emparait, tandis que le cuisinier emportait ses provisions.

III

FAITS DU PASSÉ

Au commencement de ce siècle, Lander (*Journ. des Voyages*. t. III. p. 180) a constaté sur les rives du Niger, un mode de commerce qui se rattache évidemment à l'échange à la muette que nous étudions ici. « Les vendeurs d'ignames mettent à terre, par tas séparés, leurs marchandises et se retirent ; les acheteurs arrivent, inspectent les différents tas ; et déposent auprès de celui qui leur convient, quelque autre objet. Ne le trouve-t-il pas assez rémunérateur, il s'arrête un instant et attend que l'offre soit augmentée. En cas d'insuccès il remporte son paquet d'ignames ».

La mention du trafic à la muette se trouve aussi à Ghadamès, en Tunisie (COUTANT D'ORVILLE. t. IV. p. 172). « La manière dont les habitants de la ville de Ghadamès commercent avec les nègres mérite d'être rapportée. Dans un certain temps de l'année, les ghademois et les nègres se rendent à une certaine montagne de Nigritie. Les premiers avec diverses sortes

32

de marchandises ; les autres, avec de la poudre d'or.
Chacun reste de son côté. Les ghademois avancent
jusqu'au milieu de la montagne ; ils y placent leurs
marchandises par tas et se retirent. Les nègres viennent ensuite. Ils examinent attentivement les marchandises et placent à côté de chaque la quantité de
poudre d'or qu'ils veulent en donner, puis ils retournent à leur poste. Les habitants de Ghadamès reviennent aussitôt et si le prix donné ne leur paraît pas
suffisant, ils vont reprendre leur place sans toucher
aux marchandises ; ce qui oblige les nègres de
revenir et d'augmenter le petit tas de poudre d'or
qui, alors, se trouvant conforme aux intentions
des ghadamois est enlevé ; et ce n'est qu'alors que
les nègres se mettent en possession des effets qu'ils
ont acquis par cet échange. Tout ceci se fait sans
parler et avec une probité dont notre Europe ne nous
fournit aucun exemple. Ce sont pourtant ces gens là
que nous traitons de barbares ! »

Mouette qui a exploré les côtes du Maroc, en 1671, y
a trouvé cet échange à la muette, entre groupes
ethniques, ayant des habitudes de barbarie et de cruauté
qui rendaient les relations commerciales dangereuses.

Avant lui, Windus, dans: la *Relation de son Voyage
à Méquinez* (p. 212) avait déjà parlé de ce mode de
trafic.

Jeannequin (*Voyage en Lybie, au royaume du
Sénégal, le long du Niger*, 1648, p. 41) raconte,
de la manière suivante : que dans les environs
du Cap-Blanc et de la Baie-d'Arguin, les marins

échangeaient, par ce mode de commerce à la muette, du tabac, du biscuit, de l'eau-de-vie, etc., etc., contre les poissons, que les indigènes pêchaient à coups de sagaïe.

« Leur fatigue aurait été soulagée s'ils avaient trouvé des habitants plus sociables ; mais ces barbares jugeant, peut-être, des européens par eux-mêmes, n'osaient approcher pour faire l'échange de leur poisson, qu'ils tuent avec des flèches, contre du tabac, de l'eau-de-vie et le biscuit des matelots. Ils prenaient la fuite au moindre bruit qui partait du vaisseau ou du chantier des barques. — Les français ne trouvèrent pas d'autre moyen pour les engager dans quelque commerce que de placer à quelque distance ce qu'ils voulaient donner pour leur poisson et de se retirer, en attendant, à quoi ils se détermineraient. Ils comprirent cette manière de traiter et, prenant les marchandises qu'on leur offrait, ils laissèrent à la place, une bonne quantité de poisson ; mais se défiant sans doute de quelque artifice, ils regagnèrent leurs cabanes avec autant de précipitation que s'ils eussent été poursuivis. » (VALKNAER t. II. p. 336).

Jeannequin, semble croire que ce mode de trafic fut inventé par ses compagnons de voyage, mais ce que nous savons, par ailleurs, nous prouve: que les matelots ne firent là, que ce qu'on avait l'habitude de faire, depuis longtemps, dans ces parages.

Jobson a entendu parler de cet échange à la muette sur les rives de la Gambie, en 1620. Voici ce que Valkenaer. t. III. p. 346), dit à ce sujet « il ajouta (un marabout qui causait avec Jobson) que près de Jaye (Cayes, entre Bakel et Modine) il y avait un peuple qui ne voulait pas être vu et qui recevant du sel des arabes de Barbarie, auquel il donnait son or, se cachait soigneusement à leur vue. » Ce marabout raconta à Jobson, la légende des nègres à grosses lèvres saignantes qu'ils saupoudraient de sel, afin de les empêcher de pourrir : mais aujourd'hui le Haut-Sénégal, la Haute-Gambie, le Bambouk, etc., etc., sont assez bien connus, pour que nous sachions que c'est là une fable ; et, qu'en définitive, le commerce à la muette qui y était pratiqué là, entre maures et nègres, comme il était pratiqué entre maures et européens, était la conséquence de l'esprit ombrageux et barbare des tribus nomades qui vont du Haut-Sénégal à la mer, et de la Sénégambie au Maroc. »

Ça da Mosto (VALKENAER, *Coll. de Voy.* t. I. p. 309), a raconté très en détail, comme on va le voir, les particularités de l'échange à la muette :

« Ayant demandé aux nègres, quel usage les marchands de Melli font du sel, ils répondirent qu'il s'en consommait d'abord une petite quantité dans le pays, secours si nécessaire à des peuples situés près de la ligne, où les jours et les nuits sont d'égale longueur, que sans un tel préservatif contre l'effet de la chaleur, leur sang se corrompt bientôt. Ils emploient peu d'art à le préparer. Chaque jour ils en prennent un morceau qu'ils font dissoudre dans un vase d'eau, et l'avalant avec avidité, ils croient lui être redevables de leur santé et de leurs forces. Le reste du sel est parti à Melli, en grosses pièces, deux desquelles suffisent pour la charge d'un chameau. Là, les habitants du pays, les brisent en d'autres pièces, dont le poids ne dépasse pas les forces d'un homme. On assemble quantité de gens robustes qui les chargent sur leur tête et qui portent à la main, une longue fourche sur laquelle ils s'appuient lorsqu'ils sont fatigués. Dans cet état, ils se rendent sur le bord d'une grande eau, sans que l'auteur ait pu savoir si c'est la mer ou quelque fleuve, mais il penche à croire que c'est de l'eau douce, parce que dans un climat si chaud, il ne serait pas nécessaire d'y porter du sel si c'était la mer.

« Lorsqu'ils sont arrivés au bord de l'eau, les maîtres du sel font décharger la marchandise et placent chaque morceau sur une même ligne, en y mettant leur marque; ensuite la caravane se retire à distance d'une demi-journée. Alors d'autres nègres, avec lesquels ceux de Melli sont en commerce, mais qui ne veulent pas être vus et qui sont apparemment les habitants de quelques îles, s'approchent du rivage dans de grandes barques, examinent le sel, mettent une somme d'or sur chaque morceau et se retirent avec autant de discrétion qu'ils sont venus. Les marchands de Melli retournent au bord de l'eau, considèrent si l'or qu'on leur a laissé leur paraît un prix suffisant. S'ils sont satisfaits, ils le prennent et laissent leur sel; s'ils trouvent la somme trop petite, ils se retirent encore en laissant l'or et le sel; et les autres revenant à leur tour, mettent plus d'or ou laissent absolument le sel. Leur commerce se fait ainsi sans se parler et sans se voir, usage ancien qu'aucune infidélité ne leur donne jamais occasion de changer. Quoique l'auteur trouve peu de vraisemblance dans ce récit, il assure qu'il le tient de plusieurs arabes, des marchands azanaghis et de quantité d'autres personnes dont il vante le témoignage.

« Il demanda aux mêmes marchands, pourquoi l'Empereur de Melli, qui est un souverain si puissant, n'avait point entrepris par force ou par adresse de découvrir la nation qui ne veut ni parler ni se laisser voir. Ils racontèrent que peu d'années auparavant, ce prince ayant résolu d'enlever quelques-uns de ces négociants invisibles, avait fait assembler son Conseil, dans lequel on avait résolu qu'à la première caravane, quelques nègres de Melli, creuseraient un puits au long de la rivière, près de l'endroit où l'on plaçait le sel et que s'y cachant jusqu'à l'arrivée des étrangers, ils en sortiraient tout d'un coup pour faire quelques prisonniers. Ce projet avait été exécuté. On en avait pris quatre et tous les autres s'étaient échappés par la fuite. Comme un seul avait paru suffire pour satisfaire l'Empereur, on en avait renvoyé trois, en les assurant que le quatrième ne serait pas plus maltraité. Mais l'entreprise n'eut pas plus de succès. Le prisonnier refusa de parler. En vain, l'interrogea-t-on dans plusieurs langues, il garda le silence avec tant d'obstination que rejetant d'un autre côté, toute nourriture, il mourut dans l'espace de quatre jours. Cet événement a fait croire aux nègres de Melli, que leurs négociants étrangers sont muets. Quelques-uns cependant, pensent avec plus de raison, que le prisonnier, étant revêtu de la forme humaine, ne pouvait être privé de l'usage de la parole, mais que

dans l'indignation de se voir trahi. Il avait pris la réso-
lution de se taire jusqu'à la mort. Ceux qui l'avaient
enlevé rapportèrent à leur empereur qu'il était fort
noir, de belle taille et plus haut qu'eux, d'un demi-
pied, que sa lèvre inférieure était plus grande que
le poing et pendante jusqu'au-dessous du menton, qu'elle
était fort rouge, et qu'il en tombait même quelques
gouttes de sang, mais que sa lèvre supérieure était de
grandeur ordinaire, qu'on voyait entre les deux ses
dents et ses gencives et qu'aux coins de la bouche, il
avait quelques dents d'une grosseur extraordinaire.
Que ses yeux étaient noirs et fort ouverts, enfin, que
toute sa figure était terrible.

« Cet accident fit perdre la pensée de renouveler la
même entreprise, d'autant plus que les étrangers
irrités, apparemment, de l'insulte, qu'ils avaient reçue,
laissèrent passer trois ans, sans reparaître au bord de
l'eau. On était persuadé à Melli, que leurs grosses
lèvres étaient corrompues par l'excès de la chaleur et
que, n'ayant pu supporter plus longtemps la privation
de sel, qui est leur unique remède, ils avaient été
forcés de recommencer leur commerce. La nécessité de
ce sel en est établie, mieux que jamais, dans l'opinion
des nègres de Melli, ce qui est assez indifférent à
l'Empereur pourvu qu'il en tire beaucoup d'or. »

Lorsque j'ai rapporté ce passage du récit de Ça da
Mosto, dans mon livre sur les *Contes Populaires de
la Sénégambie*, j'ai cru que ce commerce à la muette
était une pure fable, imaginée pour frapper l'esprit des
crédules. Mais, depuis ce temps, j'ai dû modifier mon

opinion; et, au contraire, il m'a fallu admettre son exactitude, en présence des autres exemples de cette pratique, qui sont venus à ma connaissance. Seuls, les détails de la grosse langue rouge, qu'il faut saupoudrer de sel, sont inexacts; et, encore, faut-il bien reconnaître, que c'est seulement une extension de la réalité, transformée, par le passage de bouche en bouche, chez les conteurs. — les nègres ont de grosses lèvres. — Ces lèvres sont rouges à l'intérieur; quelque voyageur ayant raconté cette particularité, un autre a enjolivé le récit, en rattachant comme cause à effet, cette disposition ethnique, avec le commerce à la muette, qui avait également frappé son imagination, sans qu'il en comprit la portée philosophique.

Cette fois, comme presque toujours, il y a, dans une histoire, racontée comme un prodige, un fond de réalité, obscurci par des fioritures d'exagération et d'invraisemblance. Si on prenait la peine de regarder de près, et de bien scruter les moindres détails, dans les contes, les légendes, etc., qu'on est tenté de considérer, *a priori*, comme de pures menteries d'un bout à l'autre, on arriverait à découvrir, qu'il y a un canevas vrai, sur lequel l'imagination des uns, la duplicité des autres, l'intérêt de quelques habiles; et, enfin, la crédulité aveugle du vulgaire, ont accumulé, comme à plaisir, les impossibilités, les invraisemblances, le surnaturel, en un mot; alors, qu'il n'y a jamais eu, en tout ce qui s'est passé, que des choses absolument naturelles.

Ce n'est pas seulement dans l'Afrique occidentale que cet échange à la muette se pratique. Depuis un temps immémorial, on le rencontre dans nombre d'autres pays. Et, si on pouvait avoir des renseignements précis sur une infinité de localités du nouveau comme de l'ancien monde, des pratiques modernes, comme des habitudes des temps anciens, on constaterait : que cette coutume a été plus fréquente et plus générale, qu'on n'est disposé à le penser, de prime abord.

Les éthiopiens, d'Akum, dans le Tigré, d'Abyssinie, commerçaient à la muette avec les somalis (Cosmos, *Topographia Christiana*, cité par HEEREN, *Politesse et Commerce des Peuples de l'Antiquité*, t. v. p. 47). — On pourrait en découvrir, de nos jours, des exemples nombreux, dans une infinité d'endroits, sur les frontières de l'Abyssinie chrétienne, et des peuplades musulmanes ou fétichistes, qui l'entourent.

Divers historiens de l'Empire russe nous ont appris, que les russes pratiquaient le commerce à la muette avec les tchouktchi voisins des koriaks.

Chardin (*Voyage en Perse*, t. i. p. 110) raconte : que les turcs commerçaient avec les tcherkesses, d'une manière qui se rattache en l'échange à la muette; et qui peut être considérée : comme la transition, entre ce système et le système ordinaire. « Ils (les turcs), descendaient bien armés sur le rivage; un parti de tcherkesses égal en nombre les attendait à petite distance de là, on se montrait réciproquement ses marchandises et finalement on les échangeait avec de grandes précautions » (LETOURNEAU. *Bull. Soc. Anthrop.* p. 268).

Les Weddahs de Ceylan employaient le mode de

commerce à la muette, pour échanger : du miel de la cire, du gibier, des dents d'éléphants, etc., etc., contre le fer que leur apportaient les Cingalais (SACHOT. *Ile de Ceylan*).

Les chinois échangeaient avec les sauvages du miao-tsé, divers objets de leur industrie, contre du bois (GRAVIER *Descript. génér. de la Chine*, t. I. p. 239).

Dans le nouveau Mexique, les garnisons des *présidios* espagnols, commerçaient à la muette, avec les Indiens qui les environnaient (HUMBOLD. *Nouvelle Espagne*. t. II. p 408).

IV

FAITS DE L'ANTIQUITÉ

Dans l'antiquité, le commerce à la muette qui nous occupe ici, était pratiqué (HÉRODOTE. liv. IV. ch. 196. *Melpomène*).

« Ces mêmes carthaginois affirment qu'au delà du territoire de la Lybie, et en dehors des colonnes d'Hercule, il existe des pays habités. Ils ajoutent qu'ils y abordent avec des vaisseaux de commerce et que, lorsqu'ils sont arrivés, ils déposent sur le rivage, leurs marchandises ; ils remontent ensuite dans leurs navires et font paraître de la fumée. Les habitants du pays, avertis par ce signal, accourent vers la mer, placent à côté des marchandises, la quantité d'or qu'ils offrent en échange et se retirent dans l'intérieur. Les carthaginois reviennent et si l'or qui leur est offert leur paraît payer la valeur de la marchandise, ils la laissent et emportent l'or. Si le présent ne leur paraît pas convenable, ils remontent dans leurs vaisseaux et attendent tranquillement de nouvelles offres. Les naturels du pays reviennent et ajoutent une certaine quantité d'or, jusqu'à ce qu'on soit satisfait de part et d'autre. Dans tous les cas, on ne se fait aucun tort réciproque; les uns ne touchant point à l'or, tant que la quantité offerte n'est pas estimée égale à la valeur de la marchandise; et les autres ne touchent point aux marchandises tant que leur or n'a pas été enlevé. »

Philostrate (*Vie d'Apollonius de Thyane*. Trad. CHASSANG. p. 231) parle aussi, de son côté, du commerce à la muette : « Quand nous fûmes arrivés aux frontières de l'Egypte et de l'Ethiopie, à l'endroit qu'on nomme Sycaminon, il trouva, au détour de deux routes, de l'or, non monnayé, du lin, de l'ivoire, des racines, des parfums et des aromates. Toutes ces choses étaient là, sans gardien. Je vais expliquer ce fait, qui vient d'un usage conservé, jusqu'à nous. Les éthiopiens tiennent un marché de tous les produits de l'Ethiopie ; les égyptiens les emportent et apportent, au même lieu, des objets de même valeur, fournis par leurs terres, pour échanger ce qu'ils ont contre ce qui leur manque ».

V

ORIGINE DE LA DONNÉE

Celui qui entend parler pour la première fois de la curieuse pratique des jeunes filles de Six-Fours, dont j'ai parlé au commencement de ce chapitre, la trouve seulement bizarre ; mais en y réfléchissant un instant, il arrive à penser que c'est là le vestige d'une des premières formes du commerce, employées par nos ancêtres des époques les plus éloignées. Le savant secrétaire général de la Société d'Anthropologie, Ch. Letourneau, a fait sur ce sujet, des recherches extrêmement intéressantes (*Bull. de la Soc. d'Anthrop.* 1895), j'y renvoie le lecteur, pour les développements dans lesquels je ne puis entrer ici.

Quoi qu'il en soit, nous pouvons penser : qu'à l'aurore de la civilisation, les relations entre les divers groupes ethniques étaient rares et difficiles. Dans nombre de localités, l'homme isolé ou faible, était un gibier pour ses semblables ; ou bien, était un esclave désigné à la rapacité d'un plus fort que lui ; de sorte que, lorsque les premiers échanges se firent, d'une agglomération humaine à une autre, ce fut avec une extrême méfiance, et des précautions infinies, qu'on se mit en rapport ; il fallut, même, que le besoin d'avoir les objets que possédaient les autres fut extrême, pour que nos premiers parents se décidassent à courir les dangers, parfois les plus grands, pour faire des échanges.

Dans ces conditions, le commerce à la muette se présenta comme le moyen d'atteindre le but désiré. On convint : qu'à un moment donné, on déposerait les objets qu'on voulait échanger dans un lieu déterminé ; on avait soin de choisir l'endroit, afin que les surprises ne fussent pas à craindre ; on s'y rendait en force. Puis, on s'éloignait ostensiblement, pour permettre aux autres commerçants d'approcher. La chose se comprend parfaitement.

D'ailleurs, deux autres raisons puissantes concoururent, jadis, à faire adopter l'échange à la muette. — C'était, d'une part, l'impossibilité de se comprendre, par paroles, quand les deux parties ne parlaient pas la même langue. D'autre part, à l'époque où l'argent monnayé n'existait pas encore, le moyen le plus simple, et celui qui parlait le plus clairement à l'esprit des intéressés, était de mettre, en regard : les objets constituant l'offre et la demande. C'était le marchandage matériel le plus compréhensible ; et, par conséquent, celui qui dut être un des premiers suggérés à nos parents anté-historiques.

Plus tard, diverses modifications furent apportées au commerce. Ch. Letourneau a fait, au sujet de l'évolution des divers modes d'échanges, des recherches que le lecteur consultera avec grand intérêt ; et dans lesquelles je ne puis entrer dans ce moment, sous peine de sortir du cadre de mon étude. Il m'aura suffi, dans mon étude actuelle de la survivance de cette coutume, d'appeler l'attention sur le vestige du mode primitif, que nous rencontrons dans la commune de Six-Fours, près Toulon.

Pour ce qui est du commerce ordinaire, nous voyons : que, de nos jours, on rencontre encore des exemples de cet échange à la muette. Le fait de nos relâches sur la côte d'ivoire et d'or en 1852-53-54, entre autres, nous en donne la preuve. — Les magasins, sur l'enseigne desquels, il y a écrit : *prix-fixe, entrée libre*, pourraient aussi être cités comme exemples, avec un peu de bonne volonté, car ils ne sont en réalité qu'une variante du mode précité.

Pour le commerce d'amour, mille autres procédés ont vu le jour, dans le désir, aussi intense que général, des jeunes gens de tous les pays et de toutes les époques, de s'unir de cœur, d'âme et de corps ; de sorte que l'entente à la muette, telle que nous la voyons pratiquée à Six-Fours, et dans certains villages de Provence, d'Espagne ou de Sicile, ne constitue plus guère que l'exception aujourd'hui ; d'autres, plus commodes, leur sont souvent préférés.

En somme, quand on y réfléchit un instant, on comprend que l'échange à la muette est la forme la plus élémentaire du commerce ; chacun des intéressés voit, d'une manière aussi simple et aussi précise que possible, la valeur de l'offre et de la demande ; il n'a pas grand effort de réflexion à faire, pour décider dans son esprit : s'il désire, ou non, conclure le marché. Ce mode de relations, est tellement simple, qu'il doit dater de l'époque la plus reculée ; il a été probablement le premier employé par l'homme. On pourrait même ajouter : qu'il est antérieur à l'humanité, c'est-à-dire qu'il a été mis en œuvre par les animaux eux-mêmes, bien long-temps avant que le premier homme ait existé sur la la terre.

VI

FAITS OBSERVÉS CHEZ LES ANIMAUX

Cette supposition sera considérée, peut-être, comme téméraire. Et cependant, je demanderai au lecteur : Si on ne peut pas rapporter au mode d'échange qui nous occupe, le manège que l'on constate, à chaque instant, dans les poulailliers. Pour ma part, je l'ai vu cent fois, d'une manière tellement claire et tellement significative, que j'en suis arrivé à être persuadé que les volailles pratiquent le commerce à la muette, pour les choses de l'amour. En effet, lorsqu'un coq trouve une parcelle d'aliments, on le voit, la conserver dans son bec, et appeler ses poules, qui accourent avec empressement. Or, il ne lâche pas le morceau de nourriture devant la première qui vient ; il attend la poule préférée dans ce moment ; et, si par ailleurs, on examine les agissements des poules, on voit : que toutes n'approchent pas du bec, avec le même empressement. — Enfin, à un moment donné, le coq laisse tomber l'aliment, la poule s'en saisit ; et, très fréquemment, on voit aussitôt le coq l'assaillir amoureusement; tandis que, de son côté, elle se prête complaisamment à ses entreprises amoureuses. Ce manège s'observe d'une manière encore plus facile, dans les poulaillers où il y a plusieurs coqs. — On voit souvent, alors, un des jeunes, habituellement poursuivi par le maître du lieu, à coups de becs et d'ergots, appeler les poules; et, parmi elles, il n'y en a que quelques-unes, qui répondent à cet appel. Ce sont évidemment celles qui sont décidées à payer de leur complaisance, le morceau d'aliment qu'offre le jeune godelureau; car toutes n'ont pas répondu avec le même empressement à son appel.

Dans l'ordre d'idées qui nous occupe, il m'a été donné d'observer un fait extrêmement curieux; et que je puis fournir à l'appui de cette proposition : que le commerce à la muette a été pratiqué par les animaux, avant l'apparition de l'homme. En 1863 j'ai fait, dans l'Etat-Major du prince Napoléon, un voyage dans la Haute-Egypte. Nous achetâmes à Syenne, un jeune singe, que nous rapportâmes à bord, et qui fut appelé du nom de : Martial, précisément parce qu'il avait des allures très martiales, sous le rapport des aspirations amoureuses. — Un de nos compagnons de route, possédait une petite chienne havanaise, blanche à longs poils, qui répondait au nom de Malenka. Martial et Malenka avaient une égale gourmandise pour le sucre en grains. Aussi, tous les jours, après le déjeuner, montions-nous un petit morceau de sucre à chacun d'eux.

Or, un jour, nous fûmes assez surpris de voir Martial, d'habitude si glouton, garder son sucre dans les mains, jusqu'à ce que Malenka eût mangé le sien. A ce moment, il le laissa tomber par terre ; la chienne s'en saisit, et aussitôt, le singe lui sauta amoureusement dessus. Malenka, d'habitude quinteuse et prude, se laissa faire, ce jour là.

Nous avons poursuivi, alors, nos observations pendant plus de deux mois. Le jour où la gourmandise était plus forte que l'amour, Martial croquait son sucre ; le jour où Malenka avait résolu de rester vertueuse, elle ne touchait pas au sucre que Martial laissait tomber devant elle. Enfin, lorsqu'elle acceptait le sucre, elle n'opposait pas les dents aux entreprises du godelureau. Nous constatâmes la chose, un assez grand nombre de fois, pour être persuadés : qu'il y avait, chez ces deux animaux, une réflexion bien précise, et une décision bien arrêtée à l'avance, lorsqu'ils échangeaient un morceau de sucre, contre des ébats amoureux.

VII

CONCLUSIONS

Arrêtant là cette digression ; et revenant à notre étude sur la curieuse coutume des habitants de Six-Fours, nous nous demanderons : pourquoi nous retrouvons, dans les environs de Toulon, cet échange si curieux, qui a dû tenir depuis longtemps, une grande place dans les habitudes, puisque dans toutes les maisons, une niche avec sa porte, était ménagée dans le mur, en prévision de son utilisation par les fillettes des générations à venir ? — Je crois qu'on peut expliquer cette coutume, par la provenance ethnique de la population.

Le territoire de la commune de Six-Fours, assez bien isolé du restant du pays — présentant, du côté de la terre, des hauteurs qui pouvaient servir de points stratégiques de défense ou d'observation ; ayant, du côté de la mer, des criques ombreuses, entourées de récifs, et voisines d'un petit pâté montagneux, aussi boisé qu'abrupte. C'est-à-dire, en résumé, bien disposé pour servir de repaire et de refuge à des écumeurs de mer, a été, depuis l'apparition des sarrasins dans la Méditerranée occidentale, l'endroit de prédilection des barbaresques. Les traces matérielles de ces barbaresques, s'y rencontrent à chaque pas : dans les constructions, la disposition isolée et disséminée des maisons, dans les cultures, etc., etc. Non moins nombreuses et non moins caractéristiques, sont les traces des barbaresques qu'on retrouve : dans le langage, les habitudes, les mœurs des habitants de la contrée. Quant à l'histoire locale, elle n'est qu'une longue énumération de luttes, d'envahissements ou de poursuites des arabes contre les provençaux, et *vice-versa*.

On peut donc admettre, sans présomption : que les six-fournens proviennent, en partie au moins, des sarrasins d'antan ; et la coutume, récente encore, de ne se marier qu'entre jeunes gens de la commune ; l'antipathie, même, qu'il y avait entre les habitants de

Six-Fours et ceux des autres villages de la contrée, n'est, probablement, que le vestige de cette ancienne démarcation établie entre les barbaresques et les provençaux.

Or, du fait de la disposition des divers hameaux de la commune : en un pâté de maisons dans lequel les ouvertures extérieures étaient rares ; et, la seule porte, donnant accès au dehors, se fermant de bonne heure, il résultait : que les amoureux étaient, quelque peu gênés dans leurs courses nocturnes ; courses nocturnes, qui jouent un si grand rôle dans les occurrences, fournies aux amoureux par leur bonne étoile, grâce au désir semblable qu'a le cœur féminin, battant à l'unisson du leur.

Et, alors, la cachette dans laquelle la jeune fille plaçait le gâteau pétri à l'intention de l'élu de son amour, a pris la forme de la niche, que portent encore les vieilles constructions de la localité.

Quant à ce qui est des diverses manœuvres que savent employer les amoureux, tant en Provence que dans les autres pays, pour faire savoir à une jeune fille qu'ils éprouvent un sentiment tendre pour elle ; et pour apprendre, en même temps, si leurs hommages sont agréés ou non ; ils se rattachent évidemment à l'échange à la muette que pratiquaient les premiers hommes, à l'origine de la civilisation, dans leurs relations avec les étrangers.

C'est donc une coutume qui, passant d'âge en âge a très probablement traversé, sans se modifier, l'espace d'un grand nombre de siècles. Les amoureux de nos jours font, par conséquent, comme faisaient leurs prédécesseurs il y a quelque milliers d'années.

En somme cela n'est pas fait pour nous surprendre ; en effet, rien de plus ancien, on le sait, que la propension entre les deux sexes. Or, de même que les actes de l'amour n'ont pas changé ; de même il est naturel que ses préliminaires soient restés les mêmes. Les amoureux de tous les pays et de toutes les époques ont fait la même chose ; il est à prévoir que dans l'avenir ils continueront à faire comme leurs aînés.

CHAPITRE XII

Les Statues qui choisissent leur résidence

FAITS DE LA PROVENCE

La statue de la Vierge qui est dans la chapelle de Notre-Dame-de-la-Garde, sur la montagne de Sicié, près Toulon; et qui fut trouvée miraculeusement par un berger, manifesta, disent les bonnes femmes du terroir, son désir formel de rester à l'endroit où elle se trouve actuellement, par les aventures vraiment merveilleuses que voici :

Aussitôt que le berger l'eût découverte, il alla raconter l'affaire à ses voisins, et la population de tous les pays du voisinage vint pour admirer cette Madone. Or, on ne pouvait pas la laisser, ainsi, seule, dans un champ, exposée à toutes les intempéries ; aussi, il fut arrêté, d'un commun accord, qu'elle devait être placée dans une église.

Mais, où serait-elle transportée, à Reynier, à Six-Fours ou à Toulon ? La chose était difficile à décider.

En effet, le hameau de Reynier était le plus voisin, mais son importance était très minime. Le village de Six-Fours possédait bien une antique église, datant des premiers temps de la chrétienté, mais sa population n'était guère nombreuse. La ville de Toulon qui, d'ailleurs, avait des droits de pacage et de coupe de bois sur la montagne de Sicié, était assez peuplée pour offrir une hospitalité luxueuse à la statue, mais sa population comptait un nombre, relativement trop faible d'âmes pieuses.

Dans ces conditions, on était fort embarrassé, et le débat fut long. Enfin, Reynier l'emporta, en faisant prévaloir sa proximité. On prépara, dans l'église du hameau, une belle niche; on alla en procession chercher la statue, et on la mit à la place d'honneur de la paroisse. Le lendemain matin, les habitants vinrent, en foule, pour adorer, de nouveau, la Vierge miraculeuse; mais, quel ne fut pas leur désappointement, lorsqu'ils constatèrent: que la niche était vide. Pendant la nuit, la statue était retournée à l'endroit où le berger l'avait découverte.

Le village de Six-Fours fut plein de joie, à cette nouvelle. Il prétendit que la vierge avait manifesté, ainsi, son désir de venir dans son église, ayant trouvé celle de Reynier, trop récente et trop modeste. On prépara, donc, une niche superbe, on alla processionnellement chercher la statue ; mais, le lendemain matin, la niche fut trouvée vide. La Sainte-Vierge de Sicié avait dédaigné Six-Fours, comme elle avait dédaigné Reynier.

Ce fut alors, le tour de la ville de Toulon, qui fit, sans plus de succès, ce qu'avaient déjà fait les deux autres centres de population.

En présence de cette obstination de la statue à retourner sur la montagne de Siclé, on se décida à bâtir en cet endroit, un sanctuaire, où la Vierge resta, désormais, sans bouger; et, où on peut la voir et l'adorer, à gauche de la nef, faisant pendant à une Vierge blanche, qui est loin d'avoir autant de prières, de cierges et d'ex-voto qu'elle.

La Statue de Saint-Paul-la-Géline. — Dans le village de ce nom, du département des Alpes-Maritimes, il y a une légende, dans laquelle il est dit: que la statue du saint, qu'on voulait emporter dans un autre sanctuaire, devint tellement lourde, quand elle fut arrivée sur la limite de la paroisse, qu'il fut impossible de la porter plus loin.

La Statue de saint Claude, de Sigonce. — Dans les *Petites Annales de Provence* de 1895, on trouve la légende de la statue de saint Claude, de Sigonce, qui devint, aussi, tellement lourde, qu'on ne pût l'emporter, comme on en avait le désir.

La statue de Thorame. — L'abbé Féraud, dans son *Dictionnaire Historique des Basses-Alpes* (p. 495), raconte la légende d'une statue du village de Thorame, qui devint également lourde, au point, qu'on renonça à l'emporter loin de l'endroit où elle voulait résider.

II

FAITS DES AUTRES PAYS

Cette donnée d'une statue qui refuse de résider dans le lieu où les fidèles voulaient la placer, et qui manifeste, ainsi, d'une manière miraculeuse, sa volonté, se rencontre dans une infinité d'endroits, et avec des variantes plus ou moins compliquées. C'est ainsi qu'à l'Ourgon-de-Saint-Maurice, dans le Forez, il y a une chapelle, dans laquelle se voit une vierge qu'on voulut déplacer; et qui, trois fois, retourna à sa place primitive (NOELAZ. p. 334) — Au Val-de-Mièges, dans le Jura, un jeune berger trouva une statue de la Vierge, qui retourna trois fois à sa place primitive.

Dans les environs du bourg de Conliége, dans le Jura, il y a un oratoire de la Vierge, où on raconte: que la statue fut trouvée par une bergère dans les champs, fut transportée dans l'église, et s'en retourna miraculeusement dans le bois, pendant la nuit.

La scène s'étant reproduite trois fois de suite, on eût l'idée de lui bâtir cet oratoire.

La Vierge de Betharam, dans les Pyrénées, ayant été trouvée par des paysans dans la grotte où elle est placée actuellement fut portée, à plusieurs reprises, dans l'église d'un village voisin; mais elle s'en retournait chaque fois à sa grotte, de sorte qu'on se décida à l'y laisser.

Près de la ville d'Assise, dans les États romains, il y a une grotte, où saint François aimait à se retirer. On voit, dans cette grotte, un crucifix qu'il portait toujours sur lui ; et qui, ayant été enlevé par le cardinal Peretti, neveu de Sixte-Quint, s'évada, pendant la nuit, de la magnifique chapelle où il avait été placé, et revint à sa grotte de prédilection.

Près de Sienne, en Italie, il y a une Notre-Dame-de-Montbéric, qui fut trouvée miraculeusement ; et qui devint si lourde, lorsqu'on voulut l'emporter, qu'il fallut lui bâtir une chapelle sur place (Missox. t. I. p. 174).

A Marcazell, en Styrie, on retrouve une légende, absolument semblable à celle de Notre-Dame de Sicié, sous le rapport de la trouvaille miraculeuse et du retour de la statue, à l'endroit où elle voulait résider. A Alsenberg, en Belgique, on rencontre une légende qui se rapproche, aussi, de cette donnée.

La Vierge de Pourges, en Grèce, qui fut trouvée dans une fente de rocher, retourna à sa place, lorsque la piété des habitants voulut la transporter dans un autre endroit.

Dans quelques circonstances, l'aventure est agrémentée de divers incidents, destinés à souligner davantage le surnaturel, mais le fond en reste le même en somme. La légende de Notre-Dame-de-Villa-Viciosa, appartient à cette catégorie.

Cette statue, qui était dans une chapelle où les fidèles avaient perdu l'habitude d'aller prier, fut emportée par un pâtre pieux, qui la mit dans un creux d'arbre voisin de l'endroit où paissait son troupeau, afin de pouvoir l'adorer plus commodément. Les autorités locales mirent cet homme en prison, et firent rapporter la statue dans la chapelle ; mais la veille du jour où le pâtre devait être exécuté, il fut délivré miraculeusement, et la statue s'en retourna de même dans le creux de son arbre. On voulut, de nouveau, enlever la Vierge de cet arbre, mais après avoir marché toute la nuit les porteurs s'aperçurent qu'ils n'avaient fait aucun chemin. De sorte, qu'ils se décidèrent à la laisser dans la chapelle de Saint-Ferdinand, voisine de l'arbre, où elle consentit à rester. Plusieurs années après, on eut l'idée de l'emporter à Anteguerra, trouvant que la chapelle de Saint-Ferdinand était trop modeste pour Sa Majesté. Mais, pendant la nuit, elle y revint, miraculeusement. Aussi, y fut-elle laissée, désormais.

Quelquefois, la légende fait intervenir une pesanteur insolite survenant tout-à-coup, pour indiquer le désir de la statue. C'est ainsi que l'on raconte : que les paysans qui trouvèrent, en 1570, la statue de Notre-Dame-de-Buglose, qu'un bœuf adorait dans un marais, voulurent l'emporter dans l'église du village voisin, mais elle devint tellement lourde à mesure qu'on s'éloignait de l'endroit où elle voulait résider, qu'il fallut l'y laisser. La même chose se passa, paraît-il, à Thorigny, en Normandie, où on ajouta successivement plus de cent bœufs à l'attelage, sans pouvoir déplacer la statue (MEYRAC. p. 838).

On raconte dans les Ardennes, qu'en 1521, les allemands voulurent voler la statue de sainte Anne d'Eteignières ; mais, à mesure qu'ils marchaient, cette statue

devint si pesante, qu'ils furent obligés de la laisser par
terre, pour aller chercher un charriot. Dès que la statue
fut laissée seule pendant un instant, elle disparut, et
revint, d'elle-même, à sa place primitive (MEYRAC,
p. 398).

Dans les environs d'Alivi, en Géorgie, il y a une chapelle, qui renferme la statue miraculeuse d'un saint.
Des persans mahométans voulurent la dérober, un jour,
parce qu'elle leur parut être faite ou couverte d'un
métal précieux. Ces mécréants la mirent sur un charriot conduit par des buffles. Mais après avoir marché
tout le jour, les buffles revinrent d'eux-mêmes pendant
la nuit, pour ramener la statue dans sa chapelle. Ce prodige frappa tellement les voleurs, qu'ils se repentirent,
remirent la statue en place, et, même, se convertirent.

Il est une variante que je ne dois pas négliger : c'est
celle où la statue manifeste une passion, qui ne passe
pas, en général, pour une vertu : c'est le dépit ou la
colère.

Sur la montagne de Diversmont, près de Fumay,
dans les Ardennes, il y a une chapelle, où se trouve une
statue de la Vierge qu'on va prendre processionnellement, le jour de la Pentecôte, pour la porter à l'église
paroissiale de Fumay ; et qu'on rapporte, de la même
manière, à sa place, le jour de la Trinité. Une fois, dit-
on, on oublia de la rapporter au jour donné, et elle
s'ennuya tellement, loin de son couvent d'hommes,
qu'elle partit à pied, et s'en retourna toute seule. Seulement, comme il pleuvait, elle était toute crottée ; et,
elle alla se laver dans le ruisseau qui coule au pied de

la colline ; ce qui fait que depuis, les eaux de ce ruisseau guérissent, miraculeusement, maintes maladies (MEY- RAC, 323).

A Pazzano, dans le canton d'Olmeto, en Corse, il y a une statue de la Vierge, qui fut trouvée miraculeuse- ment sur la plage ; et qui devint tellement lourde, quand on voulut l'emporter, qu'on ne savait plus comment faire. — Deux vieillards, se mirent à prier ; et, ensuite, purent l'emporter si facilement jusqu'à l'église, qu'on y vit l'intervention de la puissance divine. — Cette vierge fait pleuvoir quand on l'invoque, en temps de sécheresse (R. d. t. 1891, p 692).

Aux funérailles de saint Germain, des prisonniers se mirent à l'invoquer pour qu'il les délivrât. Or, aussitôt, le corps devint si lourd, qu'on fut obligé de le déposer par terre. Ce ne fut que lorsqu'on eût délivré ces pri- sonniers, qu'on put l'emporter (GRÉGOIRE, de Tours, t. :, p. 222).

La légende affirmait que la terre de l'église de Colo- gne, ne voulait contenir aucun corps mort ; aussi, dit- elle, la fille du duc de Brabant ayant été enterrée dans cette église, on trouva le lendemain le cercueil hors de terre, et miraculeusement flottant dans l'air. Alors, on plaça, sous lui, trois piliers qui le maintinrent, désormais, dans la position aérienne.

Un voleur ayant dérobé un ciboire dans lequel était une hostie consacrée, celle-ci s'éleva dans les airs ; elle y resta jusqu'à ce qu'un évêque vint la recueillir (GRÉGOIRE, de Tours, t. I, p. 77).

A Rome, l'église des Pères Servites a été bâtie dans

un endroit, où une image de la vierge étant tombée dans un puits, les eaux s'élevèrent, miraculeusement, pour permettre aux voisins de la retirer sans difficulté (LABAT. *Voy. d'Italie*, t. IV, p. 185).

L'église Saint-Jacques-Secoue-Chevaux, de Rome, s'appelle ainsi, parce que les chevaux de la charrette qui portait les reliques envoyées par sainte Hélène, s'arrêtèrent devant elle, sans plus pouvoir marcher. Ces reliques étaient, en effet, devenues tout-à-coup extrêmement lourdes (MISSON, t. II p. 149).

A Villeneuve-d'Agenais, on voit le tombeau de saint Adonny, qu'on voulut emporter, et qui devint si lourd, qu'il fallut le laisser en place (DULAURE, t. III, p. 141).

Lorsque Marguerite de Liré, qui possédait le Saint-Suaire, voulut quitter la Savoie, sans donner cette relique à son gendre, les mulets qui portaient le trésor, ne purent jamais sortir de la porte de la ville; de sorte qu'en présence de ce miracle, elle se décida à laisser le Saint-Suaire à Chambéry (MILLIN. *Loc. cit.*, t. I, p. 206).

Dans la prairie des Marnies, au sud-est de Macon, est une énorme pierre qu'on appelle la « pierre de saint Gengoux ». La légende dit : que cette pierre recouvrait le sépulcre du saint ; et que des impies ayant voulu l'enlever, elle devint si pesante, qu'on fut obligé de la laisser en place. A Toulouse, la même légende court, au sujet de saint Saturnin. — Même légende au Thibet, par Chakiamouni (D. MONNIER, p. 597).

La chapelle de Grindelwald a été bâtie à l'endroit où les bœufs s'arrêtèrent (WYSS. t. II, p. 220).

La légende raconte : que saint Valfray voulut, un jour, renverser la statue de Diane, dans les Ardennes, mais les efforts de tous ses partisans étaient impuissants; il se mit à prier, et aussitôt, la statue pût être renversée sans efforts (MEYRAC, p. 43).

Dans le village de Gomont, dans les Ardennes, il est d'usage, que le jour de la procession, les garçons du pays portent la statue de saint Quentin — Un jour, tous les garçons restèrent au cabaret; les hommes mariés se décidèrent à porter la statue, pour ne pas faire manquer la cérémonie; mais le saint fut si furieux, qu'il devint lourd, au point qu'on fut obligé de le laisser au milieu de la rue, jusqu'à ce que les célibataires, effrayés du prodige, vinssent humblement solliciter la faveur de le porter de nouveau (MEYRAC. 327).

Dans la *Revue des Traditions*, j'ai trouvé un certain nombre de légendes qui se rapportent au sujet que j'étudie ici : Les habitants d'Abbeville, obtinrent, par intimidation, qu'on leur donnerait la statue de Notre-Dame de Brébières; mais quand ils voulurent l'emporter, aucun attelage ne put parvenir à la mouvoir (*R. d. t.* 1887, p. 244).

Lorsque les reliques de saint Tersin furent amenées à Lisieux, elles devinrent tellement lourdes, tout-à-coup, que tous les chevaux de la ville furent impuissants à les traîner. Mais, une seule génisse ayant été attelée au char, on put, sans peine, lui faire traîner les reliques (*R. d. t.* 1887, p. 222).

En 1793, les habitants du faubourg de Noyers, à Auxerre, voulurent soustraire une statue de la Vierge au Vandalisme, en la faisant emporter dans une ferme éloignée. Mais arrivée à la limite du territoire de Noyers, elle devint si lourde, qu'on fut obligé de la ramener (*R. d. t.* 1889, p. 69).

L'église de Saint-Valéry, près de Dieppe, était trop loin, au gré des Dieppois, aussi la démolirent-ils, pour la reconstruire plus près de la ville ; mais le saint détruisit cette nouvelle construction, et réédifia son ancienne chapelle, en une nuit (*R. d. t.* 1891, p. 418).

Dans l'église de Séelande, il y a une statuette de saint, qui devint trop lourde, quand on voulut l'emporter (*R. d. t.* 1892, p. 494).

A Villiers-en-Bois, dans la forêt de Chizé, entre le Poitou et la Saintonge, il y a la légende des reliques de saint Romain, devenues lourdes, tout-à-coup, pour rester dans le pays (*R. d. t.* 1892, p. 674).

Au Lourcouet, il y a une statue de saint Lunaire, qui était dans un saule, et qu'on tenta en vain de porter ailleurs (*R. d. t.* 1892, p. 105).

Dans le *Martyrologe Romain*, de Simon Martin, où j'ai puisé tant d'indications, j'ai trouvé les légendes suivantes, touchant la manifestation de la divinité, au sujet du lieu, où doit rester une statue du saint, etc.

Quant on voulut transporter les reliques de sainte Gudule, au collège de Nivelle, elles devinrent si lourdes, que personne ne pouvait les faire changer de place. Mais aussitôt qu'on eût décidé de les transporter dans un oratoire, où la sainte avait l'habitude d'aller prier, elles reprirent leur poids ordinaire (*Martyr. Rom.* t. I, p. 137. 8 janvier).

Les bœufs, qui portaient les reliques des saints Vincent, Oronce et Victor, s'arrêtèrent d'eux-mêmes, près d'Embrun, à l'endroit où les martyrs désiraient qu'on leur élevât une chapelle (*Martyr. Rom.*, 22 janvier).

Un jour, que saint Ildefonce, de Tolède, était en prières, avec le roi Resuvinde, au tombeau de sainte Léocade, la pierre du tombeau, que trente hommes auraient à peine pu remuer, se souleva toute seule, pour leur laisser voir le corps de la martyre (*Martyr. Rom.*, 23 janvier).

Un serviteur de saint Albin, de Vannes, étant mort, on voulut l'enterrer, mais tant que le saint évêque ne l'eût pas béni, le corps fut si lourd, qu'on ne pût jamais l'emporter (*Martyr. Romain*, 1er mars).

Pendant qu'on bâtissait le couvent de saint Benoît, le Diable rendit une pierre si lourde, que personne ne pouvait la remuer. Mais le saint homme, ayant fait le signe de la croix, elle redevint maniable (*Mart. Rom.*, 21 mars).

Saint Godegrand, évêque, frère de sainte Opportune, fut assassiné par son filleul. Personne ne pût soulever son corps, devenu miraculeusement trop lourd; et, lorsque sainte Opportune essaya, à son tour, de le prendre pour l'inhumer, il devint léger comme une plume (*Mart. Rom.*, 22 avril).

Les bœufs qui portaient les reliques de saint Maure, s'arrêtèrent, miraculeusement, au carrefour de Nogent, près de Creil; qu'on appelle depuis la croix de saint Maure, sans qu'il fût possible de les faire avancer davantage (*Mart. Rom.*, 13 juillet).

Deux voleurs, ayant dérobé le reliquaire de saint Aré, de Nevers, furent obligés de l'abandonner en plein champ, parce qu'il devint, tout-à-coup, extrêmement lourd (*Mart. Rom.*, 16 août).

Saint Aré, de Nevers, étant mort, son corps fut placé dans une nacelle, et confié au cours de la Loire, qui le remonta, contre le fil de l'eau, jusqu'au port de Desize, appelé aujourd'hui port de Saint-Aré, où il s'arrêta miraculeusement (*Mart. Rom.*, 16 août).

La cloche que saint Luc avait fait mettre dans le clocher de l'église de Sens, rendait des sons si harmonieux, que le roi voulut l'avoir à Paris. Mais, elle perdit tout-à-fait sa vertu, qu'elle ne récupéra, que lorsque le roi l'eût rendue à Sens (*Mart. Rom.*, 1er septembre).

Un évêque d'Amiens, eût le désir de faire promener les reliques de saint Firmin, à travers la Picardie, pour obtenir des aumônes plus abondantes. Mais, arrivées à un certain endroit, ces reliques devinrent si pesantes, qu'il fallut les rapporter à leur place habituelle (*Mart. Rom.*, 25 septembre).

Lors de l'enterrement de saint Denis, son corps devint si lourd, qu'il fallut le déposer dans l'église Saint-Christophe, qui fut reconnu saint, à cause de cela (*Mart. Rom.*, 1er octobre).

Au moment du transport du corps de saint Denis, le cercueil arrivé dans l'église, devint si lourd, qu'il fallut le laisser au milieu de la nef. Dans la nuit, tout le monde étant endormi, ce corps fut placé par les anges, à la place qu'il voulait occuper (*Mart. Rom.*, 1er octobre).

Saint Hilarion étant parti de Grèce, sur une petite

34

barque, fut poursuivi par des pirates. Mais, au moment d'être pris par eux, il les bénit, et les barques des pirates se mirent à reculer miraculeusement, au lieu d'avancer (*Mart. Rom.*, 24 octobre).

Lorsque le roi de France voulut exiler saint Colomban, en le faisant porter sur un vaisseau qui partait de Nantes, le navire ne pût jamais s'éloigner de terre (*Mart. Rom.*, 21 novembre).

Quand on voulut conduire sainte Luce, dans un lieu de débauche, des bœufs attelés ne purent jamais l'entraîner (*Mart. Rom.*, 13 décembre).

La légende a parfois pénétré dans le domaine laïque, si je puis m'exprimer ainsi, pour se mettre au service de la morale.

Un paysan des Ardennes, rencontra dans un bois, une brebis qui semblait égarée ; il eût la mauvaise pensée de s'en emparer, mais il ne parvenait pas à faire marcher la bête dans la direction qu'il voulait suivre. — De guerre lasse, il prit la brebis, la mit sur ses épaules, et partit d'un pas délibéré ; mais voilà que la brebis devint de plus en plus lourde ; et il arriva un moment où, étant éreinté par son fardeau, notre homme voulut s'en débarrasser. Mais alors la brebis lui dit : « Si tu essaies de me remettre à terre, je t'étrangle, et elle se mit à lui serrer la gorge d'une manière significative. Le paysan effrayé, et ne pouvant plus y tenir, lui dit : « Mais que faut-il que je fasse pour me débarrasser de vous » ? — La brebis lui répondit : « Rapporte-moi à l'endroit où tu m'as pris ». — Le malheureux obéit ; et, arrivé à cet endroit, la brebis disparut. Mais il tomba exténué, évanoui, peut-être, jusqu'au lendemain matin. Il fut très malade, et évita désormais de passer dans ce chemin, pendant la nuit (MEYRAC, 209).

La religion chrétienne n'a pas le monopole de ces légendes extraordinaires, dans lesquelles un saint a manifesté le désir d'habiter tel ou tel endroit ; la donnée qui nous occupe ici, fait partie des crédulités de toutes les religions.

Les lapons croient, que leurs idoles peuvent se rendre d'elles-mêmes où elles veulent (*Rev. des Trad. pop.*, t. II, p. 18).

J'ai déjà cité ci-dessus la légende de Chakia Mouni (p. 525). Ajoutons que dans l'Inde, on raconte qu'une grande idole passe mille ans dans l'île de Backer, puis se rend d'elle-même à Sérendib et de là à Mandourin (*Merveilles de l'Inde*, ch. LXXII. *Rev. des Trad. popul*, t. II, p. 18).

En Chine, on trouve aussi la donnée de la statue qui indique où elle veut aller (*R d. t.* 1892, p. 563).

Lorsque Si-Hamed-el-Kébir mourut, les habitants du lieu où il était enseveli voulurent lui élever une koubba. Mais leurs efforts furent vains. Tous les matins, on trouvait les murailles démolies. — Le saint ne voulait pas de chapelle. On se contenta, alors, de lui élever, seulement, un modeste tertre (TRUMELET. p. 246).

L'Iman-Si-Baghdad-Abdallat-Hamed-Ben-Hanbal, fit de même, après sa mort).

Sidi-Ben-Seba-Hadjadjat, étant mort, trois tribus : les Beni-Messaoud, les Mousaïa et les Ouzra, se disputèrent l'honneur de lui élever un tombeau surmonté d'une koubba. Les Beni-Messaoud commencèrent à élever cette koubba; mais dans la nuit un tremblement de terre la fit crouler. Les Mousafa firent de même le lendemain, sans plus de succès. Les Ouzra aussi. Alors les Beni-Salah. chez lesquels vivait le marabout, bâtirent une modeste koubba, qui resta parfaitement debout, et reçut le corps du saint (TRUMELET. p. 177).

Dans le Haut-Nil, les féticheurs disposent un tambour, chargé de talismans, qui a la propriété d'être tellement lourd, qu'un homme ordinaire ne peut le soulever, tandis que l'homme désigné par la divinité, le soulève très facilement ; ils emploient ce moyen pour savoir : à quel compétiteur la couronne doit revenir (SPEEKE).

A Madagascar, une idole allait se promener, seule, ou guidait ses porteurs (TYLOR. t. II, p. 222).

A Haïti, un canaque avait une idole qui allait souvent courir dans les bois, pendant la nuit. — Lorsque les espagnols conquirent l'île, cette idole, alla se jeter dans un lac ; et ne reparut plus (HERRERA. *Hist. des Indes.* t. III et IV).

III

FAITS DE L'ANTIQUITÉ

Pour cette donnée: de la volonté manifestée par une statue, d'une manière merveilleuse, comme pour bien d'autres, qu'on rencontre dans toutes les religions, des temps modernes, ou dans les écrits du moyen âge, on peut dire : que l'antiquité avait, depuis bien longtemps indiqué, la voie aux crédules, et à leurs inspirateurs. En effet, dans le paganisme romain et grec, nous trouvons des exemples aussi frappants, que ceux qu'on cite pour telle ou telle statue chrétienne.

Lors de la prise de Veies, les Romains voulaient transporter, dans leur ville, la statue de Junon, qui faisait obtenir mille faveurs à ceux qui l'invoquaient. Des jeunes gens, choisis dans toute l'armée, purifiés de toute souillure, et vêtus de blanc, vinrent devant la statue ; et l'un d'eux dit : « Veux-tu venir à Rome, Junon ? » La statue répondit : « Je veux bien » et, chose remarquable, c'est que cette statue devint, tout-à-coup, tellement légère, qu'elle semblait suivre ceux qui la portèrent jusque sur le mont Aventin (TITE-LIVE. t. I, p. 365).

Lorsque Tarquin, l'Ancien, voulut faire construire le temple de Jupiter Capitolin, il fit enlever les divers dieux qui étaient sur la montagne. Mais la statue du dieu Terme, et celle de la déesse Juventas, revinrent obstinément à leur place.

Enée établit à Lavininium, les dieux Pénates, qu'il avait trouvés à Troie. Or, plus tard, son fils Ascagne, les transporta dans la ville d'Albe. Mais, dans la nuit, ils retournèrent dans leur premier sanctuaire ; Ascagne s'entêta, et les fit transporter une seconde fois, mais le même prodige survint la nuit d'après (VAL. MAX. t I, p. 67).

Les deux villes d'Erythres et de Chio, prétendirent

posséder, une statue d'Hercule, trouvée sur la plage ; mais malgré les efforts les mieux combinés, personne ne put la faire changer de place. Le pêcheur Phormioz, qui était aveugle eût, à cette occasion, un songe prophétique, dans lequel Hercule lui dit: que celle des deux villes, dont les femmes voudraient couper leurs cheveux, pour en faire une corde, obtiendrait la statue. Les chiotes refusèrent de couper leurs cheveux, les érythréennes aussi. Mais des femmes thraces qui habitaient Erythres, firent le sacrifice, et virent, arriver, miraculeusement, la statue jusqu'à leur ville.

IV

ORIGINE DE LA DONNÉE

Il entre dans mon programme, non pas de colliger tous les faits surnaturels qui sont affirmés par la crédulité publique, dans tel ou tel pays, ou à telle ou telle époque, touchant les aventures merveilleuses dont je parle ; mais de chercher à me rendre compte de la donnée primitive, qui a présidé à l'origine de la superstition. Or, le lecteur ne se refusera pas à admettre, avec moi : que nous nous trouvons, ici, en présence d'une manifestation du fétichisme des hommes primitifs. Le fétiche que représente la statue est si puissant, qu'il manifeste ses volontés ; et, par conséquent, donne une preuve de sa puissance, par des actes surnaturels.

Comment les populations ont-elles pu arriver à admettre la réalité des transports merveilleux ? Il est infiniment probable, qu'elles ont été abusées par des manœuvres frauduleuses des féticheurs, qui ont accompli nuitamment le prodige, avec leurs propres mains ; et ont été les premiers à crier au miracle. Ce que nous savons des habitudes de ces féticheurs, nous permet de croire, que cette supposition n'est pas une calomnie.

Une fois l'idée émise, les variantes sont venues se stratifier sur elle, suivant les temps, les pays, c'est-à-dire la dose de crédulité, et la tournure d'esprit des populations. Puis, les mouvements migratifs des voyageurs isolés, ou des populations entières, sont allés : semant ces variantes sur toute la surface du globe, où nous les trouvons, aujourd'hui : acclimatées, et en voie de prospérité, dans telle ou telle localité, tandis qu'elles n'ont qu'une existence éphémère, dans telle ou telle autre.

V

CONCLUSION

La conclusion à tirer des aventures prodigieuses dont parle ce chapitre; comme, d'ailleurs, celle qui s'est imposée déjà, dans les précédents — et je puis ajouter : celle qui ressortira de tous ceux qui suivront — c'est que la crédulité du vulgaire est vraiment infinie ; elle se complaît à croire au surnaturel, toutes les fois qu'elle se trouve en présence de quelque chose qui l'étonne, et qu'elle ne peut pas comprendre.

Les habiles qui ont trouvé dans cette crédulité, un riche filon à exploiter, pour se faire, au moins, une *aurea mediocritas*, dans les temps ordinaires, une situation prépondérante, quand les circonstances l'ont permis, ont trouvé matière à l'intervention du surnaturel, partout et toujours ; dans les évènements les plus graves comme dans les éventualités les plus insignifiantes. Et c'est à cette exploitation, toujours fructueuse, que nous avons à enregistrer, dans tous les pays, comme dans tous les cultes, tant de légendes aussi extraordinaires qu'invraisemblables.

FIN DU DEUXIÈME VOLUME

TABLE DES MATIÈRES

Original en couleur

NF Z 43-120-8

www.ingramcontent.com/pod-product-compliance
Lightning Source LLC
Chambersburg PA
CBHW070623270326
41926CB00011B/1796